1000
Olympiasieger

Bildnachweis

Archiv: S. 7 u. S. 22 l. u., S. 27 M. o., S. 28 l. o., S. 31 l. o., S. 36 r. o., S. 42 l. o., S. 44 r. o., S. 46 o., S. 49 l. o., S. 56 u., S. 57 l. u., S. 62 M. o., S. 64 u., S. 71 o., S. 76 o., S. 79 r. u., S. 92 M., S. 95 l. o., S. 97 o., S. 99 r. o., S. 102 r. o., S. 116 l. u., S. 128 r. o., S. 138 o., S. 139 o., S. 140 r. u., S. 145 l. o., S. 156 l. o., S. 160 l. o., S. 174 m. u., S. 180 l. u., S. 180 M. u., S. 185 r. o., S. 201 M. o., S. 213 r. u., S. 221 u., S. 231 u., S. 232 l. o., S. 232 M. o., S. 242 l., S. 261 l. o., S. 261 M. o., S. 266 r. o., S. 277 M. o., S. 294 l. o., S. 319 M. o.; Horst Müller, Düsseldorf: S. 18 l., S. 21 o., S. 23 l., S. 31 l. u., S. 36 M. o., S. 87 u., S. 91 l. o., S. 99 u., S. 134 l. o., S. 146 M. o., S. 161 r. o., S. 174 o., S. 194 l., S. 210 r. o. S. 226 l. u., S. 271 r. o., S. 282 M. o., S. 286 r., S. 301 r. o., S. 311 u., S. 316 r. u., S. 318 l. o., S. 332 r., S. 233 l. o.; Interfoto, München: S. 323 o., ullstein bild zentrale, Berlin: S. 4, S. 6, S. 7 o., S. 8–12, S. 29 l. u., S. 29 M. u., S. 41 u., S. 61 l. o., S. 71 M., S. 79 o., S. 96 o., S. 102 u., S. 106 l. u., S. 122 o., S. 126 o., S. 127 o., S. 139 M., S. 144 o., S. 146 l. o., S. 170 M., S. 200 l. o., S. 203 l. o., S. 204 l. o., S. 218 r. o., S. 229 o., S. 244 o., S. 256 u., S. 277 l. o., S. 284 l. u., S. 292 u., S. 315 r., S. 320 r., S. 333 u;
alle anderen Bilder: dpa, Frankfurt

Autor: Karl-Walter Reinhardt
Assistenz: Elke Clemens
Gesamtherstellung: Naumann & Göbel Verlagsgesellschaft mbH, Köln

ISBN 978-3-625-11630-1

www.naumann-goebel.de

1000 Olympiasieger

Die Besten der Sommer- und Winterspiele

NGV

OPTUS
NOKIA
HARBOURVIEW
LUNA PARK

Blick auf die Harbourbridge während der Olympischen Spiele 2000 in Sydney

Vorwort

Was taten sie nicht alles, um dabei zu sein, bei den ersten Olympischen Spielen der Neuzeit anno 1896 in Athen. Der italienische Marathonläufer Carlo Airoldi zum Beispiel. Er legte, quasi als Vorbereitungstraining, die rund 1500 km von Mailand nach Griechenlands Hauptstadt zu Fuß zurück, durfte dann aber nicht starten, weil er keine Amateurbescheinigung mit sich führte. Oder der Amerikaner James Brendan Connolly. Ohne genehmigten Urlaub hatte er die berühmte Harvard-Universität verlassen, nahm dafür seine Exmatrikulation in Kauf und wurde der erste Olympiasieger der neuzeitlichen Spiele. Mehr als 50 Jahre später »verzieh« Harvard dem Dreispringer mit der Verleihung der Ehrendoktorwürde. Und erst der Kanadier Percy Williams. Er machte sich per Autostopp auf den 4000 km langen Weg von Vancouver zur amerikanischen Ostküste. Zwischendurch jobbte der 20-Jährige ein paarmal als Aushilfskellner, um die Schiffspassage nach Amsterdam zum Austragungsort der Spiele von 1928 zahlen zu können. Williams wurde Doppelolympiasieger über 100 m und 200 m.

Begeisterung für und Faszination von Olympia sind bis heute ungebrochen. An die Bedeutung eines Olympiasieges reichen Weltmeisterschaft oder Weltcupgewinn nach wie vor nicht heran. Wie sonst ist es zu erklären, dass Tennisstars wie Steffi Graf und André Agassi, Basketballmillionäre wie Larry Bird und Magic Johnson, Radsportikonen wie Miguel Indurain und Richard Virenque trotz ihrer persönlichen Erfolgsbiografie nach der offiziellen Öffnung der Spiele für Profisportler als Höhepunkt ihrer Karriere unbedingt noch einmal das olympische Flair miterleben wollten? Olympiasieger stellen nun einmal etwas ganz Besonderes dar, und Olympische Spiele sind das bedeutendste und traditionsreichste Sportereignis auf diesem Planeten. Kein Titel schmückt eine Sportlerkarriere so wie ein Olympiasieg.

Die deutsche Schwimmerin Franziska von Almsick versuchte zwischen 1992 und 2004 bei insgesamt vier Olympischen Spielen vergeblich, in den Besitz einer Goldmedaille zu gelangen.

Deshalb haben Weltklasseathleten, die alles erreichten bis auf einen Olympiasieg, unter diesem sportlichen Makel stets gelitten. Die Deutsche Franziska van Almsick – Europameisterin, Weltmeisterin und Weltrekordlerin – schwamm von Barcelona 1992 bis Athen 2004 verzweifelt einer Goldmedaille hinterher und hatte am Ende statt Gold lediglich viermal Silber und sechsmal Bronze um den Hals hängen. Keine Leichtathletin gewann mehr Medaillen als die Jamaikanerin Merlene Ottey: acht an der Zahl. Das wichtigste Metall indes fehlte, sie musste sich mit fünf Bronze- und drei Silbermedaillen begnügen. Karl Schranz, dem legendären österreichischen Skirennläufer, blieb die Goldene nicht zuletzt deshalb verwehrt, weil IOC-Präsident Avery Brundage ihn wegen einer Kaffeewerbung 1972 von den Spielen in Sapporo ausschloss. Marc Girardelli, der Österreicher, der für Luxemburg startete, wurde in allen Disziplinen des Skirennlaufs Weltmeister oder Gesamtweltcupsieger, doch außer zwei Silbermedaillen ging er bei Olympia leer aus. Janne Ahonen (Finnland), Andreas Goldberger (Österreich) und Adam Malysz (Polen), drei der besten Skispringer aller Zeiten, gewannen insgesamt vier Weltmeisterschaften, achtmal den Gesamtweltcup und sechsmal die berühmte Vierschanzentournee – aber keine einzige Goldmedaille. Ein besonders tragisches Schicksal traf den Deutschen Rudolf Harbig, einen der besten Mittelstreckler in der Geschichte der

Sie war eine der größten Leichtahtletinnen Jamaikas, wenn nicht sogar die größte: Merlene Ottey. Sie sammelte zahlreiche Medallien, doch das begehrte Gold erreichte sie nie.

Leichtathletik. 1939 stellte er zwei Fabelweltrekorde über 400 m (46,0 Sekunden) und 800 m (1:46,6 Minuten) auf, wäre mit seiner 800-m-Zeit noch 1952 in Helsinki Olympiasieger geworden. Doch Harbig, der »Frankfurter Allgemeinen Zeitung« zufolge »seiner Zeit um Jahre voraus«, fiel während des Zweiten Weltkriegs am 5. März 1944 an der Ostfront.

Zweimal haben Kriege Olympia zu einer Pause gezwungen. Wegen des Ersten Weltkriegs (1914–1918) fielen die Spiele von 1916 aus. Als Kriegsaggressoren waren Deutschland, Österreich, Ungarn, Bulgarien, Türkei, Polen und Russland noch von den ersten Nachkriegsspielen 1920 ausgeschlossen, Deutschland und die junge Sowjetunion gar noch 1924. Wegen des Zweiten Weltkriegs (1939–1945) wurden die Spiele von 1940 und 1944 nicht ausgetragen. Wiederum wurde Deutschland anschließend, diesmal zusammen mit Japan, zum Zuschauen verurteilt (1948).

Keine andere Nation hat aufgrund ihrer Geschichte den eigenen Sportlern die Teilnahme an Olympischen Spielen so schwer gemacht wie Deutschland. Die durch die Kriegsschuld verursachte Teilung in zwei deutsche Staaten nach 1945 wirkte sich leider auch auf den Sport aus. Für die Spiele 1952 verlangte das IOC eine gemeinsame deutsche Mannschaft unter der schwarz-rot-goldenen Fahne der Bundesrepublik. Doch die DDR stellte keine Sportler ab. 1956, 1960 und 1964 traten gesamtdeutsche Olympiateams von BRD und DDR mit weißen olympischen Ringen auf der schwarz-rot-goldenen Fahne an. Zur Siegerehrung wurde Beethovens Hymne »Freude schöner Götterfunken« gespielt. Doch die Funktionäre, nicht nur jene aus der DDR, sorgten dafür, dass die gemeinsame Mannschaft nach innen gespalten blieb. Die eine Seite (Ost) ordnete Redeverbot mit den Landsleuten an, die andere Seite (West) ermunterte ihre Sportler auch nicht gerade zur Kontaktaufnahme. Seit 1968 (in jenem Jahr noch mit gleicher Flagge und Hymne) gingen bis zur Wende getrennte Olympiateams an den Start. Sehr zur Freude der DDR-Führung, die ihr Renommee vor allem bei den Spielen 1972 im Land des Klassenfeindes Bundesrepublik aufgewertet sah. Voller Häme schrieb die DDR-Presse

Mit weißen olympischen Ringen auf der schwarz-rot-goldenen Fahne marschierten die deutschen Sportler aus Ost und West 1960 als gesamtdeutsche Mannschaft in das Olympische Stadion von Rom ein – doch Mannschafts- oder gar Teamgeist wurden von der Politik untersagt.

damals: »Die Feinde unserer Republik ... müssen nun im eigenen Land den Start der ersten völlig souveränen Olympiamannschaft der Deutschen Demokratischen Republik vorbereiten und organisieren, erstmals die Flagge der DDR hissen, unsere Hymne einstudieren und spielen.« Erst 1992, zwei Jahre nach der Wiedervereinigung, feierte dann zum ersten Mal eine staatlich geeinte deutsche Mannschaft ihr Olympiadebüt.

Insgesamt wirkte sich der Zerfall des Ostblocks auf Zigtausende von Spitzensportlern aus. Viele Olympiateilnehmer, die einst für die UdSSR gestartet waren, mussten zunächst Trikots des Nachfolgeprovisoriums GUS (Gemeinschaft Unabhängiger Staaten) tragen, ehe sie schließlich in den Farben ihrer Ursprungsländer Russland, Weißrussland, Ukraine, Estland, Lettland oder Litauen antreten durften.

Für die Politik war Olympia stets eine ideale Bühne für Schaukämpfe, oft genug im Stil von Kampfsportarten mit Tiefschlägen vom Unfeinsten. So nutzten die Nazis die Berliner Spiele von 1936 zur Propaganda. Eine besonders beliebte Strategie zur Verbreitung politischer Botschaften waren Olympiaboykotte. Um ein Zeichen gegen Rassendiskriminierung zu setzen, drohten 1972 viele südafrikanische Staaten mit einem Boykott, falls das IOC sich weigern sollte, Rhodesien auszuschließen. Das IOC gab nach. 1980 und 1984 boykottierten die Supermächte des Kalten Krieges gegenseitig die Spiele im Land des jeweiligen Gegners. Wegen des russischen Einmarsches in Afghanistan blieben die USA, die Bundesrepublik Deutschland und Japan den Spielen in Moskau fern. Als Retourkutsche boykottierten die UdSSR und der Großteil der Ostblockstaaten wegen angeblicher Sicherheitsbedenken die darauffolgenden Spiele in Los Angeles.

Rekonstruktion des antiken Olympia. Lithografie von Carl Votteler. In der Bildmitte erhebt sich der Zeustempel aus dem 5. Jahrhundert vor Christi, in dem sich eine von Phidias errichtete goldelfenbeinerne, crica 12,5 m hohe Zeusstatue befand, die in der Antike zu den sieben Weltwundern zählte.

»Olympische Spiele. Wettlauf« – undatiertes Fresko von Moritz Schwind in der Badischen Kunsthalle, Karlsruhe

Aber auch Athleten nutzten die breite Bühne der Öffentlichkeit zum politischen Statement. Bekanntester Fall: 1968 in Mexico City demonstrierten die beiden farbigen US-Sprinter Tommie Smith (Gold über 200 m) und John Carlos (Bronze) während der Siegerehrung, indem sie als Anhänger der Black-Power-Bewegung mit ausgestrecktem Arm und geballter Faust in schwarzem Handschuh gegen die Rassendiskriminierung in den Vereinigten Staaten protestierten. Eine Aktion, die weltweites Aufsehen erregte und das NOK der USA dazu veranlasste, die beiden Athleten aus der Mannschaft zu werfen.

Höhepunkt aller Angriffe auf die olympische Bewegung war der Anschlag palästinensischer Terroristen auf die israelische Olympiamannschaft am 5. und 6. September 1972 in München. Die Attentäter töteten Menschenleben und zerstörten den Glauben an die Unantastbarkeit des olympischen Friedens. Die misslungene Befreiungsaktion der israelischen Geiseln durch deutsche Sicherheitskräfte forderte 17 Todesopfer, darunter auch die fünf Terroristen. Doch Olympia widerstand allen Attacken auf seine Idee der »Versöhnung der Nationen« (Pierre de Coubertin, Begründer der Spiele der Neuzeit). »The Games must go on«, postulierte IOC-Präsident Brundage und ließ die Spiele nach zweitägiger Unterbrechung fortsetzen. Es dauerte allerdings noch 20 Jahre, ehe Olympia erstmals ohne jeden Boykott stattfand: 1992 in Barcelona.

100 Jahre früher hatte alles begonnen. 1892 trug der französische Baron de Coubertin erstmals seine Idee moderner Olympischer Spiele vor. Zwei Jahre darauf vergab ein olympischer Kongress die ersten Spiele der Neuzeit nach Athen, in jenes Land also, wo die antiken Spiele ihren Ursprung hatten. Die alten Griechen erfanden die Spiele zu Ehren des Göttervaters Zeus. Wer in der heiligen Stätte Olympia siegte, war ein Idol des Volkes. Nach griechischer Überlieferung fanden die ersten Olympischen Spiele 776 v. Chr. statt. Anfangs standen Läufe auf dem Programm. Nach und nach kamen Disziplinen wie Waffenlauf, Fünfkampf (Ringen, Laufen, Weitsprung, Diskus- und Speerwurf), Wagenrennen, Boxen, Ringen und Pankration hinzu, ein brutaler Kampfsport, bei dem alles erlaubt war außer Beißen und Bohren in den Augen. Als Teilnehmer waren nur Griechen zugelassen. Alle vier Jahre reisten Boten durchs Land, um die Spiele anzukündigen. Von da an herrschte der berühmte olympische Friede, der eine mehrmonatige Waffenruhe und freies Geleit für alle beinhaltete, die sich auf den Weg nach Olympia machten. Die Olympiasieger erlangten große Popularität. Vor Ort bekamen sie zwar lediglich einen Kranz aus Olivenzweigen überreicht, zu Hause aber wurden sie reich beschenkt: mit stattlichen Geldsummen, einem Theaterabonnement auf Lebenszeit oder Statuen in Lebensgröße. Eine spezielle Siegprämie hatte sich der Militärstaat Sparta für seine Olympioniken, wie die Sieger genannt wurden, ausgedacht. Sie durften in der nächsten Schlacht neben dem König kämpfen.

Gemälde aus dem Jahr 1679 von Puget für Anicet-Charles-Gabriel Lemonnier, Museum der Schönen Künste, Rouen: Ludwig XIV. mit seinem Gefolge bei der Enthüllung und Einweihung der Statue Milon von Kroton im Garten seines Schlosses in Versailles.

Die Stars der antiken Spiele waren, wie heute, weithin bekannt. Milon von Kroton etwa, ein Schüler von Pythagoras und sechsmaliger Olympiasieger im Ringen (540–512 v. Chr.), zählt zu den prominentesten Athleten des Altertums. Er soll seine eigene Bronzestatue mühelos geschultert und einen vierjährigen Stier durchs Stadion getragen haben, den er anschließend verspeiste. Und zwar allein. Als erfolgreichster Läufer gilt Leonidas von Rhodos mit zwölf Olympiasiegen zwischen 164 und 152 v. Chr. Allein viermal gewann er den Triastes (Dreifachsieg): Stadionlauf (192,28 m), Doppellauf über zwei Stadionrunden und Waffenlauf. Belohnt wurde er jeweils mit 500 Drachmen, was dem Gegenwert von 500 Schafen oder 500 Weizenscheffel entsprach.

Ein großer Olympiastar, wenn auch im negativen Sinne, war nach der Eroberung Griechenlands durch Rom auch der römische Kaiser Nero. Die Spiele waren jetzt für jedermann offen, und Nero wollte sich 67 n. Chr. gerne ein Denkmal als Olympionike setzen. Dazu bestach er die Kampfrichter mit 250 000 Drachmen und ließ Wettbewerbe eigens für sich einführen, wie etwa das Tragödienaufsagen oder den Wettstreit der Herolde. Dann ließ er die Regeln so lange ändern, bis er sechsmal gewonnen hatte. Selbst beim Wagenrennen mit dem Vierspänner wurde Nero zum Sieger ausgerufen, obwohl er in einer Kurve gestürzt und gar nicht bis ins Ziel gekommen war. Trotz dieses Bankrotts der olympischen Idee wurden die Spiele noch 300 Jahre lang ausgetragen. Erst als das Römische Reich unter Kaiser Theodosius Ende des 4. Jahrhunderts christlich wurde, verschwanden sie bis 1896.

Von den 1000 in diesem Buch präsentierten Olympiasiegern der Spiele der Neuzeit führen vier mit jeweils neun Goldmedaillen die Ewige Bestenliste an: die Turnerin Larissa Latynina, die Leichtathleten Paavo Nurmi und Carl Lewis sowie der Schwimmer Mark Spitz. Wer dieses Goldquartett noch in eine interne Rangfolge bringen möchte, sieht Larissa Latynina mit insgesamt 18 Medaillen (9 Gold – 5 Silber – 4 Bronze) an der Spitze vor Paavo Nurmi (9 – 3 – 0), Mark Spitz (9 – 1 – 1) und Carl Lewis (9 – 1 – 0). Ohne die Leistungen dieser Superstars schmälern zu wollen, gilt es allerdings zu berücksichtigen, dass Sportarten wie Turnen und Schwimmen seit jeher ihren Athleten mehr Disziplinen für Medaillengewinne anbieten als etwa Ringen oder Gewichtheben, Tischtennis oder Judo, Eiskunstlaufen oder Bobfahren, Skispringen oder Rodeln.

So bekannt die Namen von Superstars den meisten Sportinteressierten auch sein dürften – unter den 1000 erfolgreichsten Olympioniken (von summa summarum ca. 8000), die bei insgesamt 28 Sommerspielen (seit 1896) und 20 Winterspielen (seit 1924) vertreten waren, befinden sich auch sehr viele weniger bekannte Sportler, gleichwohl große Persönlichkeiten:

Raymond Clarence Ewry, der wegen Kinderlähmung etliche Jahre im Rollstuhl verbracht hatte, wurde Anfang des 20. Jahrhunderts achtmal Olympiasieger. Einige Statistiken führen ihn mit zehn Goldmedaillen sogar an der Spitze der Ewigen Bestenliste, allerdings unter Berücksichtigung der vom IOC nicht anerkannten sogenannten Zwischenspiele von 1906. Der Grieche Spyridon Louis, 1896 der erste Sieger im Marathonlauf, wird in Griechenland noch heute als einer der größten Sportler seines Landes verehrt. Weil er seinerzeit mit einem komfortablen 8-Minuten-Vorsprung im mit 100 000 Zuschauern überfüllten Athener Olympiastadion eintraf, ließ er sich von Mitgliedern des griechischen Königshauses auf seiner ungefährdeten Schlussrunde begleiten und bejubeln.

Die Amerikanerin Mildred Didrikson, eine der besten Allroundsportlerinnen überhaupt mit Spitzenleistungen im Golf, Tennis, Boxen, Baseball und in der Leichtathletik, durfte wegen ihres überragenden Könnens 1932 nur in drei Leichtathletikdisziplinen starten. Das IOC wollte ihren Konkurrentinnen nicht alle Siegchancen nehmen. Andere Olympiasieger verzichteten freiwillig auf etwaige Goldgewinne. Eric Liddell, Sohn eines schottischen Missionars in China, galt 1924 als klarer Favorit über 100 m. Weil die Vorläufe an einem Sonntag stattfanden, verzichtete der tiefgläubige Christ auf einen Start, wich auf die für ihn ungewohnte 400-m-Strecke aus und gewann hier überraschend die Goldmedaille. Unter den in diesem Buch präsentierten 1000 Olympiasiegern befindet sich sogar ein Sportler, der von seinem Medaillengewinn gar nichts mitbekam. Der französische Radrennfahrer Georges Taillandier war 1900 in Paris davon ausgegangen, in einem Radrennen anlässlich der parallel zu Olympia stattfindenden Weltausstellung gestartet zu sein. Bis er 60 Jahre später im Fernsehen erfuhr, dass er damals an einem olympischen Wettbewerb teilgenommen hatte, ergo Olympiasieger war.

Dies sind nur einige Beispiele für herausragende Geschichten besonderer Persönlichkeiten aus dem 1000er-Kreis der Olympioniken. Unter den Ausgewählten befinden sich fast alle Athleten mit mindestens drei Goldmedaillen. Bei Sportlern mit zweifachem bzw. einfachem Sieg wurde die jeweilige Disziplin berücksichtigt: So wurde, bei gleicher Goldmedaillenzahl, beispielsweise dem Sieger eines Einzelwettbewerbs in der Regel eine größere Bedeutung zuerkannt als dem Gewinner eines Teamwettkampfs. Eine Rolle spielte im Zweifelsfall auch, welche Erfolge ein Sportler außerhalb Olympischer Spiele erringen konnte. Ein mehrmaliger Weltmeister, der »nur« einmal Olympiasieger wurde, erhielt den Vorzug gegenüber einem Soloolympiasieger ohne WM-Meriten. Gleichwohl lassen sich Streitfälle nicht ausschließen. Und mancher Leser wird den einen oder anderen Olympioniken vermissen, den er gerne im Kreis der Ausgewählten gesehen hätte. All denen sei gesagt: Nehmen Sie es bitte sportlich!

Nächte Doppelseite: Impressionen der Eröffnungsfeierlichkeiten der XX. Olympischen Winterspiele in Turin 2006

Paavo Aaltonen – Kjetil André Aamodt – Rosemarie Ackermann – Donat Acklin – Eric Adlerz – André Agassi – Hyun-Soo Ahn – John Akii-Bua – Tenley Albright – Vergilijus Alekna – Thomas Alsgaard – Simon Ammann – Uwe Ampler – Hjalmar Andersen – Gary Anderson – Soslan Andijew – Nikolai Andrianow – Peter Angerer – Marina Anissina – Hannelore Anke – Said Aouita – Katrin Apel – Shizuku Arakawa – Rodica Arba – Wladimir Artemow – Albert Asarjan – Hans-Georg Aschenbach – Evelyn Ashford – Gerald Ashworth – Polina Astachowa

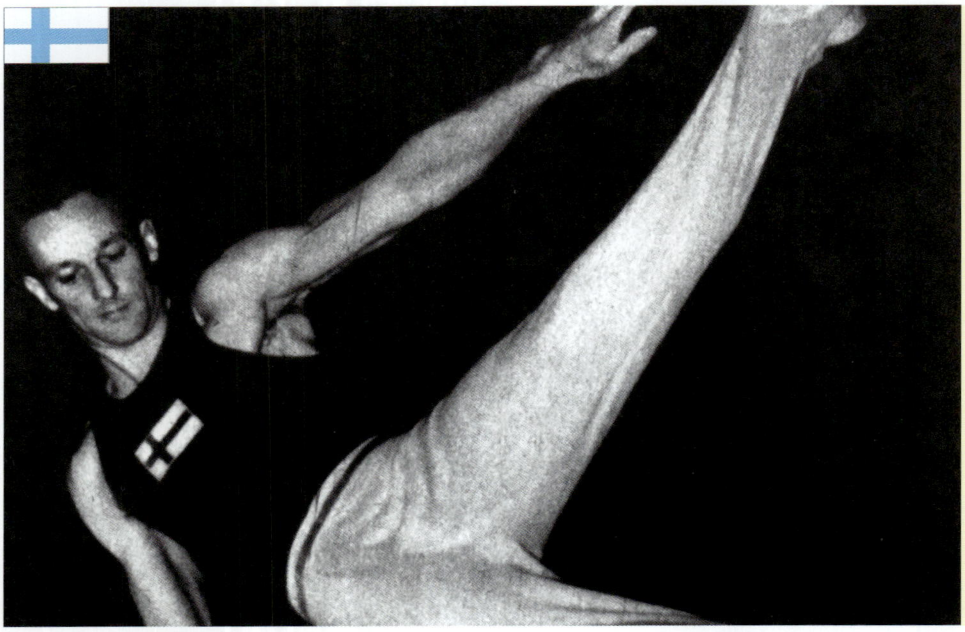

Paavo Aaltonen

»So zu teilen, das macht Spaß«, hat der finnische Turner Paavo Aaltonen später einmal gesagt und meinte damit seine gedrittelte Goldmedaille 1948. Am Seitpferd hatte er zusammen mit seinen Teamkameraden Heikki Savolainen und Veikko Huhtanen die gleiche Punktzahl erreicht. Deshalb wurden alle drei Finnen in dieser turnerisch anspruchsvollen Disziplin zu Olympiasiegern. Doch Aaltonen holte bei denselben Spielen noch zwei weitere Goldmedaillen: im Pferdsprung und im Mehrkampf mit der finnischen Mannschaft, die seinerzeit alle anderen Nationen überragte.

Land:	Finnland
Medaillen:	– 3 Gold
	– 2 Bronze
Teilnahmen:	1948, 1952

Kjetil André Aamodt

Er war nicht nur der erste Norweger von Weltklasse im alpinen Skisport, sondern mit viermal Gold zwischen 1992 und 2006 auch der kompletteste und »langlebigste« Rennläufer überhaupt. Am beeindruckendsten war Aamodts unglaubliche Willenskraft: Drei Monate vor den Spielen in Albertville 1992 bekam er das Pfeiffersche Drüsenfieber, nahm 11 kg ab und hing am Tropf. Obwohl erst wenige Wochen vor dem Wettkampf wieder im Training, gewann er den Super-G. Im Jahre 2003 schien seine Karriere nach einer Knöchelverletzung beendet. Doch Aamodt schaffte noch einmal den Anschluss zur Weltspitze und holte erneut Gold im Super-G: 2006 in Turin.

Land:	Norwegen
Medaillen:	– 4 Gold
	– 2 Silber
	– 2 Bronze
Teilnahmen:	1992, 1994, 1998, 2002, 2006

Rosemarie Ackermann

Sie zählt zu jenem erlauchten Kreis von Athleten, die im Sport als Erste eine Schallmauer durchbrachen. Rosemarie Ackermann aus Cottbus übersprang als erste Frau der Welt 2 m – im August 1977 auf dem Berliner ISTAF. Dennoch war 1976 ihr erfolgreichstes Jahr: Sie verbesserte viermal den Weltrekord, wurde in Montreal Olympiasiegerin und in der DDR Sportlerin des Jahres. Die nur 1,75 m große Athletin, heute Abteilungsleiterin bei der Agentur für Arbeit Cottbus, war die letzte große Hochspringerin, die noch im Straddle-Stil, also bäuchlings, die Latte überquerte. Was ihr den Beinamen »Königin des Straddle« einbrachte.

Land:	DDR
Medaillen:	– 1 Gold
Teilnahmen:	1972, 1976, 1980

Donat Acklin (links)

Wenn es jemand schafft, mit so wenig Übung zweimal Olympiasieger zu werden, muss er schon ein besonderes Talent besitzen. Der Schweizer Donat Acklin trainierte nur einmal pro Woche intensiv für seinen Sport. »Immer donnerstags machte ich mein spezifisches Anschubtraining.« Dann griff sich der 1,93 m große, 100 kg schwere Koloss, der trotz seiner gewaltigen Muskelmasse die 100 m in 11,5 Sekunden lief, den Bobschlitten und schob ihn sekundenschnell auf Höchstgeschwindigkeit. Nicht zuletzt dank dieser Anschubdynamik waren die beiden Schweizer Gustav Weder und Donat Acklin die beiden ersten, die zweimal hintereinander (1992 und 1994) Olympiasieger im Zweierbob wurden.

Land:	Schweiz
Medaillen:	– 2 Gold
	– 1 Silber
	– 1 Bronze
Teilnahmen:	1992, 1994

Erik Adlerz

Der Schwede war der erste umjubelte Doppelolympiasieger im Wasserspringen – und dies bei den Spielen 1912 vor begeisterten Zuschauern in seiner Heimatstadt Stockholm. Von den insgesamt vier ausgetragenen Wettbewerben gewann Erik Adlerz das Springen vom 10-m-Turm vor dem Deutschen Albert Zürner und dem Schweden Gustaf Blomgren sowie das Kombinationsspringen (5 m und 10 m) vor zwei weiteren Landsleuten. Bei den Spielen 1920 in Antwerpen, den ersten nach dem Ersten Weltkrieg, musste sich Adlerz im Kombinationsspringen dem Amerikaner Clarence Pinkston geschlagen geben und mit Silber begnügen.

Land: Schweden
Medaillen: – 2 Gold
– 1 Silber
Teilnahmen: 1912, 1920

André Agassi

Als Sohn eines iranischen Olympiaboxers hätte man eigentlich eine andere Sportart von ihm erwartet. Doch statt der Boxhandschuhe griff sich André mit drei Jahren einen Tennisschläger – und ließ ihn nicht wieder los. Mit 16 wurde er Profi, mit 26 Olympiasieger (Finalsieg über den Spanier Sergi Bruguera) in seiner Heimat USA. Mehr Schlagzeilen lieferte Agassi indes jenseits von Olympia: Er gewann 60 Einzelturniere, achtmal den Grand Slam und mit den USA dreimal den Daviscup. Als Paradiesvogel mit ungewöhnlichem Outfit – Haare ellenlang und millimeterkurz, Hosen lang und schlabbernd, Trikots grell und bunt – lockte er Tausende auf die Tennisanlagen und Millionen vor die Bildschirme. Erst durch seine Heirat mit Deutschlands Vorzeigesportlerin Nummer 1 Steffi Graf fand André Agassi dann, wie er selbst sagte, seinen »inneren Frieden«.

Land: USA
Medaillen: – 1 Gold
Teilnahmen: 1996

Hyun-Soo Ahn

Er war der erfolgreichste Athlet der Olympischen Winterspiele von 2006 in Turin (dreimal Gold, einmal Bronze) – weltbekannt ist er dennoch nicht. Hyun-Soo Ahn ist Star einer noch jungen olympischen Sportart, dem Short Track, wo Eisflitzer waghalsig um enge Kurven rasen und dabei oft genug spektakulär stürzen. Wie Ahn 2002 in Salt Lake City. Damals geriet der Topfavorit in eine Massenkollision, aus der der Australier Bradbury als Sieger hervorging.

Vier Jahre später aber erlebte der Südkoreaner dann seinen verdienten Triumph: Er siegte über 1000 m, 1500 m und mit der südkoreanischen 5000-m-Staffel.

Land: Südkorea
Medaillen: – 3 Gold
– 1 Bronze
Teilnahmen: 2002, 2006

John Akii-Bua

Obwohl John Akii-Bua 1972 in München als erster Ugander eine Goldmedaille holte (400 m Hürden in der Weltrekordzeit von 47,82 Sekunden), zollte ihm das Regime von Idi Amin keinen Respekt. Der Diktator fürchtete, Akii-Buas Popularität könne ihm schaden und stellte den Athleten unter Hausarrest. 1976 in Montreal konnte er nicht starten, weil die afrikanischen Länder die Spiele boykottierten. Später wurde Akii-Bua sogar inhaftiert. Nach seiner Flucht aus dem Gefängnis ging er nach Deutschland, zur Stätte seines größten Erfolges und lebte dort bis zu Amins Ende im Jahre 1983. Als John Akii-Bua 1997 starb, bekam er in seiner Heimat ein Staatsbegräbnis.

Land:	Uganda
Medaillen:	– 1 Gold
Teilnahmen:	1972, 1980

Tenley Albright

Zum Glück war Tenley Albrights Vater ein erfolgreicher Chirurg. Als sich die 21-Jährige aus Boston knapp zwei Wochen vor den Olympischen Spielen 1956 in Cortina d´Ampezzo bei einem Trainingssturz mit dem linken Schlittschuh den rechten Knöchel bis zum Knochen hin aufriss und dabei die Ader zerschnitt, flog der Papa sofort ein. Er flickte alles so gut zusammen, dass die Tochter nur wenige Tage später Olympiasiegerin im Eiskunstlauf wurde – als erste Amerikanerin übrigens. Als Kind hatte ihr der Vater schon eine kleine Eisbahn im elterlichen Garten bauen lassen. Nach ihrer Karriere absolvierte Tenley Albright ein Studium an der Harvard Medical School und wurde Ärztin.

Land:	USA
Medaillen:	– 1 Gold
	– 1 Silber
Teilnahmen:	1952, 1956

Vergilijus Alekna

Er musste etliche Jahre warten, bis er seinen ewigen Konkurrenten Lars Riedel aus Deutschland im Diskuswerfen bei Olympia bezwingen konnte. Hatte Riedel seinen Rivalen Alekna in den 1990er-Jahren noch beherrscht, so wendete sich im neuen Jahrtausend das Blatt. Alekna holte 2000 in Sidney und 2004 in Athen die Goldmedaille, die zweite allerdings mit Verzögerung: Der Ungar Fazekas, der den Wettbewerb gewonnen hatte, wurde nachträglich wegen Dopings disqualifiziert. 2-m-Modellathlet Alekna macht übrigens auch beruflich eine gute Figur – als Leibgardist des litauischen Präsidenten Valdas Adamkus.

Land:	Litauen
Medaillen:	– 2 Gold
Teilnahmen:	2000, 2004

Thomas Alsgaard

Nur einer war ein noch größerer Langläufer als er: Björn Dählie, Norweger wie er. Thomas Alsgaard gewann fünfmal Gold bei drei Winterspielen: 1994 in Lillehammer über 30 km im freien Stil; 1998 in Nagano in der 15-km-Verfolgung und mit der 4x10-km-Staffel; 2002 wiederum mit der Staffel und als nachträglicher Sieger in der 20-km-Verfolgung (durch die Doping-Disqualifikation von Johann Mühlegg). Der kleine Unterschied zu Dählie, dem erfolgreichsten Langläufer aller Zeiten: Alsgaard war nie ein so verbissener Siegertyp wie sein Landsmann. Beide Heroen wohnen seit Jahren in Nannestad, in derselben Straße, übersetzt heißt sie Goldberg-Straße (wie sonst?).

Land: Norwegen
Medaillen: – 5 Gold
– 1 Silber
Teilnahmen: 1994, 1998, 2002

Uwe Ampler

Zu DDR-Zeiten galt Uwe Ampler als Vorzeigeathlet. Als Staatsamateur war er Weltmeister (1986) und Olympiasieger (1988 im Straßenvierer) geworden und stand nach der Wende vor einer hoffnungsvollen Karriere als Profi. Doch der Leipziger wurde so schlecht gemanagt, dass er in der Bedeutungslosigkeit verschwand. Einmal warf er dem Telekom-Teammanager Walter Godefroot vor, ihn vorsätzlich gedopt zu haben, zog dabei durch alle Instanzen, verlor einen Prozess nach dem anderen und eine Menge Geld; ein andermal wurde er selbst des Dopings überführt. Geschäftliche Investitionen führten zu Millionenverlusten. Frustriert beendete Ampler im Sommer 2000 seine Laufbahn.

Land: DDR
Medaillen: – 1 Gold
Teilnahmen: 1988

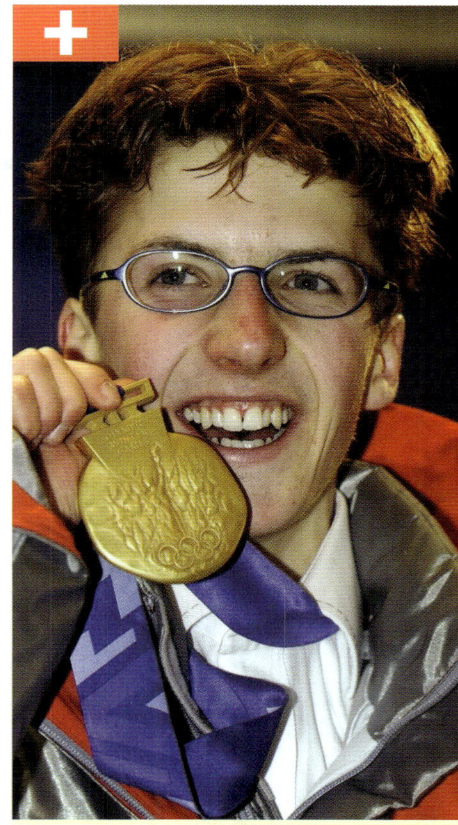

Simon Ammann

Die spannendsten Sieger im Sport sind meist diejenigen, an die vorher kein Mensch dachte. Wie etwa der Schweizer Simon Ammann. Vor den Spielen 2002 hatte er noch kein einziges Weltcup-Springen gewonnen. Dann wurde er plötzlich Olympiasieger, und dies gleich zweimal (Normal- und Großschanze). Der Sensation folgte eine sportliche Krise. Dem 1,70 m kleinen »Flying Harry Potter« machten die Folgen seiner Popularität zu schaffen. Erst nach Olympia 2006 ging´s sportlich wieder aufwärts.

Land: Schweiz
Medaillen: – 2 Gold
Teilnahmen: 1998, 2002, 2006

Hjalmar Andersen

In der ersten Hälfte der 1950er-Jahre war der Norweger der beste Eisschnellläufer der Welt. Unter Dreifachsiegen tat er es nicht: Bei den Spielen in Oslo 1952 holte er Gold über 1500, 5000 und 10 000 m. Außerdem wurde er noch dreimal Welt- und dreimal Europameister. Während seiner Laufbahn stellte Andersen fünf Weltrekorde auf. Und er war der Erste, der die 10 000 m unter 17 Minuten lief.

Land: Norwegen
Medaillen: – 3 Gold
Teilnahmen: 1948, 1952, 1956

Gary Anderson

Waffen hatten es ihm angetan. Als Sportschütze wurde der Amerikaner Gary Anderson 1964 und 1968 nacheinander Olympiasieger im Dreistellungskampf, freies Gewehr (300 m), was vor ihm noch keiner geschafft hatte. Bei Olympia 1996 in Atlanta wurde er zum Direktor der Schießwettbewerbe bestellt. Darüber hinaus engagiert sich Anderson als Direktor des in den USA weithin bekannten Civilian Marksmanship-Programs dafür, dass Bürger mit Waffenschein den sicheren Umgang mit ihren Schusswaffen erlernen.

Land:	USA
Medaillen:	– 2 Gold
Teilnahmen:	1964, 1968

Soslan Andijew

Er war ein gewichtiger Mann aus der alten Sowjetunion. Soslan Andijew stammte aus einer Ringerfamilie in Wladikawkas (Nordossetien), der Vater und die beiden Brüder fungierten als Trainer und Sparringspartner. Schon mit 20 Jahren war Soslan so groß und schwer (1,98 m, 110 kg), dass er nur für die höchste Gewichtsklasse infrage kam, das Superschwergewicht. Von 1973 an beherrschte der Russe für zehn Jahre lang alle Gegner, schulterte auch den US-Koloss Chris Taylor. 1976 und 1980 wurde der studierte Diplomökonom zweimal in Folge Olympiasieger.

Land:	UdSSR
Medaillen:	– 2 Gold
Teilnahmen:	1976, 1980

Nikolai Andrianow

Wenn er von seinem Turngerät abstieg, eilte er meist auf schnellstem Wege in die Umkleide, um sich gierig eine Zigarette anzuzünden. Das Kettenrauchen indes erstickte seine Leistungen keineswegs. In den 1970er-Jahren beherrschte der Russe die Turnarenen der Welt, holte bei drei Olympischen Spielen 15 Medaillen, davon sieben goldene. Die Wertvollste: der Sieg im Olympischen Zwölfkampf 1976 in Montreal, wo er zum erfolgreichsten Athleten überhaupt wurde. Er war ein Meister der Technik, Kühnheit und Präzision, gilt heute in seiner Heimat als Legende. Erst mit 12 Jahren war Nikolai, bis dahin ein echter Raufbold, der ohne Vater aufwuchs, zum Turnen gekommen. Sein späterer Trainer Nikolai Tolkatschow holte ihn von der Straße weg, kümmerte sich um seine sportlichen wie schulischen Leistungen und wurde sein Ziehvater. Andrianows perfekte Turnerfigur (1,66 m, 58 kg) verhalf ihm zu idealer Hebelwirkung. So war er der erste Turner, der mit einem dreifachen Rückwärtssalto gehockt vom Reck abging, am Boden einen Doppelsalto gebückt sprang und an den Ringen den Tsukahara gehockt kreierte.

Land:	UdSSR
Medaillen:	– 7 Gold
	– 5 Silber
	– 3 Bronze
Teilnahmen:	1972, 1976, 1980

Peter Angerer

Obwohl er »nur« einmal Biathlongold gewann (1984 über 20 km), trug Peter Angerer entscheidend zur Popularisierung seiner Sportart in der Bundesrepublik bei. Der blonde Sunnyboy aus dem oberbayerischen Hammer war jahrelang beliebter Interviewpartner der Journaille und wurde zum Aushängeschild der bundesdeutschen Biathleten. Er genoss den Ruf eines untadeligen Sportsmannes – bis er wegen der Einnahme eines verbotenen Mittels, das ihm sein Arzt verabreicht hatte, ins Zwielicht geriet. Angerer wollte schon seine Karriere beenden, startete dann aber doch noch einmal 1988 in Calgary (Silber mit der Staffel). Er betreibt heute eine Langlaufschule in Ruhpolding.

Land:	Deutschland
Medaillen:	– 1 Gold
	– 2 Silber
	– 2 Bronze
Teilnahmen:	1980, 1984, 1988

Marina Anissina

Schon ihre russischen Eltern verbrachten ihre Zeit auf dem Eis (der Vater Eishockeyweltmeister, die Mutter Paarlauftrainerin) – und Marina Anissina stand ihnen in nichts nach.
Marina folgte den Ambitionen ihrer Mutter, wurde Eistänzerin, fand aber zunächst nicht den richtigen Partner. Endlich, nach vielen Briefen, gab der Franzose Gwendal Peizerat sein Jawort. Marina ging nach Frankreich, um mit Peizerat in Lyon zu trainieren und nahm die französische Staatsbürgerschaft an. Ein für die französische Eislaufszene lohnendes Zugeständnis: 2002 wurden Marina Anissina und Gwendal Peizerat erste Eistanz-Olympiasieger für Frankreich.

Land:	Frankreich
Medaillen:	– 1 Gold
	– 1 Bronze
Teilnahmen:	1998, 2002

Hannelore Anke (Mitte)

Ohnehin waren Schwimmerinnen aus der ehemaligen DDR überaus kräftige Erscheinungen. Übertroffen aber wurden alle noch von Hannelore Anke, in ihrer aktiven Zeit die robusteste aller DDR-Damen. Schon mit 14 nahm sie an ihren ersten Olympischen Spielen teil. Das war 1972 in München. Vier Jahre später, in Montreal, wurde sie dann zweifache Olympiasiegerin: über 100 m Brust und in der 4x100-m-Lagenstaffel.

Land:	DDR
Medaillen:	– 2 Gold
Teilnahmen:	1972, 1976

Said Aouita

Man nannte ihn den Zehnkämpfer unter den Langstreckenläufern. Denn der Marokkaner dominierte in den 1980er-Jahren die Distanzen zwischen 800 und 10 000 m und sogar die 3000 m Hindernis. Bis heute gelang es nur einem Said Aouita, 800 m unter 1:44 Minuten, 1500 m unter 3:30 Minuten, 3000 m unter 7:30 Minuten und 5000 m unter 13 Minuten zu laufen. Er stellte zahlreiche Weltrekorde auf, doch sein größter Erfolg war der 5000-m-Olympiasieg 1984 in Los Angeles. Unrühmlich allein sein Karriereende: Sein Rücktritt als Trainer von Australiens Leichtathleten erfolgte nach Vorwürfen, er habe seinen Schützlingen die Einnahme von Wachstumshormonen empfohlen.

Land:	Marokko
Medaillen:	– 1 Gold
	– 1 Bronze
Teilnahmen:	1984, 1988

Katrin Apel

Ihre Liebe zum Biathlon entstand – nicht unüblich in Liebesdingen — aus einer großen Enttäuschung: Die Skilangläuferin Katrin Apel aus Thüringen hatte wider Erwarten die Qualifikation für Olympia 1994 nicht geschafft. Der Schock saß so tief, dass sie die Sportart wechselte und Biathletin wurde. »Wenn auch mehr aus Frust als aus Lust«, wie sie einräumte. Schon zwei Jahre später wurde sie Weltmeisterin, zwei weitere Jahre danach Olympiasiegerin (1998 mit der Staffel in Nagano). Den Staffelerfolg wiederholte sie 2002 in Salt Lake City. Auch beim dritten Olympiaauftritt, 2006 in Turin, gab´s eine Medaille: Silber mit der Mannschaft.

Land:	Deutschland
Medaillen:	– 2 Gold
	– 1 Silber
	– 1 Bronze
Teilnahmen:	1998, 2002, 2006

Shizuku Arakawa

Fünf Jahre war sie alt, als sie ihre Eltern bedrängte, Eiskunstlaufunterricht nehmen zu dürfen. Der Grund? »Weil ich unbedingt diese schönen Kleidchen tragen wollte.« Doch bald erwachte bei Shizuku Arakawa auch der sportliche Ehrgeiz. Ihren größten Erfolg, den Olympiasieg im Damenwettbewerb, errang die Japanerin dann 2006 in Turin, ebenfalls in einem schönen Kleid. In ihrer Heimat wurde der Triumph der Eiskunstläuferin überschwänglich gefeiert; zum ersten Mal hatte Japan im Eiskunstlaufen Gold geholt.

Land:	Japan
Medaillen:	– 1 Gold
Teilnahmen:	1998, 2006

Rodica Arba (links)

Die Rumänin zählt zu den besten Ruderinnen überhaupt. Schon unter ihrem Mädchennamen Rodica Puscatu war die 1,80 m große und 81 kg schwere Athletin international erfolgreich. Ungewöhnlich war ihr Zugang zu dieser höchst trainingsintensiven Sportart: »Ich bin sehr naturverbunden, und beim Rudern ist man mitten in der Natur« Ihre beiden Goldmedaillen gewann sie 1984 und 1988 jeweils im Zweier ohne Steuerfrau, Silber und Bronze jeweils im Achter.

Land:	Rumänien
Medaillen:	– 2 Gold
	– 1 Silber
	– 1 Bronze
Teilnahmen:	1980, 1984, 1988

Wladimir Artemow

Sein Jahr war anno 1988. Bis dahin galt der sowjetische Turner Wladimir Artemow als ewiger Zweiter, weil er stets hinter seinen Landsleuten Korolew oder Bilosertschew gelandet war. Doch in Seoul trat der klassisch-elegante Stilist aus dem Schatten der anderen: Mit viermal Gold (Zwölfkampf, Reck, Barren, Mannschaft) und einmal Silber (Boden) wurde Artemow zum überragenden Athleten der Turnwettkämpfe. Bei seinem Zwölfkampf-Triumph stellte er mit 119,125 von 120 möglichen Punkten einen inoffiziellen Weltrekord auf. Bei der Suche nach einem Vorbild wurde Wladimir aus Wladimir übrigens schnell fündig: Nikolai Andrianow, einer der größten russischen Turner aller Zeiten, wohnte nur ein paar Straßen weiter.

Land:	UdSSR
Medaillen:	– 4 Gold
	– 1 Silber
Teilnahmen:	1988

Albert Asarjan

Keiner vor ihm hatte es geschafft, die bekannteste Übung an den Ringen so perfekt zu demonstrieren wie er, der Armenier aus der Sowjetunion. Asarjan war der erste Turner, der beim Kreuzhang, diesem spektakulärsten aller Kraftteile, den Körper mit absolut waagerecht ausgestreckten Armen in der Balance halten konnte. Viele Jahre lang war Albert Asarjan König der Ringe. Zweimal hintereinander holte er in seiner Lieblingsdisziplin die Goldmedaille (1956, 1960), dazu mit der russischen Mannschaft noch je einmal Gold und Silber. Nach Beendigung seiner Karriere wurde er Direktor einer Sportschule in der armenischen Millionenmetropole Eriwan.

Land:	UdSSR
Medaillen:	– 3 Gold
	– 1 Silber
Teilnahmen:	1956, 1960

Hans-Georg Aschenbach (rechts)

Sein Olympiagold im Skispringen 1976 auf der Normalschanze hatte sich eindrucksvoll angekündigt. Zuvor war Hans-Georg Aschenbach aus Thüringen Skiflugweltmeister, Vierschanzentournee-Sieger und Doppelweltmeister geworden (Normal- und Großschanze). Er war der seinerzeit beste Skispringer der Welt. Der sportlichen Karriere schloss sich nahtlos die berufliche an: Aschenbach wurde Diplomsportlehrer, dann Militärarzt und später Delegierter des SED-Parteitages und Mitglied des Friedensrates der DDR.

Land: DDR
Medaillen: – 1 Gold
Teilnahmen: 1976

Evelyn Ashford

Vier Olympiateilnahmen, vier Goldmedaillen. Die Bilanz der US-Sprinterin Evelyn Ashford ist eine der eindrucksvollsten in der Leichtathletikgeschichte. 1976 wurde sie als 19-Jährige über 100 m Fünfte. 1980 zählte sie zu den Topfavoriten, konnte wegen des US-Boykotts der Moskauer Spiele aber nicht starten. 1984 gewann sie die 100 m und Staffelgold über 4x100 m. 1988 (Silber über 100 m) und 1992 kam jeweils noch einmal Staffelgold hinzu. Das Erfolgsgeheimnis ihrer langen Sprintkarriere beantwortete die Tochter eines Luftwaffensergeants so: »Ich hatte stets Freude am Tempo, Laufen ist wie Fliegen.«

Land: USA
Medaillen: – 4 Gold
– 1 Silber
Teilnahmen: 1976, 1984, 1988, 1992

Gerald Ashworth

Der Amerikaner war Mitglied einer legendären 4x100-m-Staffel. 1964 bei den Spielen in Tokio rannten die US-Leichtathleten Gerald Ashworth, Paul Drayton, Richard Stebbins und Robert Hayes in der damals sensationellen Weltrekordzeit von exakt 39,0 Sekunden zum Goldgewinn. Ashworth startete als Zweiter. Unvergessen ist dabei sein rasender Lauf auf der Gegengeraden, als er die Gegner zu Statisten degradierte.

Land: USA
Medaillen: – 1 Gold
Teilnahmen: 1964

Polina Astachowa

Die Ukrainerin gehörte zu den berühmtesten Figuren in der sowjetischen Turngeschichte. Bei drei Olympischen Spielen zwischen 1956 und 1964 holte sie fünf Goldmedaillen (drei mit der Mannschaft, zwei am Stufenbarren); dazu kamen zwei Silbermedaillen am Boden und drei bronzene. Nach ihrer aktiven Zeit wurde Polina Astachowa Trainerin. Bei den Spielen in München 1972 führte sie die sowjetische Mannschaft zum Titelgewinn.

Land: UdSSR
Medaillen: – 5 Gold
– 2 Silber
– 3 Bronze
Teilnahmen: 1956, 1960, 1964

Angelika Bahmann – Ernst Baier – Donovan Bailey – Walter Thane Baker – Jill Bakken – Iolanda Balas – Ercole Baldini – Klaus Balkenhol – Ivar Ballangrud – Karin Balzer – Helmut Bantz – Randy Barnes – Henri Barrelet – Robert Bartko – Waldemar Baszanowski – Walter Bathe – Viola Bauer – Dieter Baumann – Matthias Baumann – Bruce Baumgartner – James Aloysius Bausch – Irving Baxter – Mithat Bayrak – Robert Beamon – Volker Beck – Boris Becker – Elizabeth Becker – Ludger Beerbaum – Holger Behrendt – Jan Behrendt – Wolfgang Behrendt – Jutta Behrendt-Hampe – Stefania Belmondo – Ljudmilla Beloussowa – Brooke Bennett – Jack Beresford – Livio Berruti – Paolo Bettini – Udo Beyer – Sergio Bianchetto – Heidi Biebl – Abebe Bikila – Dimitri Bilosertschew – Matthew Biondi – Ole Einar Björndalen – Bonnie Blair – Armand Blanchonnet – Francina Esja Blankers-Koen – Kay Bluhm – Harro Bode – Klawdija Bojarskirch – John Pius Boland – Jeanette Bolden – Harry Boldt – Gustav Adolf Boltenstern jr. – Anatoli Bondartschuk – Carl Graf Bonde – Yvonne Bönisch – Klaus Bonsack – Kathrin Boron – Waleri Borsow – Ralph Boston – Gaétan Boucher – Donald Bragg – Alberto Braglia – Gregor Braun – Hallgeir Brenden – Bart Jan Brentjens – Siegfrid Brietzke – Alice Brown – Inge de Bruijn – Waleri Brumel – Andrée Brunet – Pierre Brunet – Olga Brysgina – Sergej Bubka – Maik Bullmann – Heinrich Burger – David Burghley – Thomas Burke – Michael Burton – Richard Button

Angelika Bahmann

Vater Peter hatte seine Tochter schon als kleines Kind fürs Kanuwandern begeistert. Doch die kleine Angelika mochte sich nicht mit dem beschaulichen Paddeln im Faltboot über Flüsse und Seen begnügen, sie wollte Rennen fahren. Schnell schaffte sie den Sprung in die Spitzenklasse der DDR-Kanuten, die in den 1970er-Jahren die weltbesten waren. 1972 in München wurde der Einerkajak-Slalom für Frauen erstmals ins olympische Programm aufgenommen. Und die erste Olympiasiegerin in dieser Disziplin hieß Angelika Bahmann.

Land:	DDR
Medaillen:	– 1 Gold
Teilnahmen:	1972

Ernst Baier

Mit seiner Partnerin Maxi Herber revolutionierte Ernst Baier das Paarlaufen. Die beiden Deutschen waren die ersten Eiskunstläufer, die parallele Sprünge zeigten. Baier, ein gelernter Architekt, hatte für Olympia 1936 in Garmisch-Partenkirchen die Kür entworfen und einen Komponisten engagiert, der sie musikalisch untermalte – damals Neuland im Eiskunstlaufen. Das Paar, er 31, sie erst 15 Jahre alt, gewann Gold. Ungewöhnlich auch, dass Ernst Baier zusätzlich im Einzelwettbewerb an den Start ging und Silber holte. Nach dem Zweiten Weltkrieg gründeten die mittlerweile verheirateten Baiers eine Eisrevue, die sie später an »Holiday On Ice« verkauften.

Land:	Deutschland
Medaillen:	– 1 Gold
	– 1 Silber
Teilnahmen:	1936

Donovan Bailey

Der auf Jamaika aufgewachsene Kanadier spielte als Kind und Jugendlicher lieber Fußball und Basketball. Zur Leichtathletik hatte man ihn drängen müssen. Erst fünf Jahre vor seinem größten Erfolg 1996 in Atlanta hatte Donovan Bailey mit systematischem Training begonnen. Dank seines überragenden Talents wurde er innerhalb weniger Jahre zum schnellsten Mann der Welt. In Atlanta holte er Gold über 100 m und stellte dabei mit 9,84 Sekunden einen neuen Weltrekord auf. Mit der kanadischen Sprintstaffel, die vier Jahre lang unbesiegt blieb, gewann er auch über 4x100 m. Schon drei Jahre danach, 1999, leitete ein Achillessehnenriss das Ende von Baileys kurzer Karriere ein. Heute spielt er wieder Basketball – zum Spaß.

Land:	Kanada
Medaillen:	– 2 Gold
Teilnahmen:	1996, 2000

Walter Thane Baker (rechts)

Walter Thane Baker gehörte zu jener goldenen US-Sprintergeneration, die in den 1950er-Jahren gleich mehrfach den von Jesse Owens gehaltenen Uralt-Weltrekord über die 100 m von 10,2 auf 10,1 Sekunden verbesserten. Baker gewann 1956 zusammen mit Ira Murchison, Leamon King und Bobby Morrow die 4x100-m-Sprintstaffel. Über 100 m musste sich Baker nur seinem zeitgleichen Teamkameraden Morrow beugen. Auch über 200 m gewann er Medaillen: 1956 Bronze, vier Jahre zuvor Silber.

Land: USA
Medaillen: – 1 Gold
– 2 Silber
– 1 Bronze
Teilnahmen: 1952, 1956

Jill Bakken (rechts)

Die Emanzipation im Sport ereilte 2002 auch das olympische Bobfahren. In Salt Lake City schwangen sich zum ersten Mal auch Frauen in die schnellen Schlitten. Der Konkurrenz hoch überlegen war dabei die amerikanische Pilotin Jill Bakken. Sie steuerte den Zweierbob zusammen mit ihrer Anschieberin Vonetta Flowers gleich zweimal mit Bestzeit durch die Eisrinne. Für Jill war der Wettbewerb im Utah-Olympiapark übrigens ein Heimspiel. Sie studierte seinerzeit an der Universität von Utah.

Land: USA
Medaillen: – 1 Gold
Teilnahmen: 2002

Iolanda Balas

Sie verbesserte den Hochsprung-Weltrekord insgesamt 14-mal und gewann 144-mal hintereinander – eine in der Leichtathletik nie mehr erreichte Siegesserie. Die Rumänin Iolanda Balas (1,85 m groß, 70 kg schwer) war zwischen 1957 und 1967 die Überfliegerin schlechthin. Die Hochsprunglatte bewegte sich mit ihr von der Weltrekordhöhe 1,75 m bis auf 1,91 m stetig nach oben. Iolanda Balas war ihren Konkurrentinnen derart überlegen, dass sie bei ihren Olympiasiegen von 1960 und 1964 um 14 cm bzw. 10 cm höher sprang als die Zweitplatzierte. Sie musste sich gefühlt haben wie eine Astronautin im Duell mit Drachenfliegern.

Land: Rumänien
Medaillen: – 2 Gold
Teilnahmen: 1956, 1960, 1964

Ercole Baldini

Wie so viele Radprofis machte der Italiener Ercole Baldini schon als Amateur von sich reden. 1954 verbesserte der Mann aus der Emilia Romagna den Stundenweltrekord für Amateure auf 44,870 km. Zwei Jahre darauf wurde er Olympiasieger im Straßenrennen und bewältigte die 190-km-Strecke im Alleingang. Gleich danach wechselte er ins Profilager, übertraf noch im selben Jahr den Stundenweltrekord für Profis (gehalten vom berühmten Franzosen Jacques Anquetil) um 235 m und wurde 1958 Straßenweltmeister der Profis. Für die Italiener ist er noch heute ein Campionissimo.

Land: Italien
Medaillen: – 1 Gold
Teilnahmen: 1956

Klaus Balkenhol

Sein Weg zum Dressurreiter war ungewöhnlich. Als Beamter der berittenen Polizei in Düsseldorf bildete Klaus Balkenhol Pferde aus und lernte dabei den für den Streifendienst gekauften Rabauke kennen. Der Polizist brachte sich autodidaktisch das Dressurreiten bei und wurde mit Rabauke auf Anhieb Deutscher Vizemeister. Seine größten Erfolge feierte er aber auf Goldstern, ebenfalls ein Polizeipferd. Das Paar wurde 1992 und 1996 mit der Mannschaft Olympiasieger. Hinzu kam 1992 eine Bronzemedaille im Einzel. Später sammelte Balkenhol als Bundestrainer weitere Medaillen, bis die USA ihn 2001 als Trainer für ihre Dressurreiter engagierten.

Land:	Deutschland
Medaillen:	– 2 Gold
	– 1 Bronze
Teilnahmen:	1992, 1996

Ivar Ballangrud

Der Norweger war einer der größten Eisschnellläufer der frühen Winterspiele. Bei drei Teilnahmen zwischen 1928 und 1936 gewann er sieben Medaillen, davon vier goldene. 1936 war Ivar Ballangrud bei allen vier Wettbewerben vorne dabei: Gold über 500 m, 5000 m und 10 000 m, Silber über 1500 m. Er wurde damit zum erfolgreichsten Teilnehmer der Spiele von Garmisch-Partenkirchen 1936. Voller Dramatik entwickelte sich die Entscheidung über 10 000 m, als Ballangrud in der letzten Runde seinen finnischen Konkurrenten Vasenius noch abfing.

Land:	Norwegen
Medaillen:	– 4 Gold
	– 2 Silber
	– 1 Bronze
Teilnahmen:	1928, 1932, 1936

Karin Balzer

Siebenmal verbesserte Karin Balzer aus der DDR zwischen 1964 und 1971 den Weltrekord im Hürdensprint, gewann zahllose Rennen und Meisterschaften. »Doch der Olympiasieg von 1964 bleibt für mich das Allergrößte, weil er das brachte, wovon jeder Sportler träumt«, sagte sie später. 1968 trug die in der DDR ungemein populäre Athletin die Fahne ihres Landes, wurde in ihrer Disziplin aber nur Fünfte. 1972 in München, als schon 34-Jährige, holte sie noch einmal Bronze. Siegerin wurde ihre Landsfrau Annelie Ehrhardt, die kurz vor den Münchner Spielen Balzers letzten Weltrekord von 12,6 Sekunden gelöscht hatte.

Land:	DDR
Medaillen:	– 1 Gold
	– 1 Bronze
Teilnahmen:	1964, 1968, 1972

Helmut Bantz (links)

Sein Charakter und sein Auftreten beeindruckten selbst die Kriegsgegner: Als Helmut Bantz 1944 in englische Kriegsgefangenschaft geriet, machten ihn die Engländer zum Trainer ihrer Turner, die er 1948 bei Olympia in London betreute; Deutschland war damals noch ausgeschlossen. Obwohl die Engländer ihn behalten wollten, kehrte Bantz nach seiner Entlassung in die Heimat zurück und turnte sich in die Weltklasse (1954 WM-Zweiter im Pferdsprung und am Reck; 1955 Europameister am Barren). Bei Olympia 1956 schließlich gewann er gemeinsam mit dem Russen Muratow die Goldmedaille im Pferdsprung und wurde der erste deutsche Olympiasieger nach dem Zweiten Weltkrieg. Als Diplomsportlehrer unterrichtete Helmut Bantz später an der Deutschen Sporthochschule in Köln. Zu seinen Schülern zählten Fußballstars wie Günter Netzer und Jupp Heynckes. Unter Trainer Hennes Weisweiler arbeitete er auch als Konditionstrainer für den Fußballklub Borussia Mönchengladbach. Ohnehin wäre Bantz am liebsten Fußballprofi geworden. Sein Vater, Vorsitzender eines Turnvereins, hatte ihn aber zum Turnsport überredet.

Land:	Deutschland
Medaillen:	– 1 Gold
Teilnahmen:	1952, 1956, 1960

Randy Barnes

Schon 1988 war der US-Kugelstoßer nur wenige Zentimeter vom Gold entfernt. Damals schnappte ihm noch sein schärfster Rivale Ulf Timmermann (DDR) den sicher geglaubten Olympiasieg weg, indem er die Kugel im letzten Versuch acht Zentimeter weiter stieß. Erst zwei Olympiaden später, 1996, konnte Randy Barnes triumphieren. Allerdings überschatteten zwei Dopingskandale seine Karriere. Anfang der 1990er-Jahre hatte ihn eine Dopingsperre 27 Monate lang außer Gefecht gesetzt. Und zwei Jahre nach seinem Olympiasieg von Atlanta wurde Barnes erneut des Dopings überführt und lebenslang gesperrt. Dennoch durfte er seine Titel und Weltrekorde behalten.

Land:	USA
Medaillen:	– 1 Gold
	– 1 Silber
Teilnahmen:	1988, 1996

Henri Barrelet

Der Franzose Henri Barrelet schrieb Olympiageschichte. Bei den Spielen 1900 in Paris standen zum ersten Male Ruderwettbewerbe auf dem Programm. Und Barrelet wurde der erste Olympiasieger im Einer. Einen kuriosen Verlauf nahm bei diesen Spielen übrigens das Rennen im Zweier mit Steuermann. Um durch weniger Gewicht ein schnelleres Boot zu bekommen, tauschten die Holländer ihren Steuermann Hermanus Brockmann kurzfristig gegen einen unbekannten sieben Jahre alten Jungen aus — mit Erfolg. Der anonyme Siebenjährige ist bis heute der jüngste Goldmedaillengewinner aller Zeiten.

Land:	Frankreich
Medaillen:	– 1 Gold
Teilnahmen:	1900

Robert Bartko

Mit neun Jahren schon kam er zum Radsport, trat für den SC Dynamo Potsdam in die Pedale und besuchte die Kinder- und Jugendsportschule des Klubs. »Ich erfuhr dort eine Erziehung, wie sie heute manchem ganz gut täte«, lobte er später einmal seine DDR-Jahre. Überhaupt redete Robert Bartko meist Klartext. Zum Beispiel: »Nach der Wende ist vieles kaputt gemacht worden. Weil es aus dem Osten kam, war es schlecht...« Als er bei seiner Olympiapremiere 1996 nach dem enttäuschenden Abschneiden des deutschen Vierers (Platz 9) die Trainingsvorbereitung kritisierte, warf ihn Bundestrainer Oehme aus dem Kader. Unter einem neuen Bundestrainer genoss Robert Bartko vier Jahre darauf mit zwei Goldmedaillen in der Einzel- und Mannschaftsverfolgung »die schönsten Momente meines Lebens«.

Land:	Deutschland
Medaillen:	– 2 Gold
Teilnahmen:	1996, 2000

Waldemar Baszanowski (rechts)

Mit 21 Jahren begann der Pole mit dem Gewichtheben und stieß bereits nach drei Jahren in die Weltklasse vor. 1964 und 1968 wurde Waldemar Baszanowski Olympiasieger im Leichtgewicht (bis 67,5 kg). Bis zu seinem Rücktritt 1972 stellte er 24 Weltrekorde auf. Doch der Athlet trainierte nicht nur seine Muskelkraft. Mit dem selben Engagement verfolgte er sein Studium, wurde Diplomsportlehrer und arbeitete nach der Karriere als Sportwissenschaftler und Trainer. 1989 wurde Baszanowski Präsident des Europäischen Gewichtheberverbandes.

Land:	Polen
Medaillen:	– 2 Gold
Teilnahmen:	1960, 1964,
	1968, 1972

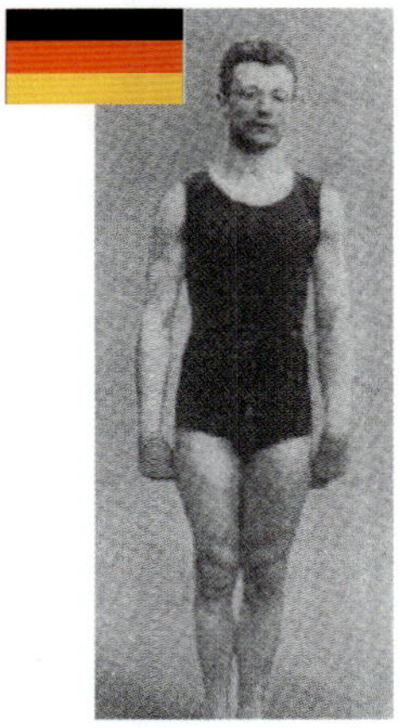

Walter Bathe

Rund 20 Jahre lang schwamm der 1892 in Probsthain (heute Polen) geborene Deutsche Walter Bathe Wettkämpfe. Er sammelte rund 600 Trophäen, die beiden wertvollsten jene zwei Goldmedaillen, die ihm der schwedische König für seine Siege über 200 m und 400 m Brust bei den Spielen 1912 in Stockholm überreicht hatte. Weil Bathe die Siegestrophäen immer mit sich führte, überdauerten nur die besonders behüteten beiden Goldmedaillen den Zweiten Weltkrieg. Nach der Karriere wurde der Schwimmer Apotheker. Er starb 1959 an einer Gehirnthrombose – beim Schwimmen in der Adria.

Land:	Deutschland
Medaillen:	– 2 Gold
Teilnahmen:	1912

Viola Bauer

Die junge Dame aus Sachsen machte es sich nicht leicht. Nach dem Abitur unterwarf sich Viola Bauer der Doppelbelastung Leistungssport und Pädagogikstudium und konzentrierte sich erst nach ihrem akademischen Abschluss bei der Sportfördergruppe der Bundeswehr ganz auf den Skilanglauf. Die Erfolge ließen nicht lange auf sich warten: Mit der 4x5-km-Staffel gewann sie 2002 Gold und 2006 Silber, hinzu kam eine Bronzemedaille in der 5 km Verfolgung (2002).

Land:	Deutschland
Medaillen:	– 1 Gold
	– 1 Silber
	– 1 Bronze
Teilnahmen:	2002, 2006

Dieter Baumann

Die Fernsehbilder wird man noch in vielen Jahren immer wieder einmal sehen: Wie der Schwabe Dieter Baumann im Rennen seines Lebens beim 5000-m-Finale von 1992, kurz vor der Zielgeraden noch völlig eingeklemmt, sich plötzlich befreite, auf den letzten 100 m in 11,3 Sekunden an allen vorbeizog und sensationell Olympiasieger wurde. Schon 1988 hatte er über 5000 m Silber gewonnen. Dem strahlenden Hoch folgte ein bitteres Tief: 1999 stand der Star der deutschen Leichtathletik und nimmermüde Kämpfer für die Ehrlichkeit im Sport im Mittelpunkt eines mysteriösen Dopingfalles. Der Olympiasieger, Europameister, Europacup- und Weltcupsieger beteuerte immer wieder seine Unschuld und setzte 100 000 DM für die Ergreifung eines Täters aus, der angeblich seine Zahnpasta »vergiftet« hatte. Baumann konnte seine Unschuld nicht beweisen, wurde vom Weltverband gesperrt, erhielt aber sein Startrecht ein Jahr früher als vorgesehen am 22. Januar 2002 wieder zurück.

Land:	Deutschland
Medaillen:	– 1 Gold
	– 1 Silber
Teilnahmen:	1988, 1992, 1996

Matthias Baumann

Als Vierjähriger bekam Matthias Baumann ein Pony geschenkt, mit dem er später zur Schule ritt. Die Eltern besaßen einen Fohlenhof, der mit Reitplatz, Reithalle und weitem Gelände ideale Voraussetzungen fürs Training bot. So wuchs der Junge mit Pferden auf. Vor allem die Military, das Vielseitigkeitsreiten, faszinierte ihn. 1988 schaffte Baumann den Sprung in den Olympiakader und holte in Seoul Gold mit der Mannschaft. Vier Jahre später kam noch einmal Mannschaftsbronze hinzu. »Vor allem meinen Pferden Shamrock und Alabaster verdanke ich viel«, bekannte er und ließ sie später auf seinem Anwesen ihren Ruhestand genießen. Im bayerischen Reichertsheim betreibt der Tierarzt ein Trainings- und Rehazentrum für Sportpferde.

Land: Deutschland
Medaillen: – 1 Gold
– 1 Bronze
Teilnahmen: 1988, 1992

Bruce Baumgartner (rechts)

Für Amerikas Fachpresse ist er der beste US-Ringer aller Zeiten. 17 Jahre lang blieb der superschwergewichtige Freistilringer (128 kg) Bruce Baumgartner in den USA unbesiegt. Der Mann mit dem Mastersgrad als Kunstgewerbelehrer nahm an vier Olympischen Spielen teil und gewann jedes Mal eine Medaille: 1984 Gold, 1988 Silber, 1992 Gold und 1996 Bronze. Wie populär der »Baum von Pennsylvania« in seiner Heimat war, beweist die Wahl zum US-Sportler des Jahres 1992, als Baumgartner hinter dem Schwimmer Pablo Morales und Leichtathletikstar Kevin Young Dritter wurde – als Ringer!

Land: USA
Medaillen: – 2 Gold
– 1 Silber
– 1 Bronze
Teilnahmen: 1984, 1988, 1992, 1996

James Aloysius Bausch

Der dritte Zehnkampf seines Lebens brachte ihm gleich die Goldmedaille. James Aloysius Bausch fand damals, 1932 in Los Angeles, ideale Voraussetzungen vor. Das Olympiastadion war das größte und schönste der Welt. Es hatte die schnellste Aschenbahn und die modernste Technik: Die elektrische Zeitmessung war mit der Zielkamera gekoppelt. Bausch nutzte die Chance und stellte mit 8462 Punkten einen neuen Weltrekord auf. Die Punktzahl entsprach nach heutiger Tabelle 6736 Punkten. Seine Sportlerkarriere setzte er später als Footballspieler fort.

Land: USA
Medaillen: – 1 Gold
Teilnahmen: 1932

Irving Baxter

Der Amerikaner machte bei Olympia 1900 in Paris das meiste aus dem Stand: In fünf verschiedenen Sprungdisziplinen gewann Irving Baxter zweimal Gold und dreimal Silber. Damals noch zugelassen (bis 1912) waren die Wettbewerbe im Hoch-, Weit- und Dreisprung aus dem Stand. Baxter holte Silber im Standhochsprung (1,52 m), Standweitsprung (3,13 m) und Standdreisprung (9,95 m). Mit Anlauf war er noch besser. Er gewann Gold im Hochsprung (1,90 m) und Stabhochsprung (3,30 m) und ist bis heute der einzige Doppelolympiasieger in diesen beiden Disziplinen.

Land: USA
Medaillen: – 2 Gold
– 3 Silber
Teilnahmen: 1900

Mithat Bayrak (Mitte)

Als Jugendlicher hatte Mithat Bayrak eine Vorliebe für das traditionelle türkische Ringen. Erst später konzentrierte er sein Training auf das moderne Ringen. Zweimal hintereinander gewann der Türke aus Anatolien die Goldmedaille im Weltergewicht, 1956 und 1960. Gleich danach wanderte er in die Bundesrepublik Deutschland aus, wo er noch 20 Jahre für den Spitzenklub KSV Witten startete und dort auch als Trainer arbeitete. Später eröffnete er in Witten eine Gastwirtschaft.

Land: Türkei
Medaillen: – 2 Gold
Teilnahmen: 1956, 1960

Robert Beamon

Von einem Sprung ins nächste Jahrtausend war die Rede, als der Amerikaner Robert »Bob« Beamon am 18. Oktober 1968 um 15.42 Uhr in Mexico City den Weltrekord im Weitsprung um sagenhafte 55 cm auf unvorstellbare 8,90 m verbesserte. Die elektronische Messanlage im Olympiastadion mit Endpunkt 8,60 m kapitulierte. Die Weite wurde mit einem Stahlmessband per Hand ermittelt – und das gleich mehrmals, weil die Kampfrichter ihren Sinnen nicht trauten. Während der Prozedur hielt das ganze Stadion den Atem an, Beamon brach derweil vor Aufregung zusammen. Als endlich, nach endlosen Minuten, die Weite angezeigt wurde, setzte ein bislang nie erlebter Beifallsorkan ein. Viele Zuschauer schrieen und weinten vor Begeisterung. Jahrelang haben Wissenschaftler versucht, hinter das Geheimnis dieses Megasprungs zu kommen, zumal Beamon nie mehr ähnliche Weiten erreichte. Mehrere Faktoren gaben den Ausschlag: die dünne Höhenluft (2240 m), der erstmals verlegte Tartanbelag, der die langsamere Aschenbahn ablöste und der gerade noch zulässige Rückenwind von 2 m pro Sekunde. Nach seiner Laufbahn betätigte sich der gelernte Schneider Beamon als Sozialarbeiter. Sein Weltrekord verfehlte den Sprung ins nächste Jahrtausend übrigens um neun Jahre: 1991 landete Robert Beamons Landsmann Mike Powell bei 8,95 m.

Land:	USA
Medaillen:	– 1 Gold
Teilnahmen:	1968

Volker Beck

Bis heute ist Volker Beck der einzige deutsche 400-m-Hürden-Olympiasieger. Er profitierte bei den Moskauer Spielen 1980 allerdings vom Boykott der Amerikaner mit ihrem hohen Favoriten Edwin Moses. In Moskau gewann Beck auch Silber mit der 4x400-m-Staffel. Nach der Wende arbeitete er als Bundestrainer für den Deutschen Leichtathletik-Verband und trainierte den Olympiasieger von 2000 über 800 m, Nils Schumann.

Land:	DDR
Medaillen:	– 1 Gold
	– 1 Silber
Teilnahmen:	1980

Boris Becker

Sein Bekanntheitsgrad gleicht weltweit dem von Coca-Cola. Würde man bei einer Umfrage seine Meriten abfragen, seine legendären Erfolge in Wimbledon und im Daviscup wären die meistgenannten. Olympiasieger? Wohl kaum. Tatsächlich trug sich Boris Becker auch in die olympischen Siegerlisten ein. 1992 gewann er zusammen mit seinem ewigen Rivalen Michael Stich in Barcelona Gold im Herrendoppel, nachdem er im Jahr zuvor noch das rein deutsche Wimbledonfinale gegen Stich verloren hatte. Immer mehr Profis fanden Gefallen am Gold Olympias. Das IOC hatte den einst heiligen Amateurstatus der Teilnehmer mehr und mehr aufgeweicht, sodass Tennisasse wie Becker und Basketballstars wie Michael Jordon sich auch mit Olympiagold schmücken konnten.

Land:	Deutschland
Medaillen:	– 1 Gold
Teilnahmen:	1992

Elizabeth Becker

Elizabeth Becker gewann schon Goldmedaillen im Kunstspringen von der 10-m-Plattform und vom 3-m-Brett, als die Disziplinen noch 10-m-Tauchen und 3-m-Tauchen hießen. 1924 holte die Amerikanerin in Paris Gold vom 3-m-Brett und Silber vom 10-m-Turm, 1928 in Amsterdam noch einmal Gold vom Turm. Ins Gerede kamen seinerzeit vor allem die Kampfrichter. Jeder von ihnen hatte seine ganz persönliche »Favoritin« mit entsprechenden Punkten versorgt. Nach dem Erfolg von Amsterdam beendete Elizabeth Becker ihre Karriere.

Land:	USA
Medaillen:	– 2 Gold
	– 1 Silber
Teilnahmen:	1924, 1928

Holger Behrendt

Turner sollten zwar keine Riesen sein, aber so klein wie Holger Behrendt (1,60 m) nun auch wieder nicht. Der DDR-Athlet musste deshalb mehr als andere üben. Mit seinen kleinen Fingern und kurzen Armen benötigte er einen höheren Trainingsaufwand als andere. Für die Ringe fehlte ihm lange Zeit die Kraft, um an diesem Gerät Spitzenleistungen zu erreichen. Doch Behrendt glich alle Handicaps aus: Bei Olympia 1988 holte er Gold – und das an den Ringen; am Reck gewann er Bronze und mit seinen Teamkameraden noch Mannschaftssilber.

Land:	DDR
Medaillen:	– 1 Gold
	– 1 Silbe
	– 1 Bronze
Teilnahmen:	1988

Ludger Beerbaum

Der erste Kontakt zu Pferden war ein Reinfall. Das Pony, das die Eltern dem achtjährigen Ludger schenkten, biss dem Jungen gleich so heftig in den Arm, dass sein Interesse am Reitsport für zwei Jahre erstarb. Danach aber war die Leidenschaft für den Pferdesport umso größer, und Beerbaum wurde einer der erfolgreichsten internationalen Springreiter. Er nahm an fünf Olympischen Spielen teil, gewann viermal Gold, davon dreimal mit der Mannschaft und einmal im Einzel (1992). Eine fünfte Goldmedaille bei den Spielen 2004 in Athen wurde ihm und dem Team aberkannt. Hintergrund: Beerbaums Pferd Goldfever war wegen eines Ekzems mit einer Salbe behandelt worden, die eine verbotene Substanz enthielt. So machte der Internationale Sportgerichtshof CAS aus Gold Bronze. Ein letzter Einspruch wurde Ende 2005 abgelehnt, obwohl der CAS einräumte, dass die kortisonhaltige Salbe einzig zu dem Zweck verabreicht worden war, eine Hautirritation bei Beerbaums Pferd zu behandeln. Aber noch immer taucht der Name Beerbaum beständig in den Siegerlisten auf; wenn auch mittlerweile durch die Schwägerin Meredith Michaels-Beerbaum.

Land:	Deutschland
Medaillen:	– 4 Gold
	– 1 Bronze
Teilnahmen:	1988, 1992,
	1996, 2000, 2004

Jan Behrendt

Von 1981 bis 1998 fuhren sie gemeinsam Schlitten, rodelten im Doppelsitzer und gewannen alles, was man nur gewinnen kann. Jan Behrendt und Stefan Kraußе, Freunde seit Jugendtagen, holten neben vier Weltmeisterschaften bei vier Olympischen Spielen zweimal Gold (1992 und 1998), einmal Silber (1988) und einmal Bronze (1994). Jan Behrendt als der schmächtigere von beiden (1,68 m, 68 kg) war stets der Untermann, auch »Rucksack« genannt, Stefan Krauße (1,86, 90 kg) der gewichtigere Steuermann, dessen Masse auf Behrendt in den Kurven einen Druck bis zu 300 kg ausübte. Behrendt zum Geheimnis seiner Dauererfolge: »Rodeln ist eine schwierige Sportart, aber wenn man sie beherrscht, verlernt man sie nicht so schnell.«

Land: DDR, Deutschland
Medaillen: – 2 Gold
– 1 Silber
– 1 Bronze
Teilnahmen: 1988, 1992, 1994, 1998

Wolfgang Behrendt

Mit einem Punktsieg über den Südkoreaner Soon Chu Song gewann der damals 20-jährige Bantamgewichtler Wolfgang Behrendt aus Berlin bei Olympia 1956 das erste olympische Gold überhaupt für die DDR. Schon mit 12 Jahren begann Behrendt mit dem Boxen, pflegte einen intelligenten, technisch versierten Stil und brachte es zu großer Popularität. Wegen Verletzungen musste er auf weitere Olympiateilnahmen verzichten. Dennoch war er noch bei acht Olympischen Spielen dabei: als erfolgreicher Sportfotograf für die Tageszeitung »Neues Deutschland«. Seine Arbeiten wurden auf Weltausstellungen der Sportfotografie prämiert – mit zwei Goldmedaillen.

Land: DDR
Medaillen: – 1 Gold
Teilnahmen: 1956

Jutta Behrendt-Hampe

Der Olympiasieg von Jutta Behrendt-Hampe im Einerrudern 1988 hatte sich schon lange vorher angekündigt. Die in der DDR aufgewachsene und dort systematisch aufgebaute 1,81 m große und 72 kg schwere temperamentvolle Blondine mit dem frechen Mundwerk war bereits 1983 Weltmeisterin geworden. Dazu hatte sie zweite WM-Plätze im Doppelzweier und Doppelvierer erreicht. Nach ihrer aktiven Laufbahn arbeitete sie als Trainerin, betreute z. B. als erste Frau Norwegens Ruderer.

Land: DDR
Medaillen: – 1 Gold
Teilnahmen: 1988

Stefania Belmondo

»La Stampa«, die große Turiner Zeitung, erklärte die Skilangläuferin Stefania Belmondo nach ihrem Rücktritt 2002 zur »größten italienischen Athletin aller Zeiten«. Stefania wuchs auf in einem 15-Seelen-Dorf am Monte Costa Rossa im Piemont. Mit vier Jahren lief sie mit Skiern ums Haus, die ihr der Vater gezimmert hatte. Mit acht lief sie Rennen. Sie nahm an fünf Winterspielen teil, gewann dabei fünfmal Bronze, dreimal Silber und zweimal Gold. Das erste Mal 1992, als sie über 30 km Freistil die dreimalige russische Olympiasiegerin Jegorowa besiegte, das zweite und letzte Mal 2002 über 15 km Freistil, als sie die Russin Lasutina im Finish 1,8 Sekunden hinter sich ließ. Die kleine Italienerin (1,56 m, 46 kg) galt als zäh, bescheiden und absolut ehrlich. »So wurde ich von meinen Eltern erzogen – ehrlich zu anderen, aber auch zu sich selbst. Doping wäre deshalb nie für mich infrage gekommen.«

Land: Italien
Medaillen: – 2 Gold
– 3 Silber
– 5 Bronze
Teilnahmen: 1988, 1992, 1994, 1998, 2002

Ljudmilla Beloussowa

1954 absolvierte sie ihren ersten gemeinsamen Paarlauf mit Partner Oleg Protopopow. 1957 heirateten die beiden und beherrschten anschließend über ein Jahrzehnt lang das Paarlaufen. Vor allem Ljudmillas Ausstrahlung sorgte für jene Eleganz, die das russische Paar auf den Eisflächen der Welt ausstrahlte. Zwei Goldmedaillen 1964 und 1968 waren der verdiente Lohn. 1972 beendete das Paar seine sportliche Karriere und schloss sich dem Leningrader Eisballett an. Ende der 1970er-Jahre nutzten die Protopopows die Gelegenheit, um während einer Gastspielreise in der Schweiz um Asyl zu bitten. Sie leben heute in Grindelwald und besitzen seit 1995 die schweizerische Staatsbürgerschaft. Selbst im Alter von mehr als 70 Jahren traten sie noch öffentlich auf. Ihre russische Heimat besuchten sie erst im Februar 2003 wieder, nach fast 25 Jahren.

Land: UdSSR
Medaillen: – 2 Gold
Teilnahmen: 1960, 1964, 1968

Brooke Bennett

1995 ging in den USA ihr Stern auf, als sie die seit acht Jahren auf der 800-m-Freistilstrecke unbesiegte amerikanische Schwimmikone Janet Evans besiegte; was sie bei derselben Veranstaltung über 400 m und 1500 m Freistil wiederholte. Dies war der Motivationsschub, den Brooke Bennett brauchte. Ein Jahr darauf wurde sie bei den Spielen in Atlanta Olympiasiegerin über 800 m. Vier Jahre später, 2000, holte sie noch zweimal Gold (über 400 m und 800 m Freistil). Auch 2004 war die Amerikanerin auf Gold eingestellt. Doch eine Schulteroperation verhinderte ihre Teilnahme.

Land: USA
Medaillen: – 3 Gold
Teilnahmen: 1996, 2000

Jack Beresford

1936 war Jack Beresford bei der Eröffnungsfeier in Berlin Fahnenträger des britischen Teams. Er wurde dabei von Leni Riefenstahl gefilmt, die diese Szene in ihrem umstrittenen Film »Olympia – Fest der Völker« verwendete. Es waren die fünften und letzten Spiele des erfolgreichsten britischen Ruderers. Bei jeder Teilnahme hatte er eine Medaille gewonnen: 1920 Silber im Einer, 1924 Gold im Einer, 1928 Silber im Achter, 1932 Gold im Vierer ohne, 1926 Gold im Doppelzweier.

Land: Großbritannien
Medaillen: – 3 Gold
– 2 Silber
Teilnahmen: 1920, 1924, 1928, 1932, 1936

Livio Berruti (mit Brille)

Zusammen mit dem Deutschen Armin Hary brach der Italiener bei den Spielen 1960 in Rom die Vorherrschaft der amerikanischen Sprinter. Während Hary über 100 m siegte, ließ Livio Berruti über 200 m die drei Weltrekordler Norton, Johnson und Radford hinter sich herlaufen und holte als erster Europäer über diese Strecke Gold. Dabei hatte der Chemiestudent aus Padua erst vier Jahre zuvor mit Leichtathletik begonnen, zunächst mit Hoch- und Weitsprung, danach erst mit dem Sprint. Weil er sich mit einer 100-m-Bestzeit von 10,2 Sekunden zu langsam fühlte, konzentrierte er sich auf die 200 m – und siegte in 20,5 Sekunden.

Land: Italien
Medaillen: – 1 Gold
Teilnahmen: 1960, 1964, 1968

Paolo Bettini

Sein großer Rivale, der Deutsche Radprofi Erik Zabel, gab sich hinterher als guter Verlierer: »Paolo verdient diese Goldmedaille, er war der Stärkste.« Der Italiener aus der Toskana, verheiratet mit einer Professorin, zählt seit Jahren zu den besten Straßenfahrern der Welt. Der Olympiasieg 2004 in Athen war dabei nur ein goldener Tupfer auf der Palette seiner Erfolge (Weltmeister 2006 vor Zabel, Weltcupsieger 2002, 2003, 2004). Schon als Siebenjähriger fuhr Paolo Rennen. Die ersten 23 beendete er allesamt als Sieger. Seine Spezialität sind die Eintagesrennen. Es gibt kaum einen Klassiker, den er noch nicht gewann.

Land:	Italien
Medaillen:	– 1 Gold
Teilnahmen:	2004

Udo Beyer

Rund 150 000-mal stieß er die 7,25 kg schwere Eisenkugel von sich – in einer Karriere, die 1969 begann und erst 1992 endete. Udo Beyer, in Frankfurt an der Oder aufgewachsen, verbesserte dreimal den Kugelstoß-Weltrekord, nahm an vier Olympischen Spielen teil und gewann 1976 die Goldmedaille. Er stammt aus einer durch und durch sportlichen Familie. 1980 in Moskau gewann sein Bruder Hans-Georg mit den DDR-Handballern Gold, Schwester Gisela wurde Vierte im Diskuswerfen, er selbst holte Bronze. Nach seiner Karriere wurde Udo Beyer Reisebürokaufmann und ist seit 1996 Inhaber eines Reisebüros in Potsdam.

Land:	DDR, Deutschland
Medaillen:	– 1 Gold
	– 1 Bronze
Teilnahmen:	1976, 1980,
	1988, 1992

Heidi Biebl

Ihren größten Erfolg feierte die bayerische alpine Skiläuferin als Olympiasiegerin im Abfahrtslauf 1960 in Squaw Valley – »mit vollem Risiko und wilder Fahrt voraus«, wie es seinerzeit TV-Kommentator Heinz Maegerlein formulierte. Vier Jahre später verpasste Heidi Biebl mit zwei vierten Plätzen (Abfahrt und Slalom) nur knapp die Medaillen. Die temperamentvolle junge Frau beendete 1966, erst 25 Jahre alt, ihre Karriere nach Streitigkeiten mit dem Deutschen Skiverband. Später eröffnete sie ein Schroth-Kurhotel im heimischen Oberstaufen.

Land:	Deutschland
Medaillen:	– 1 Gold
Teilnahmen:	1960, 1964

Sergio Bianchetto

Die Radsportdisziplinen der Spiele in Rom boten bei den Mannschaftswettbewerben ein vollkommen einheitliches Ergebnis: Es gewann jeweils ein italienisches Team vor einem deutschen und einem russischen. Zu den erfolgreichsten Tandemspezialisten überhaupt zählte zu dieser Zeit der Italiener Sergio Bianchetto. In Rom holte er Gold mit seinem Partner Giuseppe Beghetto, vier Jahre später in Tokio wiederholte er seinen Erfolg dann noch einmal mit Angelo Damiano. Im Einzelsprint gewann Bianchetto zudem Silber.

Land:	Italien
Medaillen:	– 2 Gold
	– 1 Silber
Teilnahmen:	1960, 1964

Abebe Bikila

Der Äthiopier schaffte Einmaliges: Er holte die erste Medaille für Afrika bei Olympischen Spielen, als er 1960 in neuer Weltbestzeit den Marathonlauf gewann. Er war der einzige Athlet in Rom, der barfuß antrat. Vermutlich, weil seine Schuhe so abgelaufen waren, dass er lieber ohne an den Start ging. Bei den nächsten Spielen wiederholte das Mitglied der kaiserlichen Leibwache das Kunststück, wieder in Weltbestzeit, diesmal mit Schuhen. Damit war er der erste Marathonläufer, dem bei Olympia ein Folgesieg gelang. Womöglich hätte Abebe Bikila 1968 seinen dritten Marathontriumph gefeiert. Doch nach 15 km musste er wegen gesundheitlicher Probleme aufgeben. Noch im selben Jahr wurde er bei einem Autounfall schwer verletzt und war seitdem querschnittsgelähmt. Er starb im Alter von 41 Jahren in Addis Abeba an einer Gehirnblutung und wurde auf dem Ehrenfriedhof der Hauptstadt beigesetzt.

Land:	Äthiopien
Medaillen:	– 2 Gold
Teilnahmen:	1960, 1964, 1968

Dimitri Bilosertschew

Der Mann polarisierte. Die einen hielten den sowjetischen Ausnahmeturner für einen überheblichen, undisziplinierten Egoisten, die anderen für den Superstar der 1980er-Jahre, den auch Rückschläge nicht entmutigten. Bilosertschews Talent und Können hätten eigentlich für mehr als »nur« drei Goldmedaillen ausreichen müssen (1988 an den Ringen, am Seitpferd und mit der Mannschaft). Doch seine Alkoholprobleme warfen ihn immer wieder zurück. Nur sein unbändiger Wille half ihm aus seinen Tiefs. Zum Beispiel 1985, als er nach einem durch Alkohol verursachten Autounfall am linken Bein 42 Knochenbrüche erlitt und kurz vor einer Amputation stand. Mitte der 1990er-Jahre wanderte »Bilo«, wie er genannt wurde, mit seiner Familie in die USA aus.

Land:	UdSSR
Medaillen:	– 3 Gold
	– 1 Bronze
Teilnahmen:	1988

Matthew Biondi

Nach seinem Landsmann Mark Spitz ist Matthew (»Matt«) Biondi der erfolgreichste Schwimmer bei Olympischen Spielen. Fünf seiner insgesamt acht Goldenen holte er allein 1988 in Seoul. Das Geheimnis für seinen spielerisch-eleganten Stil entdeckte er bei den Delfinen. »Bei ihnen ging ich in die Lehre, schaute mir viel ab.« Nach seiner außergewöhnlichen Karriere wurde der Amerikaner aus San Francisco zum engagierten Umweltschützer und bedankte sich bei seinen Lehrmeistern, indem er für die »Delphys Foundation« arbeitete, eine Stiftung, die vor allem für den Schutz der Delfine kämpft.

Land:	USA
Medaillen:	– 8 Gold
	– 2 Silber
	– 1 Bronze
Teilnahmen:	1984, 1988, 1992

Ole Einar Björndalen

Sein großer deutscher Konkurrent Ricco Groß nannte ihn einmal »einen Außerirdischen«. Ole Einar Björndalen aus Norwegen gilt in Fachkreisen als bester Biathlet aller Zeiten. 2002 etwa gewann er alle vier ausgetragenen Biathlonrennen, holte insgesamt fünfmal Gold. Weltmeister wurde er gar neunmal. Norwegens König Harald verlieh ihm deshalb den Titel »ein großer Norweger«. Björndalen, ein Mann mit Familiensinn, Humor und Bescheidenheit, war ein Perfektionist und Gleichgewichtskünstler. So zog er sich einmal in einer TV-Show auf dem Seil balancierend bis auf die Unterhose aus und wieder an.

Land:	Norwegen
Medaillen:	– 5 Gold – 4 Silber – 1 Bronze
Teilnahmen:	1998, 2002, 2006

Bonnie Blair

Was sie schaffte, hatte vor ihr noch keine Eisschnellläuferin erreicht: Dreimal hintereinander wurde die Amerikanerin Bonnie Blair Olympiasiegerin über 500 m (1988, 1992, 1994). Hinzu kamen zwei Goldmedaillen über 1000 m (1992, 1994). Doch solche olympischen Geschichtsmarken waren ihr egal. »Ich habe nie an dieses historische Zeug gedacht«, sagte sie nach ihrem 500-m-Hattrick. Bonnie Blair kam aus einer eisschnelllaufverrückten Familie. Als Mutter Eleanor ihr sechstes Kind erwartete, setzte Ehemann Charly sie am Krankenhaus ab und fuhr weiter zu einem Wettkampf, wo er als Zeitnehmer vorgesehen war. Über den Stadionsprecher erfuhr er dann von Bonnies Geburt.

Land:	USA
Medaillen:	– 5 Gold – 1 Bronze
Teilnahmen:	1984, 1988, 1992, 1994

Armand Blanchonnet

Die Franzosen gaben 1924 bei den Radwettbewerben den Ton an. Von den insgesamt sechs Wettbewerben stellten sie vier Olympiasieger. Allein zwei Goldmedaillen holte der erst 21 Jahre alte Armand Blanchonnet, eine im Einzel, die andere mit der Mannschaft. Die 50-km-Strecke glich dabei eher einem Parcours für Mountainbiker. Denn die Straßen befanden sich größtenteils in schlechtem Zustand und verursachten eine Vielzahl von Reifenpannen.

Land:	Frankreich
Medaillen:	– 2 Gold
Teilnahmen:	1924

Francina Esja Blankers-Koen

»Fanny«, wie sie genannt wurde, war eine der erfolgreichsten Leichtathletinnen überhaupt. Ihren größten Erfolg erlebte sie 1948 in London, wo sie über 100 m, 200 m, 80 m Hürden und als Schlussläuferin der niederländischen 4x100-m-Staffel Gold holte; und dies, obwohl die zweifache Mutter seinerzeit nur vier Stunden pro Woche trainieren konnte. Trainiert wurde die Athletin von ihrem Mann Jan, den sie 1940 geheiratet hatte. Die »Allrounderin« stellte insgesamt 21 Weltrekorde in sechs Disziplinen auf, darunter auch im Fünfkampf. 1999, fünf Jahre vor ihrem Tod im Alter von 85 Jahren, wurde »Fanny« Blankers-Koen zur »Leichtathletin des Jahrhunderts« gekürt.

Land:	Niederlande
Medaillen:	– 4 Gold
Teilnahmen:	1936, 1948, 1952

Kay Bluhm (rechts)

Nach erfolglosen Versuchen als Fußballer, Handballer und Leichtathlet kam Kay Bluhm schließlich zum Kanusport. Seine erste Olympiateilnahme (1988), damals noch für die DDR, führte zum Gewinn der Bronzemedaille im Viererkajak. Mit seinem Partner Torsten Gutsche, mit dem er 1989 ins Boot stieg, bildete er dann das erfolgreichste Kajakduo aller Zeiten. Zweimal hintereinander wurden die beiden Olympiasieger über 500 m (1992, 1996), einmal über 1000 m (1992); Silber über 100 m holten sie 1996.

Land:	DDR, Deutschland
Medaillen:	– 3 Gold
	– 1 Silber
	– 1 Bronze
Teilnahmen:	1988, 1992, 1996

Harro Bode (links)

1976, bei den Olympischen Segelwettbewerben in Kanada, wurde Harro Bode zusammen mit Frank Hübner Olympiasieger in einer neuen Segelklasse. Die so genannten 470er-Boote ersetzten die Star-Klasse. Bode hat die schöne Zeit, die ihm der Sport damals beschert hatte, nicht vergessen. Als Prof. Dr. Ing. und Vorstandsvorsitzender des Ruhrverbandes Essen setzte er sich später im Rahmen der Ruhrolympiade der Sportjugend mit Förderpreisen für die Entwicklung begabter Sportler ein.

Land:	Deutschland
Medaillen:	– 1 Gold
Teilnahmen:	1976

Klawdija Bojarskich

Ihren großen Auftritt hatte sie bei den Olympischen Winterspielen 1964 in Innsbruck. Da gewann die sowjetische Skilangläuferin Klawdija Bojarskich alles, was eine Frau über die 5- und 10-km-Strecken gewinnen konnte: In den Einzeldisziplinen wurde sie Olympiasiegerin über 5 km und 10 km, und mit ihren Staffelkameradinnen des sowjetischen Teams siegte sie auch über 3x5 km.

Land:	UdSSR
Medaillen:	– 3 Gold
Teilnahmen:	1964

John Pius Boland

Nach dem frühen Tod der Eltern wurde John Pius Boland von seinem Onkel, Weihbischof in Dublin, erzogen. Er studierte in Oxford und Bonn; von dort reiste er 1896 als Tourist nach Athen, um die ersten Spiele der Neuzeit zu erleben. Als ein griechischer Bekannter dem Studenten die Teilnahme am Tennisturnier vorschlug, wurde der Tourist zum Teilnehmer. Boland gewann das Herren-Einzel und – mit dem Deutschen Friedrich Adolph Traun – auch das Doppel. 1900 wurde er für einen irischen Wahlkreis Abgeordneter im britischen Unterhaus und setzte sich für die irische Unabhängigkeit ein.

Land:	Großbritannien
Medaillen:	– 2 Gold
Teilnahmen:	1896

Jeanette Bolden (mit Fahne)

Einmal wurde sie Olympiasiegerin, gemeinsam mit drei anderen jungen Damen der amerikanischen 4x100-m-Staffel, 1984 in Los Angeles – für Jeanette Bolden ein Heimspiel. Sie war Kalifornierin, studierte an der Universität von Los Angeles. Besser noch konnte sie andere zu Medaillengewinnern machen. Als Leichtathletiktrainerin war sie in den USA bald eine Berühmtheit. Die höchste Ehre wurde ihr zuteil, als man sie zum Frauen-Chefcoach der amerikanischen Olympiamannschaft für die Spiele in Peking 2008 machte.

Land:	USA
Medaillen:	– 1 Gold
Teilnahmen:	1984

Harry Boldt (links)

Er sammelte Medaillen wie andere Leute Briefmarken: Gold, Silber, Bronze bei Olympischen Spielen, Welt- und Europameisterschaften. Allein Olympiasieger in der Einzeldressur wurde Harry Boldt nie. Noch eindrucksvoller ist seine Erfolgsbilanz als Goldschmied und Bundestrainer der deutschen Dressurreiter: Doppeltes Gold 1984, 1988 und 1992. Boldt war ein begnadeter Ausbilder, eine Fähigkeit, die ihm sein Vater Heinrich, ein Reitlehrer, vererbte. Hoch geschätzt und beliebt, gerade auch im Ausland, war Harry Boldt wegen seines menschlichen, fairen Auftretens.

Land:	Deutschland
Medaillen:	– 2 Gold
	– 2 Silber
Teilnahmen:	1964, 1976

Gustav Adolf Boltenstern jr.

Er gehörte zu den besten schwedischen Dressurreitern und gewann Medaillen vor wie nach dem Zweiten Weltkrieg. Seine größten Erfolge gelangen ihm mit der Mannschaft: 1932 holte er Silber, 1952 und 1956 jeweils Gold. Eine kuriose Situation entstand bei den ersten Nachkriegsspielen 1948. Hier gewannen die favorisierten Schweden mit ihren Stars Boltenstern und Saint Cyr ebenfalls Mannschaftsgold, wurden aber nachträglich disqualifiziert. Teamkamerad Persson, war aus Versehen nur mit seiner »unterprivilegierten« Unteroffiziersmütze gestartet. Dies aber war verboten, weil Offiziere und Mannschaftsdienstgrade nicht am selben Wettkampf teilnehmen durften.

Land:	Schweden
Medaillen:	– 2 Gold
	– 1 Silber
	– 1 Bronze
Teilnahmen:	1932, 1948,
	1952, 1956

Anatoli Bondartschuk

Den größten Erfolg errang Anatoli Bondartschuk, als er bei den Spielen 1972 in München Gold im Hammerwerfen holte. Der Ukrainer, der für die Sowjetunion startete, zählte viele Jahre zu den Besten seines Fachs. Schon während seiner aktiven Zeit bewährte er sich als Trainer. Neben seinem eigenen Training bildete Bondartschuk den begabten Juri Sedych aus und bereitete ihn für die Spiele 1976 vor. Am Ende gewann der Schüler Gold, der Trainer nur Bronze. Später arbeitete Bondartschuk ausschließlich als Hammerwurftrainer.

Land:	UdSSR
Medaillen:	– 1 Gold
	– 1 Bronze
Teilnahmen:	1972, 1976

Carl Graf Bonde

Die ersten wirklichen olympischen Reiterspiele wurden 1912 zum gesellschaftlichen Höhepunkt in Stockholm. Bei der Military waren nur Offiziere zugelassen, im Dressur- und Springreiten dagegen auch Zivilreiter. Dennoch meldeten auch hier vorwiegend Militär und Adel ihre Teilnahme an. Wie zum Beispiel Carl Graf Bonde. Er wurde 1912 auf Emperor erster Olympiasieger im Dressurreiten. 16 Jahre später gewann er dann in Amsterdam mit dem schwedischen Team noch einmal Silber.

Land:	Schweden
Medaillen:	– 1 Gold
	– 1 Silber
Teilnahmen:	1912, 1928

Yvonne Bönisch

13 war sie alt, als sie zum UJKC Potsdam kam. Und Trainer Axel Kirchner traute seinen Augen nicht: »Die knallt mir ja meine Stars auf die Matte«. Zehn Jahre später hatte Kirchner Yvonne Bönisch zur ersten deutschen Olympiasiegerin im Judo geformt. Sie besiegte 2004 in Athen die amtierende Weltmeisterin Sun Hui Kye aus Nordkorea im Leichtgewicht (52–57 kg). Und nicht nur das. »Jetzt muss ich sie heiraten«, sagte der Trainer hinterher mit Freudentränen in den Augen. Kirchner hatte seiner Schülerin vor den Spielen versprochen, sie zu heiraten, wenn sie Gold holt.

Land:	Deutschland
Medaillen:	– 1 Gold
Teilnahmen:	2004

Klaus Bonsack

Erst raste er durch die Eisbahnen, dann baute er sie. Als Rennrodler gewann der Thüringer Klaus Bonsack für die DDR 1968 zusammen mit Thomas Köhler Gold im Doppelsitzer, holte 1964 und 1972 noch Silber und Bronze. Danach machte er als Schlittenfachmann Karriere. Nach der Wende stieg Bonsack zum Vorsitzenden der Technischen Kommission des Rennrodel-Weltverbandes FIL auf und gehörte der Bahnbaukommission an. Er arbeitete erfolgreich als Trainer für die Österreicher und lebt heute in Tirol. In Deutschland war er nach der Wende als hochrangiger DDR-Funktionsträger im nationalen Verband nicht gelitten.

Land: DDR
Medaillen: – 1 Gold
– 1 Silber
– 2 Bronze
Teilnahmen: 1964, 1968, 1972

Kathrin Boron (ganz rechts)

Mit vier olympischen Goldmedaillen und acht WM-Titeln ist die Brandenburgerin Kathrin Boron die erfolgreichste Ruderin aller Zeiten. Ihre vier Siege holte sie bei vier aufeinanderfolgenden Spielen: 1992 im Doppelzweier, 1996 im Doppelvierer, 2000 im Doppelzweier, 2004 im Doppelvierer. Als Anerkennung durfte sie bei der Athener Abschlussfeier die deutsche Fahne tragen. Zum Rudern kam Kathrin Boron als 14-Jährige in Potsdam. Kurios ihr Einstand: Sie stieg auf der einen Seite ins Boot und fiel auf der anderen gleich wieder heraus.

Land: Deutschland
Medaillen: – 4 Gold
Teilnahmen: 1992, 1996, 2000, 2004

Waleri Borsow

Borsows Trainer, ein Professor der Biologie, trainierte seinen Sohn Waleri nach streng wissenschaftlichen Kriterien. Zum Trainingsprogramm zählten auch die richtige Ernährung, die Ausdauerleistung und Übungen zur Muskelbildung. So wurde der Russe zu einem der perfektesten Sprinter. 1972 gewann er die 100 m in 10,14, die 200 m in 20,00 Sekunden und holte Silber mit der 4x100-m-Staffel. Nach zwei Bronzemedaillen 1976 (100 m, 4x100 m) beendete Borsow seine Sportlerkarriere. Er wurde ukrainischer Minister für Jugend und Sport und schrieb Bücher über Leistungssport.

Land: UdSSR
Medaillen: – 2 Gold
– 1 Silber
– 2 Bronze
Teilnahmen: 1972, 1976

Ralph Boston

Bis zu Bob Beamons Fabelsprung 1968 in Mexico City war Ralph Boston (Bestleistung: 8,35 m) der überragende Weitspringer der 1960er-Jahre. Mehr als achtzigmal übersprang er in seiner Laufbahn die 8-m-Marke und gewann drei olympische Medaillen: Gold 1960, Silber 1964 nach irregulären Windverhältnissen, Bronze 1968, nachdem Beamon mit seinem Jahrhundertsatz die gesamte Konkurrenz geschockt hatte. Kurz vor den Spielen 1960 hatte der 1,87 m lange und 73 kg leichte Amerikaner mit 8,20 m den 25 Jahre alten Weltrekord von Jesse Owens (8,13 m) gelöscht. Nach seinem Rücktrit 1972 schrieb Boston eine Dissertation und machte sich als Biochemiker und Biologe einen Namen.

Land:	USA
Medaillen:	– 1 Gold
	– 1 Silber
	– 1 Bronze
Teilnahmen:	1960, 1964, 1968

Gaétan Boucher

Etliche Jahre lang kam der franco-kanadische Eisschnellläufer bei großen Rennen nie über Platz zwei hinaus – ob bei Weltmeisterschaften oder Olympischen Spielen wie 1980, als er hinter dem fünfmaligen Goldgewinner Eric Heiden über 1000 m Silber holte. Dann kam 1984, sein Jahr: Bei Olympia in Sarajevo gewann Gaétan Boucher Goldmedaillen über 1000 m und 1500 m und holte Bronze über 500 m. Im selben Jahr wurde er auch Weltmeister im Sprint.

Land:	Kanada
Medaillen:	– 2 Gold
	– 1 Silber
	– 1 Bronze
Teilnahmen:	1980, 1984

Donald Bragg

Weil er Tarzan liebte, ahmte Donald als Schüler im elterlichen Garten das Schwingen mit dem Seil von Baum zu Baum nach. Er brachte es dabei zu großer Fertigkeit und schuf sich so die Grundlagen für seinen Sport – den Stabhochsprung. Bragg ist als letzter Weltrekordspringer mit einem Metallstab (4,80 m) und als Mann mit dem Tarzanschrei beim Überqueren der Latte in die Leichtathletikgeschichte eingegangen. Sein Problem war, dass die Metallstäbe unter seinem hohen Gewicht von 100 kg regelmäßig zerbrachen. Den Übergang zum Glasfiberstab jedoch mochte der Amerikaner nicht mehr mitmachen.

Land:	USA
Medaillen:	– 1 Gold
Teilnahmen:	1960

Alberto Braglia

Der italienische Turner gewann 1908 in London den Mehrkampf. Nach seinem Olympiasieg nutzte er sein turnerisches Talent und trat als »lebende Kanonenkugel« im Zirkus auf. Einmal brach er sich bei einem Unfall Schulter und etliche Rippen. Weil der italienische Turnverband wegen solcher Zirkusnummern Braglia als Profi betrachtete, wurde er ausgeschlossen. Rechtzeitig vor den Spielen 1912 erhielt der Turner jedoch seinen Amateurstatus zurück. Er verteidigte seinen Olympiatitel im Mehrkampf und gewann diesmal auch mit der Mannschaft die Goldmedaille. Nach Alberto Braglia wurde das Fußballstadion des FC Modena benannt.

Land:	Italien
Medaillen:	– 3 Gold
Teilnahmen:	1908, 1912

Gregor Braun (2. v. rechts)

Seinen großen Auftritt hatte der Pfälzer bei den Spielen 1976 in Montreal. Hier wurde er zweifacher Olympiasieger in der Einer- und in der Vierer-Mannschaftsverfolgung. Zusammen mit Hans Lutz, Günter Schumacher und Peter Vonhof bildete Gregor Braun dabei eines der besten deutschen Quartetts im Bahnradsport. 1977 wechselte er ins Profilager. Zwar gewann er einige Eintagesrennen und 1980 einmal die Deutschland-Rundfahrt, doch die großen Erfolge aus seiner Amateurzeit konnte er nicht wiederholen.

Land:	Deutschland
Medaillen:	– 2 Gold
Teilnahmen:	1976

Hallgeir Brenden

Seine norwegischen Landsleute tobten und schrieen aus Leibeskräften und trieben so Hallgeir Brenden 1952 bei den Spielen in Oslo zum Olympiasieg vor drei finnischen Favoriten. Es war das erste norwegische Langlaufgold überhaupt und die letzte Goldmedaille, die über diese 18-km-Distanz vergeben wurde. Vier Jahre darauf gewann Brenden sein zweites Gold, diesmal über 15 km und sehr souverän mit einem Start-Ziel-Sieg. Zwei weitere Silbermedaillen holte der Norweger in den Staffeln: 1952 und 1960 jeweils über 4x10 km.

Land:	Norwegen
Medaillen:	– 2 Gold
	– 2 Silber
Teilnahmen:	1952, 1956, 1960

Bart Jan Brentjens

Der Belgier Bart Jan Brentjens wird noch seinen Enkeln erzählen können, dass er der erste Mountainbiker war, der bei Olympia eine Goldmedaille gewann. 1996 in Atlanta wurde diese Sportart ins olympische Programm aufgenommen. Acht Jahre später, 2004 in Athen, holte Brentjens noch einmal Bronze. Der Profi aus Haelen war zunächst Querfeldeinfahrer, ehe er Mountainbiker wurde. Seit 1996 ist er Profi.

Land:	Belgien
Medaillen:	– 1 Gold
	– 1 Bronze
Teilnahmen:	1996, 2004

Siegfrid Brietzke (rechts)

Dem Ruderer aus Rostock gelang eine herausragende Leistung: In drei aufeinanderfolgenden Spielen sicherte er sich jeweils eine Goldmedaille, einmal im Zweier ohne Steuermann und zweimal im Vierer ohne. Er zählt zu den erfolgreichsten Ruderern der Sportgeschichte. Allerdings ließ er sich mit der Stasi ein, von der er geworben und als IMS »Charlie« geführt wurde. Im Gegensatz zum IM (inoffiziellen Mitarbeiter) war Brietzke als IMS zusätzlich mit der Sicherung eines gesellschaftlichen Bereichs oder Objekts betraut – namentlich der Kontrolle von »Leistungssportlern mit abweichendem Denken«.

Land:	DDR
Medaillen:	– 3 Gold
Teilnahmen:	1972, 1976, 1980

Alice Brown

Ihre große Konkurrentin kam aus demselben Team: Evelyn Ashford. Nur ihr musste Alice Brown im 100-m-Finale von 1984, als sie Silber gewann, den Vortritt lassen. Doch als Team waren die schnellen US-Girls zwischen 1984 und 1988 so gut wie unschlagbar. Und so gewann Alice Brown sowohl 1984 als auch 1988 zwei Goldmedaillen mit Evelyn Ashford und der amerikanischen 4x100-m-Staffel. Dazwischen lag noch der WM-Sieg von 1987.

Land:	USA
Medaillen:	– 2 Gold
	– 1 Silber
Teilnahmen:	1984, 1988

Inge de Bruijn

Sie kam spät, dann aber gewaltig. Bei den Spielen 1992 schlug die Niederländerin Inge de Bruijn noch als Achte an. 1996 verspürte die Schwimmerin keine Motivation und verzichtete. Danach aber trainierte sie in den USA und gewann 2000 dreimal Gold (100 m Schmetterling, 50 m und 100 m Freistil) und einmal Silber (4x100-m-Freistilstaffel). 2004 folgte noch einmal Gold (50 m Freistil), einmal Silber und zweimal Bronze. Dazwischen ärgerte die exzentrische Holländerin Trainer und Funktionäre mit ihrem ausschweifendem Lebenswandel, derweil sie die Presse als »nachtaktives Wesen« verspottete. Die Vorhaltungen über mangelnde Trainingsdisziplin ließ Inge de Bruijn stets an sich abprallen.

Land:	Niederlande
Medaillen:	– 4 Gold
	– 2 Silber
	– 2 Bronze
Teilnahmen:	1992, 2000, 2004

Waleri Brumel

Man nannte ihn den »menschlichen Sputnik« – in Anlehnung an die russischen Erfolge bei der Erkundung des Weltraums Anfang der 1960er-Jahre. Denn auch Waleri Brumel wollte hoch hinaus. Von 1961 bis 1971 hielt er den Weltrekord im Hochsprung, den er in dieser Zeitspanne sechsmal steigerte. Seine Höchstmarke, 2,28 m, hielt acht Jahre. Brumels persönlicher Sputnik ging auf 1960 in Rom, wo er mit 2,16 m Silber gewann – bei gleicher Höhe mit Olympiasieger Schawlakadse, aber mit einem Fehlversuch mehr. Vier Jahre später dann wurde er Olympiasieger mit 2,18 m, diesmal bei gleicher Höhe vor John Thomas (USA). Er wurde Weltsportler der Jahre 1961, 1962 und 1963. Erst 24 Jahre alt, beendete ein Motorradunfall faktisch Brumels Karriere. Nach 32 Operationen am Bein schaffte er nie mehr seine Sputnik-Sprünge. Er schrieb Romane, Drehbücher, Theaterstücke und Sachbücher über Themen, die seine Biografie widerspiegelten.

Land:	UdSSR
Medaillen:	– 1 Gold
	– 1 Silber
Teilnahmen:	1960, 1964

Andrée und Pierre Brunet

Das französische Ehepaar dominierte den Paarlauf von Mitte der 1920er- bis Mitte der 1930er-Jahre. Nach dem Gewinn der Bronzemedaille 1924 holten die beiden Eiskunstläufer 1928 und 1932 jeweils Gold. Auf die Spiele von 1936 in Deutschland verzichteten sie aus Protest gegen die Nazis. Andrée und Pierre Brunet, die zudem viermal Weltmeister wurden, emigrierten 1940 in die USA und wurden Trainer. Sie führten u. a. Carol Heiss und Scott Hamilton in die Weltklasse der Eiskunstläufer.

Land:	Frankreich
Medaillen:	– 2 Gold
	– 1 Bronze
Teilnahmen:	1924, 1928, 1932

Olga Brysgina (vorne)

In ihrer Heimat, der Ukraine, ist sie so populär wie Michael Schumacher in Deutschland oder David Beckham in England. Staatspräsident Leonid Krawtschuk ehrte Olga Brysgina 1992 mit dem »Ehrenzeichen des ukrainischen Präsidenten«, der höchsten Auszeichnung der Ukraine. Sie war die herausragende 400-m-Läuferin in der Zeit nach der Ausnahmeathletin Marita Koch (DDR). Ihren größten Erfolg feierte sie 1988 in Seoul als Doppelsiegerin über 400 m und über 4x 400 m. Vor allem ihre Schlussrunde in der Staffel sorgte für Aufsehen: Inoffiziell wurden 47,7 Sekunden gestoppt — und das Quartett lief mit 3:15,18 Minuten einen Fabelweltrekord.

Land:	UdSSR, GUS
Medaillen:	– 3 Gold
	– 1 Silber
Teilnahmen:	1988, 1992

Sergej Bubka

Er ist der Mann der Superlative und der erfolgreichste Stabhochspringer, den es jemals gab. Sergej Bubka übersprang als Erster die magische 6-m-Marke, stellte insgesamt 35 Weltrekorde auf, wobei der geschäftstüchtige Ukrainer aus rein finanziellen Gründen die Höchstmarken immer nur um 1 cm verbesserte (für seine Teilnahme plus Weltrekord kassierte er bei Sportfesten über 100 000 EUR). Bubka wurde sechsmal in Folge Weltmeister, aber nur einmal Olympiasieger: 1984 boykottierten die Russen die Spiele in Los Angeles, 1992 und 2000 riskierte er zu viel und scheiterte an den Anfangshöhen, 1996 verletzte er sich beim Einspringen. 1999 wurde Sergej Bubka in die erste zehnköpfige Gruppe von Weltklasseathleten gewählt, die IOC-Mitglieder wurden. Seit 2005 ist der Doktor der Pädagogik NOK-Vorsitzender der Ukraine. In seiner Heimatstadt Donezk, die ihm zu Ehren eine Bronzestatue errichten ließ, besitzt er eine Sportschule.

Land:	UdSSR, GUS, Ukraine
Medaillen:	– 1 Gold
Teilnahmen:	1988, 1992, 1996, 2000

Maik Bullmann

Bei den Spielen 1988 schied der in der DDR groß gewordene Ringer noch frühzeitig aus. Doch mit der Wende begannen für Maik Bullmann aus Frankfurt an der Oder die Erfolgsjahre. Auf seine drei WM-Titel 1989, 1990 und 1991 folgte der überlegene Olympiasieg im Halbschwergewicht (bis 90 kg) 1992. Gleich nach der Wende nutzte der »Ringer des Jahres« von 1990 auch die Gelegenheit, den Vertretern des alten DDR-Systems die Leviten zu lesen. »Der unbedingte Erfolgszwang, der auf uns ausgeübt wurde«, habe ihn sportlich einige Male versagen lassen. Nach Olympia 1988 habe ihn der Verbandsgeneralsekretär »heruntergeputzt wie einen kleinen Jungen«. Politik, sagte Bullmann, sei ihm stets egal gewesen. »Ich habe mich immer nur als Deutscher gefühlt.«

Land:	DDR, Deutschland
Medaillen:	– 1 Gold
	– 1 Bronze
Teilnahmen:	1988, 1992, 1996

Heinrich Burger

Der im Jahre 1881 geborene Deutsche, Rechtsanwalt von Beruf, war zusammen mit seiner vier Jahre jüngeren Partnerin Anna Hübler der erste Olympiasieger im Eiskunstlaufen der Paare. Die Goldmedaille bedeutete auch den ersten Sieg für Deutschland bei Winterolympia überhaupt. Burger/Hübler ließen dabei in London die beiden favorisierten britischen Paare hinter sich. Ihr Vortrag zum Straußwalzer »Rosen aus dem Süden« faszinierte das Publikum derart, dass es die Kür totenstill verfolgte, danach aber die beiden Münchner begeistert feierte. Heinrich Burger und Anna Hübler waren auch die ersten Weltmeister im Paarlauf.

Land:	Deutschland
Medaillen:	– 1 Gold
Teilnahmen:	1908

David Burghley

Der Leichtathlet aus adligem Hause, der später als Präsident des britischen und des Internationalen Leichtathletik-Verbandes sowie als IOC-Mitglied fungierte, war in jungen Jahren ein begabter Sportler mit Sinn für verrückte Rekorde: Während seines Studiums in Cambridge sprintete er um den Innenhof des Trinity College und brauchte dafür genauso lange, wie die Trinity-Uhr benötigte, um 12 Uhr zu schlagen. Diese Episode war auch eine Szene in dem berühmt gewordenen Film »Die Stunde des Siegers«. Seine Hürdentechnik verfeinerte Lord David George Brownlow Cecil Burghley, 6. Marquess of Exeter, indem er Streichholzschachteln auf die Hürden legte und sie ohne Berührung der Hindernisse mit dem Fuß herunterstieß. Bei den Spielen 1928 besiegte der reiche Adelsspross über 400 m Hürden die favorisierten Amerikaner und gewann Gold. 1932 legte er für Olympia sein Unterhausmandat nieder und holte mit der 4x400-m-Staffel Silber. Danach beendete er seine aktive Laufbahn, übernahm führende Positionen in der britischen Wirtschaft, war Mitglied des Oberhauses und wurde als IOC-Vizepräsident einer der einflussreichsten Olympier überhaupt.

Land:	Großbritannien
Medaillen:	– 1 Gold
	– 1 Silber
Teilnahmen:	1924, 1928, 1932

Thomas Burke (2. v. links)

Der 21 Jahre alte Student aus Boston war der erste Olympiasieger über 100 m (12,0 Sekunden) und 400 m (54,2 Sekunden). Und er war der erste Sprinter, der den Tiefstart praktizierte. Die Goldmedaillen von 1896 waren jedoch im Grunde allesamt Silbermedaillen, denn bei den ersten Olympischen Spielen der Neuzeit bekam der Sieger noch Silber statt Gold. Nach Olympia spezialisierte sich Thomas Burke auf längere Strecken. 1897 war er einer der Initiatoren des jährlich ausgetragenen Boston Marathons. Der spätere Rechtsanwalt arbeitete nebenbei als Sportreporter für eine Bostoner Zeitung.

Land:	USA
Medaillen:	– 2 Gold
Teilnahmen:	1896

Michael Burton (links)

Mit 13 wurde der Sohn eines amerikanischen Truckfahrers von einem Laster überfahren und so schwer an Hüfte und Bein verletzt, dass nach Auskunft der Ärzte fortan allein Schwimmen als Sport in Frage kam. Acht Jahre später qualifizierte sich Michael Burton bei den Spielen 1968 für 400 m und 1500 m. Am Tag vor den 400-m-Vorläufen fühlte er sich hundeelend und brach zusammen. Dennoch qualifizierte er sich fürs Finale, das er mit zweieinhalb Sekunden Vorsprung gewann. Drei Tage darauf, nun wieder völlig fit, hatte er über 1500 m mit 18,4 Sekunden den größten Vorsprung in der Geschichte des Schwimmens erkämpft. 1972 verteidigte Burton sein 1500-m-Gold fast ebenso ungefährdet.

Land:	USA
Medaillen:	– 3 Gold
Teilnahmen:	1968, 1972

Richard Button

Zwei Tage vor der Eiskunstlaufentscheidung bei den Spielen 1948 stand der 18-jährige Richard Button im Training erstmals sauber einen Doppelaxel. Grund genug, ihn auch im Wettkampf zu springen. Button holte Gold. Vier Jahre später hätte ihm schon eine sichere Kür für sein zweites Gold genügt. Wieder ging »Dick«, wie er von allen genannt wurde, ein hohes Risiko ein und präsentierte perfekt den ersten Dreifachsprung der Eislaufgeschichte, den dreifachen Toe-Loop. Buttons Geheimnis: extreme Nervenstärke und enormer Fleiß (10 000 Trainerstunden vor Olympia 1948).

Land:	USA
Medaillen:	– 2 Gold
Teilnahmen:	1948, 1952

Lee Calhoun – Richard Carey – Jean Cariou – Connie Carpenter-Phinney – William Arthur Carr – Sara Carrigan – Vera Cáslavská – Tracy Caulkins – Manuela di Centa – Miroslav Cerar – Macharbek Chadarzew – Robert Charpentier – Chandra Cheeseborough – Linford Christie – Lee-Kyung Chun – Waldemar Cierpinski – Cassius Clay – Veronica Cochela – Sebastian Coe – Edmund Coffin – Tiffany Cohen – Nadja Comaneci – Deborah Compagnoni – Michael Conley – Bart Connor – Harold Connolly – James Brendan Connolly – Stephanie Cook – Malcolm Cooper – Humberto Mariles Cortés – Paul Costello – Christl Cranz – Hasely Crawford – Bernd Cullmann – John Curry – Thomas Curtis – Elizabeth Cuthbert

Lee Calhoun (Mitte)

Wenn es um Olympiagold ging, räumte Lee Calhoun alle Hürden beiseite. Dann konnte den Amerikaner auch sein großer deutscher Rivale Martin Lauer nicht stoppen. Zweimal gewann Calhoun die 110 m Hürden in Folge (1956 und 1960), beide Male verwies er Lauer auf Platz 4. In der Zwischenzeit hatte der Deutsche oft die Nase vor Calhoun. 1959 stellte Lauer in Zürich mit 13,2 Sekunden einen fantastischen Weltrekord auf und besiegte Calhoun kurz darauf vor 40 000 Zuschauern im ausverkauften Wuppertaler Zoostadion. Danach trainierte der Amerikaner wie besessen – mit goldenem Erfolg.

Land:	USA
Medaillen:	– 2 Gold
Teilnahmen:	1956, 1960

Richard Carey (rechts)

Schon für die Spiele 1980 in Moskau war der US-Rückenschwimmer Richard Carey auf Goldmedaillen programmiert. Doch der Einmarsch der Sowjets in Afghanistan und der daraus resultierende Olympiaboykott mehrerer Länder, darunter die USA, machten seine Goldpläne zunichte. Dafür hielt sich Carey vier Jahre später in Los Angeles schadlos und wurde dreifacher Olympiasieger. Der New Yorker gewann die 100 m und 200 m Rücken sowie die 4x100-m-Lagenstaffel. Er brach insgesamt neun Weltrekorde und trat 1986 zurück.

Land:	USA
Medaillen:	– 3 Gold
Teilnahmen:	1984

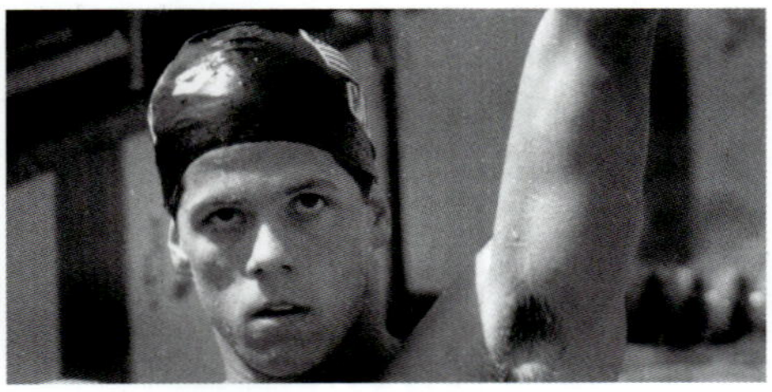

Jean Cariou

Die ersten richtigen olympischen Reiterwettkämpfe fanden bei den Spielen 1912 in Stockholm statt. Neben den heimstarken Schweden, die in den meisten Disziplinen die Nase vorn hatten, überzeugte als einziger Nicht-Skandinavier der Franzose Jean Cariou. Mit seinem Pferd Mignon gewann er im Springreiten die Goldmedaille in der Einzelwertung sowie die Silbermedaille mit der Mannschaft; auf Cocotte holte er noch eine Bronzemedaille in der Vielseitigkeits-Einzelwertung.

Land:	Frankreich
Medaillen:	– 1 Gold
	– 1 Silber
	– 1 Bronze
Teilnahmen:	1912

Connie Carpenter-Phinney

Vor ihrem Olympiasieg hatte sie zweimal schon die Lust am Leistungssport verloren: Bei Olympia 1972 stand Connie Carpenter noch im US-Eisschnelllauf-Team, verletzte sich am Knöchel und sagte gleich der ganzen Sportart Goodbye. Fortan fuhr sie Radrennen. Weil sie in den USA bald keine Gegnerinnen mehr fand, wollte sie ihre Karriere beenden. Doch dann lernte sie den Radrennfahrer Davis Phinney kennen, der sie erneut motivierte, trainierte – und heiratete. 1983 wurde Connie Carpenter-Phinney Weltmeisterin, im Jahr darauf die erste Olympiasiegerin im Straßenrennen für Frauen.

Land:	USA
Medaillen:	– 1 Gold
Teilnahmen:	1984

William Arthur Carr

Wenige Wochen vor Olympia 1932 in Los Angeles hatte William Arthur Carr aus Arkansas den 440-Yards-Weltrekord seines Landsmanns Ben Eastman gebrochen. Im von den Amerikanern mit Spannung erwarteten olympischen 400-m-Finale kam es dann zum großen Duell: Carr schlug Eastman und wurde Olympiasieger. Sein zweites Gold holte er mit der 4x400-m-Staffel, die dabei mit 3:08,2 Minuten einen neuen Weltrekord aufstellte. Schon ein Jahr später beendete ein Autounfall, bei dem er sich beide Füße und das Becken brach, Carrs Karriere.

Land:	USA
Medaillen:	– 2 Gold
Teilnahmen:	1932

Sara Carrigan

Die Australierin hatte ihren großen Triumph mit taktischem Geschick vorbereitet. Im Straßenrennen der Frauen bei Olympia 2004 überließ sie die Führungsarbeit während des Großteils der Strecke ihrer deutschen Konkurrentin Judith Arndt. Als deren Kräfte nachließen, stieß die Australierin, die bis dahin als größten Erfolg einen vierten Platz bei der Weltmeisterschaft 2002 im belgischen Zolder vorweisen konnte, nach vorne und holte die Goldmedaille.

Land:	Australien
Medaillen:	– 1 Gold
Teilnahmen:	2004

Vera Cáslavská

Die Pragerin zählt zu den außergewöhnlichsten Persönlichkeiten im Sport, dank ihres Charakters, ihres Könnens und ihrer Ausstrahlung. Sie präsentierte kein Kinderturnen, Vera Cáslavská war eine turnende Dame, die auch eine Ballettausbildung und Unterricht im Eiskunstlaufen genossen hatte. Die Tschechin gilt bis heute zusammen mit der Russin Larissa Latynina als beste Turnerin aller Zeiten. Sie zeigte nicht nur schwierige Elemente, sie turnte auch schön und elegant. 22 war sie (schon), als das Gold auf sie herabzuregnen begann: Bei den Spielen 1964 besiegte die Cáslavská im Achtkampf ihre große Konkurrentin Latynina, gewann außerdem im Schwebebalken und Pferdsprung; 1968 setzte sie noch eins drauf und siegte im Achtkampf, Pferdsprung, Stufenbarren und am Boden. Und das, obwohl sie in den Wirren des »Prager Frühlings« nur unregelmäßig trainieren konnte. Gleich nach den Spielen unterschrieb sie das »Manifest der 2000 Worte« und verdarb es sich mit den kommunistischen Machthabern. Sie durfte das Land nicht verlassen und galt viele Jahre als persona non grata. Man erteilte Cáslavská Berufsverbot als Trainerin und Sportlehrerin, zeitweise musste sie als Putzfrau arbeiten. Erst mit dem Demokratisierungsprozess in ihrem Lande erlebte sie eine Rehabilitation. Vaclav Havel, der neue Präsident der Tschechischen Republik, holte die fließend Spanisch, Englisch und Deutsch sprechende Frau als außenpolitische Beraterin in sein Kabinett. Später kümmerte sie sich im Sozialministerium um Schule, Jugend und Sport. Sie wurde NOK-Präsidentin und Mitglied im IOC. »Sie war die letzte Frau im Frauenturnen, bevor die Zeit der kleinwüchsigen Mädchen begann«, schrieb die FAZ einmal wehmütig über diese Ausnahmeerscheinung.

Land:	CSSR
Medaillen:	– 7 Gold
	– 4 Silber
Teilnahmen:	1960, 1964, 1968

Tracy Caulkins

Da sie alle Schwimmstile gleichermaßen beherrschte, feierte die Amerikanerin Tracy Caulkins ihre größten Erfolge zwangsläufig in den Lagendisziplinen. Bei den Spielen 1984 gewann sie dreimal Gold: über 200 m Lagen, 400 m Lagen und mit der 4x100-m-Lagenstaffel. Weitere Goldmedaillen wurden ihr vorenthalten. Schon vier Jahre vorher in Moskau galt sie nach ihren fünf WM-Titeln als Topfavoritin für alle Lagenrennen. Doch wegen des Olympiaboykotts musste sie sich die Rennen daheim vor dem Fernseher anschauen.

Land: USA
Medaillen: – 3 Gold
Teilnahmen: 1984

Manuela di Centa

»Leiden ist schön«, sagte sie einmal – und hielt sich daran. Die Italienerin Manuela di Centa machte es sich selbst und ihrem Umfeld nicht leicht. Mal warf sie die Langlaufskier in die Ecke, mal warf sie der Skiverband aus dem Kader. Mit ihrer großen Teamrivalin Stefania Belmondo sprach sie lange kein Wort. Doch Manuela war eine Kämpferin und kam immer wieder zurück. Sie erlebte fünf Olympische Spiele, doch die von 1994 waren ihre erfolgreichsten, als sie in allen Disziplinen Medaillen gewann: Gold über 15 km Freistil und 30 km klassisch, Silber im 30 km Jagdrennen und über 5 km klassisch sowie Bronze mit der 4x5-km-Staffel. Die Azzurri erkoren sie zur »Manuela nazionale«. Hoch hinaus wollte sie noch nach ihrem Karriereende. 2003 bestieg Manuela di Centa als erste Italienerin den Mount Everest.

Land: Italien
Medaillen: – 2 Gold
– 2 Silber
– 3 Bronze
Teilnahmen: 1984, 1988,
1992, 1994, 1998

Miroslav Cerar

Für Jugoslawien holte der Slowene Miroslav Cerar in den 1960er-Jahren drei Kunstturnmedaillen. 1964 in Tokio gewann er Gold am Seitpferd und Bronze am Reck, 1968 in Mexico City verteidigte er sein Edelmetall und siegte erneut am Seitpferd. Der Athlet aus Ljubljana vertrat nach seiner sportlichen Karriere sein Land als Repräsentant des Nationalen Olympischen Komitees und als Botschafter der Republik Slowenien für Sport, Toleranz und Fair Play.

Land: Jugoslawien
Medaillen: – 2 Gold
– 1 Bronze
Teilnahmen: 1964, 1968

Macharbek Chadarzew

Nach seinem zweiten Olympiasieg 1992 kam der Halbschwergewichtsringer aus Nordossetien in die deutsche Bundesliga zum ASV Lampertheim. Dessen Trainer Willi Ullrich schwärmte: »Ein solcher Athlet ist ein Traum. Schon wie er sich auf einen Kampf vorbereitet, ein Deutscher wäre schon nach seiner Aufwärmarbeit kaputt. Und er ist ein Weltmann, nicht nur auf der Matte.« Der studierte Jurist stammte aus einer Ringerfamilie im Kaukasus und begann als 12-Jähriger mit dem Ringen. Zu gerne hätte der Freistilspezialist ein drittes Olympiagold geholt. Doch 1996 verlor er den Finalkampf und 2000, mit 35, schied er in der 1. Runde aus. Später wurde Chadarzew Generalmanager einer großen Brauerei in seiner Heimat und Mitglied im Parlament der Republik Nordossetien-Alanien.

Land:	UdSSR, GUS, Russland
Medaillen:	– 2 Gold
	– 1 Silber
Teilnahmen:	1988, 1992,
	1996, 2000

Robert Charpentier

Der Franzose aus Issy-les-Moulineaux war ein Spitzbube. Als es beim Straßenrennen der Spiele von 1936 zu einem Massensprint kam, hielt Charpentier seinen Landsmann Lapébie, vom Schiedsgericht unbemerkt, am Trikot fest, schob sich an ihm vorbei und holte die Goldmedaille. Zwar gewann auch der Betrogene noch mal Gold, weil die Franzosen auch zweimal Mannschaftsgold herausfuhren, doch trug Lapébie Charpentier dessen Unfairness im Einzelstraßenrennen zeitlebens nach.

Land:	Frankreich
Medaillen:	– 3 Gold
Teilnahmen:	1936

Linford Christie

Viele Jahre gehörte der aus Jamaika stammende Brite zu den allerschnellsten Männern der Welt. Doch sein größtes Ziel, den Olympiasieg über die 100 m, erreichte er erst 1992 – und wurde mit 32 Jahren der älteste Goldsprinter. Vier Jahre zuvor gewann er nach Ben Johnsons Dopingdisqualifikation hinter Carl Lewis Silber, was ihm auch noch mit der Sprintstaffel gelang. Christie war der erste Sportler, der Olympiasieger, Weltmeister, Europameister und Commonwealth-Sieger wurde.

Land:	Großbritannien
Medaillen:	– 1 Gold
	– 2 Silber
Teilnahmen:	1988, 1992, 1996

Chandra Cheeseborough

Die Amerikanerin aus Florida war eine der wenigen Leichtathletinnen, die auf der kurzen wie auf der langen Sprintstrecke Topleistungen zeigte. So holte sie 1984 in Los Angeles Medaillen über 100 m und 400 m. Sie gewann jeweils eine Goldmedaille mit der 4x100- und mit der 4x400-m-Staffel der USA sowie eine Silbermedaille im 400-m-Einzel. Chandra Cheeseborough war der erste Mensch, der bei ein und denselben Spielen zweimal Staffelgold holte, und dies innerhalb von nur einer Stunde.

Land:	USA
Medaillen:	– 2 Gold
	– 1 Silber
Teilnahmen:	1976, 1984

Lee-Kyung Chun

Die Südkoreanerin war in jeder Hinsicht eine Schnellstarterin. Mit 15 erlebte sie ihre ersten Olympischen Spiele, mit 17 wurde sie Weltmeisterin und ein Jahr später Doppelolympiasiegerin beim Short Track der Eisschnellläufer (1000 m Einzel, 3000-m-Staffel). Vier Jahre darauf wiederholte sie diese Erfolge und ergänzte sie mit einer Bronzemedaille über 500 m. 2002 wurde Lee-Kyung Chun in den Athletenausschuss gewählt und damit IOC-Mitglied.

Land:	Südkorea
Medaillen:	– 4 Gold – 1 Bronze
Teilnahmen:	1992, 1994, 1998

Waldemar Cierpinski

Der DDR-Athlet war nach Abebe Bikila der Einzige, dem es gelang, zweimal Olympiasieger im Marathonlauf zu werden. Kurios seine Zielankunft 1976 in Montreal, als Waldemar Cierpinski eine weitere Stadionrunde lief, da die Rundenanzeige nach wie vor eine »1« anzeigte. Nach dem Zieleinlauf zum Gold 1980 forderte der populäre DDR-Fernsehkommentator Heinz-Florian Oertel seine Landsleute auf: »Liebe junge Väter, haben Sie Mut, nennen Sie Neuankömmlinge des heutigen Tages ruhig Waldemar!« Später arbeitete der Diplomsportlehrer als Trainer, eröffnete mehrere Sportartikelfilialen und wurde NOK-Mitglied für Deutschland. Noch heute ärgert ihn der Olympiaboykott des DDR-Teams von 1984. »Ich war in Topform und hätte gerne das dritte Marathongold geholt.«

Land:	DDR
Medaillen:	– 2 Gold
Teilnahmen:	1976, 1980

Cassius Clay

Als der Größte noch kleiner war, international gänzlich unbekannt und Cassius Marcellus Clay jr. hieß, gewann er 1960 in Rom die Goldmedaille im Halbschwergewicht. 18 Jahre alt war er damals. Im Finale besiegte er seinen Gegner Zbignjew Pietrzykowski so locker und spielerisch, als wäre der Pole ein Niemand und kein dreifacher Europameister. Fachleute, die den farbigen US-Boxer aus Louisville in Kentucky in Rom boxen sahen, ahnten damals bereits, was in ihm steckt: ein Boxgenie ohnegleichen, mit Witz, Intelligenz und Mut. Clay bekannte sich zum Islam, nannte sich Muhammad Ali und wurde zweimal Boxweltmeister im Schwergewicht. Auch sein politisches Engagement machte Ali berühmt. Er lehnte öffentlich den Vietnamkrieg ab, verweigerte den Wehrdienst, wurde zu fünf Jahren Gefängnis verurteilt (blieb aber gegen Kaution auf freiem Fuß) und bekam seinen Titel aberkannt. 1999 wählte ihn das IOC zum Sportler des Jahrhunderts.

Land:	USA
Medaillen:	– 1 Gold
Teilnahmen:	1960

Veronica Cochela (4. v. links)

In ihrem Heimatland Rumänien gehört die Ruderin noch heute zur Sportprominenz, obwohl ihre Karriere längst beendet ist. Veronica Cochela nahm an vier Olympischen Spielen teil und immer Medaillen mit nach Hause: 1988 gewann sie Silber im Doppelzweier und Vierer ohne; 1992 holte sie zweimal Silber (Doppelzweier und Vierer ohne); 1996 und 2000 wurde sie zweimal Olympiasiegerin (jeweils im Achter).

Land:	Rumänien
Medaillen:	– 2 Gold
	– 3 Silber
	– 1 Bronze
Teilnahmen:	1988, 1992, 1996, 2000

Sebastian Coe

»Weißer Wunderläufer« wurde Sebastian Coe genannt. Der Brite stellte zwischen 1979 und 1981 sämtliche Mittelstrecken-Weltrekorde auf, insgesamt 12. Zwischen 1976 und 1984 blieb er über 1500 m unbesiegt. Sein Trainer war Zeit seiner Karriere der Vater, ein Ingenieur und Radamateur. Dessen Trainingsplan zielte nicht etwa darauf, viele Kilometer abzulaufen; stattdessen setzte er auf kurze, schnelle Läufe, kombiniert mit einem komplexen Krafttraining. Der Erfolg: Coe holte zweimal hintereinander Gold über 1500 m (1980, 1984) und war damit der erste Leichtathlet, dem dies gelang; hinzu kam zweimal Silber über 800 m (1980, 1984). Später ging er in die Politik, wurde zuerst Unterhausabgeordneter und erhielt – nachdem die Queen ihn 2000 zum Lord ernannt hatte – einen Sitz im Oberhaus. Coe leitete auch die erfolgreiche Bewerbung Londons für die Spiele 1992 in London.

Land:	Großbritannien
Medaillen:	– 2 Gold
	– 2 Silber
Teilnahmen:	1980, 1984

Edmund Coffin

Edmund Coffin, »Tad« genannt, wurde in den USA nicht allein wegen seiner beiden Goldmedaillen im Militaryreiten (Einzel und Mannschaft) bei den Spielen 1976 populär. Er war auch ein tüchtiger, talentierter Trainer und Sattelmacher. Er arbeitete als Reitlehrer und kreierte einen vielgefragten Allzwecksattel. Seine Forschungen führten Anfang der 1990er-Jahre zu einem völlig neuen Herstellungsverfahren von Sätteln. Coffin lebt heute auf einem großen Bauernhof bei Charlottesville in Virginia.

Land:	USA
Medaillen:	– 2 Gold
Teilnahmen:	1976

Tiffany Cohen

Die amerikanische Schwimmerin profitierte bei ihren Olympiasiegen über 400 m und 800 m Freistil 1984 in Los Angeles zweifellos von der Abwesenheit der DDR-Damen, die wegen des Olympiaboykotts zu Hause bleiben mussten. Tiffany Cohen hätte bei den folgenden Olympischen Spielen im Jahre 1988 gerne bewiesen, dass sie auch mit der DDR-Schwimmelite mithalten konnte. Doch musste sie wegen gesundheitlicher Probleme ihre Karriere kurz vor ihrem zweiten Olympiastart beenden.

Land: USA
Medaillen: – 2 Gold
Teilnahmen: 1984

Nadja Comaneci

Nach der Zeit des eleganten Damenturnens mit Protagonisten wie Vera Cáslavská und Larissa Latynina war sie die erste prominente Vertreterin des Kinderturnens: Mit 13 Jahren wurde Nadja Comaneci jüngste Europameisterin, mit 14 jüngste Turnolympiasiegerin aller Zeiten, 1976 in Monteal. Und sie war die erste mit der Höchstpunktzahl – 10,00 für ihre Goldübung am Stufenbarren, wobei die Anzeigetafel nur 1,00 wiedergab, weil sie für die optimale Wertung nicht ausgelegt war. Ihren drei Goldmedaillen folgten vier Jahre später zwei weitere. Mit fünf Olympiasiegen sowie zwei Weltmeister- und zwei Weltcupsiegen in ihrer relativ kurzen Karriere zählt sie zu den erfolgreichsten Turnerinnen. 1989 emigrierte Nadja Comaneci in die USA und heiratete den US-Turner Bart Connor.

Land: Rumänien
Medaillen: – 5 Gold
– 3 Silber
– 1 Bronze
Teilnahmen: 1976, 1980

Deborah Compagnoni

Die Italienerin gewann bei drei aufeinanderfolgenden Spielen Goldmedaillen: 1992 im Super-G, 1994 und 1998 jeweils im Riesenslalom (dazu Silber im Slalom). Vor allem die zweite Hälfte der Neunziger waren die Topjahre der Deborah Compagnoni, mit drei Weltmeistertiteln im Slalom und Riesenslalom sowie im Riesenslalom-Weltcup. Damals hatte sie schon eine Reihe von Leidensjahren mit langen Verletzungspausen hinter sich (Kreuzbandriss, Knieoperationen, Rückenprobleme, Darmverschlingung mit Blinddarmdurchbruch). Ein Jahr nach ihrem Rücktritt 1999 heiratete Deborah Compagnoni Alessandro Benetton aus der berühmten Textildynastie.

Land: Italien
Medaillen: – 3 Gold
– 1 Silber
Teilnahmen: 1992, 1994, 1998

Michael Conley

Der Mann ist vielseitig. Als Sportler war er im Weitsprung (8,63 m) WM-Dritter und im Dreisprung (18,17 m) Olympiasieger, außerdem ein guter Basketballer und Taekwondokämpfer, im Beruf ist er Trainer, Immobilienhändler, Deputy Sheriff, Hunde- und Straußenvogelzüchter. Seinen größten Auftritt hatte Michael Conley bei den Spielen in Barcelona. »Ich ließ mir vor dem Wettkampf vom Olympiacomputer meine Biografie ausdrucken, da wusste ich, es wird keine nächste Goldchance mehr geben, das motivierte mich.« 1984, mit 22, hatte er Silber gewonnen, 1988 war er verletzt, 1992 wurde Conley Olympiasieger.

Land: USA
Medaillen: – 1 Gold
– 1 Silber
Teilnahmen: 1984, 1992

Bart Connor

Eigentlich wollte Bart Connor Journalist werden. Aber seine Leidenschaft zum Turnen veränderte seine Planungen. 1984 wurde der Amerikaner Olympiasieger am Barren, mit dem US-Team besiegte er den hohen Favoriten China. Nach der sportlichen Karriere ließ ihn das Turnen nicht los. Connor wurde TV-Fachkommentator, heiratete die rumänische Weltklasseturnerin Nadja Comaneci und gründete mit ihr in Norman, Oklahoma, eine Turnakademie. Seine Liebe zum Journalismus ließ ihn indes nicht los. Bart Connor wurde Herausgeber eines internationalen Kunstturnmagazins.

Land: USA
Medaillen: – 2 Gold
Teilnahmen: 1976, 1984

Harold Connolly

Er war der beste Hammerwerfer seiner Zeit, nahm an vier Olympischen Spielen teil, stellte in seiner Disziplin sieben Weltrekorde auf und blieb neun Jahre lang Weltrekordinhaber – dennoch konnte der Amerikaner Harold »Hal« Connolly nur einmal Gold gewinnen. Grund: seine Nervenschwäche. Weltweites Aufsehen erregte, mitten im Kalten Krieg, seine Heirat mit der tschechoslowakischen Diskuswerferin Olga Fikotová, die er während der Spiele 1956 kennengelernt hatte. Nach seiner Karriere wurde Connolly Lehrer und machte noch einmal von sich reden, als er zugab, während seiner aktiven Zeit gedopt zu haben.

Land: USA
Medaillen: – 1 Gold
Teilnahmen: 1956, 1960, 1964, 1968

James Brendan Connolly

Er war so heiß auf die ersten Olympischen Spiele in Athen, dass er 1896 ohne genehmigten Urlaub die Harvard-Universität verließ und dafür seine Exmatrikulation in Kauf nahm. James Brendan Connolly wurde der erste Olympiasieger der neuzeitlichen Spiele, denn er gewann mit seinen 13,71 m im Dreisprung die allererste Disziplin. Außerdem wurde der Amerikaner aus Boston Zweiter im Hochsprung und Dritter im Weitsprung. Goldmedaillen wurden damals noch nicht überreicht. Alle Platzierten wurden am Schlusstag bei strömendem Regen geehrt, die Sieger mit Silbermedaillen und Olivenzweigen, die Zweiten mit Bronzemedaillen und Olivenzweigen, die Dritten gingen leer aus. Vier Jahre später holte Connolly noch einmal Dreisprungsilber. Später wurde er ein bekannter Journalist und Schriftsteller. Es dauerte einige Jahre, bis Harvard dem Olympiaflüchtling verzieh: 1949 verlieh die Universität James Brendan Connolly die Ehrendoktorwürde.

Land: USA
Medaillen: – 1 Gold
– 2 Silber
– 1 Bronze
Teilnahmen: 1896, 1900

Stephanie Cook

88 Jahre hat es gedauert, ehe es die Frauen den Männern im Modernen Fünfkampf gleichtun durften. Dann wurde die Britin Stephanie Cook 2000 in Sydney erste Olympiasiegerin. Und dies in einem dramatischen Finale: Im 3000-m-Geländelauf, der letzten der fünf Disziplinen (neben Luftpistole, Degenfechten, 200-m-Freistilschwimmen, Springreiten) lag die Medizinstudentin aus Oxford lange weit hinter der klar führenden Amerikanerin Emily DeRiel, überholte sie wenige Hundert Meter vor dem Ziel und gewann den Wettbewerb mit nur acht Punkten Vorsprung.

Land:	Großbritannien
Medaillen:	– 1 Gold
Teilnahmen:	2000

Malcolm Cooper

Am Anfang finanzierte Malcolm Cooper seine Karriere als Sportschütze durch die Gründung einer eigenen Firma, der Accuracy International Ltd. Im Gegensatz zu seinen Konkurrenten erhielt er nämlich keine Sponsorengelder. Mit dem Aufschwung seiner Firma verbesserte der Brite auch seine sportlichen Leistungen. 1984 in Los Angeles und 1988 in Seoul wurde er Olympiasieger im Kleinkaliber-Dreistellungskampf. Die Accuracy International mit Sitz in Portsmouth wurde später eine der angesehensten Waffenfirmen, deren Produkte auch vom britischen Heer und der Bundeswehr eingekauft wurden. Wenige Jahre nach Coopers Krebstod 2001 meldete das Unternehmen Konkurs an.

Land:	Großbritannien
Medaillen:	– 2 Gold
Teilnahmen:	1984, 1988

Humberto Mariles Cortés

Der Oberst der mexikanischen Armee gewann Medaillen sowohl im Springreiten als auch in der Military (Vielseitigkeitsreiten). Bei den Spielen 1948 holte Humberto Mariles Cortés völlig überraschend Einzel- und Mannschaftsgold im Springreiten; kein Experte hatte die Mexikaner vorne erwartet. Der Parcours war übrigens so schwierig, dass nur drei von 14 Teams in der Wertung blieben. Mit dem Militaryteam gewann Cortés zudem noch eine Bronzemedaille.

Land:	Mexiko
Medaillen:	– 2 Gold
	– 1 Bronze
Teilnahmen:	1948

Paul Costello (rechts)

Der amerikanische Ruderer brachte das Kunststück fertig, bei drei Spielen hintereinander Olympiasieger in derselben Disziplin zu werden – im Doppelzweier. Paul Costellos Partner beim Goldgewinn von 1920 in Antwerpen und 1924 in Paris war sein Cousin John B. alias Jack Kelly, der später in anderer Funktion Berühmtheit erlangte: als Vater der legendären US-Schauspielerin Grace Kelly, der späteren Fürstin von Monaco.

Land:	USA
Medaillen:	– 3 Gold
Teilnahmen:	1920, 1924, 1928

Christl Cranz

Sie gewann zwar nur eine Goldmedaille, dennoch war die Deutsche Christl Cranz die weltbeste Skifahrerin in den 1930er-Jahren. Bei den Spielen 1936 holte sie Gold in der Alpinen Kombination (Abfahrt und Slalom), mehr war nicht möglich, weil Einzelmedaillen damals noch nicht vergeben wurden. Im Abfahrtslauf hatte sie durch einen Sturz 19 Sekunden auf die führende Norwegerin Nilsen verloren, holte aber in zwei herausragenden Slalomdurchgängen den Rückstand noch auf. Zwischen 1934 und 1939 gewann Christl Cranz 12 WM-Titel und ist damit bis heute die erfolgreichste Sportlerin bei alpinen Skiweltmeisterschaften.

Land:	Deutschland
Medaillen:	– 1 Gold
Teilnahmen:	1936

Hasely Crawford

Wenige Wochen vor der größten Sensation in der 100-m-Sprintgeschichte hatte der Mann aus Trinidad noch gegen deutsche Läufer verloren – was seinerzeit nicht gerade leicht war. Doch dann lief Hasely Crawford an jenem 25. Juli 1976 in Montreal mit 10,06 Sekunden alle Amerikaner samt Exolympiasieger Borsow in Grund und Boden. Für die Experten ein Wunder. Nicht für Dr. Hazim Mohammed, den Psychologen des Olympiateams von Trinidad & Tobago. Er hatte aus einem supernervösen Sensibelchen, Selbstzweifler und Hypochonder, der wochenlang über Schmerzen in Magen und Knie, an Fuß und Herzen, in Rücken und Kopf geklagt hatte, einen selbstbewussten, beschwerdefreien Athleten gemacht. Wie? »Ich habe ihm Sex verordnet«, verriet Dr. Mohammed in einem Interview mit der »Welt«, »ich hätte diese Therapie nicht jedem Athleten verordnet, aber Hasely brauchte das, um ausgeglichener zu werden.« Bald waren die Schmerzen verflogen. Kurz vor dem 100-m-Finale griff sich Crawford die Starterliste und strich mit einem Kugelschreiber einen Konkurrenten nach dem anderen aus. »Die haben alle keine Chance gegen mich«, sagte Crawford, lächelte, ging ins Stadion und wurde Olympiasieger.

Land:	Trinidad & Tobago
Medaillen:	– 1 Gold
Teilnahmen:	1976

Bernd Cullmann (rechts)

Von Beruf war er zwar Edelsteinschleifer, doch mit dem Gold von Rom 1960 hatte Bernd Cullmann nicht gerechnet. Die deutsche 4x100-m-Staffel galt bei diesen Spielen wegen ihrer Asse Armin Hary und Martin Lauer zwar als Medaillenkandidat, Favoriten waren allerdings die Amerikaner. Die Deutschen gingen mit Cullmann, Hary, Mahlendorf und Lauer ins Rennen und kamen als Zweite hinter den USA ins Ziel. Doch wegen Überschreitung der Wechselmarke wurden die US-Staffel disqualifiziert – und der glänzende Startläufer Cullmann war Olympiasieger.

Land:	Deutschland
Medaillen:	– 1 Gold
Teilnahmen:	1960

John Curry

1976 war sein großes Jahr: Europameister, Weltmeister und Olympiasieger im Eiskunstlauf. Der Brite John Curry lief so sauber wie kaum ein Eisläufer vor oder nach ihm. Nach seiner einmaligen Kür von Innsbruck forderten die Zuschauer stürmisch die höchste Wertung, die »6«. Dass keiner der Punktrichter diese Idealnote zog, erklärten Fachleute hinterher mit »Rache« für Currys Punktrichterschelte Monate zuvor. Der Br te, dem die Queen den Orden des Britischen Empire verlieh, war ein Mann der offenen Worte. Er bekannte sich öffentlich zu seiner Homosexualität. 1987 erkrankte er an Aids, er starb 1994.

Land:	Großbritannien
Medaillen:	– 1 Gold
Teilnahmen:	1972, 1976

Thomas Curtis

Der 110-m-Hürdenlauf war bei den ersten Spielen 1896 noch nicht der große Renner. Im Finale traten nur zwei Läufer an. Der Amerikaner Thomas Curtis siegte in einer Zeit von 17,6 Sekunden knapp vor dem Briten Grantley Goulding in 18,0. Curtis war auch ein begabter Fotograf, er nutzte die ersten Spiele zu vielen Aufnahmen. Später studierte er am Massachussetts Institute of Technology und wirkte an der Entwicklung des Toasters mit.

Land:	USA
Medaillen:	– 1 Gold
Teilnahmen:	1896

Elizabeth Cuthbert

Keine Leichtathletin wurde bislang Olympiasiegerin über 100 m, 200 m und 400 m – außer Elizabeth »Betty« Cuthbert. 1956 bei den Spielen in ihrem Heimatland Australien gewann sie dreimal (100 m, 200 m, 4x100-m-Staffel), ihr viertes Olympiagold über 400 m acht Jahre später. Dieses Finale von 1964 in Tokio bezeichnete sie als »das einzige perfekte Rennen meines Lebens«. Nach den Spielen von 1960 und den Niederlagen gegen Wilma Rudolph hatte sie sich von den kurzen Sprintstrecken verabschiedet, um sich danach ausschließlich auf den Rundensprint über 400 m konzentrieren zu können.

Land:	Australien
Medaillen:	– 4 Gold
Teilnahmen:	1956, 1960, 1964

Björn Daehlie – Georgeta Damian – Ludvik Danek – Charles Daniels – Rolf Danneberg – Tamas Darnyi – Willie Davenport – Lynn Davies – John Davis – Otis Davis – Christopher Dean – Andreas Decker – Gervasio Deferr – Antoine Deneriaz – Yaping Deng – Etienne Desmarteau – Gail Devers – John Devitt – Michael Diamond – Klaus Dibiasi – Mildred Didrikson – Ines Diers – Eckart Diesch – Jörg Diesch – Wilfried Dietrich – Sjoukje Dijkstra – Harrison Dillard – Artur Dimitriew – Ursula Disl – Alexander Ditjatin – Bernd Dittert – Andreas Dittmer – Reginald Frank Doherty – Tom Dolan – Lutz Dombrowski – Michaela Dorfmeister – David Douillet – Stacy Dragila – Foy Draper – Otis Paul Drayton – Heike Drechsler – Joachim Dreifke – Christof Duffner – Charles Everett Dumas – Charles Dvorak – Amy van Dyken

Björn Daehlie

Er ist der erfolgreichste Athlet aller Olympischen Winterspiele. In den 1990er-Jahren dominierte Björn Daehlie den Skilanglauf wie keiner vor und nach ihm. Bei drei Spielen holte er achtmal Gold und viermal Silber, außerdem neun WM-Titel. Als Kind hatte er zunächst nur Fußball im Kopf, widmete sich erst ab 16 dem Skisport. Daehlies Erfolgsgeheimnis war seine beispiellose Fähigkeit, das Allerletzte aus sich herauszuholen: beim Training, wenn es darum ging, die Skatingtechnik zu verbessern oder das Krafttraining zu intensivieren; im Wettkampf, wenn es galt, seine Gegner mit schierer Willenskraft niederzuringen. Als gesuchter Werbeträger hat der Norweger finanziell ausgesorgt. Er ist vielfacher Millionär und besitzt Anteile an einer großen Osloer Sportartikelfirma.

Land:	Norwegen
Medaillen:	– 8 Gold
	– 4 Silber
Teilnahmen:	1992, 1994, 1998

Georgeta Damian (rechts)

Die Rumänin aus Botosani zählt mit ihren vier Goldenen zu den erfolgreichsten Ruderinnen. In Sydney 2000 gewann sie mit ihrer Partnerin Doina Ignat im Zweiter ohne Steuerfrau und in der Königsklasse, dem Achter. Vier Jahre später, in Athen, wiederholte sie ihren Triumph, wieder im Zweier ohne (diesmal mit Viorica Susanu) und im Achter. Georgeta Damian begann 13-jährig mit dem Rudersport, studierte später Physik und Sport.

Land:	Rumänien
Medaillen:	– 4 Gold
Teilnahmen:	2000, 2004

Ludwik Danek

Wegen seiner untersetzten Figur nannte man ihn in der Tschechoslowakei den »Klotz von Brünn«. Als Kind hatte Ludvik Danek zunächst Spaß am Skilanglauf. Doch als sein älterer Bruder Jiri einmal einen Diskus mit nach Hause brachte, setzte er sich in den Kopf, weiter zu werfen als der Ältere. Schon nach einer Woche hatte Ludvik sein Ziel erreicht. Und er blieb beim Diskuswerfen. Die Weltspitze erreichte er 1964, als er mit einem Wurf über 64,55 m den Weltrekord des legendären Al Oerter verbesserte. Dennoch besiegte ihn der Amerikaner bei den Spielen 1964. Erst 1972 in München holte Danek Gold und war bis zu seinem Tod 1998 einer der angesehensten Sportler seines Landes. 1997 erhielt er den Fair-Play-Preis des IOC für seinen lebenslangen Einsatz um sauberen Wettkampf.

Land:	CSSR
Medaillen:	– 1 Gold
	– 1 Silber
	– 1 Bronze
Teilnahmen:	1964, 1968, 1972

Rolf Danneberg

Bei den Spielen 1984 in Los Angeles sorgte der deutsche Diskuswerfer für eine der größten Überraschungen, als er mit einer Weite von 66,60 m Olympiasieger wurde. Vier Jahre später holte Rolf Danneberg noch einmal Bronze. Nach seiner Karriere erlebte der Hamburger jedoch eine lang anhaltende Talfahrt: gesundheitlich, weil der Leistungssport viele körperliche Handicaps (Knie, Rücken, Hüfte) nach sich zog; beruflich, weil Hamburg dem angehenden Lehrer keine Stelle in Aussicht stellte; und privat, weil seine Familie zerbrach und ihm bei einem Einbruch seine beiden Medaillen gestohlen wurden.

Land:	Deutschland
Medaillen:	– 1 Gold
	– 1 Bronze
Teilnahmen:	1984, 1988

Charles Daniels

Die Schwimmwettbewerbe der Spiele 1904 in St. Louis waren ein Publikumsmagnet. 10 000 Zuschauer umsäumten einen künstlichen See und verfolgten, wie die Athleten von einem wackligen Floß als Startbrücke aus versuchten, ins Wasser zu springen. Viele rutschten dabei aus und fielen auf den Rücken. Wer es bis ins Wasser schaffte, verirrte sich schon mal, weil es keine Bahnmarkierung gab. Der Amerikaner Charles Daniels, der den noch neuartigen Kraulstil optimierte, überwand alle Tücken und holte dreimal Gold, einmal Silber und einmal Bronze. Vier Jahre später gewann er noch einmal Gold und Bronze.

Land:	USA
Medaillen:	– 4 Gold
	– 1 Silber
	– 2 Bronze
Teilnahmen:	1904, 1908

Tamas Darnyi

Das ungarische Schwimmtalent hatte gerade mit dem Leistungssport begonnen, als seine hoffnungsvolle Karriere schon zu Ende schien. Bei einer Schneeballschlacht hatte den Budapester Schüler ein Ball so unglücklich getroffen, dass erst mehrere Operationen in einer Kölner Spezialklinik ihm das Augenlicht retteten. Von Mitte der 1980er-Jahre an war Darnyi der überragende Lagenschwimmer in den Schwimmbecken der Welt. So durchbrach er als erster die 2-Minuten-Schallmauer über 200 m. In Seoul 1988 ging er als Weltrekordler über 200 m und 400 m Lagen an den Start und gewann jeweils Gold. Vier Jahre später wiederholte er das Kunststück.

Land:	Ungarn
Medaillen:	– 4 Gold
Teilnahmen:	1988, 1992

Willie Davenport

In seiner Spezialdisziplin über 110 m Hürden hatte der Amerikaner an vier Olympischen Spielen teilgenommen. Neben Gold 1968 gewann er 1976 noch Bronze. Sein erster Trainer war der Mainzer Prof. Berno Wischmann während Davenports Militärzeit in Deutschland. »Dies war die erste Sprosse auf der Leiter zur Spitze«, erinnerte sich der US-Athlet später gerne zurück. 1980 nahm Davenport als erster farbiger Amerikaner an Winterspielen teil. Mit dem Viererbob der USA belegte er Rang zwölf.

Land:	USA
Medaillen:	– 1 Gold
	– 1 Bronze
Teilnahmen:	1964, 1968,
	1972, 1976

Lynn Davies

Der Waliser hatte 1964 zwei Weltrekordler aus all ihren Goldträumen gerissen. Ralph Bosten (USA) und Igor Ter-Owanesjan (UdSSR) verbesserten vor den Spielen in Tokio fünfmal den Weltrekord im Weitsprung. Einer von beiden, so glaubten die Experten, würde Olympiasieger. Doch dann setzte der Regen ein, und die beiden Favoriten mussten mit ansehen, wie der regenerprobte Brite Lynn Davies an ihnen vorbeisprang und die Goldmedaille gewann. Auch mit der 4x-100-m-Staffel erreichte er Endlaufplatzierungen.

Land:	Großbritannien
Medaillen:	– 1 Gold
Teilnahmen:	1964, 1968, 1972

John Davis

Mit 17 Weltmeister im Gewichtheben 1938, das hatte es noch nie gegeben. Und so wunderte es denn auch niemanden, dass der Ausnahmeathlet John Davis aus New York 1948 und 1952 auch Olympiasieger wurde, als einer der leichtesten Schwergewichtler (105 kg). Und wären die Spiele von 1940 und 1944 nicht dem Zweiten Weltkrieg zum Opfer gefallen, hätte Davis noch zwei weitere Goldmedaillen dazugepackt. Er verkörperte in seiner Disziplin so etwas wie eine Ein-Mann-Dynastie.

Land:	USA
Medaillen:	– 2 Gold
Teilnahmen:	1948, 1952

Otis Davis

Der Amerikaner war in der Leichtathletik ein Spätstarter. Bis zu seinem 26. Lebensjahr spielte er nur Basketball. Dann erst begann er mit dem Lauftraining über 400 m. Bereits zwei Jahre später war er der Beste der Welt und gewann bei den Spielen in Rom 1960 die Goldmedaille. Unvergessen dabei sein Duell mit dem deutschen Mitfavoriten Carl Kaufmann, der zwar mit seinem Kopf im Ziel vor Davis lag, aber nicht mit der Brust. Beide waren zeitgleich und verbesserten den Weltrekord um drei Zehntelsekunden auf 44,9 Sekunden. Davis besiegte Kaufmann noch einmal als Schlussläufer der 4x400-m-Staffel.

Land:	USA
Medaillen:	– 2 Gold
Teilnahmen:	1960

Christopher Dean

Nach jenem Moment 1984 in Sarajevo, als Christopher Dean und Jayne Torvill am Ende ihrer Kür nach dem letzten Ton von Ravels »Bolero« lang ausgestreckt auf dem Eis lagen und eine Sekunde lang andächtige Stille herrschte, ehe der tosende Applaus losbrach, war der Eistanz nicht mehr das, was er bis dahin gewesen war. Die beiden hatten Millionen verzaubert, auch die Punktrichter, die in der B-Note (künstlerischer Wert) neunmal einmütig die Höchstnote von 6,0 zogen. Es war die beste Wertung, die es bis dahin gegeben hatte. Deans Idee war es, die Regeln im Eistanz etwas freier auszulegen, manchmal etwas zu frei. Er arbeitete zunächst als Choreograf für andere, ehe er selbst aufs Eis ging. Nach Sarajevo wechselten die vierfachen Weltmeister ins Profilager und holten beim Olympia-Comeback 1994 noch einmal Bronze.

Land:	Großbritannien
Medaillen:	– 1 Gold
	– 1 Bronze
Teilnahmen:	1980, 1984, 1994

Andreas Decker (2. v. links)

Wer in jener Zeit als Ruderer für die DDR an den Start ging, hatte seine Medaille sicher. 1976 und 1980 gewannen DDR-Ruderer Edelmetall in allen Bootsklassen. Einer von ihnen war der Sachse Andreas Decker, der nach der Wende Vizepräsident des Deutschen Sportbundes wurde. Decker bekannte freimütig, seine Erfolge im Vierer ohne und als viermaliger Weltmeister auch der Einnahme von Doping zu verdanken: »Es war eine Testosteron-Substanz, die damals noch nicht auf dem Index stand. Aber: Doping muss verboten bleiben. Es muss knallharte Sanktionen geben, die abschrecken.«

Land:	DDR
Medaillen:	– 2 Gold
Teilnahmen:	1976, 1980

Gervasio Deferr

Die Eltern galten beide als unsportlich – dennoch wurde Gervasio Deferr bei den Spielen 2000 Spaniens erster Olympiasieger im Turnen. Mit fünf Jahren schickte seine Mutter »den kleinen Zappelphilipp« in den Turnverein. Wegen seiner Spritzigkeit und Sprungkraft fokussierte Gervasio sein Talent bald aufs Bodenturnen und den Pferdsprung. In Sydney 2000 war er auf einen Medaillengewinn am Boden programmiert, scheiterte aber in der Qualifikation. Dafür gewann er überraschend Gold im Sprung. Vier Jahre später wiederholte er diesen Erfolg.

Land:	Spanien
Medaillen:	– 2 Gold
Teilnahmen:	2000, 2004

Antoine Deneriaz

Mit seinem Auftritt bei den Winterspielen 2006 gab er den Spielverderber für die Favoriten. Antoine Deneriaz, der bis dahin noch kein Weltcuprennen gewonnen hatte und im Abfahrtslauf nur als krasser Außenseiter gehandelt wurde, ließ mit Bode Miller, Hermann Maier, Michael Walchhofer, Bruno Kernen und Kjetil André Aamodt die versammelte Weltklasse hinter sich. Auf der Piste im italienischen Sestriere-Borgata gelang dem französischen »Wundergleiter« der perfekte Abfahrtslauf, trotz eines gerissenen Innenbandes.

Land:	Frankreich
Medaillen:	– 1 Gold
Teilnahmen:	2002, 2006

Yaping Deng

Mit nur 1,50 m war sie stets die Kleinste, im Tischtennis jedoch die Größte. Die Chinesin Yaping Deng war in den 1990er-Jahren die weltweit Beste ihres Fachs. Vier Olympiasiege (je zwei im Einzel und im Doppel) und vier WM-Titel machten sie zur Nummer 1 im Tischtennis der Damen. Als sie 1997 ins IOC gewählt wurde, trat sie vom Leistungssport zurück.

Land:	China
Medaillen:	– 4 Gold
Teilnahmen:	1992, 1996

Etienne Desmarteau

Um bei den Spielen von 1904 in St. Louis dabeizusein, riskierte der Franco-Kanadier Etienne Desmarteau seinen Job. Als Angehöriger des Polizeicorps von Montreal hatte er zwar Urlaub eingereicht, doch der war nicht bewilligt worden. Desmarteau machte sich trotzdem auf den Weg, er wollte unbedingt am ersten olympischen Gewichtwerfen (nicht Hammerwerfen) teilnehmen. Tatsächlich gewann er mit einer Weite von 10,46 m die Goldmedaille. Seinen Polizeijob verlor er dennoch. Zu den Spielen 1976 in seiner Heimatstadt wurde ihm zu Ehren die Arena Etienne Desmarteau eingeweiht, in der das olympische Basketballturnier stattfand.

Land:	Kanada
Medaillen:	– 1 Gold
Teilnahmen:	1904

Gail Devers

Die »New York Times« bezeichnete die Amerikanerin einmal als »die beste Kombination aus Sprint und Hürden, die jemals in Laufschuhen steckte«. In der Tat gelang Gail Devers eine der beeindruckendsten Karrieren in der Leichtathletik. Zwei Jahre vor den Spielen 1992 erkrankte sie an einer Fehlfunktion der Schilddrüse (Morbus Basedow). Sie nahm in zwei Wochen 20 Pfund zu, ihr drohten der Verlust des Augenlichts und eine Fußamputation, weil eine Bestrahlungstherapie zu starken Verbrennungen geführt hatte. Ein Jahr vor Olympia begann Gail Devers wieder mit dem Training und gewann in Barcelona sensationell Gold über 100 m. In ihrer noch stärkeren Disziplin, den 100 m Hürden, strauchelte sie, klar in Führung liegend, an der letzten Hürde und wurde tragische Fünfte. Vier Jahre später die gleiche Dramatik: Nach 16 Hürdensiegen in Folge, darunter der WM-Titel, verpasste Devers erneut eine Olympiamedaille, holte aber wieder Gold über 100 m flach; hinzu kam Staffelgold. Noch zweimal wollte sie es erzwingen, endlich auch in ihrer Paradedisziplin eine Olympiamedaille zu gewinnen. Doch 2000 musste sie im Halbfinale verletzt aufgeben und 2004, inzwischen 38 Jahre alt, zwickte die Wade noch vor der ersten Hürde im Vorlauf. Gleichwohl: Für den Internationalen Leichtathletik-Verband ist Gail Devers »die beste Hürdensprinterin aller Zeiten«.

Land:	USA
Medaillen:	– 3 Gold
Teilnahmen:	1988, 1992, 1996, 2000, 2004

John Devitt (Mitte)

Sein hauchdünner, umstrittener Sieg über 100 m Freistil bei den Spielen 1960 war für den Internationalen Schwimmverband der Anstoß, in Zukunft auf die elektronische Zeitmessung zu setzen. Der Australier John Devitt und der Amerikaner Lance Larsen hatten in Rom dicht an dicht angeschlagen. Die Kampfrichter brauchten acht Minuten, um sich für Devitt als Goldmedaillengewinner zu entscheiden. Ein Protest der USA wurde zurückgewiesen, doch die Diskussionen hielten noch mehrere Jahre an. Unumstrittenes Gold gewann Devitt dagegen vier Jahre zuvor mit der 4x200-m-Freistilstaffel Australiens.

Land:	Australien
Medaillen:	– 2 Gold – 1 Silber – 1 Bronze
Teilnahmen:	1956, 1960

Michael Diamond

Zweimal schon (1996 und 2000) hatte Michael Diamond den Olympiasieg im Trapschießen geholt. In Athen 2004 wollte der aus Griechenland stammende Australier den Hattrick, den dritten Triumph in Folge also. Doch seine Lebensgefährtin Tracy Kennedy schoss quer. Kurz vor den Spielen verklagte sie den Sportschützen wegen Körperverletzung. Diamond indes berief sich auf den Notwehrparagraphen. Wegen des Strafverfahrens musste der zweimalige Olympiasieger seinen Waffenschein abgeben. Als das Gericht Diamond freisprach, war es für seine Olympiateilnahme zu spät.

Land:	Australien
Medaillen:	– 2 Gold
Teilnahmen:	1996, 20000

Klaus Dibiasi

Der Italiener aus Südtirol war der erste Kunst- und Turmspringer, der fünf Olympiamedaillen gewann, und der erste, der bei drei Spielen in Folge in der gleichen Disziplin Gold gewann. Zwischen 1964 und 1976 galt Klaus Dibiasi als der unumstrittene Herrscher über die 10-m-Türme dieser Welt. 1964 holte er Silber, danach nur noch Gold von der höchsten Plattform. 1968 gewann er noch einmal Silber vom 3-m-Brett. Nach Ende seiner Karriere wurde er Trainer des italienischen Olympiateams der Kunst- und Turmspringer.

Land:	Italien
Medaillen:	– 3 Gold
	– 2 Silber
Teilnahmen:	1964, 1968, 1972, 1976

Mildred Didrikson

»Babe«, wie die Amerikanerin Mildred Didrikson genannt wurde, war eine der größten Allroundsportlerinnen überhaupt. Sie beherrschte alle Leichtathletikdisziplinen, spielte exzellent Golf und Tennis, boxte und gehörte dank einer Sondergenehmigung zum Baseballteam der Brooklyn Dodgers. Weil man sie bei den Spielen 1932 nur in drei Leichtathletikdisziplinen starten ließ, entschied sich die 19-Jährige für Speerwurf (Gold), 80 m Hürden (Gold mit Weltrekord) und Hochsprung. Hier übersprang sie mit 1,65 m die gleiche Höhe wie ihre Teamkollegin Jean Shirley, wurde aber von der Jury auf Platz zwei gesetzt. Die beiden Athletinnen protestierten dagegen, indem sie ihre Medaillen verschmelzen ließen und sich die Gold-Silber-Legierung teilten.

Land:	USA
Medaillen:	– 2 Gold
	– 1 Silber
Teilnahmen:	1932

Ines Diers (Mitte)

Sie gehörte zu den erfolgreichsten Schwimmerinnen der DDR bei den Spielen 1980 in Moskau. Ines Diers zeigte Weltklasseleistungen auf sämtlichen Krauldistanzen. Sie gewann über 400 m Freistil und mit der 4x100-m-Freistilstaffel, holte über 200 m und 800 m Freistil Silber und über 100 m Bronze. Als die Tochter eines Schweinezuchtbrigadiers heimkehrte, schenkte der Vater ihr ein Schwein – als Glücksbringer.

Land:	DDR
Medaillen:	– 2 Gold
	– 2 Silber
	– 1 Bronze
Teilnahmen:	1980

Eckart und Jörg Diesch

Die Brüder zählen zu den erfolgreichsten deutschen Seglern. Eckart und Jörg Diesch gewannen im Flying Dutchman (FD) alles, was es zu gewinnen gibt. Neben nationalen Titeln wurden sie Europa- und Weltmeister – und Olympiasieger. Ihr Trainingsrevier war für die Söhne eines Friedrichshafener Zahnarztes der Bodensee. Zum Segeln kamen sie durch den Vater, einem früheren Segeleuropameister. Neben ihrem großen Hobby vernachlässigten die beiden niemals den Beruf: Eckart wurde Zahnarzt, Jörg Orthopäde. Jörg Diesch gewann später als Steuermann auf der »Pinta« noch einmal den Admiral´s Cup.

Land:	Deutschland
Medaillen:	– 1 Gold
Teilnahmen:	1976, 1984

Wilfried Dietrich

Weil er früher mal Kranführer war, wurde er als Ringer zum »Kran von Schifferstadt«. Wilfried Dietrich war eine der herausragenden Figuren im deutschen Sport. Seine dynamische Art zu kämpfen und seine Begabung für beide Stile (Freistil und griechisch-römisch) machten den Superschwergewichtler zu einem wahren Ringerkönig. Höhepunkt seiner Laufbahn war der Olympiasieg von 1960 im freien Stil; dazu gewann er Silber im griechisch-römischen, was ihm bereits 1956 gelungen war. 1964 und 1968 folgte in beiden Stilarten noch je einmal Bronze. Trotz der Erfolge war der Welt- und Europameister stets ein Kämpfer voller Selbstzweifel: »Nach besonders schweren Kämpfen hätte ich am liebsten für immer die Matte verlassen.« Bei den Spielen in München tat er´s dann. Vor dem Treffen um Bronze trat er nicht mehr an, obwohl er zuvor den 191 kg schweren Amerikaner Chris Taylor in einer der spektakulärsten Aktionen der Ringergeschichte mittels Überwurf geschultert hatte. Das Bild von dieser Aktion ging um die Welt und gewann Preise, und Dietrich verließ ohne Preis für immer die internationale Szene.

Land:	Deutschland
Medaillen:	– 1 Gold
	– 2 Silber
	– 2 Bronze
Teilnahmen:	1956, 1960, 1964, 1968, 1972

Sjoukje Dijkstra

Im Alter von sechs Jahren begann Sjoukje Dijkstra mit dem Eiskunstlaufen – und brach sich nach nur drei Tagen das Bein. Doch sportliche Resignation lag nicht in der Familie. Der Vater, als Eisschnellläufer Teilnehmer der Winterspiele von 1936, betreute die Tochter fürsorglich und behutsam, legte als Sportarzt der holländischen Leichtathleten vor allem Wert auf körperliche Fitness. Ab neun wurde Sjoukje von einem richtigen Fachmann trainiert, dem Schweizer Arnold Gerschwiler. Er brachte die 14-Jährige 1956 zu ihren ersten Spielen (Platz 13). 1960 holte Sjoukje Dijkstra schon Silber und 1964 dann Gold. Sie war damit die erste Niederländerin, die bei Winterspielen eine Goldmedaille gewann. Danach wurde sie noch dreimal Weltmeisterin und später Profi bei »Holiday On Ice«.

Land:	Niederlande
Medaillen:	– 1 Gold
	– 1 Silber
Teilnahmen:	1956, 1960, 1964

Harrison Dillard (Mitte)

Ausgerechnet in seiner Spezialdisziplin 110 m Hürden hatte sich der Amerikaner Harrison Dillard nicht für die Spiele 1948 qualifizieren können. Doch dann überraschte er Konkurrenz wie Fachwelt mit seinem Sieg über 100 m, als er sich Zentimeter vor seinem höher eingeschätzten Landsmann Barney Ewell ins Ziel warf und dabei mit 10,3 Sekunden den Weltrekord einstellte. Sein zweites Gold holte sich Dillard, diesmal gemeinsam mit Ewell, mit der 4x100-m-Staffel. Vier Jahre später erfüllte er sich seinen Hürdentraum und wurde Olympiasieger – dazu erneut mit der Sprintstaffel.

Land:	USA
Medaillen:	– 4 Gold
Teilnahmen:	1948, 1952

Artur Dimitriew

Artur Dimitriew ist der bislang einzige Mann, der mit zwei unterschiedlichen Partnerinnen Paarlaufolympiasieger wurde. Von 1987 bis 1994 ging der Ukrainer zusammen mit Natalja Mischkutjonok aufs Eis, wurde Weltmeister und Olympiasieger (1992).Gleich danach wurden die beiden Profis, ließen sich aber für die Spiele 1994 reamateurisieren und gewannen Silber. Nach der sich anschließenden Trennung fand Dimitriew mit Oksana Kasakowa eine neue Partnerin und wurde, wie gehabt, Weltmeister und Olympiasieger (1998). Auch mit ihr schlug der Russe die Profilaufbahn ein. Beständig blieb Artur Dimitriew indes bei einer Ehepartnerin Tatjana Druschinina, mit der er seit 1992 verheiratet ist.

Land:	Russland
Medaillen:	– 2 Gold
	– 1 Silber
Teilnahmen:	1992, 1994, 1998

Ursula Disl

Unter ihrem eigentlichen Vornamen ist sie kaum bekannt, doch unter Uschi Disl gilt die deutsche Wintersportlerin weltweit als Institution. Keine Biathletin holte bei Olympia mehr Medaillen als sie: insgesamt neun, davon zweimal Gold (1998 und 2002 jeweils mit der 4x7,5-km-Staffel). Dazu kamen acht WM-Titel. 16 Jahre lang lief Uschi Disl in der Weltspitze. Mit ihrer offenen, direkten, sympathischen Art bei Fernsehinterviews war sie maßgeblich an der steigenden Popularität ihrer Sportart beteiligt. Obwohl ihr die Nerven beim Schießen bisweilen einen Streich spielten, konnte sie oft genug beim Laufen mit größtem Einsatz und Ehrgeiz ihre Schießfehler ausgleichen. »Uschi hat unwahrscheinliche Leistungen vollbracht«, fasste Bundestrainer Uwe Müssiggang nach ihrem Rücktritt 2006 die Karriere zusammen.

Land:	Deutschland
Medaillen:	– 2 Gold
	– 4 Silber
	– 3 Bronze
Teilnahmen:	1992, 1994, 1998, 2002, 2006

Alexander Ditjatin

Bei den Auswärtsspielen 1976 in Montreal gab der sowjetische Turner schon mal seine Visitenkarte ab, als er zwei Silbermedaillen gewann. Bei den Heimspielen 1980 in Moskau jedoch zeigte er, wer Herr im Hause ist. Er führte die russischen Turner zum Titel im Mannschaftsmehrkampf und war in allen sechs Gerätefinals vertreten. Am 25. Juli gewann Ditjatin sechs Medaillen an einem Tag: Gold an den Ringen, Silber an Reck, Barren, Seitpferd und im Sprung sowie Bronze am Boden. So ist er, zusammen mit dem US-Schwimmer Michael Phelps, der einzige Athlet, der bei einer Olympiade acht Medaillen gewann und wurde als erster Mann im Turnen mit der Höchstnote von 10,0 belohnt (beim Sprung).

Land:	UdSSR
Medaillen:	– 3 Gold
	– 6 Silber
	– 1 Bronze
Teilnahmen:	1976, 1980

Bernd Dittert (links)

Als Radsportler in der DDR war Bernd Dittert in die Weltklasse gefahren, wurde Weltmeister in der Mannschaftsverfolgung (1981) und Bronzemedaillengewinner in der Einzelverfolgung (1988). Doch als er nach der Wende in die Bundesrepublik kam, degradierten ihn die westdeutschen Radsportfunktionäre in die unterste Leistungsgruppe. Schon nach wenigen Rennen war Dittert da angekommen, wo er hingehörte und gewann 1992 zusammen mit Christian Meyer, Uwe Peschel und Michael Rich die Goldmedaille im Straßenvierer. Nach seiner aktiven Laufbahn wurde Dittert Bundestrainer.

Land:	DDR, Deutschland
Medaillen:	– 1 Gold
	– 1 Bronze
Teilnahmen:	1988, 1992

Andreas Dittmer

Addiert man zu seinen Olympiaerfolgen noch seine 30 WM-Medaillen mit allein acht Titelgewinnen, dann ist Andreas Dittmer aus Neubrandenburg der erfolgreichste Kanadierfahrer aller Zeiten. Mehr als 15 Jahre lang zählte er ununterbrochen zur Weltspitze. 1996 holte er Gold im Zweier (mit seinem langjährigen Partner Gunar Kirchbach), die übrigen Olympiamedaillen jedoch alle im Einer über 500 m bzw.1000 m – 2000 bekam er noch Gold und Bronze, 2004 Gold und Silber. »Deutschlands schnellster Indianer« (Dittmer über Dittmer) engagiert sich sehr für die Nachwuchsförderung und organisiert im Berliner Bundesleistungszentrum Jugendcamps.

Land:	Deutschland
Medaillen:	– 3 Gold
	– 1 Silber
	– 1 Bronze
Teilnahmen:	1996, 2000, 2004

Reginald Frank Doherty

»Big Do« wurde er in seiner englischen Heimat genannt. Aus gutem Grund: Als Reginald Doherty 1900 in Paris die Goldmedaille im Herrendoppel (mit seinem Bruder Hugh) und im Mixed (mit Charlotte Cooper) gewann, hatte er schon vier aufeinanderfolgende Wimbledonsiege im Einzel hinter sich. Im Einzel der Pariser Spiele stand er im Halbfinale, hatte Bronze schon sicher. Doch da sollte er gegen seinen Bruder antreten. Reginald verzichtete, Hugh erreichte kampflos das Finale – und wurde Olympiasieger. 1908 in London wiederholten die Brüder ihren Erfolg im Herrendoppel.

Land:	Großbritannien
Medaillen:	– 3 Gold
	– 1 Bronze
Teilnahmen:	1900, 1908

Tom Dolan

Wer im Schwimmen acht Jahre lang einen Weltrekord halten konnte, musste seiner Zeit und seinen Konkurrenten weit voraus sein. Der Amerikaner Tom Dolan gehört zu dieser seltenen Spezies. Zweimal in Folge (1996 und 2000) wurde er Olympiasieger über die 400 m Lagen, 2000 holte er noch Silber über 200 m. Dabei war Dolan asthmakrank und hatte eine ungewöhnlich enge Luftröhre, die ihm im Vergleich zu gesunden Menschen nur eine Sauerstoffaufnahme von 20 Prozent ermöglichte. Dafür hatte er riesige Hände und Füße und einen 1,98 m langen und 82 kg leichten Körper, der so biegsam war, dass es für eine tolle Zirkusnummer gereicht hätte. Für seinen Trainer Jon Urbanchek lag Dolans Geheimnis in seiner mentalen Stärke: »Tom konnte seine psychologischen Grenzen so weit ausnutzen wie seine physiologischen.«

Land:	USA
Medaillen:	– 2 Gold
	– 1 Silber
Teilnahmen:	1996, 2000

Lutz Dombrowski

Noch heute hält er mit 8,54 m den deutschen Rekord im Weitsprung. Es war zugleich sein Satz zum Olympiagold bei den Spielen 1980. Gestartet war Lutz Dombrowski für die DDR. Später gab er zu, als Informant für die Staatssicherheit aktiv gewesen zu sein: »Ich hatte einfach Angst, nicht mehr ins Ausland reisen zu dürfen, es tut mir alles sehr leid.« Das sportliche Talent hatte er vom Vater, der vor dem Zweiten Weltkrieg zu den besten Zehnkämpfern gehört hatte.

Land:	DDR
Medaillen:	– 1 Gold
Teilnahmen:	1980

Michaela Dorfmeister

Die Österreicherin galt jahrelang als ewige Zweite – mit einer Silbermedaille als Höhepunkt, als sie 1998 nur eine Hundertstelsekunde von der Goldmedaille im Super-G trennte. Vor allem während der letzten Jahre ihrer Karriere landete Michaela Dorfmeister ihre größten Erfolge, wurde zweimal Weltmeisterin und Doppelolympiasiegerin 2006 in Turin. Bei ihren letzten Spielen gewann sie Abfahrt und Super-G. Und sie nutzte diesen perfekten Zeitpunkt zum Rücktritt. Ihre stets ehrliche, kritische Art setzt sie inzwischen als Kolumnistin einer großen österreichischen Zeitung um.

Land:	Österreich
Medaillen:	– 2 Gold
	– 1 Silber
Teilnahmen:	1998, 2002, 2006

David Douillet

»David ist phänomenal«, titelte Frankreichs legendäre Sportzeitung »L´Equipe« und meinte den französischen Judoka David Douillet. Fast ein Jahrzehnt lang warf der jeden auf die Matte, der sich ihm gegenüberstellte. Nach seiner Bronzemedaille im Schwergewicht bei den Spielen 1992 wurde Douillet zweimal in Folge Olympiasieger (1996, 2000) und viermal Weltmeister. Später spielte der hünenhafte Athlet (1,96 m, 130 kg), ein Freund von Staatspräsident Chirac und dessen Frau Bernadette, in Kinofilmen und TV-Serien mit. ´

Land:	Frankreich
Medaillen:	– 2 Gold
	– 1 Bronze
Teilnahmen:	1992, 1996, 2000

Stacy Dragila

Die Amerikanerin, ehemalige Volleyballerin, Zirkusakrobatin und Rodeoreiterin, war die Pionierin der noch jungen Frauendisziplin Stabhochsprung. Die aus Rumänien stammende Athletin wurde die erste Stabhochsprungolympiasiegerin (2000), Weltmeisterin (1999) und Hallenweltmeisterin (1997) der Leichtathletikgeschichte. Mit großen Leistungen (sechs Weltrekorde) und spektakulären Aktionen (Sprünge im Sand am Strand von Santa Barbara) warb Stacy Dragila offensiv für ihre noch junge Disziplin. Für sie war es »nicht nur ein Kampf ums Gold, sondern auch um Anerkennung für uns alle«.

Land:	USA
Medaillen:	– 1 Gold
Teilnahmen:	2000

Foy Draper (2. v. rechts)

Zusammen mit Jesse Owens und Ralph Metcalfe gehörte Foy Draper zu den US-Weltklassesprintern vor dem Zweiten Weltkrieg. Der kleiner Flitzer (1,65 m, 54 kg) hatte sich ein Jahr vor Olympia 1936 bei den US-Meisterschaften mit einer persönlichen Bestzeit (10,3 Sekunden) als Zweiter hinter Owens für die Spiele in Berlin empfohlen, wo er mit der US-Sprintstaffel Gold in der Weltrekordzeit von 39,8 Sekunden gewann. Während des Krieges stürzte Foy Draper mit einem Flugzeug 1943 über Tunesien ab. Seine Leiche wurde nie gefunden.

Land:	USA
Medaillen:	– 1 Gold
Teilnahmen:	1936

Otis Paul Drayton

Seine Spezialitäten waren der 200-m-Sprint und die 4x100-m-Staffel. Vor den Spielen 1964 in Tokio hatte Otis Paul Drayton mit 20,5 Sekunden den 200-m-Weltrekord ein- und mit der US-Sprintstaffel mit 39,1 Sekunden einen neuen Weltrekord aufgestellt. Bei Olympia bestätigte er seine Leistungen. Drayton holte über 200 m Silber hinter seinem Landsmann Henry Carr und gewann zusammen mit Gerald Ashworth, Richard Stebbins und Bob Hayes Staffelgold.

Land:	USA
Medaillen:	– 1 Gold
	– 1 Silber
Teilnahmen:	1964

Heike Drechsler

»Gold war für mich immer das Größte, schon als Kind habe ich Bilder von Sportlern gemalt und ihnen Goldmedaillen umgehängt.« Später wurden Heike Drechsler selber Goldmedaillen umgehängt: zweimal für Olympiasiege im Weitsprung (1992, 2000), dazu einmal Silber (1988) sowie zweimal Bronze über 100 m und 200 m (1988). In ihrer stärksten Disziplin gelangen ihr 409 Sprünge über die 7-m-Marke. Dabei verbesserte sie fünfmal den Weltrekord und wurde zweimal Weltmeisterin. Heike Drechsler, zweifellos eine der größten Athletinnen der Leichtathletikgeschichte, wurde »Sportlerin des Jahres« in der DDR und in der Bundesrepublik, denn die politische Wende in Deutschland ereignete sich auf ihrem sportlichen Höhepunkt. Die Erfolge während ihrer DDR-Zeit wurden allerdings von Dopingvorwürfen belastet. 1991 stellten die westdeutschen Dopingfahnder Brigitte Berendonk und Werner Franke DDR-Dopingunterlagen sicher, die Aufschluss über die Dopingpraxis bekannter DDR-Athleten gaben – darunter auch Heike Drechsler.

Land:	DDR, Deutschland
Medaillen:	– 2 Gold
	– 1 Silber
	– 2 Bronze
Teilnahmen:	1988, 1992, 2000

Joachim Dreifke (rechts)

1970 stieg er zum ersten Mal in ein Ruderboot und wurde nur wenige Monate danach bei den DDR-Meisterschaften bereits Vierter im Einer. Sechs Jahre später gewann Joachim Dreifke bei den Spielen in Montreal die Bronzemedaille. Noch größere Erfolge errang er mit seinem Partner Klaus Kröppelin im Doppelzweier: Olympiasieger 1980, Weltmeister 1981. Einer weiteren Goldmedaille, 1984 in Los Angeles, stand der Olympiaboykott etlicher Ostblockstaaten entgegen, darunter die DDR.

Land:	DDR
Medaillen:	– 1 Gold
	– 1 Bronze
Teilnahmen:	1976, 1980

Christof Duffner (2. v. rechts)

Der Mann aus dem Schwarzwald war ein Weitenjäger und einer der besten Skiflieger seiner Zeit. Wiederholt sprang Christof Duffner Weiten über dem Weltrekord, konnte die Landung aber nicht stehen, sodass die Rekorde nicht anerkannt wurden. Sein größter Erfolg war der Mannschaftsolympiasieg 1994 in Lillehammer zusammen mit seinen Teamkameraden Hansjörg Jäkle, Dieter Thoma und Jens Weissflog. 1999 wurde Duffner Mannschaftsweltmeister.

Land:	Deutschland
Medaillen:	– 1 Gold
Teilnahmen:	1992, 1994, 2002

Charles Everett Dumas (Mitte)

Kurz vor den Spielen 1956 hatte sich der Amerikaner höchstpersönlich zum Favoriten gemacht: Bei der Olympiaqualifikation hatte Charles Everett Dumas als erster Hochspringer der Welt die in den USA als magische Grenze gewürdigte Höhe von sieben Fuß (2,1336 m) übersprungen und dabei mit 2,15 m einen neuen Weltrekord aufgestellt. Ganz Amerika feierte den »schwarzen Panther«, der dann in Melbourne mit seinem Olympiasieg (2,12 m, olympischer Rekord) noch eins draufsetzte. In seiner Heimat bleibt Dumas, der nach seiner Karriere als Trainer und Lehrer arbeitete, unvergessen. 2004 starb er im Alter von 66 Jahren an Krebs.

Land:	USA
Medaillen:	– 1 Gold
Teilnahmen:	1956, 1960

Charles Dvorak

Am Tag vor dem Stabhochsprungwettbewerb der Spiele von 1900 in Paris wurde dem Amerikaner Charles Dvorak und zwei weiteren US-Springern mitgeteilt, die Entscheidung werde verschoben. Der Wettbewerb fand tags darauf dann doch statt, nur ohne die drei Amerikaner. Bei Ersatzwettkämpfen in den Tagen danach sprangen die drei Düpierten jeweils höher als der Olympiasieger (3,30 m). Vier Jahre später revanchierte sich Dvorak, indem er bei den Spielen in St. Louis mit 15 cm Vorsprung vor der Konkurrenz mit 3,50 m die Goldmedaille gewann.

Land:	USA
Medaillen:	– 1 Gold
Teilnahmen:	1900, 1904

Amy van Dyken

Amy van Dyken begann mit dem Schwimmen auf ärztlichen Rat hin. Es würde helfen, ihr Asthma zu lindern. Die Amerikanerin fand schnell Gefallen an der Sportart. Ihre Beschwerden ließen nach und ihre Leistungen im Wasser verbesserten sich rasch. Coach Jonty Skinner war es, der Amy van Dyken zu einer Weltklasseathletin machte, die 1996 in Atlanta gleich vierfache Olympiasiegerin wurde: über 50 m Freistil, 100 m Schmetterling sowie mit den Staffeln über 4x100 m Freistil und 4x100 m Lagen. Vier Jahre später in Sydney gelang zwar kein Einzelgold mehr, aber mit zwei weiteren Staffelsiegen zählt die Amerikanerin mit insgesamt sechs Goldmedaillen zu den erfolgreichsten Schwimmerinnen bei Olympischen Spielen.

Land:	USA
Medaillen:	– 6 Gold
Teilnahmen:	1996, 2000

Edward Eagan – Stephan Eberharter – Bärbel Eckert-Wöckel – Jonathan Edwards – Krisztina Egerszegi – Jacobus van Egmond – Annelie Ehrhardt – Reinhard Eiben – Ulrich Eicke – Ilona Elek – Herbert Elliot – Launceston Elliott – Kerstin El-Qalqili – Poul Bert Elvström – Kornelia Ender – Ortrun Enderlein – Yukio Endo – Toralf Engan – Karin Enke – Paul Ereng – Claus Erhorn – Stein Eriksen – Jürgen Eschert – Roswitha Esser – Tony Estanguet – Janet Evans – Lee Evans – Meike Evers – Raymond Clarence Ewry

Edward Eagan (vorne, 3. v. links)

Der Amerikaner wurde zur Legende, weil er als erster und bislang einziger Athlet sowohl bei Sommerspielen als auch bei Winterspielen eine Goldmedaille gewann. Seinen ersten Titel errang Edward »Eddie« Eagan als Boxer, als er 1920 in Antwerpen Gold im Halbschwergewicht holte. Danach kümmerte sich der aus ärmsten Verhältnissen stammende Eagan um seine berufliche Karriere. Er studierte Jura, erhielt Stipendien in Yale und Oxford und wurde ein prominenter Anwalt. 12 Jahre nach seinem Olympiasieg nahm er an den Winterspielen von 1932 in Lake Placid teil und wurde mit dem Team von William Fiske erneut Olympiasieger – diesmal im Viererbob.

Land: USA
Medaillen: – 2 Gold
Teilnahmen: 1920, 1932

Stephan Eberharter

Der Österreicher hatte einen raketengleichen Start. 1991 wurde er völlig überraschend Doppelweltmeister und galt als der kommende Superstar im Skizirkus der nächsten Jahre. Doch eine Verletzungs- und Pechserie warf Stephan Eberharter aus der Bahn. Erst 1998 machte er wieder von sich reden, als er in Nagano Silber im Riesenslalom gewann. 2002 endlich wurde sein großes Jahr: Eberharter wurde Olympiasieger im Riesenslalom, holte Silber im Super-G und Bronze in der Abfahrt. 2004 trat er zurück und schreibt heute für die Wiener »Kronen-Zeitung«.

Land: Österreich
Medaillen: – 1 Gold
– 2 Silber
– 1 Bronze
Teilnahmen: 1992, 1998, 2002

Bärbel Eckert-Wöckel

Mit vier Goldmedaillen gehört Bärbel Eckert, verheiratete Wöckel, zu den erfolgreichsten deutschen Leichtathletinnen bei Olympischen Spielen. Sie wurde vierfache Olympiasiegerin: 1976 und 1980 gewann sie jeweils die 200 m und die 4x100-m-Staffel. Die Leipzigerin erlebte die typische DDR-Ausbildung zur Leistungssportlerin: Kinder- und Jugendsportschule Leipzig, danach Starts für den Sportclub der Deutschen Hochschule für Körperkultur mit einer explosionsartigen Entwicklung. Innerhalb eines Jahres verbesserte sie ihre 100-m-Leistung von 11,9 auf 11,3 Sekunden. Nach der Wende wurde sie Leiterin des Jugendreferats beim Deutschen Leichtathletik-Verband.

Land: DDR
Medaillen. – 4 Gold
Teilnahmen: 1976, 1980

Jonathan Edwards

Athleten, die Grenzen überschritten, hinterlassen in den Annalen die deutlichsten Spuren. Der Londoner Jonathan Edwards war der erste Dreispringer, der über 18 m sprang. Und er war der erste, der sich wegen seines strengen christlichen Glaubens weigerte, an Wettkämpfen teilzunehmen, die an einem Sonntag ausgetragen wurden. Dadurch verpasste der Sohn eines Vikars die Leichtathletik-WM 1991. Erst nach langen Diskussionen mit seinem Vater kam Edwards zu der Überzeugung, dass Gott ihm sein Talent gegeben habe, um es auch im Wettkampf unter Beweis zu stellen. 1993 startete »der fliegende Engländer« erstmals an einem Sonntag und wurde WM-Dritter. Bei Olympia 1996 holte er Silber. 2000 endlich wurde der Weltrekordinhaber auch Olympiasieger. Nach seinem Karriereende 2003 ging er zum Fernsehen und präsentierte für die BBC die Sendung »Songs Of Praise«, in der christliche Lieder gesungen werden. Für seine Erfolge und sein Auftreten ernannte ihn die Queen zum »Member of the Order of the British Empire«.

Land:	Großbritannien
Medaillen:	– 1 Gold
	– 1 Silber
Teilnahmen:	1988, 1992, 1996, 2000

Krisztina Egerszegi

Die fünfmalige Olympiasiegerin zählt zu den erfolgreichsten Rückenschwimmerinnen aller Zeiten. Ihre Höchstleistungen sprechen für sich: Alle Goldmedaillen errang Krisztina Egerszegi in den Einzelstrecken (keine Staffeln), was bislang keiner anderen gelang; dreimal in Folge siegte sie über 200 m Rücken; und mit ihren drei Goldmedaillen war sie 1992 in Barcelona erfolgreichste Sportlerin. Schon mit vier Jahren begann die Budapesterin mit dem Schwimmen. Zehn Jahre später holte sie, gerade mal 14 Jahre alt, in Seoul über 200 m Rücken ihr erstes Gold. Schon als Teenager war die hübsche Ungarin in ihrer Heimat bekannter als jedes Starlet.

Land:	Ungarn
Medaillen:	– 5 Gold
	– 1 Silber
	– 1 Bronze
Teilnahmen:	1988, 1992, 1996

Jacobus van Egmond

Die Wettbewerbe der Bahnradfahrer bei den Spielen 1932 in Los Angeles gerieten zu einem Reinfall. Zum einen war die primitive Holzpiste mit ihren Unebenheiten für die Fahrer eine Zumutung, zum anderen interessierte sich kaum jemand für die Wettkämpfe, die im 85 000 Besucher fassenden Baseballstadion vor leeren Rängen stattfanden. Der Holländer Jacobus van Egmond glänzte mit zwei Medaillen: Im 1000-m-Zeitfahren gewann er hinter dem Australier Edgar Laurence Gray die Silbermedaille, im Sprint wurde er Olympiasieger.

Land:	Niederlande
Medaillen:	– 1 Gold
	– 1 Silber
Teilnahmen:	1932

Annelie Ehrhardt

Die DDR-Athletin war die erste Olympiasiegerin über die 100 m Hürden, die erstmals bei den Spielen 1972 in München auf dem Programm standen. Bis dahin gab es für die Frauen den 80-m-Hürdensprint. Vier Jahre später wollte Annelie Ehrhardt unbedingt ihr zweites Olympiagold. Intensiv hatte sich die hübsche Blondine auf die Spiele in Montreal vorbereitet, als eine Verletzung sie zurückwarf. Sie erreichte ihre Höchstform nicht mehr und schied im Halbfinale aus.

Land:	DDR
Medaillen:	– 1 Gold
Teilnahmen:	1972, 1976

Reinhard Eiben

Nachdem das IOC 1970 beschlossen hatte, 1972 in München erstmals Wettkämpfe im Kanuslalom auszutragen, bereiteten sich vor allem die DDR-Sportler akribisch vor. Man baute an der Zwickauer Mulde sogar eigens die Olympiastrecke nach und machte damit den erhofften Heimvorteil der bundesdeutschen Kanuten zunichte. So stellte die DDR dann auch in den verschiedenen Klassen alle vier Olympiasieger. Einer ihrer Besten war Reinhard Eiben, der im Einerkanadier gewann. Nach München wurde Kanuslalom wieder aus dem Programm gestrichen und erst 1992 wieder olympisch.

Land:	DDR
Medaillen:	– 1 Gold
Teilnahmen:	1972

Ulrich Eicke

Oft genug hatte sich Ulrich Eicke in großen Kanurennen selbst besiegt und nur Platz zwei belegt, wenn ihm wieder seine Nerven einen Streich gespielt hatten. Einmal allerdings passte alles: 1984 bei den Spielen in Los Angeles, als er Gold über 1000 m im Einerkanadier gewann. Schon ein Jahr darauf hatte ihn die Normalität wieder, als er in Belgien WM-Zweiter wurde. Nach seiner aktiven Zeit blieb Ulrich Eicke im Kanusport jedoch keineswegs passiv - er wurde Leiter des Olympiastützpunktes Köln/Bonn/Leverkusen.

Land:	Deutschland
Medaillen:	– 1 Gold
Teilnahmen:	1984

Ilona Elek (rechts)

Die Ungarin zählt zu den bemerkenswertesten Persönlichkeiten der olympischen Geschichte. Erst im Alter von 16 Jahren hatte die Florettfechterin ihre ersten Wettbewerbe bestritten. Schon mit 29 wurde sie 1936 Olympiasiegerin, holte damit das erste olympische Gold für ihr Land. Bei den nächsten Spielen 1948 war sie die älteste Olympiasiegerin der Spiele. Bei ihrem Silbergewinn 1952 war sie bereits 45 Jahre alt, wobei sie im Finale nur ganz knapp die Goldmedaille verpasste. Der Krieg mit den beiden ausgefallenen Spielen verhinderte einen noch größeren Golderfolg von Ilona Elek, die von 1930 bis 1952 zu den besten Fechterinnen der Welt gehörte.

Land:	Ungarn
Medaillen:	– 2 Gold
	– 1 Silber
Teilnahmen:	1936, 1948, 1952

Herbert Elliot (Mitte)

»Wer mich schlagen will, muss Weltrekord laufen«, kündigte der Australier Herbert (»Herb«) Elliot schon vor Olympia 1960 in Rom an. Und tatsächlich: Der Goldmedaillengewinner lief mit 3:35,6 Minuten neuen Weltrekord. Es war Elliot höchstpersönlich. Während seiner Karriere verlor er nur ein einziges Rennen über die 1500-m-Distanz. Sein Trainingsgeheimnis waren Sanddünenläufe, mit denen ihn sein berühmter Trainer Percy Cerutty zum Weltklasseathleten gemacht hatte. Leider trat der Hochbegabte schon mit 23 Jahren vom aktiven Leistungssport zurück.

Land:	Australien
Medaillen:	– 1 Gold
Teilnahmen:	1960

Launceston Elliott

Jeder, der um 1900 herum in Großbritannien einen Penny in einen Musikautomaten warf, bekam zur Musik ein Foto von Launceston Elliott zu sehen, im Posingstil eines Bodybuildingchampions. Der Schotte, geboren in der indischen Kolonie, war seinerzeit überaus populär. 1896 in Athen gewann er die Goldmedaille im einarmigen Gewichtheben und holte Silber im beidarmigen Heben. Darüber hinaus nahm der begabte Selbstdarsteller am Ringen (Platz 4), Hangeln (Platz 5) und in der Leichtathletik teil.

Land:	Großbritannien
Medaillen:	– 1 Gold
	– 1 Silber
Teilnahmen	1896

Kerstin El-Qalqili (ganz links)

Sie gilt weltweit als die beste Schlagfrau im Skullbereich. Neben drei WM-Titeln wurde Kerstin El-Qalqili 2000 in Sydney und 2004 in Athen Olympiasiegerin im Doppelvierer. Beim ersten Golderfolg saß ihre Zwillingsschwester Manja Kowalski mit im Boot, außerdem Manuela Lutze und Meike Evers. Mit dem Triumph von Sydney konnte das Quartett die traditionelle deutsche Dominanz in dieser Bootsklasse (seit 1993 ungeschlagen) fortsetzen.

Land:	Deutschland
Medaillen:	– 2 Gold
Teilnahmen:	2000, 2004

Poul Bert Elvström

Der Däne ist der erfolgreichste Segler aller Zeiten. Viermal hintereinander, von 1948 bis 1960, wurde er Olympiasieger, insgesamt achtmal nahm er an Olympischen Spielen teil, zuletzt 1988 im Alter von 60 Jahren. Die wertvollsten Siege (1952, 1956, 1960) in seiner 40 Jahre umfassenden olympischen Karriere ersegelte Poul Bert Elvström in der Einmannjolle, dem Finn-Dinghi. Bei den Spielen 1984 in Los Angeles startete der 56-jährige Segelmacher und Bootskonstrukteur gemeinsam mit seiner 22-jährigen Tochter Trine in der Tornadoklasse und verpasste nur knapp eine Medaille. »Goldström«, wie er häufig genannt wurde, löste durch seine Erfolge in Dänemark und ganz Skandinavien eine Segeleuphorie aus.

Land:	Dänemark
Medaillen:	– 4 Gold
Teilnahmen:	1948, 1952, 1956, 1960, 1968, 1972, 1984, 1988

Kornelia Ender

War ihr Auftritt bei Olympia 1972 noch durchweg silbern (dreimal), so vergoldete sie ihre Leistung bei den folgenden Spielen fast komplett: Von ihren fünf Medaillen gewann sie viermal Gold und einmal Silber. Die aus Sachsen stammende Kornelia Ender war damit die erste Frau, der bei ein und denselben Spielen vier Siege gelangen. Unvergessen bleibt ihre Leistung von Montreal 1976, als sie innerhalb von 30 Minuten zwei Goldmedaillen gewann (200 m Freistil, 100 m Delfin); dazu siegte sie über 100 m Freistil und in der 4x100-m-Lagenstaffel. Zu den Dopingvorwürfen, vor allem gegenüber vielen DDR-Schwimmern, sagte die Athletin nach ihrer Karriere einmal der Londoner »Times«: »Schon möglich, dass uns etwas ins Essen oder Trinken beigemischt wurde. Wir Sportler hatten damals schließlich unseren eigenen Koch.« Heute betreibt Kornelia Ender, vier Jahre lang mit dem DDR-Schwimmstar Roland Matthes verheiratet, danach mit dem früheren Bobweltmeister Steffen Grummt, eine Praxis für Physiotherapie.

Land:	DDR
Medaillen:	– 4 Gold
	– 4 Silber
Teilnahmen:	1972, 1976

Ortrun Enderlein

Mitte der 1960er-Jahre fuhr sie mit den anderen Schlitten. 1964 in Innsbruck wurde Ortrud Enderlein aus dem Erzgebirge die erste Goldmedaillengewinnerin im Rodeln – mit dem bis heute souveränsten Sieg: 2,75 Sekunden Vorsprung nach vier gewonnenen Läufen. 1965 und 1967 folgten zwei WM-Titel. Damals war es erlaubt, die Kufen zu heizen. Die Österreicher gossen heißes Öl in hohle Kufen, die bundesdeutschen Fahrer heizten elektrisch und die DDR-Athleten griffen zu Lötlampen. Vier Jahre darauf, 1968 in Grenoble, wiederholte Ortrud Enderlein ihren Goldtriumph – und wurde, ebenso wie ihre DDR-Teamkameradinnen auf Silber- und Bronzeplätzen, disqualifiziert. Inzwischen war Kufenheizen verboten ...

Land:	DDR
Medaillen:	– 1 Gold
Teilnahmen:	1964, 1968

Yukio Endo

Sein Trainer, der berühmte Professor Kaneko, hatte dem jungen Endo erklärt: »Turnen ist kein Zeitvertreib, sondern eine Kunst wie die Tuschemalerei oder die Teezeremonie. Wenn du diese Kunst erlernen willst, musst du das harte Training und eine strenge Zucht ertragen.« Yukio Endo wurde Kanekos Musterschüler. In den 1960er-Jahren repräsentierte der Japaner in seiner Sportart die Weltspitze. Nach seinem ersten Goldgewinn 1960 mit der Mannschaft trumpfte Endo 1964 bei seinen »Heimspielen« in Tokio groß auf: Gold im Zwölfkampf, am Barren, mit der Mannschaft und Silber am Boden. Auch bei seiner dritten Olympiateilnahme gewann er noch einmal eine Goldmedaille mit dem Team und Silber im Pferdsprung. Nach seiner aktiven Zeit wurde Endo Professor für Sport an der Nippondaigaku-Universität und mit der höchsten japanischen Auszeichnung, der »Emperor´s Medal«, geehrt.

Land:	Japan
Medaillen:	– 5 Gold
	– 2 Silber
Teilnahmen:	1960, 1964, 1968

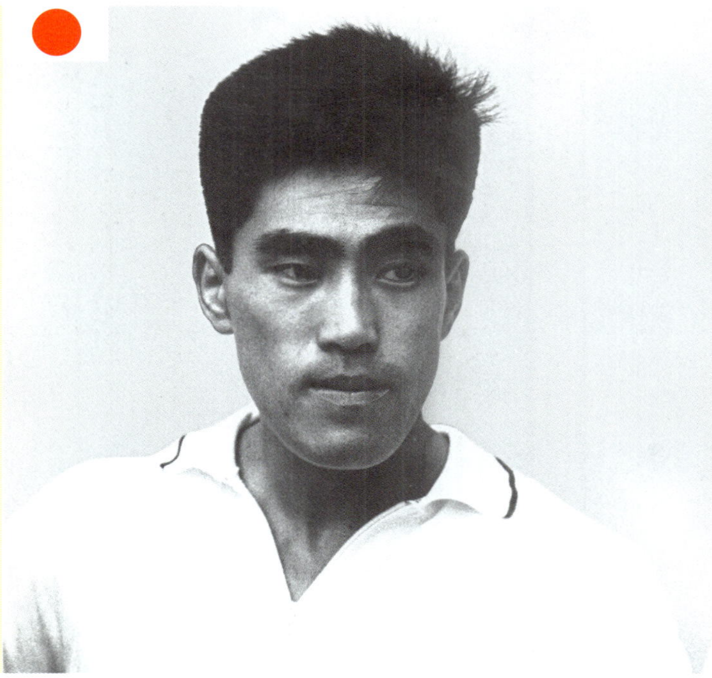

Toralf Engan

Mit seinem Olympiasieg ließ der Norweger seine Landsleute nach einem erfolglosen norwegischen Jahrzehnt auf den Sprungschanzen dieser Welt endlich wieder jubeln. Toralf Engan wurde 1964 in Innsbruck Goldmedaillengewinner von der Großschanze. Packend war dabei sein Duell mit dem Finnen Veikko Kankkonen, den Engan knapp besiegte und dem er dann auf der Normalschanze ebenso knapp unterlag. Nach seiner Karriere wurde Toralf Engan Trainer der norwegischen Skisprungmannschaft.

Land:	Norwegen
Medaillen:	– 1 Gold
	– 1 Silber
Teilnahmen:	1964

Karin Enke

Für die Fachleute lief keine ästhetischer und technisch perfekter als sie. Vielleicht deshalb, weil Karin Enke vor ihrer großen Karriere als Eisschnellläuferin eine hoffnungsvolle Eiskunstläuferin war und als 16-Jährige EM-Neunte wurde (1977). Wegen ihres schnellen Wachstums rieten Orthopäden indes zum Aufhören. Sie wechselte das Eisfach – mit Erfolg: 1980 wurde Karin Enke Olympiasiegerin über 500 m. 1984 siegte sie über 1000 m und 1500 m, holte Silber über 500 m und 3000 m. 1988 kamen noch zweimal Silber und einmal Bronze hinzu.

Land:	DDR
Medaillen:	– 3 Gold
	– 4 Silber
	– 1 Bronze
Teilnahmen:	1980, 1984, 1988

Paul Ereng

Bis kurz vor den Spielen 1988 war Paul Ereng ein durchschnittlicher 400-m-Läufer. Mehr aus Jux lief er im Olympiajahr dann erstmals die 800 m. Wenige Monate später stürmte er in Seoul aus aussichtsloser Situation nach vorne, ließ auch Titelverteidiger Joaquim Cruz hinter sich und wurde Olympiasieger. Der Sieg des Kenianers zählt bis heute zu den größten Sensationen in der Leichtathletik. Im Jahr 2000 wurde Paul Ereng Vorsitzender des kenianischen Leichtathletik-Verbandes.

Land:	Kenia
Medaillen:	– 1 Gold
Teilnahmen:	1988, 1992

Claus Erhorn

Ein durch und durch fairer Sportsmann – so kannten Freund und Gegner den deutschen Vielseitigkeitsreiter Claus Erhorn. Gleich mehrfach stellte der Hamburger bessere Platzierungen in der Einzelwertung zurück und ordnete sich stattdessen der Mannschaft unter. Zum Beispiel bei den Spielen 1988: Mit einem risikofreien Ritt »verschenkte« Erhorn seine sicher geglaubte Einzelmedaille, um seinen Mannschaftskameraden Matthias Baumann, Thies Kaspareit und Ralf Ehrenbrink einen Medaillengewinn zu sichern. Erhorns Verhalten wurde belohnt: Deutschland gewann die Goldmedaille.

Land:	Deutschland
Medaillen:	– 1 Gold
	– 1 Bronze
Teilnahmen:	1984, 1988

Stein Eriksen

Die Athleten der Alpenrepubliken staunten nicht schlecht 1952 in Oslo. Zum ersten Male überhaupt hatte mit dem Norweger Stein Eriksen ein alpiner Skifahrer außerhalb der Alpenregion eine Goldmedaille gewonnen. Eriksen wurde Olympiasieger im Riesenslalom und Silbermedaillengewinner im Slalom. Obwohl er kurz darauf in die USA auswanderte und später Direktor des Naturschutzreservates von Utah wurde, blieb er in seiner Heimat unvergessen. 1997 verlieh Norwegens König Stein Eriksen den höchsten Landesorden.

Land:	Norwegen
Medaillen:	– 1 Gold
	– 1 Silber
Teilnahmen:	1952

Jürgen Eschert

Als er 1964 die Goldmedaille im Einerkanadier gewann, war er der einzige DDR-Kanute in einem gesamtdeutschen Olympiateam. Jürgen Eschert hatte sich auf seinen Goldgewinn nach der Ausdauermethode des Australiers Arthur Lydiard vorbereitet. Der führte mit lang andauerndem, hohem Lauftempo im Training eine radikale Steigerung der Sauerstoffversorgung in den Muskeln herbei, was im Wettkampf ein schnelleres Rudern ermöglicht, als die bloße Sauerstoffversorgung in den Muskeln erwarten lässt. Eschert wurde später aus dem DDR-Team geworfen, weil er einmal mit einem T-Shirt mit aufgedruckter USA-Flagge in der Öffentlichkeit gesehen wurde. Später wurde er Diplomsportlehrer und promovierte über die Ausdauer von Jugendlichen.

Land:	DDR
Medaillen:	– 1 Gold
Teilnahmen:	1968

Roswitha Esser

Zusammen mit ihrer Partnerin Annemarie Zimmermann war Roswitha Esser über viele Jahre hinweg kaum zu schlagen. Die beiden deutschen Kanutinnen dominierten in den 1960er-Jahren vor allem im Zweierkajak. 1964 in Tokio und 1968 in Mexico City gewannen sie die Goldmedaille über die 500-m-Strecke. 1964 wurde Roswitha Esser zur Sportlerin des Jahres der Bundesrepublik Deutschland gekürt (wiederum mit Annemarie Zimmermann).

Land:	Deutschland
Medaillen:	– 2 Gold
Teilnahmen:	1964, 1968

Tony Estanguet

Die Zweikämpfe zwischen dem Franzosen und seinem großen slowakischen Konkurrenten Michal Martikan überstrahlten die Kanu-Wildwasser-Wettbewerbe im Einerkajak bei den Spielen 2000 und 2004. Im Finale von Sydney gewann Estanguet den ersten und Martikan den zweiten Lauf – in der Zeitaddition siegte der Franzose knapp und holte Gold. Im Finale von Athen wurde Estanguet gar erst nachträglich zum Sieger erklärt, nachdem die Schiedsrichter beim Slowaken per Videobeweis das Berühren einer Slalomstange erkannt hatten. Tony Estanguet ist der erste Wildwasserkanute, der seinen Olympiasieg verteidigen konnte.

Land:	Frankreich
Medaillen:	– 2 Gold
Teilnahmen:	2000, 2004

Janet Evans

Als die Deutsche Dagmar Hase sie bei den Spielen 1992 über 400 m Freistil erstmals besiegte und Gold holte, war dies die erste Niederlage für die US-Schwimmerin Janet Evans seit sechs Jahren. »Sweet Sixteen« war sie, als bei Olympia 1988 ihr Stern aufging. Sie gewann Gold über 400 m und 800 m Freistil sowie über 400 m Lagen. Dabei stellte sie einen 400-m-Weltrekord auf, der bis 2006 Bestand hatte, eine im Schwimmen seltene Zeitspanne. Ihre Dauerweltrekorde über 800 m und 1500 m hielten noch länger. 1992 holte Janet Evans noch einmal 800-m-Gold.

Land:	USA
Medaillen:	– 4 Gold – 1 Silber
Teilnahmen:	1988, 1992, 1996

Lee Evans (Mitte)

Goldmedaillen, Weltrekorde für 20 Jahre, Demo gegen Rassendiskriminierung – dies alles bei einer Veranstaltung. Mit seinem Auftritt 1968 in Mexico City wurde Lee Evans einer der ganz großen Stars der Leichtathletik. Im 400-m-Finale lief er mit 43,86 Sekunden als erster Mensch die Stadionrunde unter 44 Sekunden. Auch mit der 4x400-m-Staffel der USA schaffte er Gold plus Weltrekord (2:56,1 Minuten). Beide Bestleistungen hielten 20 Jahre und galten zusammen mit dem Nonplusultra-Satz von Bob Beamon (8,90 m) als Jahrhundertrekorde. Bei der Siegerehrung reckte Evans, wie seine Teamkollegen Tommie Smith und John Carlos tags zuvor, die Faust gen Himmel – Symbol für die radikale Black-Power-Bewegung gegen die Rassendiskriminierung in den USA. Doch Evans verzichtete dabei auf den schwarzen Handschuh, der Smith und Carlos noch den Ausschluss aus dem US-Team eingebracht hatte.

Land:	USA
Medaillen:	– 2 Gold
Teilnahmen:	1968

Meike Evers

Jahrelang waren Meike Evers und ihre Kameradinnen vom deutschen Doppelvierer von ihren Gegnern gejagt worden. Vergebens. Zweimal in Folge, 2000 und 2004, wurde die Ratzeburgerin Ruderolympiasiegerin in einem der erfolgreichsten Boote, die der Deutsche Ruderverband jemals hervorbrachte. Auch 2008 in Peking hatte Meike Evers zunächst ins Auge gefasst: »Diese Spiele haben einen großen Reiz, aber meine berufliche Zukunft war mir dann doch wichtiger.« Wobei sie als Kriminalkommissarin künftig wohl weniger von anderen gejagt wird ...

Land:	Deutschland
Medaillen:	– 2 Gold
Teilnahmen:	1996, 2000, 2004

Raymond Clarence Ewry

Obwohl der Amerikaner acht Goldmedaillen gewann und damit einer der erfolgreichsten Olympioniken aller Zeiten ist, blieb sein Name weitgehend unbekannt. Der Grund: Raymond Clarence Ewry hatte sich auf Disziplinen konzentriert, die nach den Spielen 1912 schon wieder abgeschafft wurden – Standweitsprung, Standhochsprung und Standdreisprung. Ewry, der wegen Kinderlähmung etliche Jahre im Rollstuhl verbrachte, gewann 1900 alle drei Wettbewerbe, verteidigte seine Olympiasiege vier Jahre später und musste 1908, inzwischen 35 Jahre alt, nur deshalb auf sein neuntes Gold verzichten, weil der Standdreisprung bereits nicht mehr auf dem Programm stand. Ewrys 1904 mit 3,47 m aufgestellter Standweitsprungweltrekord war übrigens der langlebigste Rekord der Sportgeschichte – er hielt 58 Jahre.

Land:	USA
Medaillen:	– 8 Gold
Teilnahmen:	1900, 1904, 1908

Enrico Fabris – Arsen Fadsajew – Hildegard Falck – Willy Falck-Hansen – Ria und Paul Falk – Joe Fargis – Petra Felke – Ian Gordon Ferguson – Beatriz Fernandez – Mary Joe Fernandez – Anja Fichtel – Jens Fiedler – Rudi Fink – Domenico Fioravanti – Birgit Fischer – Sven Fischer – Morris Fisher – Thomas Flach – Edwin Flack – Léon Flameng – John Flanagan – Alfred Flatow – Tilly Fleischer – Peggy Fleming – Vonetta Flowers – Ramón Fonst Segundo – Frank Forberger – George Foreman – Kerstin Förster – Richard Fosbury – Dawn Fraser – Gretchen Fraser – Joe Frazier – Gert Frederiksson – Cathy Freeman – Peter Frenkel – Konrad Frey – Anni Friesinger – Ugo Frigerio – Oskar David Friman – Jenö Fuchs – Ruth Fuchs – Guido Fulst – Kazuyoshi Funaki – Lori Fung

Enrico Fabris

Bei den Spielen 2006 in Turin machten die Italiener ihren Landsmann zum Helden der Nation. Mit zweimal Gold und einmal Bronze schloss der bis dahin so gut wie unbekannte Eisschnellläufer Enrico Fabris zu Legenden wie Alberto Tomba (1988/Ski alpin), Eugenio Monti (1968/Bob) und Manuela di Centa (1994/Skilanglauf) auf, die ebenfalls bei ein und denselben Winterspielen zwei Goldmedaillen gewannen. Fabris machte mit seinen Siegen über 1500 m und in der Teamverfolgung Italien über Nacht zur Eisschnelllaufnation. Was ihn selbst am meisten wunderte: »Ich habe Kräfte freigesetzt, an die ich vorher nie geglaubt habe.«

Land:	Italien
Medaillen:	– 2 Gold
	– 1 Bronze
Teilnahmen:	2002, 2006

Arsen Fadsajew

»Ich will nicht einfach nur gewinnen, ich möchte auch klar und schön gewinnen.« In der Tat ging der Ringer Arsen Fadsajew, den sie in seiner usbekischen Heimat wegen seines ästhetischen Stils »Mozart« nannten, als einer der besten Techniker und größten Stilisten in die Ringergeschichte ein. Er wurde im Leichtgewicht zweimal Olympiasieger, außerdem sechsmal Weltmeister. Nach seinem zweiten Olympiasieg übernahm er das Amt des russischen Nationaltrainers.

Land:	UdSSR, GUS
Medaillen:	– 2 Gold
Teilnahmen:	1988, 1992

Hildegard Falck

Ein Jahr vor den Spielen lief sie als erste Frau die 800 m unter zwei Minuten und verbesserte den Weltrekord gleich um 2 Sekunden auf 1:58,5 Minuten. Im Endlauf der Spiele von München 1972 musste Hildegard Falck dann wieder an ihre Rekordzeit heranlaufen, um in 1:58,6 Minuten Olympiasiegerin zu werden. Die Russin Ssabeite hatte der Deutschen auf der Zielgeraden alles abverlangt. Eine Bronzemedaille gewann Hildegard Falck dann noch mit der neu ins olympische Programm aufgenommenen 4x400-m-Staffel.

Land:	Deutschland
Medaillen:	– 1 Gold
	– 1 Bronze
Teilnahmen:	1972

Willy Falck-Hansen

Die dänischen Radrennfahrer beherrschten bei den Spielen 1928 die Weltspitze, sowohl auf der Straße als auch auf der Bahn. Einer von ihnen war der Bahnspezialist Willy Falck-Hansen. Er wurde Olympiasieger im 1000-m-Zeitfahren und gewann Bronze im Sprint. Bereits vier Jahre zuvor in Paris war Falck-Hansen erfolgreich, als er im 2000-m-Tandemfahren die Silbermedaille holte.

Land:	Dänemark
Medaillen:	– 1 Gold
	– 1 Silber
	– 1 Bronze
Teilnahmen:	1924, 1928

Ria und Paul Falk

Die Falks waren für viele Deutsche das Traumpaar der schwierigen Nachkriegsjahre. Bei all ihren Erfolgen (Europameister, Weltmeister, Olympiasieger) blieben sie ein Eiskunstlaufpaar ohne Skandale und Affären. Während des Krieges wurde die Eisläuferin Ria Baran zum Berliner Publikumsliebling, Paul Falk gab derweil den Eisclown. 1950, Deutschland durfte inzwischen wieder an internationalen Wettbewerben teilnehmen, gewann das Paar für sein Land die erste Europameisterschaft nach Kriegsende – im Rollkunstlaufen. 1951 folgten EM- und WM-Siege im Eiskunstlaufen. Dazwischen wurde geheiratet. 1952 dann der größte Erfolg: Ria und Paul Falk wurden in Oslo Olympiasieger. Nach dem erneuten WM-Sieg wechselten die beiden ins Profilager und begeisterten ihr Publikum bei »Holiday On Ice«, wo sie mit 2000 Dollar Wochengage sehr gut bezahlt wurden. Nach Abschluss ihrer Karriere übernahmen die Falks ein Hotel in Düsseldorf, das sie ebenfalls mit viel Erfolg führten.

Land:	Deutschland
Medaillen:	– 1 Gold
Teilnahmen:	1952

Joe Fargis

Der Farmer aus Petersburg in Virginia gehörte zur hoch überlegenen Springreiterequipe der amerikanischen Olympiamannschaft bei den Spielen 1984 in Los Angeles. Auf seiner Farm hatte Joe Fargis in den Monaten vor Olympia zusammen mit seinem Freund Conrad Homfeld jeden Tag stundenlang trainiert. Die Mühe lohnte sich: Beide ritten im Einzelspringen am besten und mussten dann im Stechen gegeneinander um Gold kämpfen. Fargis siegte. Doch gemeinsam feierten die beiden einige Tage später den Olympiasieg mit der US-Mannschaft. Vier Jahre später gewann Fargis noch Mannschaftssilber in Seoul.

Land:	USA
Medaillen:	– 2 Gold
	– 1 Silber
Teilnahmen:	1984, 1988

Petra Felke

Im September 1988 passte bei Petra Felke alles: am 9. 9. warf sie als erste Frau den Speer genau 80 m weit. Und noch im selben Monat wurde sie in Seoul Olympiasiegerin (mit 74,68 m). Die Thüringerin trainierte in Jena zusammen mit Ruth Fuchs, einer der besten Speerwerferinnen überhaupt. »Ruth war mein großes Vorbild, es war für mich ein großes Glück, dass ich drei Jahre mit ihr trainieren konnte«, bekannte Petra Felke, die mit ihren auf 1,72 m verteilten 64 kg keineswegs dem Klischee einer kräftigen Werferin entsprach.

Land:	DDR
Medaillen:	– 1 Gold
Teilnahmen:	1988

Ian Gordon Ferguson

Ian Gordon Ferguson ist der erfolgreichste Sportler Neuseelands. Zwischen 1976 und 1992 nahm der Kanute an fünf Olympischen Spielen teil und gewann vier Goldmedaillen, die meisten mit seinem Partner MacDonald: 1984 im Kajakeiner und Kajakzweier jeweils über 500 sowie im Vierer über 1000 m; 1988 im Kajakzweier über 500 m, dazu Silber über 1000 m. Nicht nur Siege, auch das Dabeisein war dem Neuseeländer wichtig. Bei seinen letzten Spielen 1992 war er bereits 40 und ohne Siegeschance. Dennoch trat er noch einmal an und wurde mit Partner MacDonald Achter über 1000 m.

Land:	Neuseeland
Medaillen:	– 4 Gold
	– 1 Silber
Teilnahmen:	1976, 1980,
	1984, 1988, 1992

Beatriz Fernandez

Ihre größten Erfolge gelangen ihr in der Einzelsportart Tennis zu zweit. Die Amerikanerin Beatriz (»Gigi«) Fernandez war eine der besten Doppelspielerinnen im Tenniszirkus. 1992 und 1996 wurde sie – jeweils mit ihrer nicht verwandten Namensvetterin Mary Joe Fernandez – Olympiasiegerin. Beatriz Fernandez errang zudem 17 Grand-Slam-Siege mit verschiedenen Partnerinnen. 1999 wurde die gebürtige Puerto Ricanerin in ihrer Heimat zur Sportlerin des Jahrhunderts gewählt.

Land:	USA
Medaillen:	– 2 Gold
Teilnahmen:	1992, 1996

Mary Joe Fernandez

Geboren wurde die Tennisspielerin in der Dominikanischen Republik, ihre sportlichen Erfolge aber gewann sie für die Vereinigten Staaten. Zweimal gewann sie, zusammen mit ihrer Partnerin Beatriz Fernandez, die Goldmedaille im Damendoppel; hinzu kam eine Bronzemedaille im Einzel (1992 in Barcelona). Mary Joe Fernandez war keine so talentierte Doppelspielerin wie ihre Namensvetterin, das Doppelteam Fernandez / Fernandez fungierte eher als eine »goldene« US-Zweckgemeinschaft.

Land:	USA
Medaillen:	– 2 Gold – 1 Bronze
Teilnahmen:	1992, 1996

Jens Fiedler

»Das Kraftwerk aus Chemnitz schaltet sich ab«, schrieb die Stuttgarter Zeitung, als Jens Fiedler Anfang 2005 seine Karriere beendete. Er war der erfolgreichste deutsche Bahnradfahrer aller Zeiten. Fiedler durchlief die Sportförderung der DDR, feierte seine Erfolge aber nach der Wiedervereinigung: Dreifacher Olympiasieger im Einzelsprint (1992, 1996) und mit der Mannschaft (2004), 2000 zweimal Bronze im Sprint und im Keirin (hinter Schrittmachermaschinen mit anschließendem freien Endspurt). Außerdem war er fünfmal Weltmeister. Warum ausgerechnet im Bahnradfahren? Fiedlers Antwort: »Straßenrennen waren mir einfach zu lang.«

Land:	Deutschland
Medaillen:	– 3 Gold – 2 Bronze
Teilnahmen:	1992, 1996, 2000, 2004

Anja Fichtel

Sie galt als Jahrhunderttalent. Als Zehnjährige begann Anja Fichtel aus der deutschen Fechterhochburg Tauberbischofsheim mit dem Fechten. Mit 18 wurde sie jüngste Weltmeisterin (1986), gewann insgesamt fünf WM-Titel und zwei olympische Goldmedaillen im Einzel und mit der Mannschaft (1988). Bei Olympia 1992 stand Anja Fichtel sieben Wochen nach der Geburt ihres Sohnes schon wieder auf der Planche und holte mit der Mannschaft die Silbermedaille. Vier Jahre später kam noch einmal Mannschaftsbronze hinzu.

Land:	Deutschland
Medaillen:	– 2 Gold – 1 Silber – 1 Bronze
Teilnahmen:	1988, 1992, 1996

Rudi Fink

Nach bewährtem DDR-Muster wurde sein Talent schnell erkannt und gefördert. So begann Rudi Fink bereits als 13-Jähriger mit dem Boxen und wurde schon im selben Jahr Sieger der Kinder- und Jugendspartakiade. Bei den Spielen in Moskau 1980 gewann er die Goldmedaille im Federgewicht. Trainiert und vorbereitet hatte ihn sein Coach Manfred Wolke. Nach seiner Karriere absolvierte Fink ein Sportstudium und arbeitete als staatlich anerkannter Erzieher in Cottbus. Seit 2003 ist er wieder mit Manfred Wolke zusammen – als dessen Cotrainer.

Land:	DDR
Medaillen:	– 1 Gold
Teilnahmen:	1980

Domenico Fioravanti

Mit seinen beiden Olympiasiegen im 100- und 200-m-Brustschwimmen 2000 in Sydney hatte er die Herzen seiner Landsleute erobert. Denn Domenico Fioravanti war der erste italienische Schwimmer überhaupt, der bei Olympia Gold gewann. Doch mitten in seine Trainingsvorbereitungen zu den Spielen 2004 in Athen platzte die niederschmetternde Nachricht der Ärzte. Sie hatten ein genetisches Herzproblem festgestellt und dem 26-Jährigen dringend empfohlen, den Leistungssport aufzugeben. »Schwimmen war bis jetzt mein Leben«, weinte Fioravanti bei seinem Rücktritt, »aber ich möchte diese Welt noch nicht ganz verlassen.«

Land:	Italien
Medaillen:	– 2 Gold
Teilnahmen:	2000

Birgit Fischer

Wie wird man zur erfolgreichsten Kanutin der Welt? Birgit Fischers simple Antwort: »Ich bin in einem Kanu aufgewachsen, dank der Liebe meiner Eltern zur Natur und zum Wasser.« Groß geworden und sportlich groß gemacht in der DDR, holte sie 1980 in Moskau ihr erstes Gold im Einerkajak über 500 m. Dieser kurzen Distanz blieb sie treu. Alle ihre 12 Olympiamedaillen (unter Silber tat sie´s nie) gewann sie auf der 500-m-Strecke – mal im Einer (dreimal), mal im Zweier (viermal), mal im Vierer (fünfmal). Die politische Wende in Deutschland beeinflusste Birgit Fischers sportliche Karriere überhaupt nicht. Auch danach sammelte sie weiterhin fleißig Medaillen, die letzten im Alter von 42 Jahren bei ihrer sechsten Olympiateilnahme 2004 mit Gold im Vierer- und Silber im Zweierkajak. Beruflich indes wendete sich das Blatt: Aus der ehemaligen DDR-Soldatin (Dienstgrad Major) wurde nach der Wende eine Werbeberaterin. Die erfolgreichste deutsche Olympionikin ist Mutter zweier Kinder, leidenschaftliche Hobbyseglerin und politisch engagiert. 1999 kandidierte sie für die FDP zu den Europawahlen.

Land:	DDR, Deutschland
Medaillen:	– 8 Gold
	– 4 Silber
Teilnahmen:	1980, 1988,
	1992, 1996,
	2000, 2004

Sven Fischer

Der Thüringer zählt zu den besten Biathleten aller Zeiten. Schon bei seinen ersten Winterspielen (1994) wurde Sven Fischer Olympiasieger. Drei seiner insgesamt vier Goldmedaillen gewann der siebenmalige Weltmeister mit deutschen Staffeln. Dass ihm gerade bei seinem letzten olympischen Auftritt (2006) das erste Einzelgold (im 10 km Sprint) gelang, war verdienter Lohn einer grandiosen Karriere. Fischers Markenzeichen war seine höchst individuelle Ausrüstung: Er lief stets ohne Handschuhe, mit einem alten Stocksystem und schoss als einziger Biathlet mit einem Suhler Unterlader. Sein Erfolgsrezept? »Ich gebe mein Bestes, alles andere ist Blockade.«

Land:	Deutschland
Medaillen:	– 4 Gold
	– 2 Silber
	– 2 Bronze
Teilnahmen:	1994, 1998, 2002, 2006

Morris Fisher

In seinem Fach war der Amerikaner eine Koryphäe. Bei den Spielen 1920 und 1924 gewann Morris Fisher fünf Goldmedaillen im Schießen. Dabei hatte er, »gunnery sergeant« des US-Marine-Corps bei Olympia so etwas wie ein verkappter Profi, ein gerade für Schützen missliches Handicap: Nervosität. Fisher war vor Wettkämpfen so aufgeregt, dass er zur Beruhigung unmittelbar vorher stets Violine spielte. Vor seinem ersten Olympiaauftritt (Einzel im Dreistellungskampf mit dem Armeegewehr) traute er sich geschlagene 20 Minuten lang nicht zu schießen und musste von seinem Trainer zum Abdrücken gezwungen werden. Obwohl er 1934 seinen Dienst bei der US-Army quittiert hatte, wurde Fisher im Zweiten Weltkrieg noch einmal reaktiviert, um amerikanische Scharfschützen zu trainieren.

Land:	USA
Medaillen:	– 5 Gold
	– 1 Bronze
Teilnahmen:	1920, 1924

Thomas Flach (Mitte)

Obwohl seine Eltern auf der Havel einen Jollenkreuzer liegen hatten, wollte Thomas Flach zunächst nichts vom Segeln wissen. Es waren andere, die ihn auf den Geschmack brachten. Mit seinen Kameraden Bernd Jäkel und Jochen Schümann, dem späteren America's-Cup-Sieger, wurde der Vorschotmann aus Berlin zweimal Olympiasieger – 1988 in Seoul für die DDR, 1996 in Atlanta für die Bundesrepublik. Der Diplomökonom wurde auch Europa- und Weltmeister.

Land:	DDR, Deutschland
Medaillen:	– 2 Gold
Teilnahmen:	1988, 1992, 1996

Edwin Flack

Er war einer der Stars der ersten Spiele der Neuzeit, seiner couragierten Vielseitigkeit wegen: Am 8. April 1896 holte der Australier Edwin Flack mit seinem englischen Partner George Robertson Bronze im Tennisdoppel: Nur wenige Stunden später wurde er Olympiasieger im 800-m-Lauf (in 2:11,5 Minuten). Tags zuvor hatte Edwin Flack schon Gold über 1500 m gewonnen (4:33,2 Minuten). Zum »Löwen von Athen« wurde der Australier, als er sich kurzfristig entschloss, am 9. April auch noch den Marathonlauf zu bestreiten, obwohl er vorher noch nie länger als 10 Meilen am Stück gelaufen war. Vier km vor dem Ziel kollabierte er, wurde durchs Stadion getragen und vom griechischen Prinzen Nicholas durch einen Brandy mit aufgeschlagenem Ei getröstet.

Land:	Australien
Medaillen:	– 2 Gold
	– 1 Bronze
Teilnahmen:	1896

Léon Flameng (rechts)

Für 104 000 Drachmen hatte man 1896 ein Velodrom mit einer 333,33 m langen Zementbahn bauen lassen, wo die Radrennfahrer ihre Bahnwettbewerbe austrugen. Held über die längste Distanz, die 100 km, war der Franzose Léon Flameng. Er zeigte sich bei seinem Olympiasieg so überlegen (11 Runden Vorsprung), dass er sich schadlos einen Sturz und sogar noch einen Stopp erlauben konnte, um einem griechischen Konkurrenten bei einem technischen Problem zu helfen.

Land:	Frankreich
Medaillen:	– 1 Gold
	– 1 Silber
	– 1 Bronze
Teilnahmen:	1896

John Flanagan

Amerikaner, die bei Olympischen Spielen um die Jahrhundertwende bei »gewichtigen« Wettbewerben an den Start gingen, waren meist New Yorker Polizisten; junge Burschen also, die schon im Beruf viel Kraft einsetzen mussten. So auch John Flanagan. Dreimal in Folge wurde er Olympiasieger im Hammerwerfen – 1900, 1904 und 1908. Hinzu kam einmal Silber im Gewichtwerfen (56 englische Pfund) 1904.

Land:	USA
Medaillen:	– 3 Gold
	– 1 Silber
Teilnahmen:	1900, 1904, 1908

Alfred Flatow

Einzelgold am Barren, Einzelsilber am Reck, Mannschaftsgold am Barren und Reck. Alfred Flatow war einer der besten deutschen Turner der olympischen Neuzeit. Er war Gründungsmitglied der Jüdischen Turnerschaft, dem ersten jüdischen Sportverband in Europa. Wegen der Nazis emigrierte Flatow 1938 in die Niederlande. Nach dem deutschen Einmarsch wurde er ins KZ Theresienstadt deportiert, wo er 1942 ums Leben kam. Zum 100-jährigen Jubiläum der Olympischen Spiele gab die Deutsche Post eine Briefmarke mit Alfred Flatow und seinem Cousin Gustav heraus, der 1896 ebenfalls Mannschaftsgold gewonnen hatte.

Land:	Deutschland
Medaillen:	– 3 Gold
	– 1 Silber
Teilnahmen:	1896

Tilly Fleischer

Ihre Vielseitigkeit als Sportlerin ist heute kaum noch nachvollziehbar. Tilly Fleischer, eine waschechte Frankfurterin, war 80 Jahre lang Mitglied von Eintracht Frankfurt. Sie war Stadtmeisterin im Tennis, deutsche Meisterin im Handball, deutsche Meisterin über 4 x 100 m mit der Staffel von Eintracht Frankfurt, zählte zur Weltspitze im Kugelstoßen und Diskuswerfen. Ihre Paradedisziplin aber war der Speerwurf. Bei den Spielen 1932 gewann sie Bronze, vier Jahre später vor 100 000 begeisterten Zuschauern in Berlin mit 45,18 m Gold. Nach den Spielen trat sie zurück, blieb aber bis zu ihrem Tod eine der populärsten Sportfiguren im Lande. Am 14. Juli 2005 starb Tilly Fleischer, die Tochter eines Frankfurter Fleischermeisters, im Alter von 93 Jahren.

Land:	Deutschland
Medaillen:	– 1 Gold
	– 1 Bronze
Teilnahmen:	1932, 1936

Peggy Fleming

Ihre Eltern taten alles, um das Eiskunstlauftalent der Tochter zu fördern. Die Mutter entwarf und nähte die Kleider, der Vater nahm wegen besserer Trainingsbedingungen zwei Umzüge in Kauf. Peggy Flemings Stern ging auf bei den Spielen in Grenoble (1968), vor allem in den USA. Ihr eleganter Stil begeisterte die Amerikaner, die zum ersten Male Winterspiele in TV-Farbe verfolgen konnten. Überdies war die Kalifornierin die einzige US-Olympiasiegerin der Spiele. Später machte Peggy Fleming als erfolgreiche TV-Kommentatorin bei ABC Karriere.

Land:	USA
Medaillen:	– 1 Gold
Teilnahmen:	1964, 1968

Vonetta Flowers (links)

Sie ist die erste farbige Athletin, die je bei Winterolympia eine Goldmedaille gewann. Vonetta Flowers kam vom Sprint und Weitsprung über ein Zeitungsinserat (»Bremserin im Frauenbob gesucht«) zum Bobfahren. Gelockt wurde die anschubbegabte Sprinterin von der Bobpilotin Jill Bakken, einer US-Soldatin. Gleich der erste olympische Auftritt der beiden 2002 in Salt Lake City wurde zum Durchbruch: Flowers schob beim Start, was ihre schnellen Beine hergaben; und während Bakken den Bob lenkte, betete Flowers im »Fond« und jubelte hinterher: »ER hat die Hand über uns gehalten.« Vier Jahre später jedoch, mit einer anderen Partnerin, landete Vonetta Flowers nur auf Platz 6.

Land:	USA
Medaillen:	– 1 Gold
Teilnahmen:	2002, 2006

Ramón Fonst Segundo (links)

Der Kubaner Ramón Fonst Segundo ist der jüngste Olympiasieger aller Zeiten. Bei den Spielen von 1900 gewann der 16 Jahre und 287 Tage alte Fechter den Einzelwettbewerb auf Degen und holte noch Silber mit dem Team. Vier Jahre später kamen drei weitere Goldmedaillen hinzu. Fonst Segundo war 40 Jahre lang aktiv, nahm nach 20-jähriger Pause gar noch einmal an den Spielen in Paris teil (1924), wo er im Viertelfinale ausschied. Später wurde er Präsident des kubanischen NOK.

Land:	Kuba
Medaillen:	– 4 Gold
	– 1 Silber
Teilnahmen:	1900, 1904, 1924

Frank Forberger (links)

Der Ruderer aus dem ostdeutschen Meißen war legendärer Schlagmann des DDR-Vierers ohne Steuermann; ein Boot das von 1966 bis 1972 in der Besetzung Forberger, Rühle, Grahn und Schubert jeden großen Wettkampf gewann. Zweimal in Folge wurde die Crew Olympiasieger. Der Ruderolympiasieger von 1960 und Sportjournalist Moritz von Groddeck setzte Frank Forberger einmal auf Platz vier seiner Liste der zehn besten Ruderer aller Zeiten. Der Diplomingenieur für Maschinenbau wurde später selbstständiger Unternehmer. Er starb 1998 mit 55 Jahren an einem Gehirntumor.

Land:	DDR
Medaillen:	– 2 Gold
Teilnahmen:	1968, 1972

George Foreman

Wie schon Cassius Clay alias Muhammad Ali gelang auch George Foreman mit einem Olympiasieg der internationale Durchbruch. Erst 19 Jahre war er alt, als er 1968 in Mexico City im Schwergewichtsfinale den erfahrenen Russen Tschepulis Knockout schlug. Bis dahin hatte Foreman erst 26 Amateurkämpfe hinter sich (22 Siege, vier Niederlagen). Fünf Jahre nach dem Olympiasieg war er durch seinen Sieg über Joe Frazier Profiweltmeister und verlor den Titel 1974 gegen Ali. Es folgten Rücktritte und Comebacks, das letzte – als 56-Jähriger – scheiterte 2005 am Veto seiner Frau.

Land:	USA
Medaillen:	– 1 Gold
Teilnahmen:	1968

Kerstin Förster (ganz links)

Der Leistungssport war für die Ruderolympiasiegerin aus der DDR auch die Basis für das Training danach. Nachdem Kerstin Förster – zusammen mit ihren Kameradinnen Kristina Mundt, Beate Schramm und Jana Sorgers – 1988 im Vierer ohne Steuermann die Goldmedaille errungen hatte, beschäftigte sie sich intensiv mit dem Training für berufliche Karrieren außerhalb des Sports. Sie wurde selbstständige Kommunikationstrainerin.

Land:	DDR
Medaillen:	– 1 Gold
Teilnahmen:	1968

Richard Fosbury

Er kreierte den Flop, der zum Hit wurde. Was der Amerikaner Richard »Dick« Fosbury am 20. Oktober 1968 in Mexico City 80 000 begeisterten Zuschauern im Stadion und einer staunenden Weltöffentlichkeit präsentierte, löste die wohl größte technische Revolution in der Geschichte der Leichtathletik aus: Fosbury überquerte rücklings 2,24 m im Hochsprung und wurde Olympiasieger. Noch unmittelbar vorher hatte er mit seinem Stil nur Hohn und Spott geerntet. Selbst von seinem Trainer Bernie Wagner: »Besser, du gehst damit zum Zirkus, Dick.« Wie er zum »Fosbury-Flop«, jenem seither weltweit praktizierten Sprungstil kam, erklärte sein Erfinder einmal so: »Ich war ein unkoordinierter Möchtegernathlet, der weder mit dem Scherensprung noch mit dem Bauchwälzer technisch klar kam. Also experimentierte ich herum.« Schon ein Jahr nach dem Olympiasieg beendete Fosbury seine Karriere. »Ich hatte meine sportlichen Ziele erreicht.« Er studierte Ingenieurswesen und wurde Geschäftsführer eines Vermessungsbüros für Straßenbau. Spitzensport? Heute engagiert sich Fosbury für Breitensport, vor allem für geistig behinderte Sportler.

Land:	USA
Medaillen:	– 1 Gold
Teilnahmen:	1968

Dawn Fraser

Die Australierin trainierte so hart, dass ihr Coach Harry Gallagher sie oft aus dem Wasser zerren musste, wo sie am liebsten auch gegessen und geschlafen hätte. Dawn Fraser schwamm sich in die Herzen ihrer Landsleute bei den olympischen Heimspielen 1956 in Melbourne. Gerade 18 war sie, als sie Gold über 100 m und 400 m Freistil sowie mit der 4x100-m-Staffel gewann. Sie war auf die kurzen Freistildistanzen spezialisiert, schwamm als erste Frau der Welt die 100 m unter einer Minute (58,9 Sekunden, 1962) und wurde dreimal in Folge Olympiasiegerin über die 100 m. In ihrer Heimat wurde sie zur Legende und zählt dank ihrer offenen Art zu den großen Persönlichkeiten des öffentlichen Lebens. Dawn Fraser nahm nie ein Blatt vor den Mund, kritisierte zum Beispiel immer wieder lautstark die »zu lasche Antidopinghaltung des IOC«.

Land:	Australien
Medaillen:	– 4 Gold
	– 4 Silber
Teilnahmen:	1956, 1960, 1964

Gretchen Fraser

Ihr Outfit harmonierte mit ihrem Namen. Gretchen Fraser, das Mädchen mit den Zöpfen, war die Überraschung und Publikumsliebling im Spezialslalom bei den Spielen 1948 in St. Moritz. Im ersten Durchgang war sie Bestzeit gefahren. Doch unmittelbar vor ihrem zweiten Durchgang fiel die Zeitnahme aus. Die Amerikanerin musste 17 Minuten lang auf den Start warten. Doch sie behielt die Nerven und wurde Olympiasiegerin. Außerdem gewann sie die Silbermedaille in der alpinen Kombination.

Land:	USA
Medaillen:	– 1 Gold
	– 1 Silber
Teilnahmen:	1948

Joe Frazier (rechts)

Für Olympia 1964 hatte sich der Amateurboxer Joe Frazier nicht qualifizieren können. Und nur weil sich sein US-Landsmann Buster Mathis an der Hand verletzte, kam Frazier zu seinem ersten internationalen Auftritt. Der Amerikaner nutzte seine Chance, wurde Olympiasieger im Schwergewicht durch einen Finalsieg gegen den Deutschen Hans Huber. Danach machte er als Profi Karriere und wurde Weltmeister. Seine berühmteste Waffe war sein linker Haken, mit dem er auch Muhammad Ali 1971 die erste Niederlage bescherte.

Land:	USA
Medaillen:	– 1 Gold
Teilnahmen:	1964

Gert Frederiksson

»Guld-Gert« nannten sie ihn in seiner schwedischen Heimat. Mit sechs Goldmedaillen ist Gert Frederiksson der bislang erfolgreichste männliche Teilnehmer an olympischen Kanuwettbewerben. Allein fünfmal gewann er im Einerkajak über 1000 bzw. 10 000 m. Seinen »größten Lustgewinn« hatte der Schwede, auch siebenmal Weltmeister, bei seinen letzten Spielen 1960 in Rom. Inzwischen 41 Jahre alt, rang er im Zweierkajak gemeinsam mit seinem jungen Partner Sven-Olov Sjödelius in einem atemberaubenden Finish die favorisierten Ungarn nieder.

Land:	Schweden
Medaillen:	– 6 Gold
	– 1 Silber
	– 1 Bronze
Teilnahmen:	1948, 1952,
	1956, 1960

Cathy Freeman

2000 war das Jahr, als alles passte: Cathy Freeman entzündete bei den Spielen in Sydney das olympische Feuer, wurde trotz eines unmenschlichen Erwartungsdrucks – Australien hielt den Atem an – Olympiasiegerin über 400 m und erste Angehörige der Aborigines, der australischen Ureinwohner, die eine Goldmedaille gewann (1996 hatte sie bereits Silber geholt). Sie nutzte die Gelegenheit, um die australische und die Weltöffentlichkeit auf die diskriminierende Situation der Aborigines aufmerksam zu machen. 2003 beendete Cathy Freeman ihre Karriere mit den Worten: »Nie mehr werde ich einen solch erfüllten Augenblick erleben wie beim Olympiasieg. Und ich werde nie mehr denselben Hunger haben.«

Land:	Australien
Medaillen:	– 1 Gold
	– 1 Silber
Teilnahmen:	1992, 1996, 2000

Peter Frenkel

Zum Gehen kam der spätere Olympiasieger über die 20 km nach einem Achillessehnenriss. Weil er nach der Verletzung keine Mittelstrecken mehr laufen konnte, riet ihm ein Teamkamerad, es doch einmal als Geher zu versuchen. Der Versuch gelang. Peter Frenkel wurde einer der besten Geher der Welt und zweimal Olympiasieger. Vor allem an die Spiele beim »Klassenfeind« 1972 in München erinnert er sich gerne: »Es gab auf der 20 km langen Strecke nicht einen Zuruf gegen uns DDR-Athleten. Wir wurden angefeuert, es war wie ein Heimvorteil.« Nach seiner Karriere studierte der frühere Major der Nationalen Volksarmee der DDR Fotografie und wurde ein renommierter Sportfotograf.

Land:	DDR
Medaillen:	– 2 Gold
Teilnahmen:	1968, 1972, 1976

Konrad Frey

Der Maurersohn aus Bad Kreuznach war bei den Spielen 1936 zusammen mit seinem Landsmann Alfred Schwarzmann erfolgreichster Turner. Dreimal wurde Konrad Frey Olympiasieger (Ringe, Seitpferd, Mannschaftsmehrkampf), gewann dazu Silber (Reck) und Bronze (Boden, Einzelmehrkampf). Turnen war bei Olympia in Berlin ein großer Publikumsmagnet. Jeder Athlet hatte die Bühne für sich allein – beobachtet von 100 000 faszinierten Zuschauern.

Land:	Deutschland
Medaillen:	– 3 Gold
	– 1 Silber
	– 2 Bronze
Teilnahmen:	1936

Anni Friesinger

Das Talent wurde ihr in die Wiege gelegt. Als Tochter einer polnischen Eisschnellläuferin und eines deutschen Eisschnellläufers begann Anni Friesinger schon als Achtjährige mit dem Training im bayerischen Inzell, der Hochburg der Eisschnellläufer. Ihre Stärken: gute Technik und eiserner Wille. Damit wurde Anni, die eigentlich Anna Christina heißt, zur Weltklasseathletin. Nach dem Gewinn der Bronzemedaille 1998 über 3000 m wurde sie vier Jahre später Olympiasiegerin über 1500 m. 2006 errang sie ihr zweites Gold in der Teamverfolgung und Bronze über 1000 m.

Land:	Deutschland
Medaillen:	– 2 Gold
	– 2 Bronze
Teilnahmen:	1998, 2002, 2006

Ugo Frigerio

Nach seinem Triumph 1920 waren die Italiener aus dem Häuschen. Denn Ugo Frigerio war der erste italienische Olympiasieger in der Leichtathletik. Er gewann in Antwerpen zwei Goldmedaillen im Gehen (über 3000 m und 10 000 m) und packte 1924 in Paris noch eine dritte dazu (über 10 000 m). Womöglich hätte der Mailänder noch weitere Goldstücke erworben, wären 1928 die Geherwettbewerbe nicht ausgesetzt worden. 1932 gewann Frigerio dann noch einmal Bronze (50 km).

Land:	Italien
Medaillen:	– 3 Gold
	– 1 Bronze
Teilnahmen:	1920, 1924, 1932

Oskar David Friman

In Finnland nannte sie ihren kleinen Federgewichtler nur Oskari. Oskari Friman gehörte in den 1920er-Jahren zu den weltbesten Ringern im griechisch-römischen Stil. Zwischen seinen beiden Olympiasiegen 1920 und 1924 wurde er außerdem Weltmeister. Der Athlet aus Ostkarelien wurde nur 40 Jahre alt.

Land:	Finnland
Medaillen:	– 2 Gold
Teilnahmen:	1920, 1924

Jenö Fuchs (rechts)

Der Säbelfechter aus Budapest gewann bei seinen olympischen Auftritten alles, was er gewinnen konnte: 1908 in London wurde er Olympiasieger im Säbeleinzel und mit der Mannschaft, vier Jahre später wiederholte er in Stockholm diesen Doppelerfolg. Jenö Fuchs begründete mit seinem Olympiasiegen die Siegesserie der ungarischen Säbelfechter, die bis 1960 andauerte und nur 1920 unterbrochen wurde, als die Magyaren nicht eingeladen waren.

Land:	Ungarn
Medaillen:	– 4 Gold
Teilnahmen:	1908, 1912

Ruth Fuchs

Mit insgesamt zwei Olympiasiegen, einem Weltcupsieg, zwei Europameistertiteln und sechs Weltrekorden war sie die erfolgreichste Speerwerferin überhaupt. Doch die Sächsin hatte beileibe nicht nur ihren Sport im Auge. Sie absolvierte eine Ausbildung zur medizinisch-technischen Assistentin und ein Studium an der Leipziger Sporthochschule, wo sie ihren Abschluss als Diplomsportlehrerin und Dr. päd. machte. Nach der Wende wurde sie Mitglied der PDS und als erste Olympiasiegerin Mitglied des Deutschen Bundestages. Seit 2004 ist sie Abgeordnete im Thüringer Landtag.

Land:	DDR
Medaillen:	– 2 Gold
Teilnahmen:	1972, 1976, 1980

Guido Fulst (links)

Für das Fachblatt »Radsport« ist der Berliner Guido Fulst »neben Jens Fiedler das Urgestein im deutschen Bahnradsport«. Fast 20 Jahre lang zählte der Athlet zur Weltspitze. 1984 begann er mit dem Leistungssport, damals noch beim SC Dynamo Berlin. Bei seinem ersten großen Erfolg, dem WM-Gewinn mit dem DDR-Bahnvierer 1989, war Guido Fulst erst 19 Jahre alt. Auf seiner Visitenkarte stehen zwei Olympiasiege (1992 und 2000) mit dem Bahnvierer, Olympiabronze (2004) im Punktefahren, mehrere Weltmeistertitel sowie ein »Knöllchen«, als er bei Tempo 70 km/h in Berlin in eine Radarkontrolle geriet – mit dem Rad, versteht sich.

Land:	Deutschland
Medaillen:	– 2 Gold
	– 1 Bronze
Teilnahmen:	1992, 1996, 2000, 2004

Kazuyoshi Funaki

Der japanische Skispringer wurde bekannt durch seine waghalsig anmutende Variante des V-Stils, bei der der Körper plan zu den Skiern liegt. So präsentierte Kazuyoshi Funaki, gerade mal 22 Jahre alt, bei den Spielen in seiner Heimat Nagano 1998 den bis dahin schönsten Sprung der Olympiageschichte: 132,5 m in fabelhafter Haltung, für die alle fünf Wertungsrichter die Idealnote 20 zogen. Es war der Olympiasieg von der Großschanze. Dazu gewann er Silber von der Normalschanze und noch mal Gold mit der Mannschaft. Im selben Jahr wurde der Überflieger des Jahres auch Skiflugweltmeister und Sieger der Vierschanzentournee.

Land:	Japan
Medaillen:	– 2 Gold
	– 1 Silber
Teilnahmen:	1998, 2002

Lori Fung (rechts)

Zwar fehlten bei den Spielen 1984 in Los Angeles wegen des Olympiaboykotts die großen Konkurrentinnen aus der Sowjetunion und Bulgarien. Dennoch galt der Olympiasieg der Kanadierin Lori Fung in der rhythmischen Sportgymnastik als Sensation. Noch drei Jahre zuvor war sie bei Weltmeisterschaften auf Platz 16 gelandet. Danach betrieb sie ihre Sportart als Fulltime-Job – bis hin zum Olympiasieg. Später war Lori Fung Coach des kanadischen Nationalteams und des US-Teams.

Land:	Kanada
Medaillen:	– 1 Gold
Teilnahmen:	1984

Liliana Gafencu – Robert Garrett – Justin Gatlin – Hartwig Gauder – Lucine Gaudin – Nina Gawriljuk – Haile Gebrselassie – Yvonne van Gennip – Elena Georgescu – Aladár Gerevich – Hilde Gerg – Bernhard Germeshausen – Ute Geweniger – Luciano Giovannetti – Maxi Gnauck – André Gobert – Christine Goitschel – Marielle Goitschel – Wladimir Golubnitschi – Brian Goodell – Arthur Wentworth Gore – Felix Gottwald – Shane Gould – Steffi Graf – Gillis Grafström – Dieter Grahn – Maurice Green – Charles Greene – Nancy Greene – Michael Greis – Florence Griffith-Joyner – Jewgenij Grischin – Oksana Gritschuk – Moritz von Groddeck – Axel Grönberg – Edgar Grospiron – Michael Groß – Ricco Groß – Johan Gröttumsbraten – Anky van Grunsven – Hicham El Guerrouj – Carlette Guidry – Margitta Gummel – Jack Günthard – Paul Günther – Tomas Gustafson – Toini Gustafsson – Torsten Gutsche – Dezsö Gyarmati – Olga Gyarmati

Liliana Gafencu (3. v. rechts)

Mitte der 1990er-Jahre schweißte der rumänische Ruderverband einen Frauenachter zusammen, der bei drei Olympischen Spielen in Folge die Konkurrenz beherrschte. Das Besondere dabei: Die Achterbesetzung blieb nahezu unverändert. Bis auf wenige Ausnahmen ruderten die Rumäninnen 1996 in Atlanta, 2000 in Sydney und 2004 in Athen mit ein und derselben Mannschaft zum Olympiasieg. Eine der Athletinnen war Liliana Gafencu.

Land:	Rumänien
Medaillen:	– 3 Gold
Teilnahmen:	1996, 2000, 2004

Justin Gatlin

Er gewann das schnellste Sprintrennen der Geschichte. 2004 in Athen wurde der Amerikaner Justin Gatlin mit 9,85 Sekunden Olympiasieger in einem 100-m-Rennen, bei dem die ersten fünf klar unter 10 Sekunden blieben. Mit Bronze über 200 m und Silber mit der US-Staffel holte er sich bei diesen Spielen einen kompletten Medaillensatz. Danach kam der tiefe Fall. Im Sommer 2006 gab Gatlin einen positiven Dopingbefund bekannt. Er verlor seinen Weltrekord und wurde bis Juli 2014 für alle Wettkämpfe gesperrt.

Land:	USA
Medaillen:	– 1 Gold
	– 1 Silber
	– 1 Bronze
Teilnahmen:	2004

Robert Garrett

Den gastfreundlichen Griechen wäre bei den Eröffnungsspielen 1896 in Athen alles recht gewesen – nur den Marathonlauf und das Diskuswerfen, ihre ureigensten Disziplinen, wollten sie gewinnen. Im Marathonlauf war dies mit Spiridon Louis gelungen, im Diskuswerfen indes schnappte der Amerikaner Robert Garrett den Griechen die Goldmedaille weg. Der Sohn eines reichen US-Bankers hatte sich in den Staaten eigens einen Eisendiskus gießen lassen, mit dem er sich auf Olympia vorbereitete. Dennoch führte in Athen der favorisierte Grieche Panayiotis Paraskevopoulos nach zwei von drei Durchgängen und sah wie der sichere Sieger aus. In dieser Situation verriet der gastfreundliche Grieche dem US-Greenhorn den Trick, dem Wurfgerät mit dem kleinen Finger den entscheidenden Effet zu geben. Garrett bedankte sich und gewann. Gold holte Garrett auch im Kugelstoßen, dazu zweimal Silber im Hochsprung und Weitsprung. 1900 in Paris ergänzte er seine Medaillensammlung mit zweimal Bronze im Kugelstoßen und Dreisprung aus dem Stand. Aufs Diskuswerfen verzichtete er, weil ihm seine christliche Sonntagspflicht wichtiger war.

Land:	USA
Medaillen:	– 2 Gold
	– 2 Silber
	– 2 Bronze
Teilnahmen:	1896, 1900

Hartwig Gauder

Ein Jahrzehnt lang konnte kaum einer so schnell und so lange gehen wie Hartwig Gauder. 1980 wurde der Deutsche aus der DDR Olympiasieger über 50 km Gehen. Und hätte er an den Spielen 1984 teilnehmen können, wäre ihm mit größter Wahrscheinlichkeit der olympische Hattrick gelungen. 1988 holte er Bronze, und 1992 belegte er noch mal einen respektablen sechsten Platz. Seine größten Siege aber errang Gauder viel später. Mitte der 1990er-Jahre wurde eine Virusinfektion an seinem Herzen festgestellt, die eine Transplantation notwendig machte. Er erhielt zunächst ein künstliches Herz, dann ein Spenderherz, mit dem er mehrmals am New-York-City-Marathon teilnahm.

Land:	DDR, Deutschland
Medaillen:	– 1 Gold
	– 1 Bronze
Teilnahmen:	1980, 1988, 1992

Lucine Gaudin (3. von links)

Der französische Florett- und Degenfechter war schon mit 19 zum ersten Male Weltmeister. Seine ersten olympischen Meriten verdiente er sich jedoch erst mit 34 Jahren, als er 1920 in Antwerpen Silber im Florett gewann. 1924 in Paris holte Lucine Gaudin Teamgold im Degen und im Florett. 1928 wurde er dann auch Einzelolympiasieger (Degen und Florett) und gewann mit der Mannschaft zudem Silber im Florett. Gaudin, einer der besten französischen Fechter aller Zeiten, nahm sich 1934 wegen finanzieller Probleme das Leben.

Land:	Frankreich
Medaillen:	– 4 Gold
	– 2 Silber
Teilnahmen:	1908, 1920, 1924, 1928

Nina Gawriljuk (2. von links)

Die Russin schockte meist schon beim Start die Konkurrenz, wenn sie mit einem Höllentempo loslegte und einen schnellen Vorsprung herausfuhr. Nina Gawriljuk gehörte zur russischen 4x5-km-Skilanglauf-Staffel, die ein Jahrzehnt lang ein Goldabo auf Olympiasiege und Weltmeisterschaften hatte. Doch die St. Petersburgerin war auch eine exzellente Einzelläuferin. 1994 gewann sie Bronze über 15 km Freistil, wurde auch mehrmals Weltmeisterin.

Land:	UdSSR, Russland
Medaillen:	– 3 Gold
	– 1 Bronze
Teilnahmen:	1988, 1994, 1998, 2002

Haile Gebrselassie

Als Kind rannte Haile Gebrselassie in seiner Heimat Äthiopien jeden Tag zehn Kilometer zur Schule und wieder zurück, unter dem linken Arm Bücher und Hefte. Später, als Weltklasseläufer und längst »eine der höchst geschätzten Figuren des Weltsports« (»Süddeutsche Zeitung«), lief er immer noch mit diesem angewinkelten linken Arm. Neben seinen beiden Olympiasiegen (jeweils über 10 000 m) wurde Gebrselassie über diese Strecke noch viermal Weltmeister. Aber auch auf kürzeren Distanzen zeigte er Weltklasseleistungen und stellte insgesamt 17 Weltrekorde auf. Sein großes Ziel: die Teilnahme am Marathonlauf 2008 in Peking.

Land:	Äthiopien
Medaillen:	– 2 Gold
Teilnahmen:	1996, 2000, 2004

Yvonne van Gennip

60 000 begeisterte Menschen empfingen sie bei der Rückkehr in ihrer Heimstadt Haarlem. Wenige Tage zuvor hatte die Niederländerin Yvonne van Gennip bei den Spielen in Calgary 1988 bei drei Starts drei Goldmedaillen im Eisschnelllauf gewonnen und dabei die starke Konkurrenz aus der DDR besiegt: Über 3000 m verbesserte sie den Weltrekord um fast 5 Sekunden, über 1500 m unterbot sie ihre Bestleistung um 4 Sekunden und über 5000 m war sie beinahe 7 Sekunden schneller als bei ihrem eigenen Weltrekord. Damit war sie, zusammen mit dem finnischen Skispringer Matti Nykänen, erfolgreichste Sportlerin dieser Winterspiele.

Land:	Niederlande
Medaillen:	– 3 Gold
Teilnahmen:	1984, 1988, 1992

Elena Georgescu

Nicht in Einzelrennen, mit der Mannschaft feierte die rumänische Ruderin Elena Georgescu ihre großen Erfolge. Sie gehörte mehr als ein Jahrzehnt lang zum fast unschlagbaren Ruderachter der Rumänen. 1992 in Barcelona holte sie die Silbermedaille, danach gab es drei Olympiasiege in Folge: 1996 in Atlanta, 2000 in Sydney und 2004 in Athen.

Land:	Rumänien
Medaillen:	– 3 Gold
	– 1 Silber
Teilnahmen:	1992, 1996, 2000, 2004

Hilde Gerg

Die »wilde Hilde«, wie die deutsche Skirennläuferin wegen ihrer riskanten Fahrweise genannt wurde, war bei den Winterspielen 1998 ins Rampenlicht gerückt, als sie die Goldmedaille im Slalom und Bronze in der Kombination gewann. Danach geriet sie in ein Wellental, vor allem wegen zahlreicher Verletzungen. Doch zu den Winterspielen 2002 kam sie rechtzeitig wieder in Form und zählte zum Favoritenkreis. Hilde Gerg rechnete fest mit einer Medaille, verpasste aber zweimal jeweils um Hundertstelsekunden die Medaillenränge. Ende 2005 erklärte sie nach einer erneuten Verletzung ihren Rücktritt. Seitdem arbeitet sie u. a. als Co-Kommentatorin fürs Fernsehen.

Land:	Deutschland
Medaillen:	– 1 Gold
	– 1 Bronze
Teilnahmen:	1994, 1998, 2002

Aladár Gerevich

Der ungarische Säbelfechter ist der einzige Athlet, der Goldmedaillen bei sechs Olympischen Spielen in Folge holte – insgesamt sieben an der Zahl: 1932 und 1936 mit dem Team, 1948 im Einzel und mit dem Team, 1952, 1956 und 1960 jeweils mit dem Team. Hinzu kamen 1952 Silber im Einzel sowie zweimal Bronze. Vor den Spielen 1960 in Rom sagten dem ungarischen Offizier seine Vorgesetzten, nun sei er zu alt; er solle zurücktreten. Stattdessen forderte Aladár Gerevich jeden Fechter des Nationalteams heraus. Er besiegte sie alle, durfte mit nach Rom und wurde zum siebten Mal Olympiasieger – mit 50.

Land:	Ungarn
Medaillen:	– 7 Gold
	– 1 Silber
	– 2 Bronze
Teilnahmen:	1932, 1936, 1948, 1952, 1956, 1960

Bernhard Germeshausen (hinten rechts)

Er begann als leidlich erfolgreicher Zehnkämpfer (1974 Vierter der DDR-Meisterschaften) und endete als Olympiasieger im Bob. Bernhard Germeshausen sorgte mit seinem Partner Meinhard Nehmer 1976 für die Sensation der Winterspiele. Die beiden DDR-Neulinge gewannen die Goldmedaille im Vierer- und im Zweierbob. Anschieber Germeshausen und Pilot Nehmer wiederholten vier Jahre später ihren Erfolg im Viererbob und holten Silber im Zweierbob. Außerdem wurden sie fünfmal Weltmeister. Seit 1998 ist der Diplom-Sportlehrer Bernhard Germeshausen Internatsleiter am Sportgymnasium in Erfurt.

Land:	DDR
Medaillen:	– 3 Gold
	– 1 Silber
Teilnahmen:	1976, 1980, 1984

Ute Geweniger (Mitte)

Ihre sportliche Hochzeit hatte Ute Geweniger zwischen 1980 und 1983. Bei den Spielen 1980 wurde die Schwimmerin aus der DDR Olympiasiegerin über 100 m Brust, ihre Spezialstrecke. Ein zweites Gold holte sie mit der 4x100-m-Lagenstaffel. Die Chemnitzerin schwamm als erste Frau die 100-m-Bruststrecke unter 1:10 Minuten. 1981 war sie mit fünf Siegen erfolgreichste Athletin bei den Europameisterschaften, 1982 wurde sie zweifache Weltmeisterin.

Land:	DDR
Medaillen:	– 2 Gold
Teilnahmen:	1980

Luciano Giovannetti

Die Wurfmaschinen befinden sich in 15 m Entfernung vom Schützen. Von dort aus werden kleine Scheiben mit großer Geschwindigkeit in die Luft geschleudert. Der Schütze muss dann über eine Flugweite von 70 bis 75 m die Scheiben treffen. Wurftauben- oder Trapschießen heißt diese Sportart, die zu den ältesten olympischen Disziplinen zählt. Einer ihrer herausragenden Vertreter war in den 1980er-Jahren der Italiener Luciano Giovannetti, der 1980 und 1984 zweimal Olympiasieger wurde.

Land:	Italien
Medaillen:	– 2 Gold
Teilnahmen:	1980, 1984

Maxi Gnauck

Sie ist eine der besten deutschen Kunstturnerinnen aller Zeiten. Maxi Gnauck brillierte vor allem am Stufenbarren, wobei sie einige neue Übungsteile mit Höchstschwierigkeiten kreierte. 1980 wurde sie an ihrem Lieblingsgerät Olympiasiegerin und erturnte drei weitere Medaillen: Silber im Mehrkampf, Bronze mit der Mannschaft und am Boden. Im Jahr 2000 wurde Maxi Gnauck, auch fünfmalige Weltmeisterin, als erste deutsche Turnerin in die International Gymnastics Hall of Fame aufgenommen.

Land: DDR
Medaillen: – 1 Gold
– 1 Silber
– 2 Bronze
Teilnahmen: 1980

André Gobert

Auf dem Programm der Spiele von 1912 in Stockholm stand erstaunlicherweise auch Hallentennis. Der Franzose André Gobert gewann dabei alles, was es für ihn zu gewinnen gab: Er wurde Olympiasieger im Herrendoppel (mit Maurice Germot) und im Einzel, als er den Briten Charles Percy Dixon mit 8:6, 6:4, 6:4 besiegte. Das »Open-Air-Turnier« im Rasentennis fand übrigens ohne die Weltspitze statt, die das zeitgleich stattfindende Wimbledonturnier vorzog.

Land: Frankreich
Medaillen: – 2 Gold
Teilnahmen: 1912

Christine und Marielle Goitschel

Die französischen Slalom-Sisters hatten ihr Edelmetall schwesterlich aufgeteilt: Bei den Winterspielen 1964 gewann Marielle den Riesenslalom vor Schwester Christine und Christine den Spezialslalom vor Schwester Marielle. Kurioserweise trugen beide bei ihren Siegesläufen jeweils die Startnummer 14. Die Schwestern, ohnehin schon Publikumslieblinge in Innsbruck, sorgten für noch mehr Rummel, als Marielle vor der Weltpresse ihre Heirat mit Frankreichs Skikönig Jean-Claude Killy (der von nichts wusste) bekannt gab und Christine dies »bestätigte«. Es war allerdings nur ein Scherz der beiden, die sich damit über die Journalisten lustig machten. Die um ein Jahr jüngere Marielle holte 1968 noch einmal Gold im Spezialslalom.

Land: Frankreich
Medaillen: Marielle – 2 Gold
– 1 Silber
Christine – 1 Gold
– 1 Silber
Teilnahmen: 1964, 1968

Wladimir Golubnitschi

Als bei der Europameisterschaft 1974 in Rom der Startschuss zum 20 km Gehen fiel, lachten die Zuschauer über den bekannt eigenwilligen Laufstil der Athleten. Als jedoch der Sieger ins Ziel kam, brauste großer Jubel auf. Der Stadionsprecher hatte den Zuschauern erklärt, dass dieser 38 Jahre alte Sieger, Wladimir Golubnitschi, schon vor 14 Jahren auf derselben Bahn ebenfalls gewann – und Olympiasieger wurde. Der Sowjetrusse war in seiner Disziplin ein absoluter Ausnahmeathlet, der an fünf aufeinanderfolgenden Spielen am 20 km Gehen teilnahm und dabei vier Medaillen gewann. Nur 1976, inzwischen 40, ging er leer aus (9. Platz).

Land:	UdSSR
Medaillen:	– 2 Gold
	– 1 Silber
	– 1 Bronze
Teilnahmen:	1960, 1964, 1968, 1972, 1976

Brian Goodell

Der Amerikaner schwamm jeden Tag zwischen 20 und 22 km und betrieb einen Trainingsaufwand wie kaum jemand sonst. Folgerichtig wurde Brian Goodell Mitte der 1970er-Jahre zum erfolgreichsten Mittelstreckler. Seine beiden Olympiasiege 1976 in Montreal über 400 m und 1500 m Freistil waren taktische Meisterleistungen. Goodell schwamm lange zurückhaltend, wiegte seine Konkurrenten in Sicherheit, um dann urplötzlich in einem fulminanten Endspurt an ihnen vorbeizuziehen.

Land:	USA
Medaillen:	– 2 Gold
Teilnahmen:	1976

Felix Gottwald

Mit sechs Medaillen ist er (hinter Toni Sailer) der zweiterfolgreichste Olympiateilnehmer Österreichs. Holte Felix Gottwald 2002 in der nordischen Kombination noch dreimal Bronze, so hatte er vier Jahre später mit zweimal Gold (Sprint und Mannschaft) und einmal Silber (Einzel) seinen großen Auftritt. »Der Felix ist ein Musterbeispiel dafür, was akribisches Arbeiten heißt«, so Österreichs Cheftrainer Günther Chromecek. Seine Liebe zum Wintersport wurde ihm buchstäblich in die Wiege gelegt: Noch am Tage seiner Geburt hatte ihn der Vater als jüngstes Mitglied beim heimischen Skiclub Saalfelden angemeldet.

Land:	Österreich
Medaillen:	– 2 Gold
	– 1 Silber
	– 3 Bronze
Teilnahmen:	1994, 1998, 2002, 2006

Arthur Wentworth Gore

Bei den Spielen 1908 fanden zwei Tennisturniere statt – in der Halle und auf Rasen. Arthur William Charles Wentworth Gore, wie der Brite mit vollständigem Namen hieß, gewann mit Partner Herbert Roper Barrett in der Halle sowohl das Herrendoppel als auch das Einzel. Gore nahm im Übrigen von 1888 bis 1927 nicht weniger als 38-mal an den englischen Tennismeisterschaften in Wimbledon teil. Dieser Rekord ist bis heute ungebrochen. 1901, 1908 und 1909 siegte er im Einzel, 1909 auch im Doppel. Im Jahr 2006 wurde Gore in die Tennis Hall of Fame aufgenommen.

Land:	Großbritannien
Medaillen:	– 2 Gold
Teilnahmen:	1908

Shane Gould

Die Konkurrenz hatte einen Heidenrespekt, als die 15-jährige Australierin Shane Gould 1972 in München ans Schwimmbecken trat. Zuvor hatte sie als erste Schwimmerin alle Weltrekorde über die damals anerkannten Freistildistanzen inne (100, 200, 400, 800 und 1500 m). Shane wurde ihrer Favoritenrolle gerecht und gewann dreimal Gold jeweils in Weltrekordzeit (200 und 400 m Freistil, 200 m Lagen), einmal Silber (800 m) und einmal Bronze (100 m). Schon im Jahr darauf gab sie den Leistungssport mit der Begründung auf: »Ich möchte nicht nur schwimmen, sondern auch lesen, Tennis spielen und ins Theater gehen.« Später übernahm Shane Gould, inzwischen Mutter von vier Kindern, wichtige Funktionen im Sport und schrieb eine Autobiografie (»Rollwenden«).

Land:	Australien
Medaillen:	– 3 Gold
	– 1 Silber
	– 1 Bronze
Teilnahmen:	1972

Steffi Graf

1984 in Los Angeles durfte Steffi (eigentlich: Stefanie) Graf, gerade mal 15 Jahre alt, schon einmal Olympiaatmosphäre schnuppern. Da gewann sie als jüngste Teilnehmerin das olympische Demonstrationsturnier. Vier Jahre später, inzwischen die Nummer 1 im Welttennis (insgesamt 186 Wochen), nutzte sie die Chance, auch »richtige« Olympiasiegerin zu werden. Nur wenige Tage, nachdem sie mit ihrem Sieg bei den U.S.Open erstmals den Grand Slam gewonnen hatte, ging die Deutsche in Seoul an den Start und machte einen »Golden Slam« daraus (6:3, 6:3 im Finale gegen Gabriela Sabatini); hinzu kam mit Claudia Kohde-Kilsch Bronze im Damendoppel. Die Titelverteidigung vier Jahre später misslang, als sie Jennifer Capriati unterlag. 1999 beendete Steffi Graf ihre Karriere als eine der größten Persönlichkeiten der deutschen Sportgeschichte; seit 2001 ist sie mit dem US-Tennisstar André Agassi verheiratet.

Land:	Deutschland
Medaillen:	– 1 Gold
	– 1 Silber
	– 1 Bronze
Teilnahmen:	1988, 1992

Gillis Grafström

Der Schwede, der viele Jahre in Potsdam lebte, war Medaillen- und Kunstsammler. Als Eiskunstläufer gewann er drei Goldmedaillen hintereinander und einmal Silber (trotz Verletzung). Seinen ersten Olympiasieg 1920 in Antwerpen errang Gillis Grafström mit altmodischen Schlittschuhen, die er sich am Tag vor dem Start kaufen musste, nachdem ihm eine Kufe gebrochen war. Der kreative Schwede, verheiratet mit einer Urenkelin des Komponisten Felix Mendelsson-Bartholdy, erfand viele neue Kürteile und Sprünge. Später trainierte er die Besten der Welt (u. a. Sonja Henie) und arbeitete als innovativer Architekt, Schriftsteller und Maler. Außerdem sammelte er Grafiken, Gemälde und Skulpturen zum Thema Eislaufen. Heute befindet sich die Sammlung, weltweit einmalig in ihrer Art, im Welteiskunstlaufmuseum in Colorado Springs (USA).

Land:	Schweden
Medaillen:	– 3 Gold
	– 1 Silber
Teilnahmen:	1920, 1924, 1928, 1932

Dieter Grahn (3. von links)

Als Aktiver gewann er zweimal Gold, als Trainer machte er andere zu Goldgewinnern. Der Weltklasseruderer Dieter Grahn, der 1968 und 1972 (mit Forberger, Rühle und Schubert) Olympiasieger im Vierer ohne wurde, war auch ein Weltklassetrainer. Ab 1980 zuerst in der DDR, wo er zwei Goldboote betreute, und nach der Wende im Bundesleistungszentrum Dortmund, zunächst als Nachwuchstrainer. Nachdem der Deutschlandachter 2000 die Qualifikation für die Spiele in Sydney verpasst hatte, wurde Grahn Trainer der Männernationalmannschaft.

Land:	DDR
Medaillen:	– 2 Gold
Teilnahmen:	1968, 1972

Maurice Green

Zwischen 1997 und 2001 war der Amerikaner der schnellste Mann der Welt. Während dieser Zeitspanne wurde er zweimal Olympiasieger (Sydney: 100 m und 4x100-m-Staffel) und fünfmal Weltmeister. Sein 100-m-Weltrekord von 9,79 Sekunden hielt von 1999 bis 2005. Verantwortlich für Maurice Greens Aufstieg war sein Trainer John Smith, selbst ein früherer Weltklasseläufer, der den Laufstil seines Schützlings von Grund auf veränderte. »John steuerte mich vom ersten bis zum letzten Schritt meiner Karriere«, sagte Green, der wegen seiner großen Klappe auch »Cassius« genannt wurde, einmal in einem bescheidenen Moment.

Land:	USA
Medaillen:	– 2 Gold
	– 1 Silber
	– 1 Bronze
Teilnahmen:	2000, 2004

Charles Greene

Der Amerikaner aus Arkansas ist einer der drei farbigen US-Sprinter, die am 20. Juli 1968 für den sensationellsten 100-m-Lauf überhaupt sorgten. An diesem Tag liefen Charles Greene, Jim Hines und Ronnie Ray Smith in Sacramento neuen Weltrekord von 9,9 Sekunden. Das Trio verbesserte damit die fast zehn Jahre alte Rekordmarke des Deutschen Armin Hary um eine Zehntelsekunde. Bei den Spielen im selben Jahr gewann Greene die Bronzemedaille und Gold mit der 4x100-m-Staffel, als das US-Quartett erstmals die 43-Sekunden-Schallmauer durchbrach.

Land:	USA
Medaillen:	– 1 Gold
	– 1 Bronze
Teilnahmen:	1968

Nancy Greene

Die »Tigerin«, wie sie wegen ihres aggressiven Fahrstils genannt wurde, wurde 1968 in Grenoble Olympiasiegerin mit dem größten Vorsprung, der jemals bei Olympia oder Weltmeisterschaften gemessen wurde: 2,64 Sekunden lag Nancy Greene im Riesenslalom vor der Französin Annie Famose. Hinzu kam Silber im Slalom hinter Marielle Goitschel. Nach ihrem Rücktritt war die Kanadierin Trainerin des alpinen Skiteams. Außerdem war sie war maßgeblich am Aufbau eines großen Wintersportzentrums bei Vancouver beteiligt und nutzte ihre Popularität, um eine bedeutende Rennserie für Nachwuchsfahrer ins Leben zu rufen.

Land:	Kanada
Medaillen:	– 1 Gold
	– 1 Silber
Teilnahmen:	1960, 1964, 1968

Florence Griffith-Joyner

Sie war so schnell, dass Experten bald Unrat witterten und einen Dopingverdacht äußerten. Anlass war die unglaubliche Leistungssteigerung von Florence Griffith-Joyner in ihrem Topjahr 1988. Die Amerikanerin, die einen Hauch von Hollywood mit ins Stadion brachte, wenn sie mit 15 cm langen, bunt lackierten Fingernägeln und grellen, hautengen Laufanzügen an den Start ging, wurde in Seoul dreifache Olympiasiegerin: über 100 m und 200 m sowie in der Frauensprintstaffel, dazu kam Silber mit der 4x400-m-Staffel, nachdem sie die Schnapsidee hatte, erstmals im Leben die 400 m zu laufen. Ihre im selben Jahr aufgestellten Weltrekorde über 100 m (10,49 Sekunden kurz vor Olympia) und 200 m (21,34 Sekunden) sind noch heute gültig. Das Misstrauen wurde noch genährt durch Griffith-Joyners bald danach folgenden Rücktritt vom Spitzensport. Als sie 1998 im Alter von nur 38 Jahren starb, tauchten Vermutungen auf, sie sei nicht zuletzt an den Folgen des Missbrauchs von Anabolika gestorben. Die Todesursache (plötzlicher Herztod, seltener Hirntumor, Ersticken nach epileptischem Anfall) wurde nie ganz geklärt. Fest steht aber auch, dass Florence Griffith-Joyner in ihrer Topsaison 1988 elfmal auf Anabolika getestet wurde – stets negativ.

Land:	USA
Medaillen:	– 3 Gold
	– 2 Silber
Teilnahmen:	1984, 1988

Michael Greis

Höhepunkt seiner Karriere waren die Spiele 2006: Als erster deutscher Wintersportler holte Michael Greis in Turin drei Goldmedaillen (15 km Massenstart, 20 km und 4x7,5-km-Staffel) und wurde von Deutschlands Sportjournalisten zum »Sportler des Jahres« gekürt. Zum Biathlon kam er, weil er einen Ausgleich suchte: »Im Leistungssport konnte ich als Jugendlicher gut meine Aggressionen abbauen.« Unter seinem Trainer Fritz Fischer reifte Michael Greis zum »absoluten Wettkampftyp« (Fischer). Er gilt als Spätentwickler; seine ersten großen internationalen Erfolge errang er mit 28 Jahren.

Land:	Deutschland
Medaillen:	– 3 Gold
Teilnahmen:	2002, 2006

Jewgenij Grischin

Der russische Eisschnellläufer war der Erste, der die 500-m-Sprintstrecke unter 40 Sekunden lief (39,6 Sekunden), für Frauen übrigens heute nichts Besonderes mehr. Insgesamt erzielte Jewgeni Grischin sechs Weltrekorde über 500 und 1500 m, seine beiden Spezialstrecken. Auf ihnen wurde er auch jeweils Doppelolympiasieger: 1956 und 1960, hinzu kam noch eine Silbermedaille 1964 über 500 m. Schon mit 14 Jahren entschied sich Jewgeni fürs Eislauftraining, nachdem er zuvor seine Freizeit mit rasanten Läufen auf den zugefrorenen Seen um seine Heimatstadt Tula verbracht hatte. Systematisch aufgebaut wurde er dann im Moskauer Zentralsportklub der Armee (ZSKA), bei der er es später zum Offizier brachte.

Land:	UdSSR
Medaillen:	– 4 Gold
	– 1 Silber
Teilnahmen:	1956, 1960, 1964

Oksana Gritschuk

»Erst will ich den Olympiasieg und dann in einer Hollywoodnacht den Oscar!« Ihren Wunsch mit dem Olympiasieg konnte sich Oksana Gritschuk erfüllen, sogar gleich zweimal. Als erstes Eistanzpaar holten sie und ihr Partner Jewgenij Platow einen Doppelolympiasieg in ihrer Disziplin (1994 und 1998). Oksana, auch fünfmal Weltmeisterin (1994 bis 1998), galt als Paradiesvogel der Szene. Der Nerzmantel gehörte zu ihrer Standardgarderobe. Der Sportinformationsdienst (sid) beschrieb sie als »schrillste Figur in der Glamourwelt der Eiskunst, eine femme fatale«. Konkurrenten ließ sie schon mal eiskalt hinter sich, indem sie mit dem männlichen Partner der anderen eine Affäre begann. Auf die Nacht mit »Oscar« wartet Oksana Gritschuk indes noch, obwohl sie bereits in Kalifornien lebt.

Land:	Russland
Medaillen:	– 2 Gold
Teilnahmen:	1992, 1994, 1998

Moritz von Groddeck

Er war einer jener Ruderrecken, die noch unter dem legendären Ratzeburger Trainer Karl Adam das Ruderholz schwangen. Moritz von Groddeck (der eigentlich Karl-Heinrich hieß, von Adam aber der einfacheren Aussprache wegen für alle Zeiten auf Moritz »umgetauft« wurde) war 1956 in Melbourne Mitglied der ersten gesamtdeutschen Olympiamannschaft nach dem Zweiten Weltkrieg. Hier gewann er zusammen mit Rainer Borkowsky die Silbermedaille im Zweier mit Steuermann. Seine größten Erfolge realisierte von Groddeck jedoch in Adams Achter – mit dem Olympiasieg1960 in Rom, der Silbermedaille vier Jahre später in Tokio und einigen WM-Siegen. Auch nach seiner aktiven Laufbahn war Moritz von Groddeck noch bei Olympischen Spielen vertreten – als Sportjournalist.

Land:	Deutschland
Medaillen:	– 1 Gold
	– 2 Silber
Teilnahmen:	1956, 1960, 1964

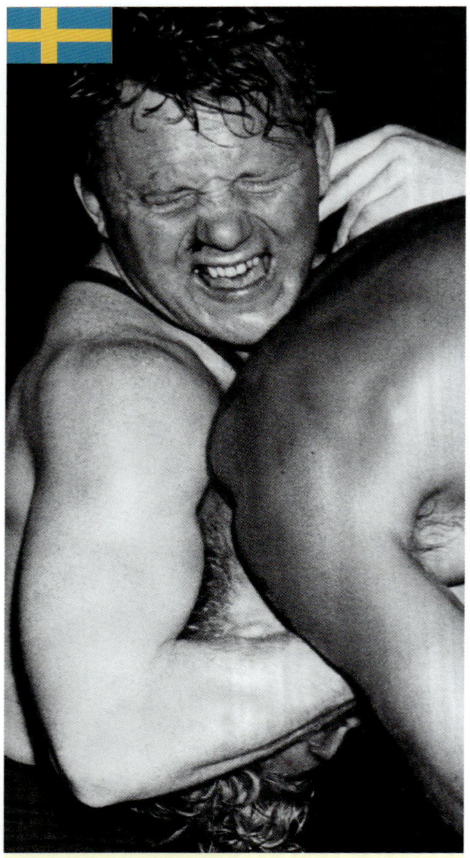

Axel Grönberg

Auf dem Schulhof fand er bald keine Gegner mehr, und so wurde Axel Grönberg mit zwölf Jahren Mitglied des renommierten Stockholmer Ringerclubs BK Athén. Seine beiden Olympiasiege im Mittelgewicht errang er im griechisch-römischen Stil, doch Grönberg bewies auch im Freistil Weltklasse. Zwischen seinen beiden Olympiasiegen von London und Helsinki wurde er in seiner Heimstadt Stockholm gefeierter Weltmeister.

Land:	Schweden
Medaillen:	– 2 Gold
Teilnahmen:	1948, 1962

Edgar Grospiron (rechts)

Als Skifreistil auf der Buckelpiste 1992 neu ins olympische Programm aufgenommen wurde, herrschte bei den Wettbewerben im französischen Albertville Volksfeststimmung bei Rock´n'-Roll-Klängen. Riesige Zuschauermassen verfolgten bei dichtem Schneetreiben das spektakuläre Schauspiel der alpinen Künstler, deren Bester auch noch aus dem eigenen Lager kam: Edgar Grospiron, Franzose und Weltmeister, wurde erster Olympiasieger. Zwei Jahre später in Lillehammer jedoch landete der große Favorit nur auf Rang 3.

Land:	Frankreich
Medaillen:	– 1 Gold
	– 1 Bronze
Teilnahmen:	1992, 1996

Michael Groß

2,01 m groß, eine »Flügelspanne« von 2,11 m und dann noch Butterfly – da gab es für ihn keinen besseren Beinamen als Albatros. Michael Groß aus Frankfurt am Main gehört zweifellos zu den beeindruckendsten Schwimmern aller Zeiten. Hochbegabt, hochintelligent, unbequem, vor allem Funktionären und Journalisten gegenüber (»pflegeleicht bin und werde ich nicht«). Querkopf und Querdenker schon als Pennäler – weil ihm einiges nicht passte, trat der Gymnasiast ein Jahr lang in einen Schulstreik, um danach mühelos wieder den Anschluss zu schaffen. Zum Schwimmen kam er mit fünf Jahren auf ärztlichen Rat, um Haltungsschäden auszugleichen. Das Talent des Knaben war schnell erkannt. In den 1980er-Jahren zählte er zu den herausragenden Athleten, stellte in seinen Disziplinen Kraul und Butterfly bzw. Delfin Weltrekorde am Fließband auf (12 an der Zahl), war zweimal Weltschwimmer des Jahres (1983, 1985) und Deutschlands Schwimmer des Jahrhunderts (Wahl 1999). Einsame Höhepunkte jedoch waren seine Olympiaauftritte: 1984 holte er mit einmaliger Ästhetik, Stilgefühl und Kampfgeist zugleich zweimal Gold (100 m Butterfly, 200 m Freistil) und zweimal Silber (200 m Butterfly, 4x200-m-Freistilstaffel), 1988 einmal Gold (200 m Butterfly) und einmal Bronze (Staffel). Ein Superstar, der keiner sein wollte, der Begriff Antistar war ihm lieber. Spitzenleistungen lieferte Michael Groß auch neben seiner sportlichen Karriere. Er studierte nebenbei (!) Germanistik, Politische Wissenschaften und Medienwissenschaft, schloss das Studium nach neun Semestern mit »sehr gut« ab, promovierte nach seinem Rücktritt zum Dr. phil (Dissertationsthema: »Ästhetik und Öffentlichkeit«) und wurde danach in seiner Heimatstadt Frankfurt ein erfolgreicher Kommunikationsberater.

Land:	Deutschland
Medaillen:	– 3 Gold
	– 2 Silber
	– 1 Bronze
Teilnahmen:	1984, 1988

Ricco Groß

Der Biathlet aus Deutschland zählt in seiner Sportart zu den erfolgreichsten Sportlern aller Zeiten: fünf Olympiateilnahmen und acht Medaillen, davon die Hälfte aus Gold (alle mit der 4x7,5-km-Staffel). Dazu zweimal Silber im 10-km-Einzel und einmal mit der Staffel, einmal Bronze in der 12,5-km-Verfolgung. Und: neun WM-Titel. »Ricco ist imstande, Übermenschliches zu leisten«, lobte einmal Bundestrainer Frank Ullrich den Biathleten Groß, »er ist ein Höhepunktläufer wie nur wenige«, also bei Großereignissen immer groß in Form. Aufgewachsen im erfolgshungrigen DDR-Sportsystem, behielt Ricco Groß seinen Hunger auch nach der Wende. Ende der Saison 2006/07 trat er zurück, nach über einem Vierteljahrhundert Biathlon.

Land:	Deutschland
Medaillen:	– 4 Gold – 3 Silber – 1 Bronze
Teilnahmen:	1992, 1994, 1998, 2002, 2006

Johan Gröttumsbraten

Der Norweger war der überragende Skisportler seiner Zeit. Er brillierte im Langlauf und in der nordischen Kombination, wo er seine Sprungschwäche mit seiner unglaublichen Langlaufstärke immer wieder kompensierte. 1931 erfand er den Schlittschuhschritt, der dann erst Mitte der 1970er-Jahre wiederbelebt wurde. Bei seinem ersten olympischen Auftritt 1924 gewann Gröttumsbraten noch kein Gold, dafür zweimal Bronze und einmal Silber. 1928 aber wurde er Olympiasieger im 18-km-Langlauf und der nordischen Kombination, die er vier Jahre später noch einmal gewann.

Land:	Norwegen
Medaillen:	– 3 Gold – 1 Silber – 2 Bronze
Teilnahmen:	1924, 1928, 1932

Anky van Grunsven

Als die Wettbewerbe im Dressurreiten wegen der Überlegenheit der Deutschen langweilig zu werden drohten, sorgte die Niederländerin mit ihren Weltklassedarbietungen für Abwechslung. Anky van Grunsven wurde Europa- und Weltmeisterin und zweimal Olympiasiegerin im Einzel (2000, 2004). Drei ihrer vier Silbermedaillen holte sie mit der Mannschaft (1992, 1996, 2000), eine im Einzel (1996). Vor allem ihre Zweikämpfe mit der Deutschen Isabell Werth garantierten fast immer Spannung. Ihr Spitzenpferd war bis Olympia 2000 Bonfire, danach Keltec Salinero. Über ihren Trainer Sjef Janssen, der auch ihr Lebenspartner ist, sagte die Reiterin einmal: »Er ist ein so guter Trainer, weil er hundsgemein sein kann.«

Land:	Niederlande
Medaillen:	– 2 Gold – 4 Silber
Teilnahmen:	1988, 1992, 1996, 2000, 2004

Hicham el Guerrouj

Zwischen den Olympiajahren 1996 und 2004 gewann der Marokkaner sensationell 80 von 83 Rennen über 1500 m oder eine Meile. Doch ausgerechnet bei zwei seiner drei Olympiateilnahmen in jener Zeit blieb er auf seiner Spezialstrecke sieglos: 1996 stürzte der viermalige Weltmeister (1997, 1999, 2001, 2003) und wurde Zwölfter. 2000 wurde er überraschend vom Kenianer Ngeny geschlagen. 2004 endlich war Hicham el Guerrouj Olympiasieger. Der lang ersehnte Erfolg gab ihm so viel Auftrieb, dass er wenige Tage später auch über 5000 m Gold holte.

Land:	Marokko
Medaillen:	– 2 Gold – 1 Silber
Teilnahmen:	1996, 2000, 2004

Carlette Guidry

Die Amerikanerin war keine Sprinterin, die sich einen Namen in Einzelrennen machte, sondern eine begabte Staffelläuferin. Zweimal, 1992 und 1996, wurde sie Olympiasiegerin mit der US-Sprintstaffel, zu der auch Stars wie Evelyn Ashford, Gail Devers und Gwen Torrence gehörten. Carlette Guidry beherrschte, was großen Sprintsolisten oft abgeht: perfektes Timing für den richtigen Moment des Anlaufens bei der Stabübergabe.

Land:	USA
Medaillen:	– 2 Gold
Teilnahmen:	1992, 1996

Margitta Gummel

Die Zweikämpfe mit ihrer russischen Kontrahentin Nadeshda Tschishowa zählten seinerzeit zu den leichtathletischen Highlights. Ihren größten Triumph feierte Margitta Gummel, deutsche Kugelstoßerin aus Leipzig, dabei 1968, als sie im olympischen Wettbewerb als erste Frau die 19-m-Marke übertraf, mit 19,07 m und 19,61 m gleich zweimal den Weltrekord verbesserte und Olympiasiegerin wurde. Die Revanche gelang Tschishowa vier Jahre später in München, als sie mit einer Weite von 21,03 m die Deutsche (20,22 m) hinter sich ließ. Nach der politischen Wende indes wurde Margitta Gummel unsanft an ihre sportliche Vergangenheit erinnert. Aufzeichnungen ihres ehemaligen Trainers Karl-Heinz Bauersfeld hatten verraten, dass die Athletin vor Olympia 1968 drei Monate lang täglich 10 mg Oral-Turinabol genommen hatte, woraufhin ihre Aufnahme ins deutsche NOK rückgängig gemacht wurde.

Land:	DDR
Medaillen:	– 1 Gold – 1 Silber
Teilnahmen:	1964, 1968, 1972

Jack Günthard

Wie bei vielen anderen seiner Zeit verhinderte der Zweite Weltkrieg eine noch glanzvollere Karriere. Der Schweizer Kunstturner Jack Günthard war schon 32 Jahre alt, als er 1952 in Helsinki Olympiasieger am Barren wurde und mit der Mannschaft Silber gewann. Nach seiner aktiven Karriere arbeitete der gelernte Schriftsetzer und studierte Sportwissenschaftler in Italien und in der Schweiz erfolgreich als Nationaltrainer. Seine Trainingsmethode setzte auf Eigenverantwortung und Disziplin seiner Turner, die er zu Medaillengewinnern, Welt- und Europameistern machte.

Land:	Schweiz
Medaillen:	– 1 Gold
	– 1 Silber
Teilnahmen:	1952

Tomas Gustafson

Noch heute sind die dramatischen Eisschnelllaufduelle zwischen dem Schweden Tomas Gustafson und dem Sowjetrussen Igor Malkow unvergessen. 1984 ist Malkow über 5000 m eine Runde vor dem Ziel noch 0,52 Sekunden schneller als der Schwede, der dann aber mit 0,02 Sekunden Vorsprung (= 23 cm) gewinnt. Über die 10 000 m dreht der Russe den Spieß um und rettet sich mit 0,05 Sekunden vor Gustafson ins Gold. 1988, inzwischen noch besser geworden, verteidigte der Schwede nicht nur seinen Olympiasieg über die 5000 m, er gewann auch in neuer Weltrekordzeit die 10 000 m.

Land:	Schweden
Medaillen:	– 3 Gold
	– 1 Silber
Teilnahmen:	1980, 1984,1988, 1992

Paul Günther

Die deutschen Wasserspringer waren Anfang des 20. Jahrhunderts eine Klasse für sich. Die meisten von ihnen kamen vom Turnen, was ihnen einen Vorsprung an Körperbeherrschung gab. Bei den Spielen 1912 in Stockholm belegten sie im Wettbewerb vom 3-m-Brett die ersten vier Plätze. Gold holte Paul Günther, Silber Hans Luber, Bronze Kurt Behrens, der bei Olympia 1908 bereits Silber gewonnen hatte. Der Olympiasieger von 1908, Albert Zürner, verpasste in Stockholm am 3-m-Brett eine Medaille und belegte Rang 4.

Land:	Deutschland
Medaillen:	– 1 Gold
Teilnahmen:	1912

Toini Gustafsson

Bei den Spielen von Grenoble 1968 war die Schwedin die beste Skilangläuferin. Nachdem Toini Gustafsson bereits die 10 km mit 68 Sekunden Vorsprung gewonnen hatte, holte sie vier Tage darauf über 5 km ihre Konkurrentin Galina Kulakowa, die einige Hundert Meter vor dem Ziel noch vier Sekunden vor der 30-jährigen Sportlehrerin aus Schweden gelegen hatte, ein und ließ sie im Ziel drei Sekunden hinter sich. In der 3x5-km-Staffel lief Toini Gustafsson die schnellste Runde und gewann, wie schon vier Jahre zuvor, mit dem schwedischen Team Silber.

Land:	Schweden
Medaillen:	– 2 Gold
	– 2 Silber
Teilnahmen:	1964, 1968

Torsten Gutsche (rechts)

Als Kind wollte Torsten Gutsche aus Eisenhüttenstadt noch Handballer werden. »Aber ich hatte zwei linke Hände.« Mit 11 Jahren machte ihm ein Freund das Kanufahren schmackhaft. Gutsche gefiel der Sport von Beginn an, und er erlebte die organisierte Talentförderung in der DDR. Das Olympiajahr 1988 »verschlief« er. Doch danach begann Gutsches Erfolgsperiode: Zusammen mit Partner Kay Bluhm wurde er im Kajakzweier 1992 Doppelolympiasieger über 500 m und 1000 m; 1996 holten die beiden Gold über 500 m und Silber über 1000 m. Hinzu kamen sieben Weltmeisterschaften. Nachdem Bluhm wegen ständiger Rückenbeschwerden aufgab, wechselte Gutsche in den Vierer und gewann noch weitere vier WM-Titel. Er gehört damit zu den erfolgreichsten deutschen Rennkanuten.

Land:	Deutschland
Medaillen:	– 3 Gold
	– 1 Silber
Teilnahmen:	1992, 1996

Dezsö Gyarmati

Dezsö Gyarmati gilt als der beste Wasserballspieler aller Zeiten. Zusammen mit der ungarischen Nationalmannschaft gewann der schnelle Schwimmer fünf Olympiamedaillen, darunter drei goldene. Mit Ungarn besiegte er 1952, 1956 und 1964 im Finale jeweils Jugoslawien. 1952 heiratete Gyarmati die Schwimmerin Eva Székely (Gold und Silber über 200 m Brust, 1952 und 1956). Andrea, die Tochter der beiden, holte 1972 in München Silber und Bronze. Nach seiner aktiven Laufbahn führte Dezsö Gyarmati als Nationalcoach Ungarn 1976 zum Olympiasieg und wurde Parlamentsmitglied. In seiner Heimat genießt er bis heute den Ruf eines Nationalhelden.

Land:	Ungarn
Medaillen:	– 3 Gold
	– 1 Silber
	– 1 Bronze
Teilnahmen:	1948, 1952, 1956, 1960, 1964

Olga Gyarmati

Die Ungarin aus Debrecen nutzte ihre Chance. Die kleine Leichtathletin wäre bei den Spielen 1948 in London im erstmals ausgetragenen Weitsprungwettbewerb der Frauen sicherlich von der »Jahrhundertathletin« Fanny Blankers-Koen besiegt worden. Doch die Niederländerin sagte schweren Herzens den Weitsprung ab, weil sie bereits über 100 m, 200 m, 80 m Hürden und in der Sprintstaffel an den Start ging. So wurde Olga Gyarmati die erste Weitsprungolympiasiegerin. Ihre Weite: 5,695 Meter.

Land:	Ungarn
Medaillen:	– 1 Gold
Teilnahmen:	1948, 1952, 1956

Christl Haas – Grant Hackett – Georg Hackl – Roman Hagara –Archie Hahn – Norbert Hahn – Andreas Hajek – Alfred Hajos – Veikko Hakulinen – Gary Hall jr. – Lars Hall – Zoltán von Halmay – Marja-Liisa Hämäläinen – Scott Hamilton – Tyler Hamilton – Gotthard Handrick – Sven Hannawald – Alf Hansen – Frank Hansen – Fred Hansen – Henry Hansen – Ursula Happe – Masahiko Harada – Armin Hary – Dagmar Hase – Kurt Hasse – Thorleif Haug – Bob Hayes – Jennison Heaton – Per-Erik Hedlund – Eric Heiden – Karl Hein – Carol Heiss – Kurt Helbig – Martina Hellmann – Rüdiger Helm – John Hencken – Sonja Henie – Andrea Henkel – Heike Henkel – Manuela Henkel – Anne Henning – Maxi Herber – Ariel Hernandez – Lutz Heßlich – Georg Hettich – Stepanka Hilgertova – Harry Hillman – Jim Hines – Ernst Hinterseer – Egbert Hirschfelder – Pavol Hochschorner – Peter Hochschorner – Stephan Hocke – André Hoffmann – Falk Hoffmann – Willi Holdorf – Josef Holecek – Knut Holmann – Pieter van den Hoogenband – Wolfgang Hoppe – Siegbert Horn – Silke Hörner – Louis Hostin – Lemuel Clarence Houser – Andrew Hoy – William Hoyt – Anna Hübler – Frank Hübner – Veikko Huhtanen – Daniela Hunger – Shirley de la Hunty-Strickland – Marcus Hurley

Christl Haas

Kurz vor den Winterspielen 1964 in Innsbruck hatte die Österreicherin Christl Haas die Konkurrenz total geschockt, als sie auf der anspruchsvollen Strecke vom Graukogel in Badgastein die Elite im Abfahrtslauf 5 Sekunden und mehr hinter sich ließ. Damit war sie klare Olympiafavoritin. Die 20-Jährige hielt dem Druck stand und holte wenig später die Goldmedaille. In den 1960er-Jahren war Christl Haas die Speedqueen im Skizirkus. Ihr Stil war zwar nicht der eleganteste, doch die Kitzbühlerin hatte andere Stärken: Mut, Energie, Kraft. 1968 in Grenoble gewann Christl Haas noch einmal Bronze in der Abfahrt. Nach ihrer Karriere arbeitete sie als Skilehrerin und Bergführerin. 2001 ertrank sie in der Türkei im Alter von 57 Jahren beim Schwimmen im Mittelmeer.

Land:	Österreich
Medaillen:	– 1 Gold
	– 1 Bronze
Teilnahmen:	1964, 1968

Grant Hackett

Grant Hackett, aufgewachsen an der australischen Gold Coast, interessierte sich zunächst nur fürs Surfen. Zum Schwimmen kam er, weil er sich nicht mit dem Gedanken anfreunden konnte, dass ihn beim Surfen eine einzige Welle um den Lohn seiner Leistung bringen konnte. Erst mit 15 begann er mit dem Schwimmtraining, übte täglich sechs Stunden und schwamm dabei bis zu 16 km. Nach nur drei Trainingsjahren zählte Hackett auf den langen Strecken schon zur Weltspitze, die er von Ende der 1990er Jahre an ganz allein repräsentierte. Er wurde zweimal Olympiasieger über 1500 m und ein drittes Mal mit der 4x200-m-Freistilstaffel, gewann zweimal Silber (400 m Freistil, 4x200-m-Staffel) und holte 10 WM-Titel.

Land:	Australien
Medaillen:	– 3 Gold
	– 2 Silber
Teilnahmen:	2000, 2004

Georg Hackl

Sein langjähriger Trainer und väterlicher Freund Sepp Lenz brachte es einmal so auf den Punkt: »Der Schorsch brachte das, was man ihm in die Wiege legte, mit Fleiß und Ehrgeiz zur Vollendung.« Der deutsche Rennrodler Georg (»Turbo-Schorsch«) Hackl war der erste Wintersportler, der an fünf aufeinanderfolgenden Spielen Medaillen gewann; nur bei seinen letzten, 2006, ging er leer aus. Er gilt als weltweit erfolgreichster Rodler. Als gelernter Bau- und Kunstschlosser fertigte Hackl (»Rodeln ist mein Leben«) viele seiner Medaillenschlitten selbst an. Neben seinem Tüftlertalent galt er als begnadeter Gleiter, der es schaffte, auf der Strecke den Schlitten für sich arbeiten zu lassen. Beste Trainingsvoraussetzungen fand er in der Berchtesgadener Sportfördergruppe der Deutschen Bundeswehr (Dienstgrad Hauptfeldwebel).

Land:	Deutschland
Medaillen:	– 3 Gold – 2 Silber
Teilnahmen:	1988, 1992, 1994, 1998, 2002, 2006

Roman Hagara (links)

Als Roman Hagara noch mit seinem Bruder Andreas segelte, blieben großen Erfolge weitgehend aus. Mehr als Platz 7 bei Olympia 1992 in der Tornacoklasse war nicht drin. In die Weltklasse steuerte der Österreicher mit seinem neuen Partner, dem Vorschoter Hans-Peter Steinacher. 1999 wurden die beiden Weltmeister, im Jahr darauf souveräne Olympiasieger und damit die ersten österreichischen Goldmedaillengewinner im Segeln. 2004 verteidigten sie ihren Titel. 2006 wurden sie Europameister und WM-Dritte.

Land:	Österreich
Medaillen:	– 2 Gold
Teilnahmen:	1992, 2000, 2004

Archie Hahn

Der erste olympische Sprinterkönig war nicht nur flink auf den Beinen, sondern auch im Kopf. Archie Hahn, der 1904 in St. Louis alle drei Sprintwettbewerbe gewann (60 m in 7,0, 100 m in 11,0, 200 m in 21,6 Sekunden auf gerader Strecke), arbeitete auch mit psychologischen Tricks. Der gerissene Amerikaner verleitete die Konkurrenten gleich serienweise zu Fehlstarts, die damals noch zum Zurücksetzen hinter die Startlinie führten. So kauerte Hahn beim Start zum 200-m-Finale 3 m vor den anderen. Nach seiner Karriere wurde der Jurist Trainer und schrieb einen Bestseller übers Laufen (»How To Sprint«).

Land: USA
Medaillen: – 3 Gold
Teilnahmen: 1904

Norbert Hahn

Zusammen mit seinem Partner Hans Rinn wurde Norbert Hahn zweimal in Folge Rodelolympiasieger im Doppelsitzer. Außerdem waren die beiden DDR-Athleten Weltmeister (1977) sowie dreimal Europameister (1973, 1975, 1978). Hahn begann mit dem Rodeln im Alter von zwölf Jahren. Zum Spitzenrodler wurde er von seinem Trainer Gottfried Legler gemacht. Nach seiner aktiven Zeit gehörte der ehemalige Leutnant der Nationalen Volksarmee zum Trainerstab der deutschen Rennrodler.

Land: DDR
Medaillen: – 2 Gold
Teilnahmen: 1976, 1980

Andreas Hajek

Als Athlet in der DDR wurde der Ruderer aus Halle für seine sportlichen Großtaten vorbereitet, als Athlet in der Bundesrepublik konnte er sie dann realisieren. Nach Olympischen »Schnupperspielen« 1988 wurde Andreas Hajek zweimal hintereinander (1992 und 1996) Olympiasieger im Doppelvierer. 2000 gewann er noch einmal die Bronzemedaille. Darüber hinaus wurde der gelernte Bürokaufmann, inzwischen verheiratet und Vater zweier Kinder, viermal Weltmeister (zweimal Doppelvierer, zweimal Doppelzweier). Seine Hauptmitstreiter waren Stephan Volkert und André Willms, mit denen er über zehn Jahre hinweg kontinuierlich Medaillen bei Weltmeisterschaften und Olympischen Spielen gewann.

Land: DDR, Deutschland
Medaillen: – 2 Gold
– 1 Bronze
Teilnahmen: 1988, 1992, 1996, 2000

Alfred Hajos

Alfred Hajos war 13, als sein Vater ertrank. »Ich fühlte mich also geradezu gezwungen, ein guter Schwimmer zu werden.« Bei den ersten Spielen der Neuzeit in Athen wurde er gleich Doppelolympiasieger über 100 m und 1200 m Freistil. Die Schwimmer wurden mit Barkassen aufs Meer hinausgefahren. Zur Streckenorientierung schwammen Kürbisse auf der Wasseroberfläche, Rauchzeichen markierten die Ziellinie. Bei einer Wassertemperatur von nur 13 Grad kämpften die meisten gegen Krämpfe und Wellen an. »Mein Überlebenswille überwog meinen Siegeswillen«, berichtete der Ungar hinterher. Hajos war auch ungarischer Leichtathletikmeister über 100 m und im Diskuswerfen, spielte außerdem viermal in der Fußballnationalelf. Als Architekt wurde er bei den Spielen 1924 in Paris für seinen Entwurf des Schwimmstadions von Budapest mit einer Goldmedaille ausgezeichnet.

Land: Ungarn
Medaillen: – 2 Gold
Teilnahmen: 1896

Veikko Hakulinen

In den ersten Nachkriegsjahrzehnten galt der Finne neben dem Schweden Sixten Jernberg als größter Medaillensammler im Skilanglauf. Seine erste Goldmedaille gewann er 1952 über 50 km in der bemerkenswerten Zeit von 3 Stunden, 33 Minuten und 33 Sekunden. Sein zweites Gold holte er 1956 über 30 km, das dritte 1960 mit der 4x10-km-Staffel, als er in einem an Dramatik nicht zu überbietenden Finish als Schlussläufer den klar vor ihm liegenden Norweger Hakon Brusveen noch auf der Ziellinie abfing. Hakulinen, in seiner Heimat ein unvergessener Sportsmann, starb 2003, als er 78-jährig beim Überqueren einer Straße von einem Auto erfasst wurde.

Land: Finnland
Medaillen: – 3 Gold
– 3 Silber
– 1 Bronze
Teilnahmen: 1952, 1956, 1960

Lars Hall

Oft gehört eine gehörige Portion Glück zum Goldgewinn. Wie bei Lars Hall, dem schwedischen Teilnehmer am modernen Fünfkampf 1952: Für den Reitwettbewerb loste er eines der besten finnischen Pferde, und sein verspätetes Erscheinen zum Schießen blieb wegen eines laufenden sowjetischen Protestes unbemerkt. Somit wurde der Schwede als erster Zivilist Olympiasieger, nachdem über ein halbes Jahrhundert lang stets Militärs Gold gewonnen hatten; hinzu kam Silber mit der Mannschaft. Doch Hall war nicht nur ein »lucky winner«. Vier Jahre später gewann er noch einmal die Goldmedaille, diesmal ohne übertriebene Hilfe des Faktors Glück.

Land: Schweden
Medaillen: – 2 Gold
– 1 Silber
Teilnahmen: 1952, 1956

Gary Hall junior

Schon mit zwei Jahren erlebte Gary Hall junior Olympische Spiele mit – 1976 in Montreal auf dem rechten Arm seines Vaters, der mit seiner Linken beim Einmarsch der Nationen die US-Flagge hielt und als einer der Medaillenkandidaten im Schwimmen galt. 20 Jahre später heimste Hall junior als Freistilspezialist für die kurzen Strecken selber Medaillen ein: zweimal Staffelgold (Freistil und Lagen), zweimal Einzelsilber (50 und 100 m). Bei der Dopingprobe hatte er Glück. Das Marihuana, das bei ihm nachgewiesen wurde, stand damals noch nicht auf der Dopingliste. Zwei Jahre später schon, Hall war erneut mit Marihuana erwischt worden. Folge: drei Monate Sperre und Rückzug seiner Sponsoren. Kurz darauf stellten die Ärzte bei ihm Diabetes I fest. Obwohl sich der US-Schwimmer fortan achtmal täglich Insulin spritzen musste, schwamm er weiter in der Weltklasse mit. 2000 in Sydney gewann er das ersehnte Einzelgold (50 m) und wiederholte den Erfolg bei den Spielen 2004 in Athen.

Land: USA
Medaillen: – 5 Gold
– 3 Silber
– 2 Bronze
Teilnahmen: 1996, 2000, 2004

Zoltán von Halmay

1908 in London schwamm der Ungar Zoltán von Halmay als Schlussmann der 4x200-m-Freistilstaffel um den Olympiasieg bis zur Bewusstlosigkeit, konnte aber nur Silber sichern. Auch über 100 m Freistil hatte er Silber geholt. Vier Jahre früher dagegen wurde von Halmay Doppelolympiasieger über 50 Yards (45,72 m) und 100 m. 1900 in Paris gewann er Silber über 200 m und 4000 m sowie Bronze über 1500 m.

Land: Ungarn
Medaillen: – 2 Gold
– 4 Silber
– 1 Bronze
Teilnahmen: 1900, 1904, 1908

Marja-Liisa Hämäläinen

Eines ihrer Erfolgsgeheimnisse war das Timing. Kaum eine andere Langläuferin vermochte ein Rennen so geschickt einzuteilen wie Marja-Liisa Hämäläinen. Ihr kräftesparendes Talent bescherte ihr ein langes Langlaufleben. Die Finnin, verheiratet mit der Langlauflegende Harri Kirvesniemi, nahm an sechs Winterspielen in Folge teil, wobei sie ihren größten Triumph 1984 in Sarajevo feierte. Hier gewann sie alle Einzelrennen (5 km, 10 km, 20 km), was vor ihr noch keiner Langläuferin gelungen war. Bei ihrem letzten Auftritt, inzwischen 38 Jahre alt, holte sie noch zweimal Bronze (5 km und 30 km).

Land: Finnland
Medaillen: – 3 Gold
– 4 Bronze
Teilnahmen: 1976, 1980, 1984, 1988,1992, 1994

Scott Hamilton (Mitte)

Sein Leben war von gesundheitlichen Schicksalsschlägen begleitet – und dennoch war Scott Hamilton Anfang der 1980er-Jahre der dominierende Eiskunstläufer. Schon als Kind verbrachte der Amerikaner einen Großteil seines Lebens im Krankenhaus. Vergeblich suchten die Ärzte nach Mitteln gegen eine heimtückische Krankheit, die das Wachstum zeitweilig zum Stillstand brachte. Hamilton wurde nicht größer als 1,60 m. Später überstand er eine Hodenkrebserkrankung und die Operation wegen eines Hirntumors. Hamilton, kleinster Olympiasieger und Weltmeister (von 1981 bis 1984) seiner Sportart, galt als Sprungwunder.

Land: USA
Medaillen: – 1 Gold
Teilnahmen: 1980, 1984

Tyler Hamilton

»Ein harter Hund« würde der Volksmund sagen. Vom »König der Schmerzen« und »modernen Gladiator« schrieb die Presse. Tyler war Edelhelfer des Tour-de-France-Giganten Lance Armstrong. Trotz eines angerissenen Schulterblatts wurde er Zweiter beim Giro d´Italia (2002) und setzte die Tour de France nach einem Riss am Schlüsselbein mit bandagierter Schulter fort (2003). Nach seinem Olympiasieg 2004 im Einzelzeitfahren wurde der Amerikaner wegen Blutdopings für zwei Jahre gesperrt. Seine Goldmedaille durfte er dennoch behalten. Zwar wies Hamiltons A-Probe nach dem Olympiasieg Epo-Spuren auf, doch die B-Probe konnte das Ergebnis nicht bestätigen. Aus 2006 gefundenen Unterlagen geht hervor, dass der Radprofi an 114 von 200 Tagen der Saison 2003 gedopt hatte.

Land: USA
Medaillen: – 1 Gold
Teilnahmen: 2004

Gotthard Handrick

Gleich nach dem Abitur war Gotthard Handrick zur Reichswehr gegangen, wo man ihn wegen seines vielseitigen sportlichen Könnens zur Sportschule Wünsdorf bei Berlin abstellte. Dort fand der junge Soldat beste Voraussetzungen für die Vorbereitungen auf Olympia im eigenen Land. Bei den Spielen 1936 gewann er die Goldmedaille im modernen Fünfkampf und besiegte dabei den Amerikaner Leonard, der im Pistolenschießen mit 200 von 200 möglichen Ringen einen Weltrekord aufgestellt hatte. Später wurde Handrick Hauptmann der Luftwaffe und war Jagdflieger in der Legion Condor.

Land: Deutschland
Medaillen: – 1 Gold
Teilnahmen: 1936

Sven Hannawald

In seiner DDR-Heimat wollte man ihn an der Kinder- und Jugendsportschule in Klingenthal noch zum nordischen Kombinierer machen. Doch Sven Hannawald mochte keinen Langlauf. Und so lief er, um zu den Springern zu kommen, in der Loipe absichtlich langsam. Der Plan glückte, und er durfte zu den Sprungspezialisten. Nach der Wende kam Hannawald zu Trainer Wolfgang Steiert in den Schwarzwald. Unsterblich machte er sich nicht bei Olympia, wo er einmal Gold (2002 im Team) und zweimal Silber gewann (1998 im Team, 2002 im Einzel von der Normalschanze), sondern bei der Vierschanzentournee 2001/02, als er als erster Athlet alle vier Wettbewerbe gewann. In den letzten Jahren geriet der sensible Springer in eine mentale Krise. Er sprang nicht mehr, begab sich 2004 wegen des sogenannten Burn-Out-Sydroms in eine Spezialklinik und gab im Jahr darauf seinen Rücktritt vom Leistungssport bekannt.

Land: Deutschland
Medaillen: – 1 Gold
– 2 Silber
Teilnahmen: 1998, 2002

Fred Hansen

Der Amerikaner dänischer Abstammung hatte erst knapp vor den Spielen 1964 leistungsmäßig die Weltklasse im Stabhochsprung erreicht. Noch knapper entwickelte sich dann am 12. September in Tokio die Olympiaentscheidung. Fred Hansens deutscher Konkurrent Wolfgang Reinhardt, der zwei Monate zuvor mit 5,11 m einen neuen Europarekord aufgestellt hatte, meisterte als einziger die Höhe von 5,05 m. Hansen pokerte hoch wie nie. Er ließ diese Höhe aus und leistete sich über 5,10 m zwei Fehlversuche, ehe ihm im allerletzten Versuch doch noch der Olympiasieg gelang.

Land:	USA
Medaillen:	– 1 Gold
Teilnahmen:	1964

Alf und Frank Hansen

Das norwegische Brüderpaar Hansen/Hansen wurde im Rudersport zum Begriff. 1976 holten Alf und (der ältere) Frank die Goldmedaille im Doppelzweier, wurden hier auch mehrfach Weltmeister. Für die Spiele 1980 in Moskau waren sie hohe Favoriten, durften wegen des norwegischen Olympiaboykotts aber nicht antreten. Danach beendete Frank Hansen seine Karriere, während Bruder Alf sie fortsetzte. Bei den Spielen 1984 in Los Angeles war Alf Hansen Fahnenträger der Norweger, 1988 in Seoul holte er, inzwischen 40 Jahre alt, noch einem Silber im Vierer ohne.

Land:		Norwegen
Medaillen:	Alf	– 1 Gold
		– 1 Silber
	Frank	– 1 Gold
		– 1 Silber
Teilnahmen:		1976, 1984, 1988 (Alf)
		1972, 1976 (Frank)

Henry Hansen

Der dänische Radrennfahrer war der überlegene Sieger beim Straßenrennen der Spiele 1928 auf der 170 km langen Strecke zwischen Amsterdam und Scheveningen. Als Zehnter gestartet, hatte Henry Hansen nach 70 km alle Fahrer vor ihm überholt und fuhr die restlichen 100 km allein an der Spitze bis hin zum Goldgewinn. Nicht zuletzt dank Hansen holte das dänische Team auch Mannschaftsgold und versilberte den Erfolg 1932 in Los Angeles.

Land:	Dänemark
Medaillen:	– 2 Gold
	– 1 Silber
Teilnahmen:	1928, 1932

Ursula Happe

»Schwimmende Hausfrau« wurde sie genannt, weil Ursula Happe mit ihrer Goldmedaille über 200 m Brust 1956 in Melbourne mit 30 Jahren die älteste Schwimmolympiasiegerin war und blieb. Morgens um sechs fuhr sie mit dem Fahrrad zum einzigen Dortmunder Hallenbad. Nach nur einem Trainingskilometer schon wieder heim zu den Kindern, da Ehemann Heinz Günter zur Arbeit musste. Abends, wenn ihr Mann die Kinder hütete, noch einmal 800 m. Niemand hatte ihr den Goldcoup zugetraut, schon gar nicht gegen die ungarische Titelverteidigerin Székely. Inzwischen 80 Jahre alt, schwimmt Ursula Happe noch täglich ihre 2000 m und sagt: »Das ist mehr als zu meiner aktiven Zeit.«

Land:	Deutschland
Medaillen:	– 1 Gold
Teilnahmen:	1952, 1956

Masahiko Harada (rechts)

1994 war er der große Versager, als er im Teamwettbewerb mit dem letzten Sprung die sicher geglaubte Goldmedaille für Japan im Skispringen vergab und Deutschland den Sieg quasi schenkte. Es dauerte vier Jahre, bis Masahiko Harada das Trauma von Lillehammer abschütteln konnte und im heimischen Nagano Japans Team mit einem Schanzenrekord zum Olympiasieg führte (hinzu kam noch Bronze im Springen von der Großschanze). Das Mannschaftsgold, nach dem er vor Freude hemmungslos weinte, strahlte für Harada stets heller als seine beiden Einzeltitel, die er 1993 und 1997 bei Weltmeisterschaften errungen hatte.

Land:	Japan
Medaillen:	– 1 Gold
	– 1 Silber
	– 1 Bronze
Teilnahmen;	1992, 1994, 1998, 2002, 2006

Armin Hary

Er übte zunächst fast ebenso viele Sportarten (Turnen, Handball, Fußball) aus wie Berufe (Feinmechaniker, Autoschlosser, Tellerwäscher, Kaufmann, Immobilienhändler). Berühmt jedoch wurde Armin Hary als Weltrekordler und Olympiasieger im Sprint. Kurz vor den Spielen in Rom 1960 lief er in Zürich als erster Mensch die 100 m in 10,0 Sekunden – auf einer Aschenbahn. Weil die Zeit wegen eines angeblichen Fehlstarts nicht anerkannt wurde, rannte er zornig eine halbe Stunde später noch einmal los – wieder 10,0. Diesmal stand der Weltrekord. Hary, bekannt für ein loses Mundwerk und Blitzstarts, wurde auch im 100-m-Finale von Rom vom Starter »zurückgeschossen«, weil er angeblich zu früh den Startblock verlassen hatte. Doch der nervenstarke Saarländer, dem beim zweiten Start die Disqualifikation drohte, legte erneut einen fulminanten Start hin und holte die erste Goldmedaille für einen deutschen Sprinter überhaupt. Sein zweites Gold gewann er mit der deutschen Sprintstaffel (in der Besetzung Cullmann, Mahlendorf, Hary, Lauer), die von der Disqualifikation der Amerikaner wegen eines Wechselfehlers profitierte. Schon im Jahr darauf war Harys Karriere wegen einer Knieverletzung durch einen Autounfall und einer Verbandssperre wegen unkorrekter Spesenabrechnungen beendet. Er lebt in Bayern, gründete eine Stiftung zur Förderung jugendlicher Sportler, geht auf die Jagd, spielt Golf und sammelt Kunstwerke.

Land:	Deutschland
Medaillen:	– 2 Gold
Teilnahmen:	1960

Dagmar Hase

»Grundehrlich, willensstark, ein Typ mit Ecken und Kanten.« So charakterisierte sie einmal ihr Trainer Bernd Henneberg. Sie war alles andere als »everybody's darling« wie ihre Freundin Franziska van Almsick. Doch die Magdeburgerin war erfolgreicher als »Franzi«. 1992 wurde sie sensationell Olympiasiegerin über 400 m Freistil, als sie der Favoritin Janet Evans die erste Niederlage seit sechs Jahren in dieser Disziplin zufügte. Zudem holte sie noch zweimal Silber (200 m Rücken, 4x100-m-Lagenstaffel). Vier Medaillen gewann sie 1996: dreimal Silber (400 m, 800 m, 4x200-m-Freistilstaffel) und einmal Bronze (200 m Freistil). Bis heute ist Dagmar Hase neben Groß und Happe die einzige deutsche Schwimmolympiasiegerin.

Land:	Deutschland
Medaillen:	– 1 Gold
	– 5 Silber
	– 1 Bronze
Teilnahmen:	1992, 1996

Kurt Hasse

Der Olympiaparcours beim Springreiten der Spiele von 1936 war so schwer, dass kein Reiter ihn fehlerlos bewältigte. Die wenigsten Abwürfe hatte der Deutsche Kurt Hasse, der sowohl im Einzel als auch mit der Mannschaft die Goldmedaille gewann. Er stammte aus einer bekannten Reiterfamilie. Kurts älterer Bruder Ernst, selbst ein erfolgreicher Springreiter, hatte den Jüngeren aufgebaut und trainiert. Kurt Hasses Goldpferd Tora wurde übrigens biblische 29 Jahre alt, es überlebte seinen im Januar 1944 an der Ostfront gefallenen Reiter um neun Jahre.

Land:	Deutschland
Medaillen:	– 2 Gold
Teilnahmen:	1936

Thorleif Haug

Der norwegische Klempner Thorleif Haug war der herausragende Athlet der allerersten Winterspiele. Er gewann 1924 in Chamonix nicht nur Gold in der Nordischen Kombination, sondern auch die beiden Langlaufdisziplinen über 18 km und 50 km. Auch im Spezialsprunglauf war Haug am Start und hatte Bronze geholt. Bis zum Jahre 1974. Da fiel einem IOC-Funktionär auf, dass sich die Kampfrichter 1924 bei der Addition von Haugs Punktzahl verrechnet hatten. Der Norweger verlor seinen dritten Platz an den mittlerweile 86-jährigen Amerikaner Anders Haugen – dem damit ältesten Medaillengewinner aller Zeiten.

Land:	Norwegen
Medaillen:	– 3 Gold
Teilnahmen:	1924

Bob Hayes (Mitte)

Der muskelbepackte Athlet aus den USA explodierte beim Sprint geradezu. 1964 in Tokio rannte er die Konkurrenz in Grund und Boden. Obwohl Bob Hayes mit fremden Spikes antrat, beim Laufen die Füße immer nach außen drehte und falsch atmete (er pustete aus den Lungen), wurde er 100-m-Olympiasieger. Dabei stellte er mit 10,0 Sekunden Armin Harys Weltrekord ein. Als Schlussläufer der Sprintstaffel übernahm Hayes den Stab mit 3 m Rückstand hinter Polen – und gewann mit 3 m Vorsprung. Nach seiner kurzen Sprinterlaufbahn wurde der Ausnahmeathlet ein gefeierter Footballprofi. Höhepunkt war der Gewinn der Super Bowl mit den Dallas Cowboys. Später überschatteten Drogenprobleme sein Leben, und er saß etliche Monate im Gefängnis.

Land:	USA
Medaillen:	– 2 Gold
Teilnahmen:	1964

Jennison Heaton

Der Amerikaner war der erste Olympiasieger im Skeleton, das 1928 erstmals auf dem Programm von Winterspielen stand. Jennison Heaton gewann mit einer Sekunde Vorsprung vor seinem Bruder John, der Silber holte. Skeleton kam danach erst 1948 wieder ins olympische Programm und dann erst wieder 2002. Doch Heaton war auch als Bobfahrer eine Ausnahmeerscheinung und führte die USA 1928 auch zur Silbermedaille im Fünferbob (alle Viererbobs nutzten damals die Möglichkeit der Besetzung mit fünf Fahrern).

Land:	USA
Medaillen:	– 1 Gold
	– 1 Silber
Teilnahmen:	1928

Per-Erik Hedlund

Der Schwede wurde nicht zuletzt deshalb Olympiasieger im 50 km Skilanglauf, weil sein Team das größte Wachsproblem der olympischen Geschichte am besten lösen konnte. Wegen eines Föhneinbruchs stiegen die Temperaturen 1928 in St. Moritz von +3 Grad um 8.00 Uhr auf +25 Grad gegen Mittag. Nur die Schweden hatten bei Wasserschnee richtiges Wachs aufgelegt und holten alle Medaillen. Per-Erik Hedlund, ihr Bester, errang mit 13:27 Minuten Vorsprung den souveränsten Sieg aller Winterspiele, war wegen der Wetterverhältnisse aber auch über eine Stunde länger unterwegs als der Olympiasieger von 1924 Thorleif Haug.

Land:	Schweden
Medaillen:	– 1 Gold
Teilnahmen:	1924, 1928

Eric Heiden

Seine Karriere war kurz, einmalig und ist ein Fall für die Nonplusultra-Statistik: Der Amerikaner Eric Heiden gewann als erster Mensch bei ein und denselben Spielen fünf Einzeldisziplinen – und zwar alle Wettbewerbe im Eisschnelllauf (500, 1000, 1500, 5000, 10 000 m). Damit ist er der kompletteste Sieger der Olympiageschichte. Zwischen 1977 und 1980 gewann er alles, was es zu gewinnen gab, wurde dreimal Mehrkampf- und viermal Sprintweltmeister. 1986 fuhr Heiden die Tour de France mit, musste aber wegen eines Sturzes bei Tempo 70 nach 18 Tagen aufgeben. Statt seine ungeheure Popularität zu vermarkten, studierte er in Stanford Medizin und betreute als Sportorthopäde die US-Eisschnellläufer 2002 in Salt Lake City.

Land:	USA
Medaillen:	– 5 Gold
Teilnahmen:	1976, 1980

Karl Hein

Nach seiner Heirat Anfang der 1930er-Jahre gab Karl Hein den Sport auf. Bis dahin hatte er sich im Diskuswerfen, Kugelstoßen und Mehrkampf versucht. Doch als er 1934 den Olympiafilm der Spiele von 1932 sah, beeindruckte ihn der irische Hammerwurfolympiasieger O´Callaghan so sehr, dass der Hamburger sich wieder dem Sport zuwandte. Diesmal dem Hammerwerfen. Er trainierte täglich, schaffte innerhalb von nur zwei Jahren den Sprung in die Weltspitze und wurde 1936 in Berlin mit einer Weite von 56,49 m Olympiasieger. Nach dem Zweiten Weltkrieg schaffte der 65-Jährige noch Weiten um 53 m.

Land:	Deutschland
Medaillen:	– 1 Gold
Teilnahmen:	1936

Carol Heiss

Mit 16 kam sie 1956 zu ihren ersten Winterspielen, in Begleitung ihrer krebskranken Mutter. In Cortina d´Ampezzo gewann Carol Heiss, eine hübsche, blonde Eiskunstläuferin aus New York, Silber hinter ihrer favorisierten Landsfrau Tenley Albright. Als ihre Mutter noch im selben Jahr starb, schwor Carol, bei den nächsten Spielen 1960 in Squaw Valley zum Gedenken an die Mutter die Goldmedaille zu holen. Sie trainierte und arbeitete wie besessen. Aufstehen um 5 Uhr. Von 7 bis 12 Uhr Training, nachmittags Vorlesungen, abends Lernen. 1957, 1958 und 1959 wurde sie Weltmeisterin, das Jahr darauf überlegene Olympiasiegerin. Die begeisterten New Yorker empfingen ihre Bürgerin mit einem Konfettiregen. Danach verkündete Carol Heiss ihren Rücktritt.

Land:	USA
Medaillen:	– 1 Gold
	– 1 Silber
Teilnahmen:	1956, 1960

Kurt Helbig

Nach dem Gewinn der Goldmedaille im Gewichtheben bei den Spielen 1928 feierte ganz Plauen (Vogtland) seinen Olympiasieger geradezu enthusiastisch. Der Stadtrat überreichte Kurt Helbig, einem arbeitslosen Metzger, sogar 100 Reichsmark. Später zog man ihm diesen Betrag von seiner Arbeitslosenunterstützung wieder ab. Dies und die Tatsache, dass man den Leichtgewichtler trotz bester Medaillenchancen wegen der knappen Reisekasse nicht zu den Spielen 1932 nach Los Angeles schickte, ärgerte den Athleten so sehr, dass er seine Laufbahn beendete. Noch heute gibt es in Plauen eine Kurt-Helbig-Halle und einen Kurt-Helbig-Platz.

Land:	Deutschland
Medaillen:	– 1 Gold
Teilnahmen:	1928

Martina Hellmann

»Ich kam zum Diskuswerfen, weil ich für den Sprint nicht gut genug war, gleichzeitig aber keine Lust hatte, eine dicke, fette Kugelstoßerin zu werden.« Die Leipzigerin Martina Hellmann, stets erfrischend offen und unprätentiös, war schon 1984 auf Olympiagold programmiert. Doch der Boykott der Spiele von Los Angeles stand einem Medaillengewinn im Wege. 1988 in Seoul war es dann soweit. Schon vor ihrem Olympiasieg hatte die Athletin mit 78,14 m eine Weite erzielt, die davor und danach keine andere mehr erreichte. Da die Leistung aber bei einem internen DDR-Wettbewerb erzielt worden war, konnte der Weltrekord nicht anerkannt werden.

Land:	DDR, Deutschland
Medaillen:	– 1 Gold
Teilnahmen:	1988, 1992

Rüdiger Helm

Wegen des Ostblockboykotts der Spiele von 1984 hatte Rüdiger Helm seine Karriere frustriert beendet. Bis dahin hatte der DDR-Athlet als einer der erfolgreichsten Kanuten weltweit neben zehn Weltmeisterschaften bei zwei Olympischen Spielen dreimal Gold (zwei Einerkajak, eine im Viererkajak über 1000 m) und dreimal Bronze geholt. Danach sammelte er auch als Cheftrainer des DDR-Kanuverbandes weiterhin Titel. Seine Schützlinge gewannen 1988 in Seoul sechs Medaillen. Nach der Wende jedoch war alles vorbei. Helms Kompetenz war im Westen nicht gefragt.

Land:	DDR
Medaillen:	– 3 Gold
	– 3 Bronze
Teilnahmen:	1976, 1980

John Hencken

Der Amerikaner verbesserte zwischen den Spielen 1972 und 1976 siebenmal den 100-m-Weltrekord und fünfmal den 200-m-Weltrekord im Rückenschwimmen. 1972 in München wurde John Hencken Olympiasieger über 200 m und Dritter über 100 m, 1976 in Montreal gewann er zwei Goldmedaillen über 100 m Rücken und mit der 4x100-m-Lagenstaffel. Henckens größter Rivale in jenen Jahren war der Brite David Wilkie, der im 200-m-Rückenfinale von Montreal den Amerikaner besiegte und dessen Weltrekord gleich um über drei Sekunden verbesserte.

Land:	USA
Medaillen:	– 3 Gold
	– 1 Silber
	– 1 Bronze
Teilnahmen:	1972, 1976

Sonja Henie

Sie war die erfolgreichste Eiskunstlaufolympionikin, Genie und Sympathieträgerin zugleich. 1928 gewann sie als 17-jährige ihre erste Goldmedaille, als sie mit ihrer Kürinterpretation des »Sterbenden Schwans« von Camille Saint-Saens neue Maßstäbe setzte. Wie später Katarina Witt erzählte Sonja Henie mit ihrer Choreografie Geschichten auf dem Eis. Nach ihrem achten Platz als 13-Jährige bei Olympia 1924 holte sie bei den drei folgenden Spielen jeweils Gold, ein einsamer Rekord. Sonjas Vater, ein Fabrikant, scheute für die Ausbildung seiner Tochter keine Kosten. Eine Fabrikhalle ließ er in eine Trainingshalle mit Eisfläche umfunktionieren, wo die Tochter mit den besten Trainern täglich bis zu acht Stunden lang üben konnte. Neben den Olympiasiegen wurde Sonja Henie von 1927 bis 1936 nonstop Weltmeisterin. Danach wurde sie Profi, drehte ein Dutzend Hollywoodfilme und ertanzte sich 12 Millionen Dollar. Mit dem Geld errichtete sie in den USA Eispaläste und gründete Firmen. Anfang der 1950er-Jahre ging sie zurück nach Europa, wo sie Eisrevuen präsentierte. Bis zu ihrer letzten Vorstellung 1956 hielt sie ihr achtstündiges Trainingsprogramm durch und wog nie mehr als 50 kg.

Land:	Norwegen
Medaillen:	– 3 Gold
Teilnahmen:	1924, 1928, 1932, 1936

Andrea Henkel

»Nur nicht dran denken, dass Olympia ist, sondern immer ganz locker bleiben.« Mit diesem Motto wurde Andrea Henkel 2002 als Außenseiterin völlig überraschend Olympiasiegerin im Biathlon über 15 km in Salt Lake City. Ein paar Tage später kam noch Staffelgold über 4x7,5 km hinzu. Inzwischen gehört die Thüringerin selber zum Favoritenkreis ihrer Sportart. Sie wurde 2005 Weltmeisterin, 2006 Olympiazweite mit der Staffel und 2007 erstmals Weltcupsiegerin – ein Titel, den viele Fachleute für sportlich hochwertiger halten, weil er die Leistung einer gesamten Saison berücksichtigt. Ihre Stärken listete Bundestrainer Uwe Müßiggang einmal wie folgt auf: »Risikobereitschaft, Frechheit und Coolness.«

Land:	Deutschland
Medaillen:	– 2 Gold
	– 1 Silber
Teilnahmen:	2002, 2006

Heike Henkel

Sie war nicht nur eine der besten Hochspringerinnen, Heike Henkel stand vor allem auch für ehrlichen und fairen Sport. Schon als Aktive setzte sie sich für den Kampf gegen Doping ein, nach Ende ihrer Karriere arbeitete sie im Vorstand der Nationalen Anti-Doping-Agentur (NADA). Ein Jahr nach dem Gewinn der Weltmeisterschaft 1991 errang die 1,82 m große Athletin ihren größten Erfolg und wurde mit 2,02 m in Barcelona Olympiasiegerin. Im selben Jahr kürte man sie zur Weltleichtathletin des Jahres. »Sie ist mental stark, selbstsicher und selbstkritisch«, so das Urteil ihres Trainers Gerd Osenberg. Heike Henkels deutscher Rekord von 2,05 m hat noch heute Bestand, ihr Hallenweltrekord von 2,07 m hielt von 1992 bis 2006.

Land:	Deutschland
Medaillen:	– 1 Gold
Teilnahmen:	1984, 1988, 1992

Manuela Henkel (rechts)

Lange litt Manuela darunter, die ältere Schwester der Biathletin Andrea Henkel zu sein (»es ist schon schwierig, wenn man so hinten dran steht«). Doch nachdem sie 2002 Langlauf-Olympiasiegerin geworden war, konnte sie aufatmen (»danach ging ich lockerer in die Rennen«). Als Startläuferin der Staffel hatte sie das deutsche Team in Führung gebracht und mit einer phänomenalen Leistung den Weg zu einem historischen Triumph geebnet: Nie zuvor hatte eine deutsche Langlaufstaffel eine Goldmedaille gewonnen. Im Jahr darauf wurde Manuela auch Staffelweltmeisterin. Wie ihre Schwester Andrea hatte sie schon mit vier Jahren auf Skiern gestanden. Zu Weltklasseläuferinnen wurden die beiden im Wintersportzentrum Oberhof, zuerst in der Kinder- und Jugendsportschule, später in der dortigen Sportfördergruppe der Bundeswehr.

Land:	Deutschland
Medaillen:	– 1 Gold
Teilnahmen:	1998, 2002

Anne Henning

Ihr Stern strahlte heftig, aber nur ganz kurz. 16 Jahre jung war Anne Henning, als sie 1972 in Sapporo Olympiasiegerin im Eisschnelllauf über 500 m wurde und dazu Bronze über 1000 m gewann. Wenige Wochen nach ihrem Goldgewinn beendete die Amerikanerin ihre Karriere – als 16-jährige Weltrekordinhaberin (über 500 m und 1000 m) und unbesiegt (über 500 m). Annes lapidare Erklärung: »Ich kam zum Eisschnelllauf, weil wir zu Hause eine Bahn hatten. Es hat mir gefallen, aber Schwimmen, Segeln oder Skilaufen ist auch schön.« Heute arbeitet Anne Henning als Lehrerin in einer kleinen Stadt in Colorado.

Land:	USA
Medaillen:	– 1 Gold
	– 1 Bronze
Teilnahmen:	1972

Ariel Hernandez

Seine Siegesserie war beeindruckend: Von insgesamt 269 Amateurkämpfen gewann der kubanische Mittelgewichtsboxer Ariel Hernandez 248. Seine beiden wichtigsten Siege waren jene zum Goldgewinn 1992 und 1996. Beide Male hatte er auf dem Weg dahin den Deutschen Sven Ottke besiegt. Hernandez wurde auch zweimal Amateurweltmeister (1993 und 1995). Zu seiner Erfolgsbilanz zählen auch 43 internationale Turniersiege.

Land:	Kuba
Medaillen:	– 2 Gold
Teilnahmen:	1992, 1996

Maxi Herber

Bis heute ist sie Deutschlands jüngste Goldmedaillengewinnerin bei Winterspielen. Maxi Herber war erst 15, als sie 1936 zusammen mit dem 31 Jahre alten Ernst Baier den Olympiasieg im Paarlaufen holte. Nach ihrer Amateurkarriere im Jahre 1940 heirateten die beiden Eiskunstläufer, die auch als Solisten Erfolge feierten. Nach dem Krieg starteten sie eine erfolgreiche Profikarriere, die Maxi Herber aber Mitte der 1950er-Jahre zugunsten ihrer Kinder aufgab. Nach der Scheidung 1964 lebte der frühere Eislaufstar von der Sozialhilfe. Als 80-Jährige zog sie in ein Alten- und Pflegeheim nahe Garmisch-Partenkirchen, dem Ort ihres Olympiatriumphes, wo sie 2006 starb.

Land:	Deutschland
Medaillen:	– 1 Gold
Teilnahmen:	1936

Lutz Heßlich

Einer der ganz großen Bahnfahrer, der Franzose Daniel Morelon, sagte einmal über seinen Konkurrenten Lutz Heßlich: »Einen so intelligenten und fairen Wettkämpfer wie ihn würde ich gern als Trainer betreuen.« Der in der DDR groß gewordene Heßlich zählte zu den besten Sprintern aller Zeiten. 1980 und 1988 wurde er Olympiasieger und viermal Weltmeister im Sprint (1979, 1983, 1985, 1987). Nach der Wende (der Bund Deutscher Radfahrer ließ Heßlich links liegen) wurde der Diplomsportlehrer Geschäftsmann und eröffnete in seiner Heimatstadt Cottbus zwei Fahrrad-Fachgeschäfte.

Land:	DDR
Medaillen:	– 2 Gold
Teilnahmen:	1980, 1988

Georg Hettich

»Olympiasieger – ich dachte, das gibt es nur im Fernsehen, jetzt bin ich selber einer«, sagte Georg Hettich nach dem Gewinn seiner Goldmedaille im Einzelwettbewerb der nordischen Kombination 2006. Er überraschte die gesamte Fachwelt, als er nach zwei optimalen Sprüngen von der Normalschanze seinen Vorsprung im 15-km-Langlauf ins Ziel brachte. Seine überragende Leistung rundete Hettich noch ab mit Silber in der Mannschaft und Bronze im Sprinteinzel. Vorher hatte er von großen Titelgewinnen nur träumen dürfen: Bei den Spielen 2002 holte er mit der Mannschaft Silber, ebenso bei den Weltmeisterschaften 2003 und 2005.

Land:	Deutschland
Medaillen:	– 1 Gold
	– 2 Silber
	– 1 Bronze
Teilnahmen:	2002, 2006

Stepanka Hilgertova

Dreimal hintereinander Olympiasiegerin im Einerkajak – dies war das große Ziel der tschechischen Wildwasserkanutin Stepanka Hilgertova. Zweimal hatte sie schon Gold geholt: 1996 in Atlanta und 2000 in Sydney, war dabei mit größtem Geschick und perfekter Körperbeherrschung im Slalom durchs ruppige Wasser geturnt. Doch in Athen reichte es nur zu Platz 5. Dennoch: Sie gehörte zu den Allerbesten ihrer Sportart, gewann auch zweimal den Weltcup.

Land:	Tschechien
Medaillen:	– 2 Gold
Teilnahmen:	1992, 1996, 2000, 2004

Harry Hillman

Der Leichtathlet aus New York zählte zu den Stars der Spiele 1904 in St. Louis. Harry Hillman gewann drei Goldmedaillen: über 200 m und 400 m Hürden sowie die 400 m flach. Vier Jahre später scheiterte er bei dem Versuch, einen der Titel zu verteidigen und holte über 400 m Hürden die Silbermedaille. Nach Ende seiner aktiven Laufbahn wurde Hillman einer der erfolgreichsten Trainer im Lande und betreute als verantwortlicher Coach die US-Olympiateams von 1924, 1928 und 1932.

Land:	USA
Medaillen:	– 3 Gold – 1 Silber
Teilnahmen:	1904, 1908

Jim Hines

Unsterblich machte sich der Amerikaner, als er bei seinem Olympiasieg 1968 als erster Mensch – auch elektronisch gestoppt – die 100 m unter 10 Sekunden lief (9,95) und damit eindrucksvoll seine kurz zuvor bei den US-Meisterschaften handgestoppte Zeit von 9,9 Sekunden bestätigte. Wenige Tage später gewann Jim Hines noch einmal Gold, wieder mit Weltrekord, diesmal mit der Sprintstaffel in 38,2 Sekunden. Um ein Haar wäre das Rekordspektakel ausgefallen, denn Hines gehörte zu einer Reihe von schwarzen Athleten, die angesichts der Rassenunruhen in den USA einen Boykott der Spiele von Mexico City erwogen hatten. Der Höhepunkt seiner Laufbahn war gleichzeitig auch ihr Schlusspunkt. Hines´ Karriereversuch als Footballprofi scheiterte. Was ihm blieb, war sein Weltrekord. Der hielt 15 Jahre lang und wurde erst 1983 von Amerikaner Calvin Smith auf 9,93 verbessert.

Land:	USA
Medaillen:	– 2 Gold
Teilnahmen:	1968

Ernst Hinterseer

Etliche Jahre stand der Österreicher Ernst Hinterseer im Schatten seiner Landsleute Sailer, Molterer und Stiegler. Er ging schon auf die 30 zu, als ihm mit dem Olympiasieg 1960 im Herrenslalom sein größter Erfolg gelang. Hinzu kam noch Bronze im Riesenslalom. Nach seiner Karriere wurde der Sohn eines Bauern aus Kitzbühl österreichischer Trainer für Slalom und Riesenslalom. Auch Hinterseers Söhne Ernst, Guido und Hansi wurden Skirennläufer, Hansi Hinterseer außerdem einer der bekanntesten und beliebtesten Volksmusiksänger.

Land:	Österreich
Medaillen:	– 1 Gold
	– 1 Bronze
Teilnahmen:	1960

Egbert Hirschfelder (3. von links)

Schon sein Trainer Walter Volle wusste, wie man Rudergold holt, als er 1936 im Vierer mit Steuermann Olympiasieger wurde. Mitte der 1960er-Jahre war Volle Trainer beim Berliner Ruderclub und formte einen Vierer mit Steuermann, der 1964 die Goldmedaille gewann. Einer der Goldjungs war Egbert Hirschfelder, ein 1,96 m großer Hüne mit enormer Kraft, die er bei dem starken Gegenwind im Finale von Tokio komplett einsetzen musste. Vier Jahre später holte Hirschfelder noch eine weitere Goldmedaille: mit dem von Karl Adam trainierten Deutschlandachter in Mexiko.

Land:	Deutschland
Medaillen:	– 2 Gold
Teilnahmen:	1964, 1968

Pavol und Peter Hochschorner

Die beiden fuhren »eine schöne Linie«, wie die Experten sagen. In der Tat bedarf es eines geschulten Auges, inmitten aufgewühlten Wassers eine schöne Linie zu erkennen. Die slowakischen Brüder Pavol und Peter Hochschorner fuhren jahrelang auf ihre eigene Art durchs wilde Wasser: scheinbar mühelos, stets elegant, immer souverän und wurden Weltcupsieger, Europa- und Weltmeister – und zweimal Olympiasieger im Zweierkanadier.

Land:	Slowakei
Medaillen:	– 2 Gold
Teilnahmen:	2000, 2004

Stephan Hocke

Sein Durchbruch waren die Spiele in Salt Lake City. 2002 gewann Stephan Hocke aus Oberhof mit seinen Teamkameraden Michael Uhrmann, Sven Hannawald und Martin Schmitt die Goldmedaille im Mannschaftsspringen von der 90-m-Schanze. Doch Hocke konnte entgegen den Erwartungen seiner Trainer seinen hohen Leistungsstand nicht halten. Er verpasste die Olympianorm und damit die Qualifikation für die Winterspiele 2006 in Turin.

Land: Deutschland
Medaillen: – 1 Gold
Teilnahmen: 2002

André Hoffmann

1988 fanden die Wettbewerbe der Eisschnellläufer erstmals unabhängig von Wind und Wetter statt. Calgarys Olympic Oval war eine moderne Halle mit superschnellem Eis. Bei der 1500-m-Entscheidung verbesserte zum Auftakt der Amerikaner Eric Flaim den Weltrekord auf 1:52,06 Minuten und sah bereits wie der sichere Sieger aus. Doch dann toppte Außenseiter André Hoffmann aus der DDR, ein Ostberliner Jurastudent, Flaims frischen Weltrekord um 0,06 Sekunden und wurde Olympiasieger.

Land: DDR
Medaillen: – 1 Gold
Teilnahmen: 1984, 1988

Falk Hoffmann

Der Kunstspringer aus Chemnitz sprang sich langsam nach oben: 1972 Siebter und Neunter, 1975 Vierter und Sechster, 1980 Erster und damit Olympiasieger vom 10-m-Turm (und Vierter vom 3-m-Brett). Zwei Jahre später beendete Falk Hoffmann seine Karriere und arbeitete vier Jahre an der Martin-Luther-Universität in Halle als Hochschullehrer. Danach kehrte Falk Hoffmann als Trainer zu seiner alten Sportart zurück. Nach dem Ende der DDR gründete er in den neuen Bundesländern eine Handelsvertretung für Sportmodeartikel.

Land: DDR
Medaillen: – 1 Gold
Teilnahmen: 1972, 1976, 1980

Willi Holdorf

Sein größter Coup machte ihn berühmt. In einem hochspannenden Finale wurde Willi Holdorf 1964 erster deutscher Olympiasieger im Zehnkampf. Vor der letzten Disziplin, dem 1500-m-Lauf, lag er umgerechnet 18 Sekunden vor seinem sowjetischen Gegner Rein Aun. Holdorf lief bis zur Erschöpfung, rettete sich 14 Sekunden nach Aun über die Ziellinie und brach gleich dahinter zusammen. Auch nach seiner Karriere blieb er ein Mehrkämpfer: Er trainierte die Leichtathleten von Bayer Leverkusen, die Fußballprofis von Fortuna Köln, die deutsche Sprintstaffel, arbeitete über 30 Jahre lang für Adidas, war Mitglied des NOK, wurde einer der persönlichen Gesellschafter des Handballklubs THW Kiel und Aufsichtsratsmitglied der Handball-Bundesliga (HBL).

Land: Deutschland
Medaillen: – 1 Gold
Teilnahmen: 1964

Josef Holecek

Der Zweite Weltkrieg war gerade mal vorüber, und der Tschechoslowake Josef Holecek hatte, wie Millionen andere auch, große Probleme mit einer nährstoffreichen Ernährung. Trotz der Einschränkungen gelang ihm 1948 der Olympiasieg im Einerkajak über die 1000-m-Distanz. Vier Jahre später verteidigte Holecek seinen Titel und gewann zum zweiten Male Gold. Diesmal allerdings legte er die Strecke fast um eine Minute schneller zurück als beim ersten Olympiasieg. »Im Gegensatz zu den Spielen von 1948 waren die Athleten kräftiger und ausdauernder geworden«, so die Beobachtung eines Fachjournalisten.

Land:	Tschechoslowakei
Medaillen:	– 2 Gold
Teilnahmen:	1948, 1952

Knut Holmann

Je älter der Norweger wurde, desto größer waren seine olympischen Erfolge: 1992 in Barcelona hatte Knut Holmann im Kajakeiner über 500 m und 1000 m noch Bronze und Silber geholt, 1996 in Atlanta schon Silber und Gold, 2000 in Sydney endlich gelang ihm das Double: zweimal Gold. Allerdings war Holmanns Glück des deutschen 1000-m-Favoriten Lutz Liwowski Pech. Weil er nach dem Kommando des Starters mit dem Paddel einen Korrekturschlag gemacht hatte, entschied die Jury auf Fehlstart und Disqualifikation. Schwacher Trost des Düsseldorfers: Goldgewinner Holmann siegte mit einem von Liwowski konstruierten Boot, was dem eine lohnende Lizenzgebühr einbrachte.

Land:	Norwegen
Medaillen:	– 3 Gold
	– 2 Silber
	– 1 Bronze
Teilnahmen:	1992, 1996, 2000

Pieter van den Hoogenband

»Früher mochte ich Schwimmen nicht«, sagt Pieter van den Hoogenband. Glücklicherweise änderten sich die Vorlieben des Niederländers noch, in seiner Heimat wegen des langen Nachnamens nur »VDH« genannt. Als 18-Jähriger hatte er 1996 die Konkurrenz bei seinem ersten Olympiaauftritt schon gewarnt, da verpasste er über 100 und 200 m Freistil nur knapp die Medaillenränge. 2000 aber wurde VDH über beide Kraulstrecken in Weltrekordzeit Olympiasieger. Hinzu kam zweimal Bronze über 50 m und 4x200 m Freistil. Vier Jahre später verteidigte der Niederländer den Titel über 100 m und gewann jeweils Silber über 200 m und mit der 4x100-m-Freistilstaffel.

Land:	Niederlande
Medaillen:	– 3 Gold
	– 2 Silber
	– 2 Bronze
Teilnahmen:	1996, 2000, 2004

Wolfgang Hoppe

Mit seinen sechs Olympiamedaillen (neben acht WM-Titeln) war der Thüringer Bobfahrer einer der erfolgreichsten deutschen Wintersportler. Unglückliche Umstände verhinderten jedoch, dass Wolfgang Hoppe nach seinem Doppelolympiasieg von 1984 (Zweier- und Viererbob) weitere Goldmedaillen einheimste: 1988 fehlte ihm im Zweierbob sein regulärer Anschieber Dietmar Schauerhammer. Und im Viererbob musste der NVA-Major direkt nach dem später durch den Hollywoodfilm »Cool Runnings« berühmt gewordenen jamaikanischen Schlitten antreten, der bei einem Sturz die Bahn so stark beschädigt hatte, dass Hoppe anschließend weit zurückfiel. 1992 in Albertville war Wolfgang Hoppe bei der Eröffnungsfeier Fahnenträger des ersten gesamtdeutschen Teams nach der Wiedervereinigung. Nach seiner aktiven Zeit wurde er erfolgreicher Bundestrainer.

Land:	DDR, Deutschland
Medaillen:	– 2 Gold
	– 3 Silber
	– 1 Bronze
Teilnahmen:	1984, 1988,
	1992, 1994

Siegbert Horn (Mitte)

Ihre Olympiapremiere feierte die Sportart Kanuslalom 1972 bei den Spielen in München. Die in Augsburg stattfindenden Wettkämpfe wurden dominiert von den DDR-Athleten. Siegbert Horn, einer von ihnen, gewann dabei den Einerkajak. Der totale Erfolg der Ostdeutschen löste Gerüchte über Tricks bzw. Sonderanfertigungen bei ihren Booten aus. Nachdem die Verantwortlichen bereitwillig die Bootshäuser geöffnet hatten, staunte man nicht schlecht: Alle DDR-Boote stammten aus der Bundesrepublik. Nach einer Pause von zwei Jahrzehnten wurde Kanuslalom erst 1992 in Barcelona wieder olympisch.

Land:	DDR
Medaillen:	– 1 Gold
Teilnahmen:	1972

Silke Hörner

Ihr Aufstieg begann nach einem Trainerwechsel. Erst als die DDR-Schwimmerin Silke Hörner Mitte der 1980er-Jahre zu Jürgen Höfer nach Potsdam kam und komplett ihre Technik umstellte, stieß sie in die Weltklasse vor. Dank verbesserter Gleitphasen und gleichmäßigeren Zügen schwamm die gebürtige Leipzigerin einen neuen Weltrekord über 200 m Brust. Ihr großes Jahr war 1988. Bei Olympia in Seoul gewann Silke Hörner zweimal Gold über 200 m Brust und mit der 4x100-m-Lagenstaffel sowie Bronze über 100 m Brust.

Land:	DDR
Medaillen:	– 2 Gold
	– 1 Bronze
Teilnahmen:	1988

Louis Hostin

Ein Jahrzehnt lang, von Ende der 1920er- bis Ende der 1930er-Jahre, gehörte der Franzose zu den weltbesten Gewichthebern. Herausragende Leistungen zeigte er immer dann, wenn´s drauf ankam. Musste sich der Halbschwergewichtler bei den Spielen 1928 noch mit Silber und 352,5 kg begnügen, so holte er 1932 die Goldmedaille (365 kg) und verteidigte 1936 seinen Titel (372,5 kg). Hostin, der 91 Jahre alt wurde, war in seiner Heimat überaus populär. 1978 bekam er einen der höchsten französischen Orden verliehen.

Land: Frankreich
Medaillen: – 2 Gold
– 1 Silber
Teilnahmen: 1928, 1932, 1936

Lemuel Clarence Houser

Der Kalifornier Lemuel Clarence Houser aus Gardena, von allen nur Bud genannt, wurde 1924 in Paris Doppelolympiasieger. Zuerst gewann er mit einer Weite von 14,995 m das Kugelstoßen, danach mit 46,155 m das Diskuswerfen. Vor den Spielen 1928 in Amsterdam unterstrich er noch einmal seine Favoritenstellung, als er den Diskus auf die neue Weltrekordmarke von 48,20 m schleuderte. Mit 47,32 m wurde Bud Houser dann erneut Olympiasieger. Nach Beendigung seiner Karriere war er als Zahnarzt in Palm Springs tätig.

Land: USA
Medaillen: – 3 Gold
Teilnahmen: 1924, 1928

Andrew Hoy

Drei Goldmedaillen mit dem australischen Militaryteam (1992, 1996, 2000), einmal Silber in der Einzelwertung (2000) – Andrew Hoy könnte sportlich ein rundum glücklicher Mann sein. Doch zum perfekten Glück fehlte eine weitere Goldmedaille. Seine deutsche Frau Bettina war 2004 in Athen haarscharf mit dem deutschen Team am Olympiasieg vorbeigeritten. Sie hatte die Goldmedaille schon um den Hals, als ein Protest der Konkurrenz Bettina Hoy in der Einzel- und ihr Team in der Mannschaftswertung um den verdienten Lohn brachte. Sie übertrat mit ihrem Pferd zweimal die Startlinie, weshalb der Zeitnehmer die Uhr zurückstellte. Ein Lapsus, der keinerlei Einfluss auf das sportliche Ergebnis genommen hatte.

Land: Australien
Medaillen: – 3 Gold
– 1 Silber
Teilnahmen: 1984, 1988, 1992, 1996, 2000, 2004

William Hoyt

Der Amerikaner war der erste Olympiasieger im Stabhochsprung. Bei den Spielen 1896 gewann William Hoyt mit einer Höhe von 3,30 m die Goldmedaille. Eine Leistung, die sich – verglichen mit den heutigen Sprüngen über 6 m – bescheiden ausnimmt. Indes: Die Stäbe vor mehr als 100 Jahren ließen sich kaum biegen, weshalb katapultartige Sprünge wie heute üblich unmöglich waren. Nach seiner Karriere arbeitete der Harvardabsolvent als Arzt und war viele Jahre für den US Public Health Service im Auslandseinsatz.

Land:	USA
Medaillen:	– 1 Gold
Teilnahmen:	1896

Anna Hübler

Zusammen mit ihrem Partner Heinrich Burger war Anna Hübler 1908 die erste deutsche Olympiasiegerin im Eiskunstlaufen der Paare. Die beiden waren auch die ersten Weltmeister und Olympiasieger ihrer Sportart überhaupt. Erfolgreich bei diesen Spielen in London war noch eine andere deutsche Eiskunstläuferin. Elsa Rendschmidt gewann die Silbermedaille im Einzelwettbewerb. Nach ihrer sportlichen Karriere wurde sie Schauspielerin, Opernsängerin (u. a. in Bremen) und Inhaberin eines Kaufhauses.

Land:	Deutschland
Medaillen:	– 1 Gold
Teilnahmen:	1908

Frank Hübner (2 v. rechts)

Für die deutschen Segler war es eine vergoldete Überraschung, als Frank Hübner und sein Vorschotmann Harro Bode 1976 in Montreal Olympiasieger wurden. Sie gewannen vor Spanien, Australien und den hoch favorisierten Franzosen. Gestartet wurde zum ersten Male in der neu eingerichteten 470er-Klasse, die die Klasse der Starboote ersetzte.

Land:	Deutschland
Medaillen:	– 1 Gold
Teilnahmen:	1976

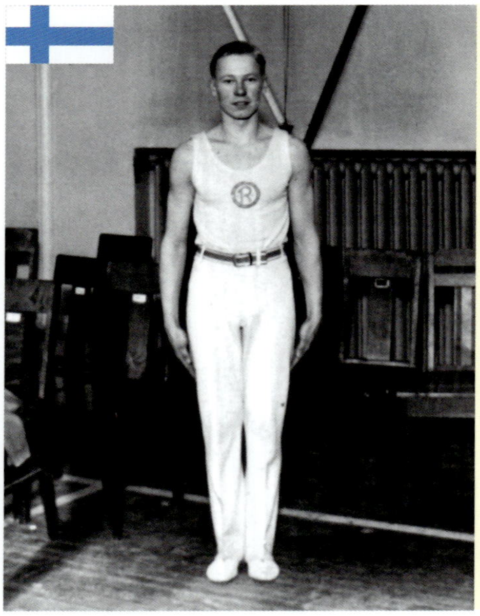

Veikko Huhtanen

Der finnische Turner war der erfolgreichste Turner der Spiele von 1948. Veikko Huhtanen gewann fünf Medaillen, davon dreimal Gold (Mehrkampfeinzel, Teamwettbewerb, Seitpferd), einmal Silber (Barren) und Bronze (Reck). Aber auch Huhtanens Mannschaftskameraden Paavo Aaltonen und Heikki Savolainen sammelten Medaillen. Die drei Finnen sorgten für ein Kuriosum bei der Entscheidung am Seitpferd, als sie mit der gleichen Punktzahl Platz 1 belegten und Gold holten.

Land:	Finnland
Medaillen:	– 3 Gold
	– 1 Silber
	– 1 Bronze
Teilnahmen:	1948

Daniela Hunger

Im Gegensatz zu manch anderen DDR-Athleten verschwand Daniela Hunger nach der Wende nicht in der Versenkung. Sie schwamm sowohl vor als auch nach dem Mauerbau in der Weltklasse mit; so als wolle sie zeigen, dass ein pauschaler Dopingverdacht gegen ostdeutsche Sportler unangebracht sei. 1988 gewann sie als 16-Jährige zwei Goldmedaillen (200 m Lagen, 4x100-m-Freistilstaffel) und einmal Bronze (400 m Lagen). 1992, nach dem Fall der Mauer also, holte sie noch einmal drei Medaillen. Wegen ihrer ruhigen, besonnenen Art war Daniela Hunger Aktivensprecherin des deutschen Frauennationalteams.

Land:	DDR, Deutschland
Medaillen:	– 2 Gold
	– 1 Silber
	– 3 Bronze
Teilnahmen:	1988, 1992

Shirley de la Hunty-Strickland (2. v. rechts)

Die Spezialistin über die kurzen Sprint- und Hürdenstrecken war eine der großen Persönlichkeiten des australischen Sports. Zwei Jahre vor ihrem Tod im Alter von 78 Jahren im Februar 2004 erhielt die Politikerin und Lehrstuhlinhaberin für Mathematik vom IOC den olympischen Orden für ihr vorbildliches Engagement für Familie, Schule und Sport. Kurz darauf versteigerte sie noch ihre sieben Olympiamedaillen (darunter drei goldene), finanzierte mit einem Teil der erlösten 400 000 Dollar die Erziehung ihrer 15 Enkelkinder und gab den anderen Teil Umweltorganisationen. Shirley de la Hunty-Strickland kam zum Leistungssport, als sie bereits am Technical College in Perth unterrichtete. Bei ihren ersten Spielen 1948 gewann sie zweimal Bronze (100 m, 80 m Hürden) und einmal Silber (4x100 m); 1952 einmal Gold (80 m Hürden) und Bronze (100 m); 1956 noch zweimal Gold (80 m Hürden, 4x100 m). Über 80 m Hürden verbesserte sie viermal, über 100 m einmal den Weltrekord.

Land:	Australien
Medaillen:	– 3 Gold
	– 1 Silber
	– 3 Bronze
Teilnahmen:	1948, 1952, 1956

Marcus Hurley

Der Amerikaner war der einzige Radsportler der Olympiageschichte mit vier Goldmedaillen, die er allesamt bei den Spielen 1904 in St. Louis gewann. Hurley gewann alle Rennen. Die 2-Meilen-Distanz jedoch schien etwas zu lang geraten für ihn. Hier holte er »nur« Bronze. Es dauerte fast 100 Jahre, bis nach ihm wieder ein US-Radsprinter eine Goldmedaille gewann.

Land:	USA
Medaillen:	– 4 Gold
	– 1 Bronze
Teilnahmen:	1904

Doina Ignat – Miguel Indurain – Anton Innauer – Hubert van Innis – Raimondo d'Inzeo – Volgari Iso-Hollo – Wjatscheslaw Iwanow

Doina Ignat (links)

Als Rumänien Mitte der 1990er-Jahre einen neuen Frauenachter aufstellte, war dies der Beginn einer goldenen Ära. Die Rumäninnen wurden bei drei aufeinanderfolgenden Spielen (1996, 2000, 2004) Olympiasiegerinnen, und dies größtenteils mit denselben Ruderinnen. Eine von ihnen, Doina Ignat, hatte bereits 1992 als 16-Jährige im Doppelvierer Silber gewonnen. Und 2000 setzte sie mit ihrem Erfolg im Zweier ohne Steuerfrau neben ihrem Achtersieg noch einmal Gold obendrauf.

Land:	Rumänien
Medaillen:	– 4 Gold
	– 1 Silber
Teilnahmen:	1996, 2000, 2004

Miguel Indurain

Berühmt war der spanische Radprofi schon lange vor seinem Olympiasieg im Einzelzeitfahren 1996 in Atlanta. Davor hatte Miguel Indurain fünfmal in Folge die Tour de France gewonnen (1991 bis 1995) und zweimal den Giro d´Italia (1992, 1993). Auch ohne eine olympische Goldmedaille hätte man den Basken für alle Zeiten zu den Giganten des Radsports gezählt. Doch Indurain hatte mit Olympia noch eine Rechnung offen. 1984, ein Jahr vor Beginn seiner Profikarriere war er schon einmal bei Olympischen Spielen im Einzelzeitfahren gestartet – erfolglos. Deshalb wollte er zum Ende seiner Karriere noch den Olympiasieg. Kurz darauf gab er seinen Rücktritt bekannt.

Land:	Spanien
Medaillen:	– 1 Gold
Teilnahmen:	1984, 1996

Anton Innauer (rechts)

Er kam mit einer glänzenden Visitenkarte zu den Spielen 1976 nach Innsbruck. Beim Skifliegen in Oberstdorf hatte der 17 Jahre alte Österreicher als erster Skispringer überhaupt von allen fünf Sprungrichtern die Höchstnote 20,0 erhalten. Bei Olympia in Innsbruck sah Anton »Toni« Innauer als Führender nach dem ersten Durchgang auch schon wie der Sieger aus. Doch sein Landsmann Karl Schnabl schnappte ihm den Olympiasieg noch weg. Vier Jahre später jedoch machte Innauer aus Silber Gold. Nach einem schweren Sturz beendete der gerade mal 22-jährige, perfekteste Springer seiner Zeit seine Laufbahn. Er studierte Philosophie, Psychologie und Sportwissenschaften und wurde – inzwischen »Schanzenphilosoph« statt »Toni« genannt – Trainer der österreichischen Mannschaft.

Land:	Österreich
Medaillen:	– 1 Gold
	– 1 Silber
Teilnahmen:	1976, 1980

Hubert van Innis

Der Bogenschütze aus Belgien wurde erfolgreichster Protagonist seiner Sportart. Zum ersten Mal traf Hubert van Innis 1900 in Paris ins Schwarze, als er beim Schießen auf feste Ziele aus 33 bzw. 50 m Entfernung Gold und Silber holte. 1920 in Antwerpen – Bogenschießen hatte bis dahin olympische Pause – schoss der Belgier auf alle Vögel, die umherflogen; er hatte sich auf die Disziplin »bewegtes Vogelziel« spezialisiert. Beim Schießen aus unterschiedlichen Distanzen auf Vogelattrappen zielte er so gut wie niemand sonst und gewann vier Gold- und zwei Silbermedaillen.

Land:	Belgien
Medaillen:	– 5 Gold
	– 3 Silber
Teilnahmen:	1900, 1920

Raimondo d´Inzeo

Der Italiener war, zusammen mit seinem Bruder Piero, der erste, der an acht aufeinanderfolgenden Olympischen Spielen teilnahm. Raimondo d´Inzeo war dabei der erfolgreichere der beiden Springreiter. Er holte 1960 Gold in der Einzelwertung, 1956 zweimal Silber im Einzel und in der Mannschaft sowie dreimal Mannschaftsbronze 1960, 1964 und 1972. Bruder Piero gewann zweimal Silber und viermal Bronze.

Land:	Italien
Medaillen:	– 1 Gold
	– 2 Silber
	– 3 Bronze
Teilnahmen:	1948, 1952, 1956, 1960, 1964, 1968, 1972, 1976

Volgari Iso-Hollo (Mitte)

Er war einer jener »fliegenden Finnen«, wie die skandinavischen Langstreckenläufer (allen voran Paavo Nurmi) zwischen den beiden Weltkriegen wegen ihrer Überlegenheit genannt wurden. Volgari Iso-Hollo wurde 1932 und 1936 Olympiasieger über 3000 m Hindernis und holte über 10 000 m noch jeweils Silber und Bronze. Auf seiner Spezialstrecke, dem Hindernislauf, verbesserte er mehrmals den Weltrekord. Auch bei seinem Olympiasieg 1932 war der Finne auf Weltrekordkurs. Doch weil der offizielle Rundenzähler lieber dem Stabhochsprung zuschaute, hatte er die Hindernisläufer eine Runde länger laufen lassen ...

Land:	Finnland
Medaillen:	– 2 Gold
	– 1 Silber
	– 1 Bronze
Teilnahmen:	1932, 1936

Wjatschelaw Iwanow

Der sowjetische Armeeoffizier war bei der Konkurrenz vor allem wegen seines unglaublichen Endspurts gefürchtet. 1956 in Sydney nahm Wjatscheslaw Iwanow dem Australier Mackenzie im Einerfinale der Ruderwettbewerbe auf den letzten 200 m fast 6 Sekunden ab und wurde Olympiasieger. 1960 in Rom ließ der Russe den DDR-Skuller Achim Hill gut 6 Sekunden hinter sich. 1964 in Tokio führte Iwanow 500 m vor Ende 7 Sekunden (wieder) vor Hill. Beim Finish verausgabte er sich derart, dass er 50 m vor dem Ziel das Bewusstsein verlor, aber immer noch mit knapp 4 Sekunden Vorsprung gewann.

Land:	UdSSR
Medaillen:	– 3 Gold
Teilnahmen:	1956, 1960, 1964

Irving Jaffee – Bernd Jäkel – Hansjörg Jäkle – Ludowika Jakobsson – Walter Jakobsson – Dan Jansen – Karin Janz – John Jarvis – Iwan Jarygin – Martina Jäschke – Ljobow Jegorowa – Charles Jenkins – David Jenkins – Hayes Alan Jenkins – Bruce Jenner – Sixten Jernberg – Charles Jewtraw – Hu Jia – Sun-Ju Jin – Knut Johannesen – Michael Johnson – Rafer Johnson – Victor Johnson – Marion Jones – Al Joyner – Jacqueline Joyner-Kersee – Alberto Juantorena

Irving Jaffee

1932 war der Amerikaner der beste »Marathonläufer« unter den Eisschnellläufern. Er wurde Doppelolympiasieger über 5000 m und 10 000 m. Im Grunde hätte Irving Jaffee schon 1928 10 000-m-Gold zugestanden. Nach sechs von acht Läufen lag er vor seinem Hauptkonkurrenten, dem norwegischen Weltmeister Evansen, als wegen zu hoher Temperaturen das Eis nicht mehr befahrbar war. Daraufhin erklärte der norwegische Schiedsrichter den gesamten Wettkampf für ungültig. Doch das IOC überstimmte den Schiri und machte Jaffee zum Olympiasieger. Eine Entscheidung, die bald darauf vom Internationalen Eisschnelllaufverband wieder umgedreht wurde. Das Rennen wurde annulliert, und Jaffee musste noch vier Jahre aufs Gold warten.

Land: USA
Medaillen: – 2 Gold
Teilnahmen: 1928, 1932

Bernd Jäkel (rechts)

Der Berliner Segler war der idealer Vorschoter. Schon als Kind fuhr er begeistert den 15er-Jollenkreuzer seiner Großeltern. Zusammen mit dem späteren Admiral´s-Cup-Sieger Jochen Schümann und Thomas Flach gewann Bernd Jäkel 1988 und 1996 die Goldmedaille in der Solingklasse. 1992 hatte das Team mit Rang 4 knapp eine Medaille verpasst. Spannend war vor allem das Finish beim ersten Olympiasieg in Seoul. Auf der letzten Wettfahrt hatten die drei Deutschen, auf Platz 11 liegend, noch den für den Goldgewinn notwendigen 2. Platz erreicht.

Land: DDR, Deutschland
Medaillen: – 2 Gold
Teilnahmen: 1988, 1992, 1996

Hansjörg Jäkle (rechts)

Nach dem Gewinn der Goldmedaille im Mannschaftsskispringen 1994 in Lillehammer bezeichnete der Schwarzwälder Hansjörg Jäkle sich selbst als den »wohl unbekanntesten Olympiasieger in Deutschland«. Erst kurz vorher hatte Jäkle den Sprung ins Olympiateam geschafft, zu Stars wie Jens Weißflog, Christof Duffner und Dieter Thoma. Doch ausgerechnet Neuling Jäkle bewies beim Teamspringen dann die besten Nerven. Vier Jahre später gewann er (mit Sven Hannawald, Martin Schmitt und Dieter Thoma) noch einmal Silber.

Land: Deutschland
Medaillen: – 1 Gold
– 1 Silber
Teilnahmen: 1994, 1998

Ludowika und Walter Jakobsson

Der finnische Ingenieur hatte sich zum Paarlauf die deutsche Einkunstläuferin Ludowika Eilers auserkoren, die im Einzel 1911 schon einmal WM-Dritte geworden war. Nach ihrer Heirat startete Ludowika mit ihrem Mann Walter Jakobsson für Finnland. 1920 wurde das Paar Olympiasieger. Sie waren die ersten im Paarlauf, die einen modernen Stil in gelungener Synthese von Musikalität und sportlichem Können pflegten. 1924 gewannen die Jakobssons noch einmal Silber und wurden 1928, inzwischen immerhin Mitte 40, noch einmal Fünfte. Außerdem gewannen sie drei Weltmeisterschaften.

Land: Finnland
Medaillen: – 1 Gold
– 1 Silber
Teilnahmen: 1920, 1924, 1928

Dan Jansen

»Der Traum Olympia wurde zuerst zum Albtraum und dann zum Trauma«, schrieb die »Süddeutsche Zeitung« zur tragischen Karriere des amerikanischen Eisschnellläufers Dan Jansen. 1988 in Calgary hatte der Sprinter kurz vor dem Wettkampf vom Tod seiner Schwester erfahren, die an Leukämie gestorben war. Im Finale über 500 m stürzte der Favorit ebenso wie wenig später über 1000 m. Ganz Amerika litt mit Jansen, der auch 1992 dem ersehnten Gold hinterher rannte. 1994 endlich wurde er im letzten Rennen seiner Karriere über 1000 m in Weltrekordzeit Olympiasieger. Und US-Präsident Bill Clinton gratulierte: »Das ganze Land ist stolz auf Sie.« Nach seiner Karriere wurde Jansen NBC-Kommentator und gründete die Dan-Jansen Foundation für den Kampf gegen Leukämie.

Land: USA
Medaillen: – 1 Gold
Teilnahmen: 1984, 1988, 1992, 1994

Karin Janz

1972 in München war die DDR-Turnerin die erfolgreichste deutsche Athletin: Sie gewann zweimal Gold (Pferdsprung, Stufenbarren), zweimal Silber (Achtkampf Einzel und Mannschaft) und einmal Bronze (Schwebebalken). Bereits vier Jahre zuvor hatte Karin Janz in Mexico City Silber (Stufenbarren) und Bronze (Mannschaft) geholt. Die Tage von München waren Höhepunkt ihrer Karriere, die sie, gerade mal 20 Jahre alt, danach beendete. Sie studierte Medizin, promovierte und habilitierte sich über die Entwicklung einer künstliche Bandscheibe (mit internationalem Patent). Später wurde Dr. Karin Büttner-Janz Chefärztin der Orthopädie an der Akademischen Lehranstalt der Berliner Charité, spezialisiert auf den Einbau künstlicher Gelenke. Eine Karriere, für die sie auch den Sport verantwortlich macht: »Er formt Mut und Ausdauer, man lernt, dass man erreichen kann, was man unbedingt will.«

Land: DDR
Medaillen: – 2 Gold
– 3 Silber
– 2 Bronze
Teilnahmen: 1968, 1972

John Jarvis

Weil er mal gehört hatte, dass Fett schwimmen soll, fraß sich der britische Schwimmer John Jarvis vor Olympia 1900 in Paris so viel Speck an, dass der »an seinem Körper in Lappen herunterhing und seine Brüste aussahen wie die einer Frau«, wie es in Chroniken heißt. Die Esskur hatte offenbar Erfolg: Der Anstreicher aus Leicester wurde im Flussbad in der Seine im Herzen von Paris Olympiasieger über 1000 m sowie 4000 m Freistil der Männer.

Land:	Großbritannien
Medaillen:	– 2 Gold
Teilnahmen:	1900

Iwan Jarygin

Der russische Schwergewichtsringer, zweimaliger Olympiasieger und fünfmaliger Weltmeister, war in seiner Heimat überaus populär. Der »sibirische Herkules«, wie er genannt wurde, war trotz seines Kampfgewichts von fast 100 kg ein flinker, geschmeidiger, durchtrainierter Allrounder. Iwan Jarygin lief die 100 m unter 11 Sekunden, joggte jeden Tag 25 km und schaffte 15-mal hintereinander Seilklettern nur mit Hilfe der Hände. 1972 in München besiegte der Freistilspezialist alle Gegner in kürzester Zeit durch Schulterwurf. Später wurde der Träger des Lenin-Ordens Nationaltrainer und Präsident des russischen Ringerverbandes.

Land:	UdSSR
Medaillen:	– 2 Gold
Teilnahmen:	1972, 1976

Martina Jäschke

Die DDR-Athletin war spezialisiert auf große Sprünge, auf jene vom 10-m-Turm. Der Kunstspringerin kam dabei ihre Ausbildung als Kunstturnerin zugute. Ihren größten Erfolg errang Martina Jäschke mit dem Gewinn der Goldmedaille1980 in Moskau. Wie viele DDR-Sportler hatte es auch die Diplomsportlehrerin aus Halle nach der Wende schwer, einen Job zu finden. Sie arbeitet inzwischen als Sporttherapeutin in einer vom früheren 1500-m-As Thomas Wessinghage geleiteten Rehaklinik in Kiel.

Land:	DDR
Medaillen:	– 1 Gold
Teilnahmen:	1980

Ljobow Jegorowa

Je dreimal Gold in Albertville und Lillehammer – die Russin Ljubow Jegorowa war die überragende Sportlerin der Winterspiele von 1992 und 1994 (inkl. zweimal Silber). Überhaupt: Keine Athletin war bei Winterspielen erfolgreicher als sie. Die Jegorowa beherrschte die kurzen (5 km) wie die langen Distanzen (30 km), mal als Solistin (im Jagdrennen), mal im Team (4x5-km-Staffel). Nach einer Babypause in der Saison 94/95 konnte sie rasch wieder an ihre alten Leistungen anknüpfen. 1997 wurde sie Weltmeisterin, doch dem riesigen Jubel folgte tags darauf der tiefe Fall. Der Russin wurde die Einnahme verbotener Substanzen nachgewiesen und eine dreijährige Sperre aufgebrummt.

Land	Russland
Medaillen:	– 6 Gold
	– 3 Silber
Teilnahmen:	1992, 1994

Charles Jenkins (2. v. rechts)

Es war ein heißes Duell, das sich die beiden 400-m-Läufer Charles Jenkins und Karl-Friedrich Haas 1956 im Finale von Melbourne lieferten. Nach spannendem Rennverlauf lag der Amerikaner am Ende einen knappen Meter vor dem Deutschen. Bronze teilten sich der Finne Hellstén und der Russe Ignatiew in einem toten Rennen. Der New Yorker Jenkins gewann am Schlusstag der Leichtathletikwettkämpfe noch eine weitere Goldmedaille mit der 4x400-m-Staffel der USA.

Land:	USA
Medaillen:	– 2 Gold
Teilnahmen:	1956

David und Hayes Alan Jenkins

Die Amerikaner sind das erfolgreichste Brüderpaar in der Geschichte des Eiskunstlaufs. Hayes Alan Jenkins, der Ältere, wurde 1956 Olympiasieger, während sein Bruder David Bronze holte. Vier Jahre später gewann David die Goldmedaille mit einer Superkür (Notenschnitt: 5,905), die Maßstäbe setzte: Erstmals wurde – durch einen französischen Preisrichter – eine 6,0 gegeben. David, Schwager der Damensiegerin Carol Heiss, sprang auch den ersten Dreifachaxel, bei einem WM-Schaulaufen im selben Jahr. Außerdem errangen die Jenkins-Brüder zusammen sieben WM-Titel.

Land:	USA
Medaillen: David	– 1 Gold
	– 1 Bronze
Hayes Alan	– 1 Gold
Teilnahmen:	1956, 1960

Bruce Jenner

Der filmreif aussehende US-Zehnkämpfer war Athlet und Showman zugleich. Eine gelungene Mixtur, die ihm auch außerhalb des Sports Ruhm einbrachte. Unvergessen blieb der Fabelweltrekord von 8618 Punkten, der Bruce Jenner bei seinem Olympiasieg 1976 in Montreal gelang. Gleich danach beendete er seine Laufbahn, schloss lukrative Werbeverträge ab (u. a. mit Visa und Coca-Cola), wurde Fernsehkommentator, Schauspieler, TV- und Filmproduzent, Motivationstrainer und Geschäftsmann. Heute lebt Jenner mit seiner dritten Frau und fünf Kindern aus drei Ehen in Kalifornien.

Land:	USA
Medaillen:	– 1 Gold
Teilnahmen:	1972, 1976

Sixten Jernberg

In den 1950er- und 1960er-Jahren gab es neben dem schwedischen König auch einen schwedischen Skikönig. Wie ein Nationalheld wurde Sixten Jernberg von seinen Landsleuten verehrt. 1973 wählten sie ihn zum populärsten Sportler aller Zeiten. Der gelernte Schmied und Holzfäller aus dem Bergdorf Lima nahe der norwegischen Grenze war ein Eigenbrötler. Er trainierte stets alleine, lief jeden Winter ca. 2500 Kilometer (nur im Training) und erarbeitete sich dabei einen ausgefeilten Laufstil. Was er mitbrachte, war ein eiserner Wille, der ihn im Training wie im Wettkampf antrieb, auch zu zwei Siegen im Wasalauf. Das erste Gold gewann Sixten Jernberg 1956 bei seinem 50-km-Sieg, das zweite 1960 beim 30-km-Massenstart, das dritte und vierte 1964 über 50 km und mit der Staffel. Seine einmalige Bilanz in zwölf Wettkampfjahren: 134 Siege in 363 Wettbewerben. Nach seiner Karriere setzte sich Sternberg auch als Geschäftsmann durch und errichtete in seiner Heimat ein 50 000 km^2 großes, naturgeschütztes Freizeit- und Erholungsgebiet mit Ferienhäusern und Langlaufloipen.

Land:	Schweden
Medaillen:	– 4 Gold
	– 3 Silber
	– 2 Bronze
Teilnahmen:	1956, 1960, 1964

Charles Jewtraw (links)

Der Amerikaner war der erste Eisschnelllaufolympiasieger überhaupt. Er gewann das 500-m-Eröffnungsrennen der ersten offiziellen Winterspiele 1924 in Chamonix auf einer 400-m-Natureisbahn in 44 Sekunden. Es war Charles Jewtraws erster und einziger Auftritt bei Olympia. Gleich nach den Spielen trat er zurück und baute danach das berühmte Speedskatingteam der Amerikaner auf, das 1932 in Lake Placid mit zwei Goldmedaillen zu Olympiaehren kam.

Land:	USA
Medaillen:	– 1 Gold
Teilnahmen:	1924

Hu Jia

Schon als vierjähriger Knirps begann der talentierte Hu Jia in der Sportschule Shantou das Wasserspringen zu lernen. Bei so frühem Drill war es kein Wunder, dass der Chinese bereits mit 17 Jahren an seinen ersten Olympischen Spielen teilnahm und gleich zwei Silbermedaillen gewann: vom 10-m-Turm im Einzel und im Synchronwettbewerb, der – erstmals im Programm – vor riesiger Zuschauerkulisse eine Bereicherung war. Vier Jahre später wurde Hu Jia erstmals Olympiasieger vom 10-m-Turm.

Land:	China
Medaillen:	– 1 Gold
	– 2 Silber
Teilnahmen:	2000, 2004

Sun-Ju Jin

Short Track – die noch junge olympische Sportart faszinierte die Zuschauer von Beginn an. Flinke Flitzer rasen auf Schlittschuhen über kurze Runden in engen Kurven, kämpfen dabei mit Haken und Ösen, Finten und Faxen, um Führung und Sieg. Meisterin ihres Fachs war 2006 in Turin die Südkoreanerin Sun-Ju Jin, die dreifache Olympiasiegerin. Sie gewann über 1000 m, 1500 m und mit der Staffel die 3000 m, wobei auch beim Einzelrennen oft nur Teamgeist zum Erfolg führt. Beim 1500-m-Finale setzten die drei Südkoreanerinnen im Siebenefeld mit einem taktischen Geniestreich ihre Gegnerinnen matt und sich selbst auf alle Medaillenplätze. Die dritte Koreanerin wurde später allerdings wegen Behinderung disqualifiziert.

Land:	Südkorea
Medaillen:	– 3 Gold
Teilnahmen:	2006

Knut Johannesen

Bei seinem ersten olympischen Auftritt verpasste der norwegische Eisschnellläufer Gold nur ganz knapp und wurde Silbermedaillengewinner über 10 000 m. Vier Jahre später, Knut Johannesen zählte inzwischen zum Favoritenkreis der Langstreckler, wurde er 10 000-m-Olympiasieger und gewann Silber über 5000 m. Zum Thriller wurde dann der Kampf ums 5000-m-Gold weitere vier Jahre danach: Landsmann Per Ivar Moe hatte mit 7:38,6 Minuten eine exzellente Zeit vorgelegt. Danach startete Johannesen und wurde eine Zehntelsekunde langsamer als Moe gemessen. Indes: Die Uhr tickte falsch, die richtige Zeit war 7:38,4 Minuten – und Johannesen Olympiasieger.

Land:	Norwegen
Medaillen:	– 2 Gold
	– 2 Silber
	– 1 Bronze
Teilnahmen:	1956, 1960, 1964

Michael Johnson

Seine Paradedisziplin war die Stadionrunde. Viermal Olympiagold gewann Michael Johnson, neben neun WM-Titeln, allein als 400-m-Läufer: zweimal mit der Staffel (1992, 2000), zweimal solo (1996, 2000); das fünfte Gold war sein Sieg über 200 m 1996 mit einem Weltrekord (19.32 Sekunden), der noch heute Bestand hat. Schon bei seinem ersten Auftritt 1992 in Barcelona galt der Amerikaner als hoher Favorit. Eine Viruserkrankung aber schwächte ihn entscheidend, sodass es nur zum Staffelsieg reichte. Johnsons Markenzeichen waren seine goldenen Laufschuhe und der unorthodox aufrechte Laufstil mit kurzen, trommelnden Schritten. Kritikaster beschied er kurz und logisch: »Wo steht geschrieben, dass man nur schnell ist, wenn man die Knie hochhebt? Das nimmt nur die Frequenz und dauert viel länger.«

Land:	USA
Medaillen:	– 5 Gold
Teilnahmen:	1992, 1996, 2000

Rafer Johnson

Schon vor seiner Zeit als Zehnkämpfer war Rafer Johnson »Mehrkämpfer«, spielte Football, Baseball und Basketball. 1954 wechselte er zur Leichtathletik. Bereits sein vierter Zehnkampf endete mit einem Weltrekord; und nur zwei Jahre nach seinem Debüt holte er die Silbermedaille 1956 in Melbourne. Mit dem Olympiasieg 1960 in Rom beendete Rafer Johnson seine Karriere. Danach arbeitete er als TV-Sportkommentator und im Team von Präsidentschaftskandidat Robert Kennedy, auch als Leibwächter. Als Kennedy 1968 erschossen wurde, war Johnson an seiner Seite, konnte aber nichts tun. Den Attentäter brachte er vor der lynchbereiten Menge in Sicherheit. Seinen letzten Olympiaauftritt hatte Johnson 1984, als er in Los Angeles das olympische Feuer entzündete.

Land:	USA
Medaillen:	– 1 Gold – 1 Silber
Teilnahmen:	1956, 1960

Marion Jones

»Sie wird als eine der größten Betrügerinnen in die Sportgeschichte eingehen«, sagte der Präsident des Leichtathletikweltverbandes Lamine Diack im Oktober 2007. Da hatte Marion Jones gerade öffentlich und unter Tränen gestanden, im November 2003 vor Gericht gelogen zu haben. Seinerzeit hatte die US-Athletin noch jeden Dopingmissbrauch bestritten. 2000 in Sydney holte Marion Jones – mit Hilfe von verbotenen Substanzen – dreimal Gold (100 m, 200 m, 4x400 m) und zweimal Bronze (4x100 m, Weitsprung). Noch ehe das IOC nach ihrem Dopinggeständnis die fünf Medaillen einziehen konnte, entschied sich Marion Jones, ihr unverdientes Edelmetall freiwillig zurückzugeben.

Land:	USA
Medaillen:	(freiwillige Rückgabe) – 3 Gold – 2 Bronze
Teilnahmen:	2000, 2004

Michael Jordan (rechts)

Schon Jahre bevor Michael »Air« Jordan zum Inbegriff eines Sportsuperstars wurde, und zu einer Zeit, da den größten und erfolgreichsten Basketballspieler international noch kaum jemand kannte, gewann der Amerikaner seine erste olympische Goldmedaille. Das war 1984 in Los Angeles, wo Jordan mit dem US-Team Olympiasieger wurde. Danach wurde er Profi, und als Profi kehrte er 1992 zu Olympia zurück. Das IOC hatte für die Berufsspieler die Tür geöffnet. Das turmhoch überlegene US-»Dream Team« mit Stars wie Charles Barkley, Larry Bird, Scotti Pippen, Karl Malone oder Magic Johnson konnte, wie weiland schon Michael Jordan, nun auch einmal die besondere olympische Atmosphäre genießen. Die Sponsoren rieben sich die Hände, und Stars wie Zuschauer hatten ihren Spaß. Allen voran Michael Jordan, der mit dem Finalsieg über Kroatien (117:85) seine zweite Goldmedaille errang.

Land:	USA
Medaillen:	– 2 Gold
Teilnahmen:	1984, 1992

Al Joyner

Der ältere Bruder der erfolgreichen US-Leichtathletin Jackie Joyner-Kersee war 1984 in Los Angeles der erste amerikanische Dreisprung-Olympiasieger seit 80 Jahren. Der Erfolg Al Joyners galt als Sensation. Wichtige Stütze während seiner Karriere war für ihn stets die Schwester. Wenn er auszuflippen drohte und die Sportschuhe an den Nagel hängen wollte, half sie ihm weiter. »Wenn jemand die Goldmedaille verdient hatte«, sagte Al Joyner am Abend seines Sieges, »dann Jackie.« Doch die war in Los Angeles wider Erwarten nur Zweite geworden. Im selben Jahr noch heiratete Al Joyner den Sprintstar Florence Griffith-Joyner, die 1998 starb.

Land:	USA
Medaillen:	– 1 Gold
Teilnahmen:	1984

Jacqueline Joyner-Kersee

Ihre Mutter dachte sich den schönen Vornamen Jacqueline für sie aus, nach der Gattin von US-Präsident John F. Kennedy. »Eines Tages wird auch unsere Jackie irgendwo eine First Lady sein«, wähnte die Großmutter. Jackie Joyner-Kersee wurde die First Lady im Siebenkampf: 1984 Silber, 1988 und 1992 Gold. Dazu im Weitsprung einmal Gold (1988) und zweimal Bronze (1992, 1996). Außerdem wurde sie viermal Weltmeisterin: zweimal im Siebenkampf, zweimal im Weitsprung. Herausragend waren ihre Weitsprungduelle mit ihrer deutschen Konkurrentin Heike Drechsler. Jackie Joyner-Kersee war die erste, die im Siebenkampf mit 7291 Punkten die 7000er-Marke übertraf. Hinter ihren Erfolgen stand ihr Ehemann und Trainer Bob Kersee, »der sie jahrelang wie ein Diktator über die Laufbahnen der Welt gehetzt hatte« (»FAZ«). Die Nachrichtenagentur »Associated Press« wählte Jackie Joyner-Kersee zur Olympialeichtathletin des 20. Jahrhunderts.

Land:	USA
Medaillen:	– 3 Gold
	– 1 Silber
	– 2 Bronze
Teilnahmen:	1984, 1988, 1992, 1996

Alberto Juantorena

In seiner kubanischen Heimat hatte er den Spitznamen »el caballo« (das Pferd). Womöglich weil es Pferden, im Gegensatz zum Menschen, ziemlich egal sein dürfte, ob sie nun 400 oder 800 m im Höchsttempo laufen. Alberto Juantorena brachte das Kunststück fertig und wurde 1976 über beide Strecken Olympiasieger. Er war damit der erste und bislang einzige Athlet, der Gold über beide Distanzen holte. Ein Kunststück deshalb, weil die 400 m noch im Sprinttempo gelaufen werden, während die 800 m schon als Mittelstrecke gelten. Eine seiner Goldmedaillen schenkte er Staatschef Fidel Castro. Der machte ihn 1984 zum stellvertretenden Sportminister. Außerdem wurde Juantorena Vorsitzender der Athletenkommission im Leichtathletik-Weltverband.

Land:	Kuba
Medaillen:	– 2 Gold
Teilnahmen:	1972, 1976, 1980

Duke Paoa Kahanamoku – Bernd Kannenberg – Alexander Karelin –Nils Karlsson – Rudolf Kárpáti – Pertti Karppinen – Tatjana Kasankina – Yukio Kasaya – Thies Kaspareit – Sawao Kato – Warren Paoa Kealoha – Kipchoge Keino – Agnes Keleti – Erhard Keller – Franz Keller – John Kelly senior – Hippolyt Kempf – Marina Kiehl – Jean-Claude Killy – Ki-Hoon Kim – Kyong-Hun Kim – Nelli Kim – Mario Kindelan – Leamon King – Roger Kingdom – Gunar Kirchbach – Ulrich Kirchhoff – Mark Kirchner – Sandra Kiriasis – Petar Kirow – Kusuo Kitamura – Lasse Kjus – Franz Klammer – Cindy Klassen – Christian Klees – Reiner Klimke – Bernd Klingner – Wladimir Klitschko – Jana Klotschkowa – Carolina Klüft – Marita Koch – Toshihiko Koga – Thomas Köhler – Peter Kohnke – Väino Kokkinen – Hannes Kolehmainen – Alexander Koltschinski – Takanori Kono – Kerstin Köppen – Olga Korbut – Julius Korir – Robert Korzeniowski – Johann Olav Koss – Klaus Köste – Janica Kostelic – Pal Kovács – Manja Kowalski – Alvin Kraenzlein – Ingrid Krämer-Engel-Gulbin – Barbara Krause – Christiane Krause – Silke Kraushaar – Stefan Krauße – Inessa Krawets – Lenny Krayzelburg – Wera Krepkina – Petra Kronberger – Klaus Kröppelin – Wiktor Krowopuskow – Gerhard Pieter de Kruyff – Willi Kuhweide – Hennie Kuiper – Galina Kulakowa – Jerzy Kulej – Astrid Kumbernuss – Mario Kummer – Joachim Kunz – Claudia Künzel – Kevin Kuske – Wiktor Kuskin – Wladimir Kuz – Eirik Kvalfoss

Duke Paoa Kahanamoku

Der Spross einer hawaiianischen Königsfamilie gilt als Begründer des modernen Wellenreitens. Er entwickelte das Vorläufermodell der heutigen Surfbretter und machte es über seine Heimat hinaus in ganz Amerika bekannt. Nebenbei war Duke Paoa Kahinu Mokoe Hulikohola Kahanamoku, wie er vollständig hieß, einer der weltbesten Freistilschwimmer, der den Kraulstil mit entwickelte. Über 100 m gewann der Duke 1912 und 1920 Gold und 1924 (hinter »Tarzan« Johnny Weissmüller) Silber. Beim Finale 1912 führte er nach 50 m so deutlich, dass er auf die Konkurrenz wartete. Weitere Medaillen holte er mit der US-Staffel. Später wirkte der Hawaiianer in vielen Hollywoodfilmen mit und war von 1932 bis 1961 Sheriff von Honolulu, wo ihm zu Ehren am Waikiki Beach eine Statue errichtet wurde.

Land:	USA
Medaillen:	– 3 Gold
	– 2 Silber
Teilnahmen:	1912, 1920, 1924

Bernd Kannenberg

Erst im Alter von 24 Jahren begann Bernd Kannenberg mit dem leistungssportlichen Gehertraining. Vorher hatte er lediglich an einigen Volksläufen teilgenommen. Sechs Jahre später war er Olympiasieger, als er 1972 in München die 50 km gewann. In den folgenden Jahren hatte Kannenberg große gesundheitliche Probleme. Aufgrund seines aufwendigen Trainings erlitt er mehrere Leistenbrüche und musste fünfmal operiert werden. 1976 in Montreal konnte er den olympischen Wettbewerb wegen zu großer Schmerzen nicht beenden. Bald darauf beendete er seine Karriere.

Land:	Deutschland
Medaillen:	– 1 Gold
Teilnahmen:	1972, 1976

Alexander Karelin (links)

Der Russe aus Nowosibirsk ist der erfolgreichste Ringer aller Zeiten: dreimal in Folge Olympiasieger im griechisch-römischen Stil im Superschwergewicht (1988, 1992, 1996), einmal Silbermedaillengewinner (2000); außerdem neunmal Welt- und zwölfmal Europameister. Alexander Karelin (1,91 m, 130 kg), mal mit einem »russischen Bären«, mal mit »King Kong« verglichen, besaß trotz seiner Masse ein hohes Maß an Wendigkeit. Aufgewachsen in einer sibirischen Baracke zu viert in einem kleinen Raum, studierte er später Sport, wurde 1996 jüngster Generalmajor und dann ins russische Parlament, die Duma, gewählt.

Land:	UdSSR, GUS, Russland
Medaillen:	– 3 Gold
	– 1 Silber
Teilnahmen:	1988, 1992, 1996, 2000

Nils Karlsson

Nils Karlssons Pech war es, dass der Krieg ihm die Chance auf weitere Goldmedaillen geraubt hatte. In der 1940er-Jahren war der Schwede der beste Langläufer der Welt. Neunmal gewann er zwischen 1943 und 1953 den berühmten Wasalauf über 85,8 km und ist bis heute Rekordsieger dieses populären Wettbewerbs. Karlsson war bereits 31 Jahre alt, als er auch bei Olympia sein Können zeigen durfte. Bei den Spielen 1948 in St. Moritz gewann er die Goldmedaille über 50 km mit fast fünf Minuten Vorsprung vor seinem Landsmann Harald Ericson.

Land:	Schweden
Medaillen:	– 1 Gold
Teilnahmen:	1948, 1952

Rudolf Kárpáti (Mitte)

Ursprünglich wollte der Ungar Geiger werden. Während seines Studiums am Budapester Konservatorium ging Rudolf Kárpáti in seiner Freizeit zum Fechten. Im Laufe der Zeit wurde sein Arm zu hart für die Violine. Zwar schloss er sein Studium der Musikwissenschaften ab, aber eine Karriere als Sologeiger blieb ihm versagt. Stattdessen machte Kárpáti Karriere als einer der besten Säbelfechter aller Zeiten. Sechsmal holte er Gold, zweimal im Einzel (1956, 1960), viermal mit der Mannschaft (1948, 1952, 1956, 1960). Außerdem wurde er zweimal Einzelweltmeister. Nach seiner Karriere wirkte der Musikhistoriker als Mitglied des Internationalen Fechtverbandes FIE an der Einführung der elektronischen Trefferanzeige mit.

Land:	Ungarn
Medaillen:	– 6 Gold
Teilnahmen:	1948, 1952, 1956, 1960

Pertti Karppinen

Nur dem Russen Wjatscheslaw Iwanow und dem Finnen Pertti Karppinen gelang es, dreimal Olympiasieger im Einerrudern zu werden. In Erinnerung bleibt dabei das ewige Duell zwischen Karppinen und seinem deutschen Kontrahenten Peter-Michael Kolbe. In den olympischen Finalläufen von 1976 und 1984 hatte Kolbe jeweils lange vor dem Finnen in Führung gelegen, war aber dem starken Finish von Karppinen nicht gewachsen. Der Versuch des Finnen, das Dreifachgold von Iwanow (1956, 1960, 1964) zu übertrumpfen, misslang ihm sowohl 1988 als auch 1992.

Land:	Finnland
Medaillen:	– 3 Gold
Teilnahmen:	1976, 1980, 1984, 1988, 1992

Tatjana Kasankina (vorne)

Die nur 1,61 m große und zierliche Russin dominierte zwischen 1976 und 1984 die Mittelstrecken. Mit Weltrekorden über 800 m, 1500 m, 2000 m und 3000 m sowie drei olympischen Goldmedaillen war Tatjana Kasankina nach Ansicht des Fachblattes »Leichtathletik« »mit Abstand die erfolgreichste Mittelstrecklerin überhaupt«. Ihre 1500-m-Bestzeit (3:52,47 Minuten) von 1980 lag beispielsweise noch unter dem Weltrekord des legendären Paavo Nurmi von 1924 (3:52,6). Gehandicapt durch eine Herzerkrankung (nach einem grippalen Infekt) trainierte sie dennoch behutsam weiter. 1976 und 1980 gewann sie Gold über 1500 m, 1980 über 800 m.

Land: UdSSR
Medaillen: – 3 Gold
Teilnahmen: 1976, 1980

Yukio Kasaya (Mitte)

Als kleines Kind war Yukio auf der Insel Hokkaido im Winter ins eiskalte Wasser gefallen. Sein älterer Bruder Kunio rettete ihm das Leben, sprang ihm nach und hielt ihn so lang über Wasser, bis die Rettungsdienste kamen. Seitdem wich Kunio Kasaya seinem Bruder nie mehr von der Seite. Er brachte ihn zum Skispringen, wurde sein Trainer, Betreuer und machte ihn 1972 in Sapporo zum Olympiasieger von der Normalschanze.

Land: Japan
Medaillen: – 1 Gold
Teilnahmen: 1968, 1972

Thies Kaspareit

Für die Spiele 1988 war der deutsche Militaryreiter lediglich als Ersatzmann nominiert. Da sein Teamkollege Wolfgang Mengers wegen des Todes seines Pferdes nicht an den Start gehen konnte, rückte Thies Kaspareit aus Lütjenburg nach. Der Holsteiner nutzte seine Chance. Mit seinem Pferd Sherry trug er in der Dressur, beim Geländeritt und im Springen mit seinen guten Leistungen zum Mannschaftssieg der deutschen Vielseitigkeitsreiter bei.

Land: Deutschland
Medaillen: – 1 Gold
Teilnahmen: 1988

Sawao Kato

Bis heute ist der Japaner der erfolgreichste Turner bei Olympischen Spielen. Sawao Kato gewann insgesamt 12 Medaillen, davon allein acht goldene: drei in der Mannschaftswertung, zwei im Zwölfkampf, zwei am Barren, eine am Boden; dreimal Silber im Zwölfkampf, am Reck und Seitpferd; einmal Bronze an den Ringen. Kato studierte Sportwissenschaften und erhielt nach seiner Karriere zunächst eine Stelle als Universitätsassistent. Danach arbeitete er als Diplomsportlehrer an der Universität Tokio. Bei großen Wettkämpfen fungiert er heute noch als Supervisor des Kampfgerichts.

Land: Japan
Medaillen: – 8 Gold
– 3 Silber
– 1 Bronze
Teilnahmen: 1968, 1972, 1976

Warren Paoa Kealoha

Seit 1887 werden die Schüler der angesehenen Kamehameha Privatschule zu Honolulu von der Vorschule bis zur zwölften Klasse umfassend erzogen und unterrichtet, u. a. auch mit einem anspruchsvollen Sportprogramm. Der Hawaiianer Warren Paoa Kealoha lernte dort nicht nur fürs Leben, sondern auch für Olympia. 1920 in Antwerpen und 1924 in Paris wurde er Olympiasieger über 100 m Rücken. Dabei fürchtete Kealoha in Antwerpen das sogenannte Wasser, eine grünlich schimmernde Dreckbrühe, mehr als seine Konkurrenten. Das Rennen fand im Festigungsgraben des ehemaligen Verteidigungssystems der Stadt statt.

Land: USA
Medaillen: – 2 Gold
Teilnahmen: 1920, 1924

Kipchoge Keino (rechts)

Der berühmteste aller kenianischen Mittel- und Langstreckenläufer gilt als Erfinder des Höhentrainings. Kipchoge Keino trainierte in einer Höhe von fast 2000 m. Mit seinen Erfahrungen trug er wesentlich dazu bei, Höhentraining als Technik zur Verbesserung von Laufzeiten zu entwickeln. Seine erste Goldmedaille gewann er 1968 über 1500 m, obwohl er den letzten Kilometer bis zum Stadion rennen musste, weil sein Taxi im Verkehr stecken geblieben war. Trotz einer schweren Infektion holte er auch noch Silber über 5000 m. 1972 in München gewann er über 3000-m-Hindernis und holte Silber über 1500 m. Später wurde Keino Kenias NOK-Präsident und gründete eine Wohltätigkeitsorganisation, die sich um kenianische Waisenkinder kümmert.

Land: Kenia
Medaillen: – 2 Gold
– 2 Silber
Teilnahmen: 1964, 1968, 1972

Agnes Keleti (2. von links)

Die ungarische Turnerin führte ein Leben, das man hätte verfilmen können. Als Jüdin in Budapest aufgewachsen, floh Agnes Keleti wegen der Judenverfolgung der Nazis aufs Land und versteckte sich unter einem anderen Namen. Als sie nach dem Krieg zurückkehrte, waren ihr Vater und viele Verwandte tot, ermordet im KZ. Sie blieb mit ihrer Mutter, die mit falschem Pass überlebt hatte, in Budapest. Agnes Keleti war schon 31, als sie an ihren ersten Spielen 1952 teilnahm und ihr erstes Gold (am Boden) holte. Weitere vier Goldmedaillen gewann sie 1956 in Melbourne. Insgesamt sammelte sie zehn Medaillen, davon sechs durch Einzeltitel. Wegen des Volksaufstands in ihrer Heimat bat sie, wie 44 andere Olympialandsleute auch, die Australier um politisches Asyl. Bei einem Besuch in Tel Aviv 1957 entschied sie spontan, nach Israel zu emigrieren. »Ich spürte, hier werde ich gebraucht.« Als Trainerin baute Agnes Keleti Auswahlteams auf, kümmerte sich um den Nachwuchs. Als 80-Jährige schrieb sie ihre Memoiren. Vielleicht werden sie ja einmal verfilmt …

Land: Ungarn
Medaillen: – 5 Gold
– 3 Silber
– 2 Bronze
Teilnahmen: 1952, 1956

Erhard Keller

Der Eisschnelllauf der Männer in der alten Bundesrepublik trug einen Namen: Erhard Keller; ein Athlet, der seinen Körper stets mit Köpfchen lenkte. Als gelernter Mediziner errechnete er aus Röntgenaufnahmen seinen Schwerpunkt und ließ auf diese Maße hin Rennschuhe mit entsprechender Kufenlänge anfertigen. Im Studium erfuhr er viel über leistungssteigernde Ernährung. Mit seiner psychischen Stärke verunsicherte er die Gegner. Jeweils kurz vor seinen beiden Olympiasiegen über 500 m hatte Keller den Weltrekord verbessert und sich damit Respekt verschafft. Nach seiner Karriere baute der smarte Sunnyboy hauptberuflich eine große Zahnarztpraxis in München auf und moderierte nebenberuflich rund 100-mal die beliebte TV-Show »Spiel ohne Grenzen«.

Land:	Deutschland
Medaillen:	– 2 Gold
Teilnahmen:	1968, 1972

Franz Keller

Mit hartem Training hatte sich der gelernte Maurer bis in die Weltspitze der nordischen Kombinierer hochgearbeitet und galt als Favorit der Spiele von 1968. Nach dem Springen, dem ersten Teil des Wettbewerbs, war Franz Kellers Vorsprung vor seinem Schweizer Konkurrenten Alois Kälin jedoch lange nicht so groß wie geplant. Im Langlauf kämpfte der Deutsche bis zur totalen Erschöpfung und rettete sich mit 6,3 Sekunden vor Kälin ins Ziel. Deutschlands Sportjournalisten wählten Keller zum »Sportler des Jahres«. Auch vier Jahr später war Keller Goldfavorit. Doch weil er in Sapporo mit dem ungewohnten Schanzenprofil nicht zurechtkam, belegte er nur einen enttäuschenden 33. Platz.

Land:	Deutschland
Medaillen:	– 1 Gold
Teilnahmen:	1968, 1972

John Kelly senior

Der Vater von Grace Kelly, der amerikanischen Filmlegende und Fürstin von Monaco, war als Bauunternehmer ebenso tüchtig wie als Ruderer. 1920 wurde der spätere Multimillionär John Kelly senior Olympiasieger im Einer. Mit Teamkamerad Paul Costello gewann er auch im Doppelzweier. 1924 in Paris wiederholten die beiden ihren Erfolg. Kelly war bekannt für seine deftigen Worte, ob öffentlich oder privat. Überliefert ist sein Ausbruch nach dem Antrittsbesuch von Fürst Rainier von Monaco: »Ich lasse nicht zu, dass irgendein heruntergekommener Fürst eines heruntergekommenen Landes meine Tochter heiratet.« Auch seinen Sohn John junior nahm er hart ran. Weil der plattfüßige, kurzsichtige Filius lieber Football spielen als rudern wollte, stellte der Senior ihm die rhetorische Frage: »Willst du lieber die Nummer 100 der Footballspieler von Philadelphia sein oder die Nummer eins im Rudern?« Fortan war bei John junior Rudern angesagt, er brachte es 1956 aber »nur« zur Bronzemedaille im Einer, wobei er sich so verausgabte, dass er vom Steg bewusstlos ins Wasser stürzte.

Land:	USA
Medaillen:	– 3 Gold
Teilnahmen:	1920, 1924

Hippolyt Kempf

Sein Olympiasieg von 1988 verhalf der nordischen Kombination in seiner Heimat zu neuer Popularität. Denn Hippolyt Kempf war der erste Schweizer, der in dieser Sportart Gold gewann. Der eigenwillige Athlet entzog sich jedem Medienrummel und baute mit einer Portion Zynismus und viel Selbstironie einen Schutzschild um sich auf. Sein Trainer Ezio Damolin sagte einmal: »Hippolyt wurde Olympiasieger, weil er so ein Typ ist.« 1988 holte Kempf außerdem Teamsilber und 1994 Teambronze. Seit April 2005 ist der Doktor der Wirtschafts- und Sozialwissenschaften als Sportökonom im Bundesamt für Sport tätig.

Land:	Schweiz
Medaillen:	– 1 Gold
	– 1 Silber
	– 1 Bronze
Teilnahmen:	1988, 1992, 1994

Marina Kiehl

Sie war nie ein Star, stattdessen oft launenhaft und eigenbrötlerisch. Unter ihren Kolleginnen galt Marina Kiehl als verbissene Kämpferin. 1988 wurde die Tochter eines wohlhabenden Chemieunternehmers nach dem Weltpokalgewinn im Super-G 1986 in Calgary Olympiasiegerin in der Abfahrt. Vier Monate später gab sie ihren Rücktritt bekannt. Sie absolvierte eine Ausbildung als Werbegrafikerin und sagte, es gebe noch andere Dinge, als einen Berg hinunterzufahren.

Land:	Deutschland
Medaillen:	– 1 Gold
Teilnahmen:	1988

Jean-Claude Killy

Er gewann 1968 in Grenoble alle drei alpinen Rennen (Slalom, Riesenslalom, Abfahrt), ein Bravourstück, das außer dem Franzosen Jean-Claude Killy nur dem Österreicher Toni Sailer (1956) gelang. Auch danach sorgte der Skiheros für Schlagzeilen: Killy versuchte sich kurze Zeit als Autorennfahrer, ging dann nach Amerika, leitete in Colorado eine Skischule, drehte Skilehrfilme, ließ sich perfekt vermarkten, kassierte von US-Firmen fürstliche Werbegelder und kehrte als Dollarmillionär nach Frankreich zurück. Als Mitorganisator der gelungenen Spiele von 1992 in Albertville machte der beliebte Franzose einen so überzeugenden Job, dass seine Landsleute ihn zum Helden auf Lebenszeit machten und Jean-Claude Killy 1999 zum »Sportler des Jahrhunderts« wählten.

Land:	Frankreich
Medaillen:	– 3 Gold
Teilnahmen:	1964, 1968

Ki-Hoon Kim

Der Südkoreaner konnte die Kurve kratzen wie kaum ein anderer. Ki-Hoon Kim zählt mit seinen drei Olympiasiegen im Short Track Eisschnelllauf zu den »Meistern der linksgerichteten Schräglage« (FAZ). 1992 gewann er neben dem Teamrennen über 5000 m die 1000 m Einzel und verteidigte diesen Titel zwei Jahre später. Später erlebte Ki-Hoon Kim Olympia dann als Nationaltrainer. 2006 zum Beispiel betreute und trainierte er den Dreifachsieger Hyun-Soo Ahn.

Land:	Südkorea
Medaillen:	– 3 Gold
Teilnahmen:	1992, 1994

Kyong-Hun Kim

In Sydney 2000 stand erstmals Taekwondo auf dem olympischen Programm. Um zu verhindern, dass die weltweit dominierenden Südkoreaner eine interne Meisterschaft austragen, wurde festgelegt, dass ein Land nur für vier der insgesamt acht Gewichtsklassen Athleten anmelden durfte. Die Asiaten stellten drei der vier möglichen Goldmedaillengewinner und holten einmal Silber. »Gewichtigster« Sieger war Schwergewichtler Kyong-Hun Kim, der mühelos alle seine Kämpfe gewann.

Land:	Südkorea
Medaillen:	– 1 Gold
Teilnahmen:	2000

Nelli Kim

Die Russin war eine Turnerin mit ungewöhnlicher Ausstrahlung und Schönheit und mit einem besonderen Talent fürs Bodenturnen. Bei Olympia 1976 erhielt Nelli Kim für ihre Übung die Bestnote 10,0, die in Montreal erstmals in der olympischen Geschichte vergeben wurde: zweimal an die Russin, siebenmal an die Rumänin Nadia Comaneci. Gold holte die 19-Jährige auch beim Sprung und im Mannschaftswettbewerb sowie Silber im Mehrkampf. 1980 wiederholte Nelli Kim ihre Olympiasiege am Boden und mit der Mannschaft. Nach ihrer Karriere arbeitete sie in Weißrussland als Cheftrainerin und für die Kampfrichterkommission des Weltturnverbandes.

Land:	UdSSR
Medaillen:	– 5 Gold
	– 1 Silber
Teilnahmen:	1976, 1980

Mario Kindelan (rechts)

Der erste Teil seiner Karriere endete mit einem Fiasko. Als Mario Kindelan, kubanischer Leichtgewichtsboxer, 1995 bei einer Dopingkontrolle positiv getestet wurde, beendete er seine Laufbahn. Drei Jahre später indes kehrte er in den Ring zurück. Seine großen Erfolge stellten sich erst im zweiten Teil seiner Karriere ein: Kindelan wurde dreimal Amateurweltmeister und zweimal Olympiasieger. 2005 wechselte der Kubaner ins Profilager.

Land:	Kuba
Medaillen:	– 2 Gold
Teilnahmen:	2000, 2004

Leamon King (3. Reihe links)

Der Amerikaner war einer der schnellsten Sprinter der 1950er-Jahre. Nur wenige Monate, nachdem seine Landsleute Willie Williams und Ira Murchison den 100-m-Weltrekord im August 1956 auf 10,1 Sekunden verbessert hatten, lief Leamon King dieselbe Zeit; und dies gleich zweimal innerhalb einer Woche. Sein größter Erfolg war der Olympiasieg in Melbourne mit der 4x100-m-Staffel der USA, die in der Besetzung Murchison, King, Baker und Morrow mit 39,5 Sekunden einen neuen Weltrekord aufstellte. Später arbeitete Leamon King in seiner kalifornischen Heimat als Lehrer.

Land:	USA
Medaillen:	– 1 Gold
Teilnahmen:	1956

Roger Kingdom

Mit seiner bulligen Figur (1,86 m, 91 kg) passte Roger Kingdom nicht ganz ins Profil der üblicherweise feingliedrigen und eleganten Hürdensprinter. Der Amerikaner, Doppelolympiasieger über 110 m, war ein typischer Kraftläufer – womit er vor allem seine Gegner beeindruckte. »Was Roger von uns allen unterscheidet, sind seine physische Stärke und Aggressivität, die er am Start ausspielt«, sagte einmal sein Konkurrent Tonie Campbell. Bei all seiner Kraft vergaß der tief religiöse Baptist Kingdom jedoch weder Geist noch Seele. Auf einem T-Shirt, das er bei seinem Weltrekord 1989 in Zürich trug (12,92 Sekunden), stand zu lesen: »Nicht mit Kraft oder Gewalt wird ein Ziel erreicht, sondern in meinem Geist, spricht der Herr Zebaoth.«

Land:	USA
Medaillen:	– 2 Gold
Teilnahmen:	1984, 1988

Gunar Kirchbach

Zusammen mit Andreas Dittmer, dem erfolgreichsten Kanadierfahrer überhaupt, bildete der Potsdamer Sportsoldat Gunar Kirchbach Mitte der 1990er-Jahre ein höchst erfolgreiches Team im Zweierkanadier über 1000 m. 1994 wurden die beiden Weltmeister, zwei Jahre später in Atlanta Olympiasieger. Danach war Andreas Dittmer dann allein im Kanadier unterwegs. Sein Teamgefährte Gunar Kirchbach wurde nach Beendigung seiner Karriere Landestrainer des sächsischen Kanuverbandes.

Land:	Deutschland
Medaillen:	– 1 Gold
Teilnahmen:	1996

Ulrich Kirchhoff

Nervenstark, risikofreudig, dickschädelig – allesamt Attribute, mit denen Journalisten, Teamkameraden und Trainer schon einmal den deutschen Springreiter Ulrich Kirchhoff charakterisiert haben. Der wurde mit 28 Jahren in Atlanta 1996 jüngster Olympiasieger in der Geschichte der Sportart. Der Senkrechtstarter, der als Bereiter bei Alwin Schockemöhle sein Handwerk erlernte (»mein großes Vorbild«), gewann Gold im Einzel und mit der Mannschaft. Nach den Spielen litt er unter dem frühen Verlust seines Goldpferdes Jus de Pommes; nicht zuletzt deshalb konnte er nicht mehr an die alten Erfolge anknüpfen.

Land:	Deutschland
Medaillen:	– 2 Gold
Teilnahmen:	1996

Mark Kirchner

Sein Teamkamerad Fritz Fischer nannte ihn »den Außerirdischen«, weil Mark Kirchner in der ersten Hälfte der 1990er-Jahre allen anderen Biathleten hoch überlegen war. Bei den Spielen 1992 in Albertville gewann er Medaillen in allen drei Wettbewerben: zweimal Gold (10 km, Staffel), einmal Silber (20 km). Das dritte Gold hatte er bei seinem letzten Fehlschuss um Millimeter verfehlt. Zwei Jahre später in Lillehammer aber holte sich der Thüringer seine dritte Goldmedaille (mit der 4x7,5-km-Staffel). Sieben Weltmeisterschaften zwischen 1990 und 1995 runden Kirchners makellose Bilanz ab. 1999 hörte er auf, gerade mal 27 Jahre alt, weil er den Anschluss verloren hatte.

Land:	Deutschland
Medaillen:	– 3 Gold
	– 1 Silber
Teilnahmen:	1992, 1994

Sandra Kiriasis

Sie begann als Rennrodlerin, doch als Frauenbobfahren olympische Disziplin wurde, wechselte Sandra Kiriasis das Sportgerät, »zumal Bobfahren nicht so gefährlich ist wie Rodeln«. Gleich beim Olympiadebüt 2002 gewann die Sportlerin aus dem Erzgebirge, zusammen mit ihrer Anschieberin Ulrike Holzner, die Silbermedaille. Die beiden mussten, gerade mal drei Zehntelsekunden langsamer, den siegreichen Amerikanerinnen den Vortritt lassen. Und Sandra Kiriasis verbesserte sich stetig, mit ihrem Material und ihrer Fahrtechnik: 2003, 2004, 2005 wurde sie Weltcupsiegerin, 2005 Weltmeisterin und 2006 Olympiasiegerin.

Land:	Deutschland
Medaillen:	– 1 Gold
	– 1 Silber
Teilnahmen:	2002, 2006

Petar Kirow

Das Fliegengewicht war ein gestandener Mann. Fast ein Jahrzehnt lang war der bulgarische Ringer Petar Kirow unumschränkter Beherrscher seiner Gewichtsklasse. Neben zwei Olympiasiegen im griechisch-römischen Stil wurde er dreimal Welt- und fünfmal Europameister. Sein großes Ziel war es, nach dem Gewinn der beiden Goldmedaillen von 1968 und 1972 auch den dritten Olympiasieg zu erringen. Kirow hatte sich auf die Spiele in Montreal 1976 besonders intensiv vorbereitet und galt erneut als Favorit. Doch dann verletzte er sich im Kampf gegen den späteren rumänischen Silbermedaillengewinner Ginga und musste aufgeben.

Land:	Bulgarien
Medaillen:	– 2 Gold
Teilnahmen:	1968, 1972, 1976

Kusuo Kitamura (rechts)

Mit 14 Jahren und 309 Tagen ist der Japaner Kusuo Kitamura der jüngste männliche Olympiateilnehmer, der je einen Einzelsieg errang. Der Schüler aus Tokio gewann 1932 in Los Angeles über 1500 m Freistil nach ungemein spannendem Rennverlauf knapp vor seinem Landsmann Shozo Makino. Der Knabe war seinerzeit noch eine Ausnahme. Nach dem Zweiten Weltkrieg unterwanderten Teenager, durch zehn und mehr Trainingskilometer täglich gedrillt, die Rekordlisten. Vor allem DDR-Schwimmerinnen brachen als 14- und 15-jährige in die Weltelite ein.

Land:	Japan
Medaillen:	– 1 Gold
Teilnahmen:	1932

Lasse Kjus

Der Norweger Lasse Kjus, ein Allrounder im alpinen Skisport, gewann fünf Medaillen in drei verschiedenen Disziplinen bei vier Olympiateilnahmen. Dabei sah es 1991 nach einem schlimmen Trainingssturz, bei dem ihm ein Nerv im linken Schultergelenk (Deltamuskel) riss, zunächst nach dem Ende der Karriere aus. Kjus war zu 15 Prozent Teilinvalide. Ein langwieriges Rehaprogramm, bei dem er die Muskeln rund um den ausgefallenen Deltamuskel trainieren musste, um den linken Arm wieder heben zu können, brachte ihn zurück an die Spitze. 1994 gewann Kjus Gold in der Kombination, 1998 Silber in Kombination und Abfahrt, 2002 Silber in der Abfahrt und Bronze im Riesenslalom.

Land:	Norwegen
Medaillen:	– 1 Gold
	– 3 Silber
	– 1 Bronze
Teilnahmen:	1992, 1994, 1998, 2002

Franz Klammer

Der Druck war fast unmenschlich. Wie Toni Sailer vor und Hermann Maier nach ihm war Franz Klammer das Idol einer ganzen Generation österreichischer Skifans. Im Jahr vor Olympia hatte er acht von zehn Weltcupabfahrten gewonnen und galt als haushoher Favorit für die Spiele im eigenen Land (Innsbruck, 1976). Alles andere als ein Olympiasieg des amtierenden Weltmeisters hätte die Skination ihrem Helden wohl übel genommen. Zunächst stellte der Schweizer Bernhard Russi eine Bestzeit auf. Klammer lag nach einem schweren Fehler im oberen Teil nur auf Platz drei, riskierte dann Kopf und Kragen und siegte mit 33 Hundertstelsekunden Vorsprung. Der Held hatte seine Schuldigkeit getan. Er ging 1985 – mit 25 Weltcupabfahrtssiegen (so viele wie keiner sonst) und als fünfmaliger Sieger des Abfahrtsweltcups.

Land:	Österreich
Medaillen:	– 1 Gold
Teilnahmen:	1976, 1984

Cindy Klassen

Fünf Starts, fünf Medaillen – die Eisschnellläuferin Cindy Klassen erwies sich 2006 in Turin als kompletteste Läuferin. Sie holte Gold über 1500 m, Silber über 1000 m und in der Teamverfolgung, Bronze über 3000 m und 5000 m. Die Kanadierin begann als Eishockeyspielerin, war Mitglied der Nationalmannschaft. Als sie jedoch nicht für die Olympiapremiere der Damen 1998 in Nagano nominiert wurde, wechselte sie die Sportart. Vier Jahre später in Lake Placid gewann sie bereits Bronze über 3000 m und wurde im Jahr darauf Weltmeisterin im Allround-Vierkampf, 2005 außerdem Weltmeisterin über 1500 m und 3000 m.

Land:	Kanada
Medaillen:	– 1 Gold
	– 2 Silber
	– 3 Bronze
Teilnahmen:	2002, 2006

Christian Klees

Der rotblonde Schleswig-Holsteiner Schütze hatte die Gabe, sich auf die Big Points konzentrieren zu können. Vor und nach Olympia 1996 schoss Christian Klees aus Eutin nicht gerade wie ein Olympionike. Doch in Atlanta, als es um Gold ging, traf der Deutsche wie kein Zweiter: 70-mal hintereinander die Zehn – das bedeutete Weltrekord und Goldmedaille im Kleinkaliber-Liegendschießen. Um mehr trainieren zu können, hatte Klees seinen sicheren Job beim Kreisgesundheitsamt 20 Monate vor Atlanta an den Nagel gehängt. »Meine Hauptsponsorin in jener Zeit war meine Frau als Beamtin.«

Land:	Deutschland
Medaillen:	– 1 Gold
Teilnahmen:	1996

Reiner Klimke

Erfolgreichster Reiter aller Zeiten – das war Dr. jur. Reiner Klimke aus Münster (Jahrgang 1936), Rechtsanwalt und Notar und als CDU-Politiker Mitglied des nordrhein-westfälischen Landtags. Die sportlichen Meriten des Dressurreiters sind lang: sechs Olympiasiege von 1964 bis 1988 (fünfmal mit der Mannschaft, einmal im Einzel, 1984); zwei Bronzemedaillen (Einzel); außerdem sechsmal Weltmeister (davon zwei Einzeltitel). Sein erfolgreichstes Pferd war Ahlerich. »Meinen Hang zu Pferden habe ich gekriegt, als ich vier Jahre lang kinderlandverschickt wurde«, erinnerte sich Klimke einmal in einem Interview, »das war von 1941 bis 1945; drei Pferde putzen, eines reiten, so habe ich mich hochgedient.« Bei seinen ersten Spielen, 1960 in Rom, trat er noch in der Military an und wurde Achtzehnter. Fortan konzentrierte er sich auf die Dressur. Sein Fachwissen stellte er auch der Öffentlichkeit zur Verfügung – als Ausbilder, Buch- und Filmautor. Als Klimke 1999 starb, würdigte ihn der Präsident des Deutschen Sportbundes, Manfred von Richthofen, »als großen Olympier«.

Land:	Deutschland
Medaillen:	– 6 Gold – 2 Bronze
Teilnahmen:	1960, 1964, 1968, 1976, 1984, 1988

Bernd Klingner

Was ihm manche als Überheblichkeit auslegten, war in Wahrheit ein Psychokniff. Bernd Klingner, erster deutscher Gewehrschütze mit Olympiagold (1968 im Kleinkaliber-Dreistellungskampf), trat stets mit dem Vorsatz an: »Ich werde gewinnen!« Schon ein Jahr vor Olympia in Mexico City legte er sich seiner Familie und Freunden gegenüber auf seinen Olympiasieg fest. Er verinnerlichte seine Zielvorstellung so extrem, dass die Goldmedaille am Ende für ihn beinahe zur Selbstverständlichkeit wurde. Als das olympische Finale begann, war Bernd Klingner seelenruhig. »Ich wusste ja, dass ich gewinne.«

Land:	Deutschland
Medaillen:	– 1 Gold
Teilnahmen:	1960, 1968, 1972

Wladimir Klitschko (links)

Vor seiner spektakulären Karriere als Profiboxer stand Wladimir Klitschkos Zeit als Amateurboxer. Größter Erfolg dieses Abschnitts war sein Olympiasieg im Superschwergewicht 1996 im Finale gegen den Tonga-Insulaner Paea Wolfgramm. Mit 14 Jahren hatte der Ukrainer, jüngerer Bruder des schlagkräftigeren, aber technisch weniger versierten Vitali Klitschko, mit dem Boxen begonnen. Von seinen 112 Amateurkämpfen verlor er nur sechs. Ursprünglich war Bruder Vitali für die Olympischen Spiele nominiert worden. Da dieser aber positiv auf ein Steroid getestet und gesperrt wurde, rückte Wladimir nach.

Land:	Ukraine
Medaillen:	– 1 Gold
Teilnahmen:	1996

Jana Klotschkowa

Die Journalisten mögen sie. Denn die Ukrainerin sei die »Unkompliziertheit in Person« (»Die Presse«, Österreich) und »auch im Erfolg bescheiden« (»Neue Zürcher Zeitung«). Jana Klotschkowas Stern ging bei den Spielen 2000 in Sydney auf. Seitdem zählt sie zu den besten Lagenschwimmerinnen. Sie wurde Doppelolympiasiegerin über 200 m und 400 m und holte Silber über 800 m Freistil. Vier Jahre darauf wiederholte sie in Athen ihren Doppeltriumph. »Für diesen Traum habe ich hart gearbeitet – das war´s, was ich immer wollte«, lautete ihr Kommentar.

Land:	Ukraine
Medaillen:	– 4 Gold
	– 1 Silber
Teilnahmen:	2000, 2004

Carolina Klüft

Seit dem Beginn des neuen Jahrtausends ist Carolina Klüft die weltbeste Siebenkämpferin: 2001 Juniorenweltmeisterin, 2002 Junioreneuropameisterin, 2003 Weltmeisterin, 2004 Olympiasiegerin, 2005 Weltmeisterin, 2006 Europameisterin. Und ein Ende ist nicht in Sicht, denn beim nächsten Olympiaauftritt 2008 ist die blonde und beim Wettkampf stets bestens gelaunte Schwedin gerade mal 25 Jahre alt. Ihr Studium (Psychologie, Philosophie, Geschichte) hat sie wegen der Leichtathletik unterbrochen. Klüfts Motto: »Ich denke nie an Medaillen, sondern will meinen Spaß.« Wer sie erlebt, glaubt´s ihr sofort.

Land:	Schweden
Medaillen:	– 1 Gold
Teilnahmen:	2004

Marita Koch

Sie stellte 16 Weltrekorde auf, war dreimal Weltsportlerin des Jahres und Olympiasiegerin (über 400 m), dominierte von Ende der 1970er- bis Mitte der 1980er-Jahre die Sprintdisziplinen. Doch die Dopingvorwürfe, die man ihr immer wieder machte, haben sich bis heute gehalten. Marita Koch, die im Sportsystem der DDR groß wurde, hat sie ebenso oft bestritten. Etwa so: »Viele meinen, etwas über mich aus irgendwelchen komischen Unterlagen zu wissen. Die belegen überhaupt nicht, was man wirklich gemacht hat.« Experten wundern sich noch heute, dass die Australierin Cathy Freeman bei ihrem Olympiasieg 2000 über 400 m 3 Sekunden länger brauchte als Koch 15 Jahre davor.

Land: DDR
Medaillen: – 1 Gold
– 1 Silber
Teilnahmen: 1976, 1980

Toshihiko Koga

Zehn Jahre lang – von Mitte der 1980er- bis Mitte der 1990er-Jahre – kämpfte der japanische Judoka in der Weltspitze mit. Als 18-Jähriger machte Toshihiko Koga erstmals die Fachwelt auf sich aufmerksam, als er 1986 Juniorenweltmeister im Leichtgewicht wurde. Im Jahr darauf wurde er WM-Dritter bei den Senioren, 1989 und 1991 Weltmeister und 1992 Olympiasieger in Barcelona. Nach seiner erneuten Weltmeisterschaft 1995 galt er auch für die Spiele 1996 in Atlanta als Favorit, musste sich aber im Finale dem Franzosen Bouras geschlagen geben.

Land: Japan
Medaillen: – 1 Gold
– 1 Silber
Teilnahmen: 1992, 1996

Thomas Köhler

Er machte Karriere sowohl als Sportler als auch als Funktionär. 1964 wurde der DDR-Rodler Thomas Köhler im Einsitzer Olympiasieger und 1968 Silbermedaillengewinner. Sein zweites Gold holte er im Doppelsitzer mit Partner Klaus-Michael Bonsack. Hinzu kamen vier WM-Titel. Gleich im Jahr darauf wurde Köhler Cheftrainer der DDR-Rodler, besuchte die SED-Parteihochschule, war anschließend Vizepräsident des Deutschen Turn- und Sportbundes (DTSB) der DDR, Mitglied des NOK und Chef der Mission des DDR-Teams bei den Winterspielen 1984 und 1988. Nach der Wende wechselte Thomas Köhler in die Wirtschaft.

Land: DDR
Medaillen: – 2 Gold
– 1 Silber
Teilnahmen: 1964, 1968

Peter Kohnke

Der Schütze aus Bremervörde trainierte täglich, zumeist mit seinem Freund Bernd Klingner, der acht Jahre nach ihm Olympiasieger wurde. Vor allem mit Gewichten wurde viel gearbeitet. Denn das Kleinkalibergewehr, mit dem Peter Kohnke bei den Spielen 1960 in Rom an den Start ging, wog 18 Pfund und musste 60-mal in Anschlag gebracht werden. Kohnke, damals ein keineswegs athletisch gebauter 18-jähriger technischer Zeichnerazubi, schoss bei 60 Versuchen 50 Zehner und 10 Neuner und wurde Olympiasieger.

Land:	Deutschland
Medaillen:	– 1 Gold
Teilnahmen:	1960

Väino Kokkinen

Zwei Olympiasiege in Folge – der finnische Mittelgewichtler Väino Kokkinen war einer der besten Ringer seiner Zeit. Das bekam auch Schwedens Ringerkönig Ivar Johansson zu spüren, der zu Beginn seiner Laufbahn bei internationalen Meisterschaften dreimal gegen Kokkinen verlor. Seinen zweiten Olympiasieg, bei den Spielen 1932, errang der Finne übrigens gegen den aus Ungarn stammenden, für Deutschland startenden und späteren Bundestrainer Janos »Jean« Földeak, den er im Finale von Los Angeles besiegte.

Land:	Finnland
Medaillen:	– 2 Gold
Teilnahmen:	1928,1932

Hannes Kolehmainen

Hannes Kolehmainen lief Finnland in die Weltkarte. Er war der Begründer der großen finnischen Langlauftradition und Vorbild für spätere Stars wie Paavo Nurmi und Lasse Viren. Der Langstreckenpionier gewann 1912 drei Goldmedaillen (5000 m, 10 000 m, 8000-m-Geländelauf, alle in Weltrekordzeit) sowie Silber im Teamgeländelauf. Historische Dimension erlangte das 5000-m-Duell mit dem Franzosen Bouin, als allein in der Schlussrunde die Führung zigmal wechselte und Kolehmainen in 14:36,6 Minuten siegte. »Ich hätte mir fast gewünscht, nicht gewonnen zu haben«, sagte der Finne nach der Siegerehrung, weil neben der finnischen auch die russische Flagge gehisst wurde; Finnland war damals noch ein Teil Russlands. 1920, nach dem Krieg, gewann Kolehmainen auch noch Gold im Marathonlauf. Als 1952 die Spiele in Helsinki veranstaltet wurden, entzündete er bei der Eröffnung zusammen mit Nurmi das olympische Feuer.

Land:	Finnland
Medaillen:	– 4 Gold
	– 1 Silber
Teilnahmen:	1912, 1920, 1924

Alexander Koltschinski

Für einen Superschwergewichtler war der russische Ringer Alexander Koltschinski überaus wendig und schnell. Mit dieser Stärke überraschte er die Mehrzahl seiner meist weit über 100 kg schweren Gewichtsgenossen. Zum Beispiel den vielfachen bulgarischen Weltmeister Tomow, den der Russe bei seinen Olympiasiegen 1976 und 1980 beide Male im Finale besiegte. Nach seiner aktiven Laufbahn war Koltschinski zuerst Offizier in der Sowjetarmee und danach Geschäftsmann. 1994 wurde er wegen Erpressung zu einer Haftstrafe verurteilt, aber bereits 1996 vom ukrainischen Präsidenten Kutschma begnadigt.

Land:	UdSSR
Medaillen:	– 2 Gold
Teilnahmen:	1976, 1980

Takanori Kono

Es war die Sensation der Winterspiele von 1992, als die japanische Mannschaft mit Takanori Kono an der Spitze Olympiasieger in der nordischen Kombination wurde und Österreicher und Deutsche hinter sich ließ. Zwei Jahre darauf verteidigten Kono & Co. ihr Mannschaftsgold in souveräner Art und Weise. Kono selbst gewann im Einzelwettbewerb nach atemberaubendem Endspurt im Kampf um Silber gegen den Norweger Vik, konnte dessen Landsmann Lundberg aber nicht mehr den Olympiasieg streitig machen.

Land:	Japan
Medaillen:	– 2 Gold
	– 1 Silber
Teilnahmen:	1992, 1994

Kerstin Köppen (links)

Die Diplomsportlehrerin aus Potsdam, die sich nicht nur fürs Rudern interessiert, »sondern auch schon alle möglichen Sportarten ausprobierte«, holte ihre beiden Olympiasiege in unterschiedlichen Bootsklassen. 1992 gewann Kerstin Köppen im Doppelzweier zusammen mit ihrer Partnerin Kathrin Boron, 1996 im Vierer ohne Steuerfrau, erneut mit Kathrin Boron sowie Jana Sorgers und Katrin Rutschow. Außerdem wurde Kerstin Köppen noch viermal Weltmeisterin.

Land:	Deutschland
Medaillen:	– 2 Gold
Teilnahmen:	1988, 1992, 1996

Olga Korbut

In den Fokus der Weltöffentlichkeit trat die 17-jährige russische Turnerin erstmals 1972. Mit ihrer fröhlich-unbeschwerten Art, mit der sie ihre spektakulär-akrobatischen Elemente vortrug, wurde Olga Korbut schnell zum Liebling des Publikums, mit dem sie immer gerne kokettierte. Sie war die erste Turnerin, die auf dem nur 10 cm breiten Schwebebalken den Salto rückwärts zeigte – eine Sensation. In München gewann die Russin dreimal Gold (Schwebebalken, Boden, Mannschaftswertung) und einmal Silber, (Stufenbarren), vier Jahre später in Montreal noch einmal Gold (Mannschaft) und Silber (Schwebebalken). Nach ihrer Karriere heiratete Olga Korbut den Popsänger Leonid Bortkewitsch, übersiedelte in die USA und gründete in Atlanta eine Turnschule.

Land:	UdSSR
Medaillen:	– 4 Gold
	– 2 Silber
Teilnahmen:	1972, 1976

Julius Korir

Als der Kenianer Julius Korir 1984 nach einem begeisternden Lauf die Goldmedaille über 3000 m Hindernis geholte hatte, glaubten viele Experten an weitere Großtaten des relativ kleinen und schmächtigen Läufers (1,72 m, 64 kg). Doch bald nach Olympia begann für Korir ein Kampf gegen immer neue Verletzungen. Als er nach zwei Jahren einigermaßen wiederhergestellt war und an ein Comeback dachte, war die Konkurrenz im eigenen Land so stark geworden, dass er für die folgenden Olympischen Spiele nicht mehr berücksichtigt wurde.

Land:	Kenia
Medaillen:	– 1 Gold
Teilnahmen:	1984

Johann Olav Koss

Der Norweger (1994 in Lillehammer dreifacher Olympiasieger über 1500 m, 5000 m, 10 000 m; dazu 1992 1500-m-Gold und 10 000-m-Silber) setzte nicht nur als Eisschnellläufer Maßstäbe. Johann Olav Koss zeigte auch durch sein außersportliches Engagement Größe: In Lillehammer stiftete er seine Prämie fürs 1500-m-Gold, umgerechnet 55 000 DM, für Kinder in Krisenregionen und rief seine Landsleute zu Spenden auf. »Ich trainiere täglich acht Stunden, um eine Zehntelsekunde schneller zu laufen, Kinder in Eritrea kämpfen jede Sekunde ums Überleben«, sagte Koss. Gleich nach den Spielen beendete der Athlet seine Laufbahn, schloss sein unterbrochenes Medizinstudium ab und wurde IOC-Mitglied. Er weitete sein karitatives Engagement aus und nannte seine Hilfsorganisation »Right to Play«. Inzwischen betreut sie Dutzende von Projekten in Afrika, Asien und im Mittleren Osten. Andere Olympiasieger helfen mit. Joey Cheek, der Eisschnelllaufsieger über 500 m von 2006, stiftete seine Siegprämie und rief zu Spenden auf.

Land:	Norwegen
Medaillen:	– 4 Gold
	– 1 Silber
Teilnahmen:	1992, 1994

Robert Korzeniowski

Der Pole sorgte bei seinen drei olympischen Auftritten mit insgesamt vier Goldmedaillen gleich für zwei absolute Neuheiten: Zum einen war Robert Korzeniowski der erste Geher, der bei denselben Spielen (2000) sowohl über die kürzere (20 km) als auch über die lange (50 km) Distanz gewann. Zum anderen schaffte er als Erster bei drei aufeinanderfolgenden Spielen den Sieg über 50 km. Nach den Spielen 2004 beendete der neben Skispringer Adam Malysz populärste Sportler Polens seine Laufbahn. Inzwischen setzt sich der studierte Diplomsportlehrer, der neben seinen Olympiasiegen noch dreimal Weltmeister wurde und für viele Experten als bester Geher aller Zeiten gilt, für die Popularität seiner Sportart ein.

Land:	Polen
Medaillen:	– 4 Gold
Teilnahmen:	1996, 2000, 2004

Klaus Köste

Er war der erfolgreichste Turner und der erste Turnolympiasieger der DDR. Klaus Köste war bekannt für seinen eleganten Stil, den er mit Temperament und Spritzigkeit verband. Größter Erfolg seiner Karriere war der Gewinn der Goldmedaille im Pferdsprung 1972 in München. Dazu holte er mit dem DDR-Team Bronze in der Mannschaftswertung, was ihm schon 1964 und 1968 gelungen war. Ein Achillessehnenriss beendete 1974 kurz vor Beginn der WM in Varna seine Laufbahn. Danach arbeitete Köste als Trainer und – nach der Wende – als persönlicher Sekretär des früheren Radweltmeisters und PDS-Abgeordneten Gustav-Adolf Schur.

Land:	DDR
Medaillen:	– 1 Gold
	– 3 Bronze
Teilnahmen:	1964, 1968, 1972

Janica Kostelic

Die Kroatin steht gleich für mehrere Maxima: Mit viermal Gold und zweimal Silber ist Janica Kostelic die erfolgreichste alpine Skifahrerin der Olympiageschichte. Als erste Person im alpinen Rennsport gewann sie vier Medaillen bei einer Olympiade (2002). Zudem gilt sie als die kompletteste Läuferin überhaupt. In der Kombination holte sie zweimal Gold, im Slalom und Riesenslalom je einmal, im Super-G zweimal Silber. Auch in der Abfahrt verkörpert sie Weltklasse und wurde 2005 Weltmeisterin (insgesamt fünfmal). Zwischendurch musste Janica Kostelic immer wieder schwere Verletzungen überwinden, die mehrfach ihre Karriere bedrohten. In ihrer Heimat ist sie schon jetzt eine Legende. Wenn sie an den Start geht, schaut fast ganz Kroatien zu.

Land:	Kroatien
Medaillen:	– 4 Gold
	– 2 Silber
Teilnahmen:	1998, 2002, 2006

Pal Kovács (links)

Mit insgesamt sechs Olympiasiegen, fünf mit dem Team, einen im Einzel, gehört der ungarische Säbelfechter Pal Kovács zu den erfolgreichsten Sportlern der Olympiageschichte. Die Magyaren triumphierten mit ihm zwischen 1936 und 1960 bei fünf Spielen und wurden im selben Zeitraum siebenmal Weltmeister. Kovács, zusätzlich zweimal Einzelweltmeister, begann als Hochspringer, bevor er sich dem Fechten zuwandte. Nach seiner Karriere war er Präsident des ungarischen Fechtverbandes, später Vizepräsident des Internationalen Fechtverbandes FIE. Sein Sohn Tamás gewann 1968 und 1972 mit Ungarn jeweils Bronze im Mannschaftswettbewerb.

Land:	Ungarn
Medaillen:	– 6 Gold
	– 1 Bronze
Teilnahmen:	1936, 1948, 1972, 1956, 1960

Manja Kowalski

Gut, wenn man eine Zwillingsschwester mit im Boot hat, die einem zur Goldmedaille verhilft. In dieser angenehmen Situation befand sich bei den Spielen 2000 in Sydney die Potsdamer Ruderin Manja Kowalski. Zusammen mit ihrer Schwester Kerstin El-Qalqili (sowie Meike Evers und Manuela Lutze) saß sie im deutschen Doppelvierer, der in souveräner Manier vor Großbritannien und Russland Olympiasieger wurde. Manja, 1993 auch Weltmeisterin im Doppelvierer, konnte sich auf die Führungsstärke von Kerstin verlassen, die weltweit als überragende Schlagfrau im Skullbereich gilt.

Land:	Deutschland
Medaillen:	– 1 Gold
Teilnahmen:	2000

Alvin Kraenzlein

Der Student der Zahnmedizin war einer der Stars der Spiele von 1900. Alvin Kraenzlein gewann viermal Gold in drei Tagen: im Weitsprung, über 60 m, 110 m Hürden und 200 m Hürden. Vor allem seine Hürdentechnik beeindruckte. Der Amerikaner war der Erste, der die Hindernisse, wie heute noch üblich, mit einem geraden Fuß nach vorne überlief. Im Jahr nach Olympia trat Kraenzlein vom aktiven Sport zurück, um sein Studium zu beenden. Nachdem er einige Jahre als Zahnarzt gearbeitet hatte, zog es ihn wieder zur Leichtathletik. Er wurde Trainer und gab Kurse für Sportlehrer, übrigens auch in Deutschland.

Land:	USA
Medaillen:	– 4 Gold
Teilnahmen:	1900

Ingrid Krämer-Engel-Gulbin (Mitte)

Unter ihrem Mädchennamen wurde die 17-jährige Ingrid Krämer 1960 völlig überraschend Doppelolympiasiegerin im Wasserspringen (3-m-Brett und 10-m-Turm). Sie durchbrach damit die Siegesserie der seit 1924 ungeschlagenen Amerikanerinnen. Die Ostdeutsche, die als erste Springerin beide Disziplinen gewann, erfuhr danach in ihrer Heimat eine so große Popularität wie nach ihr nur noch Katarina Witt. Vier Jahre später in Tokio, nach ihrer Eheschließung, nahm sie als Ingrid Krämer-Engel teil, gewann erneut Gold vom 3-m-Brett und Silber vom Turm. Wegen ihrer Verletzungsanfälligkeit sprang sie anschließend nie mehr von der 10-m-Plattform und startete nach Scheidung und erneuter Heirat als Ingrid Krämer-Gulbin 1968 ein drittes Mal bei Olympia. Durch eine Gelbsucht geschwächt, wurde sie nur Fünfte vom 3-m-Brett. Später arbeitete Ingrid Gulbin, wie sie inzwischen heißt, als Trainerin, nach der Wende als Bankangestellte und heute als Mitarbeiterin der Dresdner Fortbildungsakademie der Wirtschaft.

Land: DDR
Medaillen: – 3 Gold
– 1 Silber
Teilnahmen: 1960, 1964, 1968

Barbara Krause

Obwohl sie bereits 1975 zur Weltklasse im Schwimmen zählte, errang Barbara Krause erst zum Abschluss ihrer Laufbahn bei den Spielen 1980 ihren größten Triumph: Die Ostberlinerin wurde Dreifach-Olympiasiegerin im Freistil über 100 m, 200 m und in der 4x100-m-Staffel. Die Spiele 1976, bei denen die DDR-Sportfunktionäre Gold von ihr erwarteten, hatte sie wegen einer Erkrankung verpasst. Zum Schwimmen kam Barbara Krause, nachdem ein Orthopäde bei der Vierjährigen Haltungsfehler festgestellt hatte. Ihre erste Medaille bekam sie im 2. Schuljahr für einen 3. Platz vom Weihnachtsmann, es folgten EM- und WM-Medaillen – und am Ende Olympiagold.

Land: DDR
Medaillen: – 3 Gold
Teilnahmen: 1980

Christiane Krause

Sie ist die am wenigsten bekannte Läuferin der legendären bundesdeutschen 4x100-m-Sprintstaffel, die 1972 in München das favorisierte Quartett aus der DDR mit Renate Stecher als Schlussläuferin besiegte. Christiane Krause hatte als Startläuferin den wichtigen Grundstein für den sensationellen Erfolg gelegt, ihr folgten Ingrid Mickler auf der Gegengeraden, Annegret Richter in der Kurve und Heide Rosendahl mit ihrem unvergessenen Finish gegen Renate Stecher. »Der Sport blieb immer mein Lebenselixier, er ist die beste Droge für mich«, sagte die erfolgreiche Hamburger Geschäftsfrau vor wenigen Jahren in einem »FAZ«-Interview. Von »falschen« Drogen indes hielt sie sich stets fern: »Als Alternativen mit leistungsfördernden Mitteln anstanden, habe ich vor den Spielen 1976 aufgehört.«

Land: Deutschland
Medaillen: – 1 Gold
Teilnahmen: 1972

Silke Kraushaar

Sie war eine Spätentwicklerin und schon 28, als ihr mit dem Olympiasieg im Rennrodeln endlich der Durchbruch gelang. »Das Durchhalten hat sich gelohnt«, sagte Silke Kraushaar erleichtert. In der Tat dauerte es viele Jahre, bis der Trainingsaufwand auch Früchte trug. Hauptgrund dafür: Nirgendwo war die Konkurrenz so groß wie bei den deutschen Rodlerinnen, die seit den 1990er-Jahren bis in die Gegenwart hinein die Weltklasse dominieren. Bundestrainer Thomas Schwab nannte Silke Kraushaar »die trainingsfleißigste und willensstärkste meiner Sportlerinnen«. Auf den Olympiasieg folgten 2002 Bronze, 2004 der WM-Titel und 2006 Olympiasilber.

Land:	Deutschland
Medaillen:	– 1 Gold
	– 1 Silber
	– 1 Bronze
Teilnahmen:	1998, 2002, 2006

Inessa Krawets

Nur 2 Zentimeter fehlten der Ukrainerin Inessa Krawets 1992 zum Olympiasieg im Weitsprung. 7,12 m hatte sie vorgelegt, doch im vorletzten Sprung landete ihre Hauptkonkurrentin Heike Drechsler auf 7,14 m – und Krawets blieb nur Silber. Nicht zuletzt um der Deutschen aus dem Weg zu gehen, versuchte sie sich danach auch in der für Frauen neuen Disziplin Dreisprung und wurde 1996 Olympiasiegerin. Überschattet wurden ihre Erfolge von zwei Dopingvergehen: 1993 war Inessa Krawets bei einer Probe Ephedrin nachgewiesen worden, was ihre Teilnahme an der WM in Stuttgart verhinderte. 2000 wurde sie erneut positiv getestet und für zwei Jahre gesperrt.

Land:	UdSSR, Ukraine
Medaillen:	– 1 Gold
	– 1 Silber
Teilnahmen:	1988, 1992, 1996

Stefan Krauße

Zum Rodeln im Doppelsitzer bedarf es größtmöglicher Harmonie. Da traf es sich gut, dass sich der 1,86 m große Stefan Krauße und der einen Kopf kleinere Partner Jan Behrendt schon von der ersten Schulklasse her kannten. Ein Duo wie Pat und Patachon, mit Krauße als Steuermann und Behrendt als »Rucksack«, wie die Rodler sagen; beide aus Illmenau im Thüringer Wald, beide mit dem Hang zur Perfektion. »Wir mögen keine Sachen, die nur ein bisschen gut sind«, sagte Stefan Krauße einmal. Heraus kamen vier Weltmeisterschaften, drei Gesamtweltcuperfolge, zwei Olympiasiege (1992, 1998) sowie je einmal Silber (1988) und Bronze (1994).

Land:	Deutschland
Medaillen:	– 2 Gold
	– 1 Silber
	– 1 Bronze
Teilnahmen:	1988, 1992, 1994, 1998

Lenny Krayzelburg

Er wuchs als Ukrainer auf und wurde als Amerikaner Olympiasieger. Noch kurz vor den Spielen 1996 hatte sein Heimatland den hochbegabten Rückenschwimmer Lenny Krayzelburg, der mit seinen Eltern 1989 in die USA emigriert war, zu einem Olympiastart für die Ukraine überreden wollen. Doch der 20-Jährige lehnte ab, er wartete lieber auf seine Chance im US-Team. Sie kam 2000 in Sydney, wo Krayzelburg drei Goldmedaillen gewann (100 m und 200 m Rücken, 4x100-m-Lagenstaffel). 2004 in Athen holte er mit der Lagenstaffel sein viertes Gold.

Land: USA
Medaillen: – 4 Gold
Teilnahmen: 2000, 2004

Wera Krepkina

Die russische Sprinterin Wera Krepkina hatte alles dafür getan, um einen großen Titel über die klassische 100-m-Strecke zu erringen. Doch mit beinahe einfallsloser Unbarmherzigkeit machte ihr das Schicksal immer wieder einen Strich durch die Rechnung: 1952, 1956 und 1960 schied Krepkina jeweils im Halbfinale aus und landete mit der 4x100-m-Staffel jeweils auf Rang 4. Doch bei ihrem letzten olympischen Auftritt hatte sie sich, obwohl keine ausgesprochene Spezialistin, auch für den Weitsprung gemeldet. Zur allgemeinen Verblüffung ließ Wera Krepkina zwei Weltrekordlerinnen hinter sich und wurde mit 6,37 m Olympiasiegerin.

Land: UdSSR
Medaillen: – 1 Gold
Teilnahmen: 1952, 1956, 1960

Petra Kronberger

Petra Kronberger war schon immer eine eigenwillige Person, für die der Skirennsport nicht alles bedeutete (»eigentlich sollte man sich um Arme und Kranke kümmern, anstatt auf der Piste herumzufahren«). Als eine der komplettesten Alpinen gewann die Österreicherin von 1990 bis 1992 den Gesamtweltcup, 1991 die WM in der Abfahrt und 1992 zwei Goldmedaillen im Slalom und in der Kombination. Während ihrer Karriere arbeitete sie als Bankkauffrau weiter, war damit als Berufstätige in ihrer Branche eine Rarität. Als Petra Kronberger nach ihrem Goldtriumph »wegen mangelnder Motivation« urplötzlich ihren Rücktritt erklärte, war ganz Österreich geschockt.

Land: Österreich
Medaillen: – 2 Gold
Teilnahmen: 1988, 1992

Klaus Kröppelin (rechts)

Zwar fehlte 1980 in Moskau wegen des Boykotts vieler westlicher Staaten in den meisten Disziplinen die entsprechende Konkurrenz. Doch der DDR-Ruderer Klaus Kröppelin wäre zusammen mit seinem Partner Joachim Dreifke mit ziemlicher Sicherheit auch ohne Boykott Olympiasieger im Doppelzweier geworden. Die beiden Ostdeutschen zählten schon vorher zu den Besten der Welt und gewannen vor den Teams aus Jugoslawien und der Tschechoslowakei Gold.

Land:	DDR
Medaillen:	– 1 Gold
Teilnahmen:	1980

Wiktor Krowopuskow

Wie ein Schachspieler ging der russische Säbelfechter Wiktor Krowopuskow in seiner Freizeit in Gedanken immer wieder alle Gefechte durch, siegreiche wie verlorene. Auf diese Weise eliminierte der Perfektionist seine Schwächen. Bei den Spielen 1976 und 1980 erreichte der stets zu Späßen aufgelegte und oft von Verehrerinnen umlagerte, gut aussehende Fechter denn auch ein perfektes Ergebnis: Krowopuskow startete jeweils im Einzel und im Team – und wurde stets Olympiasieger.

Land:	UdSSR
Medaillen:	– 4 Gold
Teilnahmen:	1976, 1980

Gerhard Pieter de Kruyff

Die Niederländer waren in den 1920er-Jahren die beherrschende Nation im Vielseitigkeitsreiten, auch Military genannt. Einer ihrer herausragenden Reiter war Gerhard Pieter de Kruyff.
Zusammen mit seinen Teamkameraden Charles Pahud de Mortanges und Adolf van der Voort van Zijp wurde er 1924 und 1928 Olympiasieger im Mannschaftswettbewerb, bei den Spielen in Amsterdam gewann er außerdem Silber in der Einzelwertung hinter Landsmann de Mortanges.

Land:	Niederlande
Medaillen:	– 2 Gold
	– 1 Silber
Teilnahmen:	1924, 1928

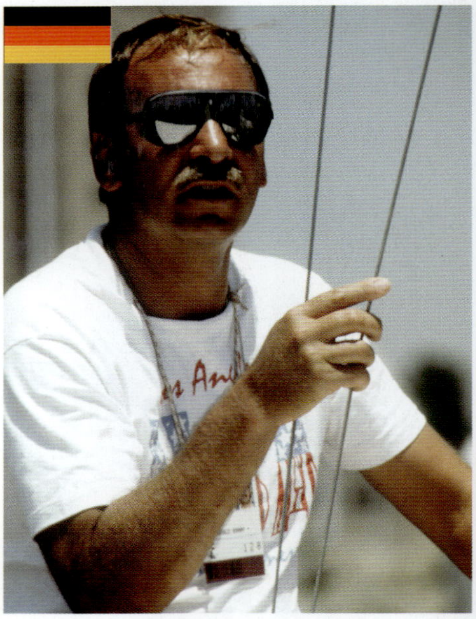

Willi Kuhweide

»Wer was vom Segeln versteht, lernt auch das Fliegen leichter«, hat Willi Kuhweide einmal gesagt. Als Segler wurde er 1964 Olympiasieger im Finn-Dinghy und 1972 Bronzemedaillengewinner in der Starbootklasse. Am Ende standen rund 30 Jahre Segeln auf Weltklasseniveau (vier WM- und drei EM-Titel). Als Flieger war er Lufthansapilot und Leiter der Lufthansa-Verkehrsfliegerschule in Arizona. Zu olympischen Ehren kam Willi Kuhweide noch einmal bei seinen letzten Spielen 1984 in Los Angeles, als er bei der Eröffnungsfeier die deutsche Fahne tragen durfte. Seine Leidenschaft fürs Segeln begleitete ihn bis in die Gegenwart – und zwar mit seinem Engagement als Kommodore für die Teilnahme eines deutschen Boots beim America´s Cup 2007.

Land:	Deutschland
Medaillen:	– 1 Gold
	– 1 Bronze
Teilnahmen:	1964, 1968,
	1972, 1976, 1984

Hennie Kuiper

Schon als Amateur hatte sich der Niederländer einen Namen als Radrennfahrer gemacht. 1972 wurde Hennie Kuiper Olympiasieger im Straßenrennen. Der Überraschungserfolg veranlasste ihn nur wenige Monate später zum Wechsel ins Profilager. Kuiper wurde 1975 Straßenweltmeister, gewann im Jahr darauf die Tour de Suisse und belegte beim härtesten und populärsten Rennen der Welt, der Tour de France, zweimal Platz 2 (1977, 1980).

Land:	Niederlande
Medaillen:	– 1 Gold
Teilnahmen:	1972

Jerzy Kulej

Mit 16 Jahren begann Jerzy Kulej mit dem Boxen – und schon zwei Jahre später gehörte er zum Kreis der polnischen Auswahl. Seine erste Goldmedaille gewann er 1964, als er im Finale den Russen Frolow besiegte. Die olympische Titelverteidigung vier Jahre darauf fiel denkbar knapp aus. Mit 3:2-Richterstimmen besiegte der Pole den Kubaner Regueiferose hauchdünn. Jerzy Kulej war in seiner Heimat überaus populär. Er wirkte in Spielfilmen mit, ging in die Politik, wurde Parlamentsabgeordneter und kommentierte im Fernsehen Boxkämpfe.

Land:	Polen
Medaillen:	– 2 Gold
Teilnahmen:	1964, 1968

Galina Kulakowa

Die Russin Galina Kulakowa gewann acht Medaillen bei vier Spielen. Doch der olympische Höhepunkt der fünfmaligen Weltmeisterin konzentrierte sich auf Sapporo 1972 mit drei Olympiasiegen im Langlauf: 5 km, 10 km und 3x5-km-Staffel. Dafür gab´s den Leninorden. 1976 in Innsbruck holte sie, wieder mit der Staffel, ihr viertes Gold, dazu Bronze über 10 km. Erst mit 22 Jahren hatte das Leichtgewicht (1,60 m, 57 kg) mit dem Hochleistungssport begonnen. Nicht einmal vier Jahre darauf gewann die Lehrerin bei ihren ersten Winterspielen (1968) Silber (5 km) und Bronze (Staffel). Mit Staffelsilber schloss die Russin 1980 ihre Olympiazeit ab und beendete bald darauf ihre Karriere.

Land:	UdSSR
Medaillen:	– 4 Gold
	– 2 Silber
	– 2 Bronze
Teilnahmen:	1968, 1972,
	1976, 1980

Astrid Kumbernuss

Die 1,86 m große und 90 kg schwere Leichtathletin aus Neubrandenburg war die erfolgreichste Kugelstoßerin der 1990er-Jahre: Olympiasieg 1996, Bronzegewinn 2000 und dreimalige Weltmeisterin 1995, 1997 und 1999. Aufs Kugelstoßen konzentrierte sich Astrid Kumbernuss erst von 1990 an, bis dahin hatte sie auch im Diskuswerfen zur Weltspitze gezählt. Die noch in der DDR ausgebildete Athletin hob das Kugelstoßen aus seinem Mauerblümchendasein, wurde eine der populärsten Leichtathletinnen weltweit und die am meisten verdienende Frau aus dem Kugelstoßlager. Ihre Antrittsgagen pro Grand-Prix-Meeting lagen zwischen 7000 und 13 000 DM. Hinzu kamen Siegprämien wie ein 45 000-DM-Mercedes als WM-Prämie 1995 oder 30 000 Dollar für den Grand-Prix-Gewinn – bei fast 100 Wettkämpfen zwischen 1995 und 1997.

Land:	Deutschland
Medaillen:	– 1 Gold
	– 1 Bronze
Teilnahmen:	1996, 2000, 2004

Mario Kummer

Seine großen Erfolge kurz vor der politischen Wende in Deutschland (Olympiasieg 1988 im 100-km-Mannschaftsfahren, Weltmeisterschaft 1989) hatten dem DDR-Athleten Mario Kummer eine gute Ausgangsbasis für eine Karriere im Radsport geschaffen: Er wurde Profi, ging zum Team Telekom, erst als Fahrer, dann als sportlicher Leiter, und war danach Sportdirektor des in T-Mobile umbenannten Rennstalls. 2007 übernahm Kummer, laut »FAZ« »ein stiller Thüringer, der gründliche Arbeit spektakulären Auftritten vorzieht«, den Posten des sportlichen Leiters beim Team Astana.

Land:	DDR
Medaillen:	– 1 Gold
Teilnahmen:	1988

Joachim Kunz

Die Sportmediziner in der DDR hatten die günstigen Hebelverhältnisse, die Joachim Kunz fürs Gewichtheben mitbrachte, früh erkannt. Mit 15 bestritt der Junge aus Sachsen seine ersten Wettkämpfe und wurde bereits drei Jahre später Junioreneuropameister (1977). Ein Jahr später hob er bei den Senioren die Konkurrenz aus den Angeln: 1980 wurde Kunz Olympiazweiter im Leichtgewicht, im Jahr darauf Weltmeister. Für 1984 war er Favorit auf Olympiagold, musste sich wegen des Boykotts der Spiele jedoch mit dem Olympiasieg bis 1988 gedulden.

Land:	DDR
Medaillen:	– 1 Gold
	– 1 Silber
Teilnahmen:	1980, 1988

Claudia Künzel

Eigentlich ist Claudia Künzel eine Skikurzläuferin. Denn ihre Stärken liegen im Sprint. Bei der WM 2003 und Olympia 2006 gewann sie jeweils Silber im Sprint (1,5 km); dazu kam noch olympisches Staffelsilber (4x5 km). Olympiasiegerin wurde sie 2002 in Salt Lake City mit der 4x5-km-Staffel. Es war eine der großen Sensationen der Winterspiele, als die deutsche Staffel 1,5 Sekunden vor Norwegen die Ziellinie passierte. 2005 heiratete Claudia Künzel den Norweger Trond Nystad, Trainer der US-Langläufer.

Land:	Deutschland
Medaillen:	– 1 Gold
	– 2 Silber
Teilnahmen:	2002, 2006

Wiktor Kuskin

Der Russe aus Moskau wurde zu Recht in die Hall of Fame der besten Eishockeyspieler aller Zeiten aufgenommen. Denn Wiktor Kuskin, der Verteidiger von ZSKA Moskau, gewann mit der sowjetischen Eishockeynationalmannschaft dreimal in Folge die Goldmedaille (1964, 1968, 1972). Außerdem wurde er achtmal Weltmeister. Nach seiner Spielerkarriere arbeitete er als Trainer bei ZSKA.

Land:	UdSSR
Medaillen:	– 3 Gold
Teilnahmen:	1964, 1968, 1972

Kevin Kuske (links)

Auch als Anschieber kann man es zu etwas bringen. Kevin Kuske, Berufssoldat aus Oberhof, wurde in den Zweier- und Vierbobs des genialen Piloten André Lange gleich dreimal Olympiasieger: 2002 im Viererbob, 2006 sogar in beiden Wettbewerben. Hinzu kamen mehrere Weltmeisterschaften und Europameisterschaften, sowohl im Zweier- als auch im Viererbob.

Land:	Deutschland
Medaillen:	– 3 Gold
Teilnahmen:	2002, 2006

Wladimir Kuz

Einer seiner Konkurrenten, der Deutsche Hans Grodotzki, charakterisierte Wladimir Kuz einmal als »einen der gefürchtetsten Tempoläufer aller Zeiten, ein Laufwunder«. Die Spezialität des russischen Langstreckenläufers waren überraschende Tempowechsel, die seine Gegner zermürbten. Bei den Spielen 1956 gelang ihm der Doppelsieg über 5000 m und 10 000 m. Sein olympischer 5000-m-Rekord von 13:39,6 Minuten wurde erst 1972 vom Schweden Lasse Viren verbessert. Als »Held von Melbourne« kehrte Wladimir Kuz in die Heimat zurück. Als Anerkennung seiner Leistungen erhielt er den im Sport nur selten vergebenen Leninorden.

Land:	UdSSR
Medaillen:	– 2 Gold
Teilnahmen:	1956

Eirik Kvalfoss

Zum Biathlon kam der Norweger, als er mit 12 Jahren versehentlich zwei Wettkampftermine verwechselt hatte und statt beim Langlauf bei einem Biathlonrennen für Schüler gelandet war. »Mir blieb nichts anderes übrig, als da mitzumachen«, erzählte Eirik Kvalfoss diese Geschichte Jahre später einmal, als er längst zur Elite der Biathleten zählte. 1984 war der Norweger neben dem Deutschen Peter Angerer herausragender Athlet mit Gold über 10 km, Silber in der Staffel und Bronze über 20 km. Weitere Erfolge: Drei WM-Titel (1982, 1983, 1989) und der Weltcupsieg 1989.

Land:	Norwegen
Medaillen:	– 1 Gold
	– 1 Silber
	– 1 Bronze
Teilnahmen:	1984, 1988, 1992

Samppa Lajunen – Jean François Lamour – Maik Landsmann – Alfred Lane – Frederick Lane – André Lange – Thomas Lange – Christoph Langen – Carl Friedrich Freiherr von Langen-Parow – George Larner – Gunnar Larsson – Larissa Lasutina – Larissa Latynina – Jutta Lau – Martin Lauer – Jens Lehmann – Eero Reino Lehtonen – Patric Leitner – Catriona LeMay-Doan – Erik Lemming – Suzanne Lenglen – Carolin Leonhardt – Kurt Leucht – Carl Lewis – Lennox Lewis – Rudolph Lewis – Tian Liang – Eric Liddell – James Lightbody – Björn Lind – Liselott Linsenhoff – Elisabeta Lipa – Sergej Litwinow – Dallas Long – Dietmar Lorenz – Claudia Losch – Greg Louganis – Spyridon Louis – John Lovelock – Douglas Lowe – Frank Luck – Olaf Ludwig – Janis Lusis – Manuela Lutze

Samppa Lajunen

»Ich wurde auf Skiern geboren«, behauptet der finnische nordische Kombinierer Samppa Lajunen – beinahe glaubhaft: Schon mit zwei Jahren bestritt er seinen ersten Langlaufwettkampf: Mit fünf lief er unter ärztlicher Aufsicht seines Vaters (und unter Betreuung seiner Mutter, einer Psychologin) 300 Trainingskilometer. Und mit 17 gewann er bereits den Gesamtweltcup (1997). Im Jahr darauf gab er in Nagano sein Olympiadebüt mit zwei Silbermedaillen im Einzel und mit der Mannschaft. Gerade mal 22 Jahre war Lajunen alt, als er in Salt Lake City mit drei Olympiasiegen auftrumpfte – im Einzel, im erstmals ausgetragenen Sprint und mit Finnlands Staffel. Doch so schnell, wie er in der Weltspitze auftauchte, tauchte Samppa Lajunen auch wieder ab. Mit 25 trat er zurück, um sich als Gitarrist und Songwriter einer populären finnischen Band der Musik zu widmen.

Land:	Finnland
Medaillen:	– 3 Gold
	– 2 Silber
Teilnahmen:	1998, 2002

Jean François Lamour

Den ersten Olympiasieg des französischen Säbelfechters Jean François Lamour 1984 in Los Angeles hatten die Experten noch belächelt. Die starken Russen, Bulgaren, Ungarn und Polen hatten wegen des Olympiaboykotts auf ihre Teilnahme verzichtet. Doch der Franzose wurde 1987 Weltmeister und gewann bei den Spielen in Soul erneut Gold im Einzel. Lamour, gefürchtet vor allem wegen seiner Defensivtaktik, hatte das Fechten auf dem Dachboden seines Fechtmeisters Augustin Parent erlernt. Die Enge des Raums hinderte den Schüler daran, nach hinten ausweichen zu können – beste Schule für eine perfekte Verteidigung. Nach seiner Karriere wurde er Sportminister in Frankreich.

Land:	Frankreich
Medaillen:	– 2 Gold
	– 1 Silber
	– 2 Bronze
Teilnahmen:	1984, 1988, 1992

Maik Landsmann (2. v. links)

Seine Stärke war das Mannschaftszeitfahren über 100 km. In dieser Disziplin bildete der Erfurter Maik Landsmann zusammen mit Uwe Ampler, Mario Kummer und Jan Schur einen hervorragenden DDR-Vierer. Bei den Spielen in Seoul 1988 gewann das Quartett die Goldmedaille und schlug die zweitplatzierten Polen um 6,5 Sekunden. Im Jahr darauf wurde Maik Landsmann auch Weltmeister. Im Gegensatz zu den meisten anderen DDR-Assen, die nach der Wende Radprofis wurden, blieb Landsmann Amateur und beendete 1996 seine Karriere.

Land: DDR
Medaillen: – 1 Gold
Teilnahmen: 1988

Alfred Lane

Womöglich hätte selbst Wyatt Earp Probleme mit Alfred Lane bekommen. Der Amerikaner, der erst zwei Jahre vor seinem ersten Olympiaauftritt Wettkampferfahrung zu sammeln begann, gewann 1912 und 1920 fünf Goldmedaillen mit Pistole und Revolver: im Einzelwettbewerb mit der Scheibenpistole über 50 m und mit der Schnellfeuerpistole über 30 m sowie dreimal mit der Mannschaft (Pistole 50 m, Armeerevolver über 30 m und 50 m). Hinzu kam eine Bronzemedaille mit der Scheibenpistole über 50 m.

Land: USA
Medaillen: – 5 Gold
– 1 Bronze
Teilnahmen: 1912, 1920

Frederick Lane

Er war der erste Australier, der sein Land bei Olympischen Spielen repräsentierte, obwohl er 1900 in Paris offiziell zum britischen Team gezählt wurde. Frederick Lane gewann zwei Goldmedaillen, die eine über 200 m Freistil, die andere 45 Minuten später im 200-m-Hindernisschwimmen. Lane war auch der erste Schwimmer, der die 100 Yards unter 1 Minute kraulte – in 59,6 Sekunden zwei Jahre nach Olympia. Nationale Titel sammelte er in Großbritannien, Neuseeland und in seiner Heimat Australien.

Land: Australien
Medaillen: – 2 Gold
Teilnahmen: 1900

André Lange

Sein größter deutscher Konkurrent Christoph Langen hatte dem jüngeren André Lange beizeiten neidlos gratuliert: »André ist der beste Viererbobpilot der Welt.« Und der »Münchner Merkur« ergänzte: »Lange hat die nötige Rennfahrermentalität, ein flippiger Typ mit Erfolgshunger.« Nachdem der Siegertyp aus Ilmenau 2002 Gold im Viererbob gewonnen hatte, wurde er 2006 sogar Doppelolympiasieger. Außerdem gelang ihm als Erstem der WM-Hattrick im Vierer: drei Weltmeistertitel in direkter Folge. Und ein Ende von Langes langer Erfolgsserie scheint nicht in Sicht. Anfang 2007 vereinbarte er eine Kooperation mit dem Automobilbauer Opel bis 2010 – mit dem Ziel, seinen Viererbob technisch weiterzuentwickeln.

Land: Deutschland
Medaillen: – 3 Gold
Teilnahmen: 2002, 2006

Thomas Lange

Goldmedaillen für zwei Staaten – möglich war dies um 1990 herum in Deutschland. 1988 gewann der Einerruderer Thomas Lange eine Goldmedaille für die DDR (übrigens gegen BRD-Ruderer Peter-Michael Kolbe), bei den folgenden Spielen 1992 eine zweite für die wiedervereinte Bundesrepublik Deutschland. War zu seinen DDR-Zeiten noch der SC Chemie Halle Langes Heimatclub, so ruderte er nach der Wende für den Ratzeburger RC. Zu gerne hätte der Ruderer noch das drittes Einzelgold geholt. Doch bei seinen letzten Spielen 1996 musste er sich mit Bronze begnügen. Dafür erhielt er 1997 vom Weltruderverband FISA die höchste Auszeichnung im Rudersport, die Thomas-Keller-Medaille. Nach Olympia in Atlanta beendete Thomas Lange seine Karriere und nahm eine Stelle als Krankenhausarzt in Ratzeburg an.

Land:	DDR, Deutschland
Medaillen:	– 2 Gold
	– 1 Bronze
Teilnahmen:	1988, 1992, 1996

Christoph Langen

Der frühere Dreispringer begann als Anschieber von Bobgrößen wie Wolfgang Hoppe. Mit ihm wurde Christoph Langen 1991 Weltmeister; was ihn anspornte, selbst einen Bob zu lenken. Schon im Jahr darauf holte der Berufssoldat in Albertville mit Bronze im Zweier seine erste Olympiamedaille. 1998 wurde er Olympiasieger im Viererbob (plus Bronze im Zweier), 2002 gewann er Gold im Zweierbob, musste den Viererwettbewerb wegen einer Fußverletzung abbrechen. Zu den Olympiaerfolgen gesellten sich acht WM-Titel. Langens Stärke war sein technisches Know-how. Als gelernter Kfz-Mechaniker nutzte er seine Begabung zur stetigen Verbesserung des Materials. »Kufengenie«, nannte ihn deshalb einmal Bob-Präsident Klaus Kotter. Wegen Herzrhythmusstörungen musste der Stabsfeldwebel bei den Gebirgsjägern 2005 seine Karriere beenden.

Land:	Deutschland
Medaillen:	– 2 Gold
	– 2 Bronze
Teilnahmen:	1992, 1998, 2002

Carl-Friedrich Freiherr von Langen-Parow (mit Gerte – Mitte)

Der Gutsbesitzer aus Parow bei Stralsund war im Ersten Weltkrieg so schwer verwundet worden, dass er eine Zeitlang an den Rollstuhl gefesselt war. Erst mit 30 begann Carl-Friedrich Freiherr von Langen-Parow mit dem Dressurreiten. Acht Jahre darauf, 1928 in Amsterdam, wurde er Goldmedaillengewinner im Einzel und mit der Mannschaft. Nachdem er an den Folgen eines Sturzes beim Geländeritt gestorben war (1934), ließen die Nazis den Tod des einstigen Reiterführers der SA nicht in Vergessenheit geraten. So protegierte beispielsweise Propagandaminister Goebbels eine verfilmte Biografie des Rittmeisters (»... reitet für Deutschland«).

Land:	Deutschland
Medaillen:	– 2 Gold
Teilnahmen:	1932

George Larner

Erst mit 28 Jahren entdeckte der Brite den Gehsport für sich. In drei Jahren gewann er vier Meistertitel und stellte neun Weltrekorde auf. 1906 trat er zurück, um sich seinem Beruf als Polizist in Brighton zu widmen. Als der Polizeichef ihn jedoch für Vorbereitung und Teilnahme der Spiele von 1908 in London beurlaubte, entschied sich George Larner zum Comeback. Er gewann Goldmedaillen im Bahngehen über 3500 m und über 10 Meilen. Einige von Larners Rekorden waren noch gültig, als er 1949 starb.

Land:	Großbritannien
Medaillen:	– 2 Gold
Teilnahmen:	1908

Gunnar Larsson

Der schwedische Lagenschwimmer war in der ersten Hälfte der 1970er-Jahre einer der Besten seines Fachs. 1972 gewann Gunnar Larsson Gold über 200 m und 400 m Lagen. Die längere Distanz indes war umstritten: Sowohl für den Schweden als auch für den Amerikaner Tim McKee wurden 4:31,98 Minuten gemessen. Totes Rennen auf die Hundertstel Sekunde also. Nicht für die Funktionäre. Sie hatten den Ehrgeiz, die erstmals zur Verfügung stehende Tausendstelsekunden-Messung einsetzen zu können. Statt eines salomonischen Urteils mit zwei Goldmedaillen für Larsson und McKee bemühten sie erbarmungslos die Tausendstel. Und die besagten: Gold mit 4:31,981 für Larsson, Silber mit 4:31,983 für McKee – Blech für die Funktionäre.

Land:	Schweden
Medaillen:	– 2 Gold
Teilnahmen:	1972

Larissa Lasutina

Die Russin war die erfolgreichste Athletin der Winterspiele von 1998. Von ihren fünf Medaillen waren drei aus Gold (5 km, 10-km-Jagdrennen, 4x5-km-Staffel), eine aus Silber (15 km Massenstart), eine aus Bronze (30 km). Schon 1992 und 1994 hatte Larissa Lasutina Goldmedaillen in den Staffelwettbewerben geholt. Bei Olympia 2002 war die Russin mit einer Gold- und zwei Silbermedaillen erfolgreichste Langläuferin. Aber nur für ein paar Tage. Nachdem bei ihr unzulässig erhöhte Hämoglobinwerte festgestellt worden waren, musste sie alle drei Medaillen wieder zurückgeben.

Land:	Russland
Medaillen:	– 5 Gold
	– 1 Silber
	– 1 Bronze
Teilnahmen:	1992, 1994, 1998, 2002

Larissa Latynina

Sie ist die Olympionikin schlechthin, die Königin von Olympia. Keine und keiner war erfolgreicher als die russische Turndame Larissa Latynina. Sie führt die Ewige Bestenliste an, holte insgesamt 18 Medaillen bei drei Spielen, jeweils sechs pro Teilnahme, davon allein die Hälfte aus Gold. Sechs der neun Olympiasiege waren Einzelerfolge, drei kamen mit dem Team zustande. Eigentlich wollte Larissa Latynina Balletttänzerin werden, nahm mit 11 Jahren Unterricht. Doch als ihre Trainerin von ihrem Heimatort Cherson fortzog, ließ sie sich von ihrem Turnlehrer zum Wechsel überreden. »Ich habe immer versucht, die Kunst der Bewegung, wie man es vom Ballett kennt, das Ausdrücken von Gefühlen aufs Turnen zu übertragen«, erklärte sie einmal ihre Idee von der Sportart. Dies trat vor allem beim Bodenturnen zum Vorschein, das sie dreimal in Folge gewann. Neben ihren olympischen Triumphen wurde sie zwischen 1954 und 1962 noch neunmal Weltmeisterin. Nach der WM 1966 beendete Larissa Latynina im Alter von 32 Jahren ihre Karriere. Danach arbeitete sie acht Jahre lang als russische Nationaltrainerin und Punktrichterin, war im Organisationskomitee für die olympischen Turnwettbewerbe 1980 in Moskau. Seit der politischen Wende in der Sowjetunion lebt sie in Japan.

Land:	UdSSR
Medaillen:	– 9 Gold
	– 5 Silber
	– 4 Bronze
Teilnahmen:	1956, 1960, 1964

Jutta Lau

Schon als Aktive war Jutta Lau sehr erfolgreich. Die DDR-Ruderin wurde im Doppelvierer zweimal in Folge Olympiasiegerin, dazu dreimal Weltmeisterin (1974, 1975, 1979). Aber auch in ihrer Funktion als Trainerin (seit 1981) machte Jutta Lau Karriere. Sie wurde in Potsdam Stützpunkttrainerin und verantwortliche Bundestrainerin für den Skullbereich. Ihre Sportlerinnen gewannen bei den Spielen 2000 und 2004 jeweils Gold im Doppelvierer sowie Gold und Silber im Doppelzweier. 2001 wurde Jutta Lau vom Weltruderverband FISA als Trainerin des Jahres ausgezeichnet. »Sie ist eine Trainerin mit außergewöhnlicher Begabung«, lobte sie FISA-Präsident Denis Oswald.

Land:	DDR
Medaillen:	– 2 Gold
Teilnahmen:	1976, 1980

Martin Lauer (links)

Es war eine Ungerechtigkeit des Schicksals, dass eines der größten Talente, das die deutsche Leichtathletik nach dem Krieg hervorbrachte, nur eine einzige olympische Medaille gewinnen konnte – mit der 4x100-m-Staffel 1960 in Rom (mit Cullmann, Hary und Mahlendorf). Eine Ausbeute, die seinem Leistungsvermögen Hohn sprach. Martin Lauer war ein erstklassiger Sprinter und exzellenter Zehnkämpfer. Am 7. Juli 1959 stellte er in Zürich innerhalb von 45 Minuten drei Hürdenweltrekorde auf: über 110 m, 120 Yards und 200 m. Seine 13,2 Sekunden über 110 m Hürden wurden erst 13 Jahre später unterboten. Zu den Spielen 1960 reiste er wegen einer Knochenhautentzündung mit großem Trainingsrückstand an, weshalb er im 110-m-Hürdenfinale nur Platz 4 belegte, wie schon vier Jahre zuvor. Nach den Spielen führte eine Spritzenkur wegen eines Ärztefehlers zu einer Blutvergiftung, die beinahe die Amputation seines Beines zur Folge hatte und seine sportliche Karriere beendete. Der Kölner musste in dieser schweren Zeit den Unfalltod seiner Partnerin verkraften, die nach einem Besuch am Krankenbett auf der Autobahn tödlich verunglückte, zusammen mit Lauers Bruder Fredy, der später an den Unfallfolgen starb. Prozesse gegen die Versicherung des Krankenhauses brachten Lauer in finanzielle Nöte. 1962 begann er deshalb als erster deutscher Sportler eine Karriere als Countrysänger; er trat mit Udo Jürgens und Peter Alexander in TV-Shows auf und verkaufte rund sechs Millionen Platten. Nebenbei beendete er sein Maschinenbaustudium als Diplomingenieur. Er konzipierte den Schnellen Brüter in Kalkar mit und war an der Entwicklung des ersten Mikrocomputers beteiligt. Später war er Geschäftsführer einer großen Beteiligungsgesellschaft, Zeitungskolumnist und half bei der Organisation des bekannten Sportfestes des ASV Köln. Erst Ende der 1990er-Jahre konnten die Spätfolgen der Blutvergiftung beseitigt werden.

Land:	Deutschland
Medaillen:	– 1 Gold
Teilnahmen:	1956, 1960

Jens Lehmann (2. von rechts)

»Kaum ein anderer deutscher Radsportler hat nach der Wende den Bahnradsport in Deutschland so geprägt wie der Leipziger Jens Lehmann« – Zitat aus dem Fachblatt »Radsport«. Lehmann, nicht nur ein Lenker, sondern auch ein Denker, wurde zweimal Olympiasieger im Bahnvierer und gewann zweimal Silber in der Einerverfolgung. Dazu wurde er sechsmal Weltmeister. Der in der DDR groß gewordene Sportler war alles andere als ein Duckmäuser. Wohl deshalb war er vom Bundestrainer für Olympia 1996 ausgebootet worden. Als die Funktionäre für die WM 2003 den Vierer in nicht nachvollziehbarer Art und Weise umkrempelten, boykottierte Lehmann mit anderen Fahrern die Veranstaltung. Nicht zuletzt deshalb wurde er für die Spiele 2004 nicht mehr nominiert. Ehrgeiz entwickelte Jens Lehmann auch in der Politik. Mit dem Mandat der CDU wurde er in Leipzig in den Stadtrat gewählt, aber zuletzt nicht in den sächsischen Landtag.

Land:	Deutschland
Medaillen:	– 2 Gold
	– 2 Silber
Teilnahmen:	1992, 1996, 2000

Eero Reino Lehtonen

Zweimal in Folge (1920 und 1924) gewann der Finne Eero Reino Lehtonen den leichtathletischen Fünfkampf. In Antwerpen startete er sogar zusätzlich im Zehnkampf, gab aber auf, weil er sich wohl doch übernommen hatte. Kurios verlief der Wettbewerb 1924 in Paris. Der Amerikaner Robert LeGendre hatte in der ersten Disziplin, dem Weitsprung, mit 7,765 m einen neuen Weltrekord aufgestellt und landete in der Gesamtwertung auf Rang 3. Sein Pech war, dass er für den Solowettbewerb im Weitsprung nicht gemeldet hatte.

Land:	Finnland
Medaillen:	– 2 Gold
Teilnahmen:	1920, 1924

Patric Leitner (rechts)

Sein größter Coup gelang ihm 2002 in Salt Lake City. Da gewann der Berchtesgadener Rodler Patric Leitner zusammen mit Partner und Untermann Alexander Resch die Goldmedaille im Doppelsitzer. Er besiegte die favorisierten Amerikaner Grimmette und Martin auf deren Hausbahn – für Leitner der Ausgleich für rund 50 schmerzhafte Stürze, die den beiden Deutschen schon den Beinamen »die fliegenden Bayern« eingebracht hatten. Vier Jahre später kamen die viermaligen Weltmeister wegen ihrer hohen Startnummer 10 auf einer angereiften und deshalb langsamer gewordenen Bahn trotz fehlerloser Leistung über Platz 6 nicht hinaus.

Land:	Deutschland
Medaillen:	– 1 Gold
Teilnahmen:	2002, 2006

Catriona LeMay-Doan

Es war ein langer, schmerzhafter Weg für die kanadische Eisflitzerin bis zum ersten Olympiasieg. 1992 landete Catriona LaMay-Doan über 500 m auf Platz 14, über 1000 m auf Platz 31; 1994 stürzte sie über 500 m schwer und wurde über 1000 m Neunzehnte. Erst als sie 1997 – sie war mittlerweile Mitte 20 – nach einem Trainerwechsel ihre Trainingsmethoden änderte, rückte sie in die Weltspitze vor. Über 500 m, ihre Spezialstrecke, lief sie als erste Frau unter 38 Sekunden, verbesserte den Weltrekord achtmal in Folge. 1998 in Nagano gewann Catriona LaMay-Doan Gold über 500 m und Bronze über 1000 m. 2002 verteidigte sie ihren 500-m-Erfolg und zog sich im Jahr darauf, nach insgesamt fünf WM-Titelgewinnen, vom Leistungssport zurück.

Land:	Kanada
Medaillen:	– 2 Gold
	– 1 Bronze
Teilnahmen:	1992, 1994, 1998, 2002

Erik Lemming

1899 stellte der Schwede Erik Lemming mit 49,31 m den ersten offiziellen Weltrekord im Speerwurf auf. Unglücklicherweise stand die Disziplin nicht auf dem olympischen Programm von 1900. Dennoch reiste der Erfinder der modernen Speerwurftechnik nach Paris und nahm an sechs Wettbewerben teil, vom Hochsprung bis zum Hammerwerfen, blieb aber ohne Medaille. 1908 in London, Speerwurf war inzwischen olympisch genehmigt, gewann Lemming Gold im Speerwurf und Freistilspeerwurf, einer Disziplin, die danach gleich wieder aus dem Programm genommen wurde. Bei seinem dritten Olympiasieg 1912 in Stockholm schleuderte er als erster Athlet den Speer über die 60-m-Marke.

Land:	Schweden
Medaillen:	– 3 Gold
Teilnahmen:	1900, 1908, 1912

Carolin Leonhardt

Für die erste 20-jährige Schülerin Carolin Leonhardt war es eine große Auszeichnung, als Birgit Fischer, die erfolgreichste Kanutin aller Zeiten, sie mit ins Boot holte. Und so startete das Kanutalent aus Mannheim bei den Spielen 2004 in Athen zusammen mit der mehr als doppelt so alten achtmaligen Olympiasiegerin sowohl im Zweier- als auch im Viererkajak über die 500 m. Im Zweier gewann Carolin Leonhardt Silber, im Vierer die Goldmedaille. Aber auch nach Birgit Fischers Rücktritt bestätigte die Kanutin ihr Talent und wurde Welt- und Europameisterin.

Land:	Deutschland
Medaillen:	– 1 Gold
	– 1 Silber
Teilnahmen:	2004

Suzanne Lenglen

Die Französin gehört zu den größten Tennisspielerinnen der Geschichte. Zwischen 1919 und 1926 verlor »die Göttliche«, wie sie von Fans und Presse genannt wurde, ein einziges Match. Beim olympischen Tennisturnier 1920 wurde Suzanne Lenglen Doppelolympiasiegerin im Einzel und Mixed (mit Max Decugis) und holte Bronze im Doppel (mit Elisabeth d´Ayen). Auf Olympia 1924 in Paris musste sie aus gesundheitlichen Gründen verzichten. Von 1919 an avancierte die extravagante Frau, die nicht nur durch ihr Spiel, sondern auch durch ihr Auftreten beeindruckte, bei den schon damals bedeutenden Turnieren in Wimbledon und Paris zur Seriensiegerin. Bereits zu Lebzeiten war Suzanne Lenglen, die im Alter von 39 Jahren an Leukämie starb, eine Legende. Nach ihr wurde die Trophäe des Damenturniers der French Open benannt.

Land:	Frankreich
Medaillen:	– 2 Gold
Teilnahmen:	1920

Carl Lewis

Er war einer der größten Sportler des 20. Jahrhunderts. In der Ewigen Bestenliste aller Olympiasieger/innen bildet der US-Leichtathlet Carl Lewis mit neun Olympiasiegen zusammen mit Paavo Nurmi, Larissa Latynina und Mark Spitz die goldene Spitze. Einen wahren Goldrausch erlebte der begnadete Sprinter und Springer bei seinen ersten Spielen 1984 mit vier Siegen über 100 m, 200 m, 4x100 m und im Weitsprung. Glück hatte er dagegen 1988, als er das 100-m-Gold erst am grünen Tisch nach Ben Johnsons Dopingbefund zugesprochen bekam. 1996, zwölf Jahre nach seinem Olympiadebüt (oder, wie Lewis einmal sagte, »14 Haarfrisuren später«) feierte er seinen vierten Weitsprungolympiasieg in Folge, ein Kunststück, das vor ihm nur Al Oerter im Diskuswerfen gelungen war. Schlechtestes Ergebnis war eine Silbermedaille 1988 über 200 m. Lewis´ Erfolgsgeheimnis? Die Fachzeitschrift »Sports« beschrieb ihn einmal als »Athleten der Zweckökonomie«, der seinen Einsatz nach dem »Gesetz der relativen Faulheit« ausrichtet. Lewis trainierte nicht länger als eine Stunde am Tag und bezeichnete das Ausruhen als sein Geheimrezept. »Er arbeitete auch kaum mit Gewichten, weil er das nicht mochte«, so sein Trainer Tom Tellez, »er entwickelte seine Kraft stattdessen durch Lauftraining.« Dabei entwickelte er eine technische Perfektion und Eleganz im Sprint, die ihn an muskelschwereren Gegnern quasi vorbeifliegen ließ. Trotz allem: Ein Massenidol wie Jesse Owens ist Carl Lewis nie geworden. Er galt als arrogant, umgab sich mit Bodyguards, kleidete sich wie Michael Jackson und fuhr im Rolls Royce bei Sportfesten in Europa vor.

Land:	USA
Medaillen:	– 9 Gold
	– 1 Silber
Teilnahmen:	1984, 1988, 1992, 1996

Kurt Leucht

Der Nürnberger Kurt Leucht war ein kleiner, katzengewandter, beliebter Ringer, der 1928 die Goldmedaille im Bantamgewicht gewann (griechisch-römisch). In seiner fränkischen Heimat standen die Menschen deshalb kopf. Ganz Nürnberg rüstete sich für einen großen Empfang. Wegen einer Kieferverletzung reiste Leucht jedoch, von den Daheimgebliebenen unbemerkt, einen Tag früher als angekündigt in die Heimat. Vor Ort erfuhr er vom geplanten Fest. Um die Menschen nicht zu enttäuschen, verließ der Goldgewinner Nürnberg wieder, um dann abends mit dem »planmäßigen« Zug erneut in seiner Heimatstadt anzukommen. Der Empfang am Hauptbahnhof war, so stand es in der Presse, »gigantisch«.

Land:	Deutschland
Medaillen:	– 1 Gold
Teilnahmen:	1928

Lennox Lewis

Altmeister George Foreman bezeichnete Lennox Lewis einmal als den »besten Schwergewichtler aller Zeiten«. Als Profi wurde der Kanadier Weltmeister der Boxverbände WBC und WBA, besiegte in Titelkämpfen Mike Tyson und – wenn auch umstritten – in seinem letzten Fight vor seinem Rücktritt 2003 Vitali Klitschko. Der Amateurboxer Lewis dagegen benötigte zwei Anläufe, um Olympiasieger zu werden. 1984 unterlag er im Viertelfinale dem späteren Goldmedaillengewinner Tyrell Biggs, ehe er dann vier Jahre später im Finale gegen den Amerikaner Riddick Bowe die ersehnte Goldmedaille gewann. Im Jahr darauf wurde er Profi.

Land:	Kanada
Medaillen:	– 1 Gold
Teilnahmen:	1984, 1988

Rudolph Lewis

Start in einer hellen Mittsommernacht um 2 Uhr vor riesiger Zuschauerkulisse. Was für die 123 Teilnehmer des Straßenwettbewerbs im Einzelzeitfahren anno 1912 in Stockholm zunächst wie ein attraktiver olympischer Wettbewerb anmutete, erwies sich bald als Horrorveranstaltung: mit 320 km die längste Distanz eines Radwettbewerbs überhaupt, katastrophale Streckenbedingungen, viel Staub und große Hitze. Der Südafrikaner Rudolph Lewis ist nach 10:42,39 Stunden Olympiasieger. Der Letztplatzierte ist 4 Stunden länger unterwegs. Der Schwede Landsberg entrinnt knapp dem Tode, als er nach einem Sturz 50 m vom Begleitauto mitgeschleift wird.

Land:	Südafrika
Medaillen:	– 1 Gold
Teilnahmen:	1912

Tian Liang

Das Kunst- und Turmspringen gehört in China neben Tischtennis und Volleyball zu den populärsten Sportarten. Das Reservoir ist unerschöpflich. Schon im Alter von fünf, sechs Jahren werden aus Kindern kleine Sprungwunder geformt, die Sprünge mit größter Präzision bei höchsten Schwierigkeitsgraden absolvieren. Wie Tian Liang, einer der Besten vom 10-m-Turm. 2000 in Sydney gewann er Gold im Einzel und Silber im Synchronspringen; 2004 wurde er Olympiasieger im Synchronspringen und holte Bronze im Einzel. Doch selbst als Mittzwanziger unterlag Tian Liang noch immer der strengen Aufsicht der Funktionäre. Weil ihnen eine Hongkong-Werbetour Liangs zu lang geraten war, warfen sie ihn aus dem Nationalkader.

Land:	China
Medaillen:	– 2 Gold
	– 1 Silber
	– 1 Bronze
Teilnahmen:	2000, 2004

Eric Liddell

Der Schotte galt 1924 in Paris als 100-m-Favorit. Weil die Vorläufe an einem Sonntag stattfanden, trat der tiefgläubige Christ, Sohn eines schottischen Missionars in China, jedoch nicht an. Eric Liddell wich auf die für ihn ungewohnte 400-m-Strecke aus und holte völlig überraschend Gold, neben Bronze über 200 m. 100-m-Olympiasieger wurde sein Teamgefährte Harold Abrahams. Die Geschichte der beiden wurde in dem mit vier Oscars prämiierten Streifen »Die Stunde des Siegers« 1981 verfilmt. Nach seiner Sportkarriere arbeitete der Schotte wie schon sein Vater als Missionar in China, wo er mit 43 an einem Hirntumor starb.

Land:	Schottland
Medaillen:	– 1 Gold
	– 1 Bronze
Teilnahmen:	1924

James Lightbody

Der Amerikaner war Anfang des 20. Jahrhunderts der dominierende Mittelstreckler. 1904 gewann James Lightbody Gold über 800 m, 1500 m und 3000 m Hindernis; im 4-Meilen-Teamwettbewerb holte er Silber. Auch 1908 reiste er als hoher Favorit an. Doch er verletzte sich. Dennoch trat er über 800 m, 1500 m und 3000 m Hindernis an, schied aber wegen seines Handicaps in allen Disziplinen aus. Danach ging Lightbody zum Studium nach Berlin, startete für den Berliner SC und wurde Deutscher Meister über 800 m und 1500 m.

Land:	USA
Medaillen:	– 3 Gold
	– 1 Silber
Teilnahmen:	1904, 1908

Björn Lind

Der schwedische Skiläufer erwies sich 2006 als erfolgreiches Pokerface. Als es beim Sprint über 1,3 km am Wendepunkt zu regelrechten Stehversuchen kam, weil keiner der Spitzenläufer die Führungsarbeit übernehmen mochte, überraschte Björn Lind die Konkurrenz mit einer Attacke in Höchstgeschwindigkeit. Im Nu hatte er einen großen Vorsprung herausgefahren, den er bis ins Ziel halten konnte. Seine zweite Goldmedaille holte Lind im Teamsprint, gemeinsam mit Thobias Fredriksson.

Land:	Schweden
Medaillen:	– 2 Gold
Teilnahmen:	2006

Liselott Linsenhoff (Mitte)

Mit ihrem Olympiasieg von 1972 gewann die Frankfurterin als erste Frau überhaupt die Einzelwertung im Dressurreiten. Liselott Linsenhoff, Tochter des Unternehmers und Gestütbesitzers Adolf Schindling (VDO), errang ihren ersten großen Erfolg aber schon bei den Spielen 1956 mit Silber und Bronze in der Mannschafts- und Einzelwertung, musste danach allerdings 12 Jahre warten, ehe sie mit Piaff wieder über ein Klassepferd verfügte. Mit dem Fuchshengst holte sie 1968 Mannschaftsgold und 1972 Mannschaftssilber. Nach ihrem Rücktritt 1975 und dem Verkauf des Familiengestüts Asta widmete sich Liselott Linsenhoff ihrem Dressurzentrum in Kronberg und war Vorsitzende des VDO-Aufsichtsrats.

Land:	Deutschland
Medaillen:	– 2 Gold
	– 2 Silber
	– 1 Bronze
Teilnahmen:	1956, 1968, 1972

Elisabeta Lipa (4. v. rechts)

Mit ihren fünf Olympiasiegen (drei im Achter, je einer im Einer und Doppelzweier) ist Elisabeta Lipa die erfolgreichste Ruderin der Welt. Ihr erstes Gold gewann sie mit 19 Jahren 1984 in Los Angeles, ihr letztes mit 39 2004 in Athen. Eine derartige Zeitspanne, 20 Jahre mit sechs Olympischen Spielen, ist im Rudersport einzigartig. Neben ihrem Goldsegen holte Elisabeta Lipa, die mit Mann und Tochter in Bukarest lebt, außerdem noch zweimal Silber im Doppelzweier sowie Bronze im Vierer ohne.

Land:	Rumänien
Medaillen:	– 5 Gold
	– 2 Silber
	– 1 Bronze
Teilnahmen:	1984, 1988, 1992, 1996, 2000, 2004

Sergej Litwinow

Wenn Sergej Litwinow überhaupt einen Konkurrenten zu fürchten hatte, dann seinen Landsmann Juri Sedych. Die beiden Russen lieferten sich über Jahre hinweg erbitterte Duelle im Hammerwurfkreis. Dreimal stellte der jüngere Litwinow in seiner Karriere Weltrekorde auf, dreimal wurden sie von Sedych verbessert. Bei den Spielen 1980, seinem olympischem Debüt, holte Litwinow Silber – hinter Sedych. Als er sich vier Jahre später revanchieren wollte, boykottierten die Russen die Spiele. 1988 endlich war es soweit. Litwinow gewann die Goldmedaille – vor Sedych.

Land:	UdSSR, Russland
Medaillen:	– 1 Gold
	– 1 Silber
Teilnahmen:	1980, 1988

Dallas Long (Mitte)

Er gehörte zu jenem amerikanischen Dreigestirn, das vor einem halben Jahrhundert das Kugelstoßen dominierte. Im Wechsel mit seinen Landsleuten Bill Nieder und Parry O'Brien verbesserte Dallas Long mehrfach den Weltrekord und gewann olympische Medaillen: 1960 holte er Bronze hinter seinen beiden Teamkameraden, doch 1964, inzwischen 24 Jahre alt, war der Kalifornier auf seinem Höhepunkt. Long wurde Olympiasieger und stieß im selben Jahr mit 20,68 m noch einen Weltrekord, der mehrere Jahre halten sollte. Danach schloss er sein Zahnmedizinstudium ab und gab den Leistungssport auf.

Land:	USA
Medaillen:	– 1 Gold
	– 1 Bronze
Teilnahmen:	1960, 1964

Dietmar Lorenz (rechts)

Die Fachleute waren fassungslos, als sie das sahen: Kaum hatte der DDR-Judoka Dietmar Lorenz bei den Spielen 1980 die Bronzemedaille im Halbschwergewicht gewonnen, ging er in der »Offenen Klasse« an den Start. Zur Überraschung aller besiegte er alle Favoriten und gewann auch den Finalkampf gegen den 12 kg schwereren Franzosen Angelo Parisi. Lorenz ist der erste und bislang einzige Halbschwergewichtler, der in der »Offenen Klasse« Gold holte – und der erste deutsche Judoolympiasieger.

Land:	DDR
Medaillen:	– 1 Gold
	– 1 Bronze
Teilnahmen:	1976, 1980

Greg Louganis

Seine Lebensgeschichte ist so abenteuerlich wie ein Roman: Von minderjährigen Eltern, der Vater Samoa-Insulaner, die Mutter Schwedin, zur Adoption freigegeben; von griechischen Immigranten adoptiert; von Mitschülern als Nigger beschimpft; von Lehrern wegen seiner Legasthenie gedemütigt; Selbstmordversuch mit 12; Alkoholprobleme als Teenager. Greg Louganis´ Glück war sein Entdecker, Trainer und Freund Sammy Lee, zweifacher Olympiasieger im Wasserspringen. Mit ihm begann der Aufstieg. Schon mit 16 holte Greg 1976 Silber. Nach dem Boykott von 1980 wurden dann die Spiele von 1984 und 1988 zum Triumphzug für ihn: Louganis gewann alle Titel vom 10-m-Turm und 3-m-Brett, wobei er in Seoul bei einem seiner Sprünge mit dem Hinterkopf aufs Brett prallte, genäht werden musste und dennoch das Finale gewann. Nach Seoul beendete Greg Louganis seine Karriere und arbeitete als Schauspieler. 1994 bekannte er sich zu seiner Homosexualität und gab seine Aidserkrankung bekannt. Unter dem Titel »Breaking the Surface« schrieb er eine erfolgreiche Autobiografie, die später unter dem deutschen Titel »Sprung ins Ungewisse« verfilmt wurde.

Land:	USA
Medaillen:	– 4 Gold
	– 1 Silber
Teilnahmen:	1976, 1984, 1988

Claudia Losch

Sie war nicht nur auf nationaler Ebene eine herausragende Kugelstoßerin (zehn Deutsche Meisterschaften in Folge). Claudia Losch, Tochter eines Diplomsportlehrers und einer Heilpraktikerin, zählte auch zehn Jahre lang zur Weltelite ihrer Sportart. 1984 schlug sie nach einem spannenden Wettkampf die Rumänin Mihaela Loghin mit ihrem sechsten und letzten Stoß um 1 Zentimeter und wurde mit 20,48 m Goldmedaillengewinnerin. 1988 wurde sie lediglich Fünfte.

Land:	Deutschland
Medaillen:	– 1 Gold
Teilnahmen:	1984, 1988

Spyridon Louis

Für die griechischen Gastgeber der ersten Spiele der Neuzeit gab es keinen wichtigeren Wettbewerb als den Marathonlauf. Schließlich ging diese Disziplin auf die Legende um Pheidippides zurück, der die Nachricht vom Sieg der Griechen in der Schlacht von Marathon um 490 v. Chr. durch einen 42-km-Lauf nach Athen übermittelte. Spyridon Louis, ein 24 Jahre alter Schafhirte aus Maroussi bei Athen, war einer von 17 Teilnehmern. Obwohl er vorher noch nie eine so lange Strecke gelaufen war, war sich der Grieche seines Sieges so sicher, dass er nach der Hälfte der Strecke in einem Wirtshaus noch ein Glas Landwein trank. Im Olympiastadion erwarteten ihn 100 000 begeisterte Zuschauer mit einem Blumen- und Girlandenregen. Da Louis mit fast 8 Minuten Vorsprung führte, ließ er sich auf der Schlussrunde von Kronprinz Konstantin und Prinz Georg begleiten. »Alle riefen meinen Namen und warfen ihre Hüte in die Luft«, erzählte der Nationalheld später, nach dem viele Sportstätten – nicht nur in Griechenland – benannt wurden.

Land:	Griechenland
Medaillen:	– 1 Gold
Teilnahmen:	1896

John Lovelock (rechts)

Laufen lernte John Lovelock in seiner Heimat Neuseeland, schnelles Laufen in England, als der Medizinstudent mit einem Stipendium 1931 nach Oxford kam. Dort lernte er den früheren Medaillengewinner Arthur Porritt kennen, einen Chirurgen, der sein Freund und Berater wurde. In der Folgezeit wurde Lovelocks Training gewissenhafter und stand unter medizinischer Beobachtung. Bei den Spielen 1932 blieb er noch ohne Medaille. 1936 in Berlin aber gewann der Neuseeländer 4 m vor der Konkurrenz und mit neuem 1500-m-Weltrekord (3:47,8 Minuten) die Goldmedaille. Stationen seines Lebens wurden später in Leni Riefenstahls Film »Olympia« verewigt. Nach dem Krieg wurde er Direktor einer Rehaklinik in New York.

Land:	Neuseeland
Medaillen:	– 1 Gold
Teilnahmen:	1932, 1936

Frank Luck

Schon sein Vater, Onkel und Großvater hatten auf Langlaufskiern gestanden. Da war Frank Lucks Karriere vorbestimmt. Der Biathlet aus dem Thüringer Wald durchlief das Sportsystem der DDR und nahm 1988 mit 20 Jahren an seinen ersten Olympischen Spielen teil (6. Platz im Sprint). Nachdem ihm die Kinderkrankheit Mumps die Teilnahme an den Spielen 1992 in Albertville verbaut hatte, begannen 1994 seine Medaillenjahre: Die beiden Olympiasiege holte sich Luck, privat ein passionierter Groß- und Kleinwildjäger, mit der Staffel (1994, 1998), die drei Silbermedaillen im Einzel (1994, 2002) und im Team (2002). Mit insgesamt elf Titeln ist der »begnadete Schütze« (Bundestrainer Frank Ullrich) im Übrigen erfolgreichster WM-Teilnehmer aller Zeiten.

Land:	Deutschland
Medaillen:	– 2 Gold – 3 Silber
Teilnahmen:	1988, 1994, 1998, 2002

Douglas Lowe

Mit seinen Maßen von 1,83 m bei 70 kg war der schlaksige Jurastudent aus Cambridge prädestiniert für die Mittelstrecken. Seine ersten Meriten sammelte Douglas Lowe bei den traditionellen Vergleichskämpfen gegen Oxford, als er Anfang der 1920er-Jahre dreimal in Folge über 800 Yards gewann. Damit hatte Lowe seinen Platz im Olympiateam gesichert. Sowohl 1924 als auch 1928 wurde er Olympiasieger über 800 m. Seiner sportlichen Karriere folgte die berufliche. Nach dem Krieg wurde der Jurist als Richter an den »Crown Court« berufen.

Land:	Großbritannien
Medaillen:	– 2 Gold
Teilnahmen:	1924, 1928

Olaf Ludwig

Er brachte immer und überall Spitzenleistungen: als Radamateur, Profi im Team Telekom und nach seiner aktiven Laufbahn als Teammanager bei T-Mobile. Gleich bei seinem ersten Olympiaauftritt 1980 gewann Olaf Ludwig mit dem DDR-Team Silber im Mannschaftszeitfahren. Nach der wegen des Olympiaboykotts verpassten Teilnahme 1984 errang er 1988 seinen größten Erfolg: den Olympiasieg im Straßenrennen vor den beiden Westdeutschen Gröne und Henn. Dieser Triumph über den Klassenfeind war Staatschef Erich Honecker die Ehrung mit dem Vaterländischen Verdienstorden wert. Nach dem Mauerfall wurde Ludwig Profi und gewann gleich im ersten Jahr bei der Tour de France eine Etappe und das Grüne Trikot des besten Sprinters. 1992 holte er den Weltcup.

Land: DDR, Deutschland
Medaillen: – 1 Gold
– 1 Silber
Teilnahmen: 1980, 1988, 1996

Janis Lusis

Der Lette im UdSSR-Trikot beherrschte beinahe zehn Jahre lang die Speerwurfszene. Janis Lusis war viermal Europameister, stellte mehrere Weltrekorde auf und holte drei Olympiamedaillen: 1964 gewann er Bronze, 1968 Gold und 1972 Silber. Dabei ging sein Duell von München mit Klaus Wolfermann in die Geschichte ein. Der Bayer hatte sich im vorletzten Wurf mit 90,48 m an die Spitze gesetzt. Lusis legte alle Kraft und Konzentration in seinen letzten Versuch und schleuderte den Speer auf 90,46 m.

Land: UdSSR
Medaillen: – 1 Gold
– 1 Silber
– 1 Bronze
Teilnahmen: 1964, 1968, 1972, 1976

Manuela Lutze

Die 1,85 m große und 76 kg schwere Athletin aus Magdeburg gehörte in den ersten Jahren des neuen Jahrtausends zu den weltbesten Ruderinnen. Zweimal in Folge wurde Manuela Lutze Olympiasiegerin im Doppelvierer – 2000 zusammen mit Kerstin und Manja Kowalski sowie Meike Evers, 2004 mit Ausnahme von Manja Kowalski (für sie im Boot: Kathrin Boron) mit derselben Mannschaft. Außerdem wurde die Diplombetriebswirtin noch sechsmal Weltmeisterin.

Land: Deutschland
Medaillen: – 2 Gold
Teilnahmen: 2000, 2004

Paul MacDonald – Helena Eleanor Madison – Vincenzo Maenza – Zoltán Magyar – Walter Mahlendorf – Phil Mahre – Hermann Maier – Harry Mallin – Josef Manger – Edoardo Mangiarotti – Walentin Mankin – Hannu Manninen – Eero Mäntyranta – János Martinek – Henry Maske – Paul Masson – Ria Mastenbroeck – Robert Mathias – Roland Matthes – Gisela Mauermayer – Torsten May – Helene Mayer – Patricia McCormick – Patrick McDonald – Herb McKenley – Richard John Meade – Andrea Mead-Lawrence – Mary Therese Meagher – Katrin Meißner – Doina Melinte – Faina Melnik – Pietro Mennea – Toni Merkens – Irine Merleni – Ralph Metcalfe – Caren Metschuk – Lothar Metz – Uwe-Jens Mey – Christian Meyer – Deborah Meyer – Horst Meyer – Ulrike Meyfarth – Ingrid Mickler-Becker – Juha Mieto – Georges Miez – John Mikaelsson – Shannon Miller – Rolf Milser – Fu Mingxia – Rosi Mittermaier – Yoshinobu Miyoke – Dietmar Mögenburg – Eugenio Monti – Leontien van Moorsel-Zijlaard – Pablo Morales – Daniel Morelon – Thomas Morgenstern – Robert Morrow – Annemarie Moser-Pröll – Edwin Moses – Alexander Moskalenko – Rosa Mota – Nawal el Moutawakel – Manuel Mucke – Jens Müller – Kristina Mundt – Thomas Munkelt – Walentin Muratow – Ira Murchison – Halil Mutlu – Jonni Myyrä

Paul MacDonald

Der Neuseeländer bot in den 1980er-Jahren den ansonsten übermächtigen Kanuten aus dem Ostblock erfolgreich Paroli: Obwohl Paul MacDonald, ein Lehrer aus Auckland, erst 1979 mit dem Kajakfahren begann, war er bereits fünf Jahre später zum ersten Male Olympiasieger, und das gleich im Doppelpack (Zweierkajak über 500 m, Viererkajak über 1000 m). Vier Jahre später wiederholte er seinen Erfolg im Zweier und komplettierte seine Medaillensammlung mit Silber im Zweier über 1000 m und Bronze im Einer über 500 m.

Land:	Neuseeland
Medaillen:	– 3 Gold
	– 1 Silber
	– 1 Bronze
Teilnahmen:	1984, 1988

Helena Eleanor Madison (rechts)

Die amerikanische Schwimmerin brachte Anfang der 1930er-Jahre das Kunststück fertig, innerhalb von 16 Monaten alle 16 Freistil-Weltrekorde zwischen 100 Yards und einer Meile zu verbessern. So reiste Helena Eleanor Madison denn auch als hohe Favoritin zu den Spielen 1932 in Los Angeles. Nach anfänglicher Nervosität – sie erreichte nur mit Mühe das 100-m-Finale – gewann sie überlegen die Sprintstrecke, blieb mit der 4x100-m-Staffel mehr als 9 Sekunden unter dem alten Weltrekord und besiegte über 400 m ihre Teamkameradin Leonore Knight knapp. Am selben Abend forderte der begeisterte Hollywoodstar Clark Gable die Schwimmerin im beliebten Coconut Grove Nightclub von Los Angeles gleich mehrmals zum Tanzen auf.

Land:	USA
Medaillen:	– 3 Gold
Teilnahmen:	1932

Vincenzo Maenza

Der deutsche Ringer Markus Scherer galt 1984 im Finale der Halbfliegengewichtler (bis 48 kg) als Favorit. Doch nach nicht einmal zwei Minuten und 0:12 Punkten war alles vorbei. Der Italiener Vincenzo Maenza war wie eine rasende Fliege über den Deutschen hergefallen (»der unangenehmste Gegner in meiner Karriere«). Vier Jahre später wiederholte der Italiener seinen Olympiasieg, musste sich vier weitere Jahre danach allerdings mit Silber begnügen. Bliebe noch die Frage: Wie schaffte es Maenza, der griechisch-römische Spezialist, so lange Zeit nicht mehr als 48 kg auf die Waage zu bringen?

Land:	Italien
Medaillen:	– 2 Gold
	– 1 Silber
Teilnahmen:	1984, 1988, 1992

Zoltán Magyar

Kein Turner beherrschte das Seitpferd in den 1970er-Jahren so wie der Ungar Zoltán Magyar. Er galt an diesem Gerät jahrelang als unschlagbar, wurde zweimal Olympiasieger (plus einmal Bronze im Teamwettbewerb), je dreimal Welt- und Europameister sowie zweimal Weltcupsieger. Dank seiner langen Arme, des überdurchschnittlichen Gleichgewichtsgefühls und seines Trainingseifers hatte sich Magyar zum Spezialisten entwickelt. Die besondere Spezialität des Spezialisten waren die fliegenden Scheren, das Turnen auf einer Pausche und das Wandern übers gesamte Gerät – womit er der Konkurrenz um Jahre voraus turnte.

Land:	Ungarn
Medaillen:	– 2 Gold
	– 1 Bronze
Teilnahmen:	1976, 1980

Walter Mahlendorf (3. von links)

Walter Mahlendorf war der Kurvenläufer jener berühmten deutschen 4x100-m-Staffel, die 1960 in Rom die Goldmedaille gewann. Der Hannoveraner, der zusammen mit Bernd Cullmann, Armin Hary und Martin Lauer im Vorlauf mit 39,5 Sekunden Weltrekord gelaufen war und diese Zeit im Endlauf wiederholten konnte, musste zwar im Finale zunächst mit ansehen, wie Amerikas Schlussläufer vor Martin Lauer die Ziellinie überquerte. Doch die US-Staffel wurde später wegen eines Wechselfehlers disqualifiziert – und Mahlendorf war Olympiasieger. Nach seiner Karriere arbeitete er als Leiter des Sport- und Bäderamtes in Bochum.

Land:	Deutschland
Medaillen:	– 1 Gold
Teilnahmen:	1960

Phil Mahre

Phil und sein Zwillingsbruder Steve wuchsen unter idealen Voraussetzungen auf: Ihr Vater hatte im Bundesstaat Washington ein Skizentrum aufgebaut und seinen Söhnen auf diese Weise hervorragende Trainingsbedingungen geschaffen. Phil Mahre, der erfolgreichere der beiden und einer der besten Slalom- und Riesenslalomfahrer seiner Zeit, wurde Olympiasieger, Weltmeister und gewann dreimal den Gesamtweltcup. Bei Olympia 1980 musste er sich mit seiner Silbermedaille noch seinem großen schwedischen Konkurrenten Ingemar Stenmark beugen. 1984 kam es dann zum Bruderkampf ums Gold, als Phil Steve, der nach dem ersten Durchgang geführt hatte, den Olympiasieg so eben noch wegschnappte.

Land:	USA
Medaillen:	– 1 Gold
	– 1 Silber
Teilnahmen:	1976, 1980, 1984

Hermann Maier

Er flog über 100 m durch die Luft, krachte durch zwei Auffangzäune und blieb liegen. Die Bilder dieses gewaltigen Sturzes beim Abfahrtslauf von Nagano 1998 gingen um die Welt. Der Österreicher Hermann Maier überlebte unverletzt, überwand auch den Schock und wurde in den Tagen danach zweimal Olympiasieger (Super-G und Riesenslalom). Fortan galt er in Österreich als Lichtgestalt und Skiheiliger. Die nächsten Spiele fielen für den gelernten Maurer allerdings aus. 2001 war Maier mit dem Motorrad schwer verunglückt, sodass er zwei lange Jahre pausieren musste. 2006 war der »Herminator«, wie Maier inzwischen tituliert wurde, aber wieder dabei und holte als 34-Jähriger noch einmal Silber (Super-G) und Bronze (Riesenslalom). Komplette Bilanz seiner außergewöhnlichen Karriere: neben den zwei Olympiasiegen noch drei WM-Titel und vier Gesamtweltcuperfolge. Eine Karriere, die im Gedächtnis haften bleiben wird. Maier schien es geahnt zu haben. Als er nach seinen Gedanken während des spektakulären Sturzes von Nagano gefragt wurde, antwortete er: »Wenn ich das jetzt überlebe, bin ich unsterblich.«

Land:	Österreich
Medaillen:	– 2 Gold
	– 1 Silber
	– 1 Bronze
Teilnahmen:	1998, 2006

Harry Mallin

Der englische Polizist Harry Mallin kletterte während seiner Karriere als Amateurboxer 340-mal in den Ring – und wurde nie besiegt. Ein einmaliger Rekord. Von seinen beiden Olympiasiegen 1920 und 1924 geriet vor allem der zweite zum Spektakel: Mallin hatte im Viertelfinale den französischen Lokalmatador Roger Brousse klar beherrscht. Dennoch erklärte eine Blindenjury den Franzosen zum Sieger. Ein Skandal, zumal Brousse, ein bissiger Fighter, seinem Gegner zweimal kräftig in die Schulter gebissen hatte. Nach stundenlangen Protesten, auch von Boxern anderer Nationen, die von dem »Menschenfresser« (so die englische Presse) ebenfalls gebissen wurden und mit Abreise drohten, lenkte die Jury ein. Mallin kam verdientermaßen eine Runde weiter und wurde souveräner Olympiasieger. Gleich darauf trat er zurück, obwohl er als Profi ein Vermögen hätte verdienen können. Nach 37 Polizeidienstjahren ging Harry Mallin 1952 in den Ruhestand.

Land:	Großbritannien
Medaillen:	– 2 Gold
Teilnahmen:	1920, 1924

Josef Manger

Das Glück des späteren Olympiasiegers Josef Manger war es, dass er dem früheren Olympiasieger Rudolf Ismayr aufgefallen war. Ismayr, Goldmedaillengewinner im Gewichtheben von 1932 und danach Trainer, machte Manger 1934 innerhalb von nur drei Monaten zum Weltklasseathleten. Der Bamberger belegte auf Anhieb Platz 2 bei den Europameisterschaften und blieb dann bis 1942 ungeschlagen. 1936 wurde er Olympiasieger im Schwergewicht, danach noch zweimal Weltmeister. Nach dem Krieg war Manger selbstständiger Kaufmann.

Land:	Deutschland
Medaillen:	– 1 Gold
Teilnahmen:	1936

Edoardo Mangiarotti (rechts)

Sein Vater hatte in Mailand einen Fechtsaal eröffnet, in dem Edoardo Mangiarotti schon als Kind die meiste Zeit verbrachte. Vater Giuseppe hatte seinen Sohn vom Rechts- zum Linkshänder umtrainiert, um ihn für Gegner unberechenbarer zu machen. Schon mit elf war der gelehrige Edoardo Jugendmeister, mit 16 nahm er an den Weltmeisterschaften für Erwachsene teil, mit 17 war er Olympiasieger mit Italiens Degenteam. Nachdem ihm bei einem Unfall eine Sehne an der linken Hand durchtrennt worden war, musste der angelernte Linkshänder wieder auf Rechtshänder umlernen. Mit Erfolg: 1948 holte Mangiarotti zweimal Silber (Mannschaft Degen und Florett) und Bronze (Degen Einzel); 1952 zweimal Gold (Degen Einzel und Mannschaft) und zweimal Silber (Florett Einzel und Mannschaft); 1956 zweimal Gold (Mannschaft Degen und Florett) und Bronze (Degen Einzel); 1960 Gold (Degen Mannschaft) und Silber (Florett Mannschaft). Daneben führte Edoardo Mangiarotti die Fechtschule seines Vaters weiter und fungierte als Ausbilder mehrerer Weltklassefechter. Der frühere deutsche Bundestrainer Emil Beck bezeichnete den Italiener einmal als »besten Fechter aller Zeiten«.

Land:	Italien
Medaillen:	– 6 Gold
	– 5 Silber
	– 2 Bronze
Teilnahmen:	1936, 1948, 1952, 1956, 1960

Walentin Mankin

Am beeindruckendsten war seine Flexibilität, denn der russische Segler Walentin Mankin fühlte sich in fast allen olympischen Bootsklassen zu Hause. 15 Jahre lang segelte er in der Weltspitze mit. Seine Erfolgsbilanz begann mit dem Olympiasieg 1968 im Finn-Dinghi, setzte sich 1972 und 1976 mit Gold bzw. Silber in der Tempestklasse fort und fand ihre Krönung 1980 mit der Goldmedaille im Starboot. Der Marineoffizier, der später Bauingenieur wurde, war der einzige Olympiasegler, der Gold in drei verschiedenen Bootsklassen gewann.

Land:	UdSSR
Medaillen:	– 3 Gold – 1 Silber
Teilnahmen:	1968, 1972, 1976, 1980

Hannu Manninen

Was Beständigkeit angeht, hat Hannu Manninen keine Konkurrenz zu fürchten. Viermal hintereinander, von 2004 bis 2007, holte der Finne den Gesamtweltcup in der nordischen Kombination. Nur bei Highlights wie Olympischen Spielen schnitt er bislang, gemessen an seinen Fähigkeiten, weniger erfolgreich ab. Er holte keine Einzelmedaille, stattdessen lediglich Gold (2002), Silber (1998) und Bronze (2006) mit der Mannschaft. Obwohl Manninen vor den letzten Winterspielen sieben Weltcuprennen in Folge gewonnen hatte, belegte der Topfavorit in Turin in den Einzeldisziplinen nur den 9. und 12. Rang.

Land:	Finnland
Medaillen:	– 1 Gold – 1 Silber – 1 Bronze
Teilnahmen:	1994, 1998, 2002, 2006

Eero Mäntyranta

Die großen Erfolge des finnischen Langläufers waren lange Zeit im Gerede. Weil Eero Mäntyranta 20 Prozent mehr rote Blutkörperchen hatte als andere, verdächtigte man ihn des Blutdopings. Wissenschaftler, die nach Beendigung seiner Karriere sämtliche Familienmitglieder Mäntyrantas testeten, wiesen jedoch nach, dass der Langläufer auf natürliche Weise vermehrt die für die Sauerstoffaufnahme wichtigen roten Blutkörperchen produziert. Der Finne, der nie einen Trainer besaß, holte seine Olympiasiege in der 4x10-km-Staffel (1960) sowie zweimal im Einzel über 15 und 30 km (1964).

Land:	Finnland
Medaillen:	– 3 Gold – 2 Silber – 2 Bronze
Teilnahmen:	1960, 1964, 1968, 1972

János Martinek

Der Ungar aus Budapest war bei den Spielen von 1988 der König des modernen Fünfkampfs. János Martinek dominierte in fast allen Disziplinen (Springreiten, Degenfechten, Pistolenschießen, 300 m Schwimmen, 4000-m-Geländelauf). Er gewann den Einzelwettbewerb und führte auch seine Kameraden zum Mannschaftsgold. Eine weitere Einzelmedaille (Bronze) holte Martinek bei den Spielen 1996. Nach seiner Karriere betreute er die ungarische Auswahl. Bei einem Wettkampf 2003 auf Sizilien beging er einen Selbstmordversuch, indem er aus einem Hotelfenster sprang.

Land:	Ungarn
Medaillen:	– 2 Gold – 1 Bronze
Teilnahmen:	1988, 1996

Henry Maske

Schon als Amateur sammelte er reichlich Medaillen. Henry Maske, der schon als Siebenjähriger sein erstes Boxtraining absolvierte, wurde dreimal Europameister, einmal Weltmeister und – Höhepunkt – Olympiasieger im Mittelgewicht. 1988 in Seoul bezwang er im Finale um Gold den Kanadier Egerton Marcus, seinen späteren Gegner bei den Profis. Nach der Wende wechselte Maske zusammen mit seinem Trainer Manfred Wolke ins Profilager und wurde 1993 gegen den Amerikaner Charles Williams IBF-Weltmeister im Halbschwergewicht. 1996 verlor er seinen Titel gegen Virgil Hill und trat danach zurück. Doch die Niederlage ließ Maske keine Ruhe. Im März 2007 kletterte er nach mehr als zehn Jahren Pause noch einmal zum Revanchekampf gegen Hill in den Ring und gewann klar nach Punkten.

Land:	DDR
Medaillen:	– 1 Gold
Teilnahmen:	1988

Paul Masson

Der französische Radsportler war der Dominator der Bahnrennen bei den ersten Spielen der Neuzeit, als er die Hälfte der Wettkämpfe gewann. Dreimal wurde Paul Masson Olympiasieger – über eine Bahnrunde (333,3 m), 2000 m und 10 000 m. Außerdem stellte er sich seinem Landsmann Léon Flameng als Schrittmacher zur Verfügung und »zog« ihn beim 100-m-Rennen zum Sieg. Nach den Spielen nannte sich Masson Nossam (Masson rückwärts gelesen), wurde Profi und im Jahr darauf WM-Dritter der Berufsradfahrer.

Land:	Frankreich
Medaillen:	– 3 Gold
Teilnahmen:	1896

Ria Mastenbroeck

Die niederländische Schwimmerin war nach dem US-Leichtathlet Jesse Owens und dem deutschen Turner Konrad Frey erfolgreichster Teilnehmer der Spiele von 1936. Gerade mal 17 Jahre alt, gewann Ria Mastenbroeck drei Goldmedaillen über 100 m und 400 m Freistil sowie mit der 4x100-m-Freistilstaffel; außerdem holte sie Silber über 100 m Rücken. Von 1937 an arbeitete das Naturtalent aus Rotterdam als Schwimmlehrerin und verlor deshalb ihren Amateurstatus. Während ihrer kurzen Karriere stellte sie neun Weltrekorde auf. 1997 erhielt sie vom IOC den Olympischen Orden.

Land:	Niederlande
Medaillen:	– 3 Gold
	– 1 Silber
Teilnahmen:	1936

Robert Mathias

Der Amerikaner Robert (Bob) Mathias war ein faszinierender Allrounder, im Sport wie im Beruf. Seinen dritten Zehnkampf beendete er, noch nicht einmal 18 Jahre alt, mit dem Olympiasieg 1948 in London. 1949 nahm der Medizinstudent mit dem Footballteam der Stanford University an den Rose Bowl Games teil, stellte 1950 als 19-Jähriger mit 8042 Punkten (7444 Punkte nach neuer Wertung) einen neuen Weltrekord auf und legte anschließend eine zweijährige Wettkampfpause ein. Seinen nächsten Zehnkamp bestritt Bob Mathias erst wieder 1952 in Helsinki – und wurde mit 900 Punkten Vorsprung erneut Olympiasieger. Danach beendete er seine Zehnkampfkarriere, spielte wieder »Running Back« im Footballteam und wirkte in »The Bob Mathias Story«, der Verfilmung seines Lebens, als Hauptdarsteller mit. Außerdem war er Darsteller in diversen TV-Serien. 1966 ging Mathias in die Politik und wurde ins US-Repräsentantenhaus gewählt, dem er bis 1975 angehörte. Später fungierte er als Berater des »President´s Council on Physical Fitness« und war Direktor der »National Fitness Foundation«.

Land:	USA
Medaillen:	– 2 Gold
Teilnahmen:	1948, 1952

Roland Matthes

Bis heute gab es keinen Rückenschwimmer, der erfolgreicher und schöner schwamm als Roland Matthes. Sieben Jahre lang – von April 1967 bis August 1974 – ging der Thüringer aus allen Rückenwettbewerben als Sieger hervor. Als einer der größten Sportstars der DDR wurde er viermal Olympiasieger, dreimal Weltmeister und schwamm 19 Weltrekorde. 1968 und 1972 gewann Matthes jeweils Goldmedaillen über 100 m und 200 m Rücken, 1976 noch einmal Bronze über die 100 m. Hinzu kamen Staffelsilber 1968 und 1972 über 4x100 m Lagen und Bronze über 4x100 m Freistil. Doping war für den Diplomsportlehrer und Orthopäden ein Fremdwort. »Ich habe nie leistungsfördernde Mittel genommen, darauf bin ich stolz«, sagt Matthes noch heute. Nach der Wende baute er sich im Westen eine neue Existenz auf und ließ sich als Orthopäde in Marktheidenfeld nieder.

Land:	DDR
Medaillen:	– 4 Gold
	– 2 Silber
	– 2 Bronze
Teilnahmen:	1968, 1972, 1976

Gisela Mauermayer

1933 begann sie mit der Leichtathletik – als Multitalent. Schnell zeigte Gisela Mauermayer Spitzenleistungen in gleich mehreren Disziplinen. Schon 1934 war die Münchnerin Weltrekordlerin im Fünfkampf und Kugelstoßen. Doch beide Wettbewerbe waren nicht olympisch. Wo also teilnehmen bei den Spielen 1936 im eigenen Land? Sie entschied sich fürs Diskuswerfen. 1935 erzielte sie mit 44,34 m ihren ersten von neun Weltrekorden innerhalb nur eines Jahres und wurde 1936 Olympiasiegerin. Nicht ganz so glatt verlief ihre berufliche Karriere. Sie studierte Sport und unterrichtete ab 1938 an einem Münchner Gymnasium. Als NSDAP-Mitglied verlor sie nach dem Krieg ihre Stellung, studierte Biologie und leitete als promovierte Zoologin bis zur Pensionierung 1975 die Bibliothek der Zoologischen Staatssammlung in München.

Land:	Deutschland
Medaillen:	– 1 Gold
Teilnahmen:	1936

Torsten May

Torsten May ging durch die Boxschule der ehemaligen DDR. Als Amateur bestritt er 155 Kämpfe, von denen er 120 gewann. Größter Erfolg war sein Olympiasieg 1992 im Halbschwergewicht. Im Jahr darauf wurde May Profi. Drei Jahre später verlor er einen WM-Titelkampf (IBF-Version) nach Punkten gegen Adolpho Washington. Eine weitere Niederlage gegen den Ukrainer Gurow verbaute ihm die Chance auf einen erneuten WM-Titelfight. Danach trat Torsten May zurück und wurde Trainer im Kölner Boxstall von Wilfried Sauerland.

Land:	Deutschland
Medaillen:	– 1 Gold
Teilnahmen:	1992

Helene Mayer

Die Offenbacher Arzttochter war eine elegante und stilreine Florettfechterin. 1928 wurde Helene Mayer als 17-Jährige Olympiasiegerin im Florett. Anfang der 1930er-Jahre emigrierte sie wegen ihrer jüdischen Herkunft in die USA und beendete dort ihr Studium (internationales Recht). Nach einem für sie enttäuschenden 5. Rang 1932 in Los Angeles wollte sie es 1936 in Berlin noch einmal wissen. Sie gewann die Silbermedaille, wobei sie, obwohl Halbjüdin, erst auf Anordnung des IOC zugelassen worden war. Nach ihrer Rückkehr in die USA wurde Helena Mayer, inzwischen amerikanische Staatsbürgerin, Dozentin an der University of California in Berkeley. Sechs Jahre nach Kriegsende kehrte sie nach Deutschland zurück, heiratete 1952 einen Münchner Bauingenieur und verstarb ein Jahr später an Krebs.

Land:	Deutschland
Medaillen:	– 1 Gold
	– 1 Silber
Teilnahmen:	1928, 1932, 1936

Patricia McCormick

Die Amerikanerin Patricia McCormick war die erste Wasserspringerin, die bei zwei aufeinanderfolgenden Spielen die Wettbewerbe im Turm- und Kunstspringen gewinnen konnte. Ein Ziel, für das sie mit großem Ehrgeiz und ungewöhnlichen Methoden gekämpft hatte. Nur fünf Monate nach der Geburt ihres Sohnes im Jahre 1956 qualifizierte sich Patricia McCormick für die im selben Jahr stattfindenden Spiele in Melbourne. Bis zwei Tage vor der Entbindung war sie täglich 800 m geschwommen, um sich fit zu halten. Nach dem Doppeltriumph beendete sie ihre Karriere und wurde als erste Frau in die »International Diving Hall of Fame« aufgenommen.

Land:	USA
Medaillen:	– 4 Gold
Teilnahmen:	1952, 1956

Patrick McDonald

Zweimal, 1904 und 1908, war der Amerikaner Ralph Rose bereits Olympiasieger im Kugelstoßen geworden. 1912 sollte nun sein Hattrick werden. Doch sein Landsmann Patrick McDonald machte ihm einen Strich durch die Rechnung und siegte knapp (15,34 m gegenüber 15,25 m). Tags darauf gewann McDonald die Silbermedaille im beidarmigen Kugelstoßen, bei dem die besten Versuche mit jeder Hand addiert wurden. Diesmal lag Ralph Rose vorne (27,70 m gegenüber 27,53 m). 1920 holte sich der inzwischen 42-jährige McDonald noch einmal Gold im Gewichtwerfen – und ist damit der bis heute älteste Leichtathletikolympiasieger.

Land:	USA
Medaillen:	– 3 Gold
	– 1 Silber
Teilnahmen:	1904, 1908, 1912, 1920

Herb McKenley (links)

Zusammen mit seinem Schulkameraden Arthur Wint begründete Herb McKenley den Weltruhm der Läufer aus Jamaika. »Hurricane Herb« war der erste Weltrekordläufer von der Zuckerrohrinsel, Wint ihr erster Olympiasieger. Am 2. Juli 1948 verbesserte McKenley, der 1943 mit einem Stipendium ans Boston College ging, in den USA den neun Jahre alten 400-m-Weltrekord des im Krieg gefallenen Dresdners Rudolf Harbig auf 45,9 Sekunden und galt als Favorit fürs olympische 400-m-Finale von London. Doch sein alter Schulfreund Arthur Wint machte ihm einen Strich durch die Rechnung und schnappte ihm kurz vor dem Ziel die Goldmedaille weg. Gold gewann KcKenley dann vier Jahre später mit Jamaikas 4x400-m-Staffel, dazu zweimal Silber über 100 m und 400 m.

Land: Jamaika
Medaillen: – 1 Gold
– 3 Silber
Teilnahmen: 1948, 1952

Andrea Mead-Lawrence

Die Amerikanerin war eine Ausnahmeerscheinung in punkto Wettkampfhärte und Kompromisslosigkeit. 1952 in Oslo, wo sie zweimal Gold holte, gewann die 20-jährige Andrea Mead-Lawrence den Riesenslalom trotz eines Sturzes mit 2,2 Sekunden Vorsprung. Im Slalom verfehlte sie im ersten Durchgang ein Tor, stürzte, stieg 10 m zurück, belegte dennoch Platz 4 und fuhr im zweiten Durchgang mit überragender Bestzeit zum Olympiasieg. Im Abfahrtslauf lag sie mit zweitbester Zwischenzeit erneut auf Medaillenkurs, als sie schwer stürzte, aber nicht aufgab und noch auf Platz 17 fuhr.

Land: USA
Medaillen: – 2 Gold
Teilnahmen: 1948, 1952, 1956

Richard John Meade

Der Brite zählte in den 1960er- und 1970er-Jahren zu den besten Militaryreitern der Welt. 1968 wurde Richard John Meade zusammen mit seinen Landsleuten Derek Allhusen und Reuben Jones Olympiasieger in der Mannschaftswertung. Nachdem er im Einzel auf dem 4. Rang gelandet war, gelang ihm vier Jahre später der totale olympische Erfolg: Meade gewann die Goldmedaille sowohl in der Einzelwertung als auch mit der Mannschaft.

Land: Großbritannien
Medaillen: – 3 Gold
Teilnahmen: 1968, 1972, 1976

Mary Therese Meagher

Miss Butterfly war erst 14, als sie ihre ersten Weltrekorde aufstellte. Das Schwimmwunderkind aus Kentucky galt damit als Favoritin für Olympia 1980 in Moskau. Wegen des Boykotts der Spiele musste Mary Therese Meagher noch bis 1984 auf olympisches Gold warten, wurde dann aber gleich dreifache Olympiasiegerin: über 100 m und 200 m Butterfly sowie mit der 4x100-m-Lagenstaffel. 1988 holte sie noch einmal Bronze über 200 m Butterfly und Silber mit der Lagenstaffel. Sagenhaft bleiben ihre Weltrekorde Anfang der 1980er-Jahre. Am 13. August 1981 stellte sie über 200 m mit 2:05,96 Minuten einen Weltrekord auf, der für die Ewigkeit gemacht schien. Und es dauerte fast 20 Jahre, ehe die Australierin Susi O´Neill im Mai 2000 mit 2:05,81 Minuten diesen Rekord brechen konnte.

Land: USA
Medaillen: – 3 Gold
– 1 Silber
– 1 Bronze
Teilnahmen: 1984, 1988

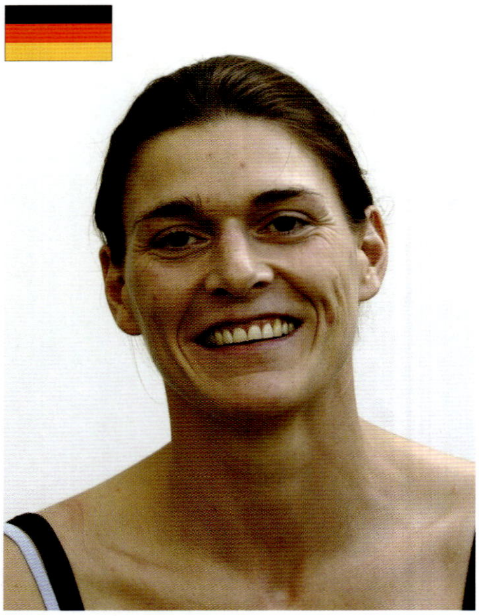

Katrin Meißner

Die Berlinerin gehörte zu den größten Talenten im deutschen Schwimmsport. Bei den Spielen 1988 gewann Katrin Meißner Gold über 4x100 m Freistil und mit der 4x100-m-Lagenstaffel, dazu Bronze über 50 m Freistil. Doch die hochbegabte Schwimmerin konnte nach der Wiedervereinigung nicht mehr nahtlos da weitermachen, wo sie in der DDR aufgehört hatte – aus welchen Gründen auch immer. Für Olympia 1992 und 1996 konnte sie sich nicht qualifizieren und kehrte 2000 ohne Medaille zurück.

Land: DDR, Deutschland
Medaillen: – 2 Gold
– 1 Bronze
Teilnahmen: 1988, 2000

Doina Melinte

Über ein Jahrzehnt zählte die Rumänin zur Elite der Mittelstreckenläuferinnen. Zusammen mit ihrem Mann Dorin tingelte Doina Melinte von Sportfest zu Sportfest und wurde durch Startgelder und Prämien zu einer wohlhabenden Frau. Große Rennen ohne sie waren undenkbar. Mit ihrem typischen Laufstil, die Ellenbogen sperrig nach außen gewinkelt, war sie eine der auffallendsten Figuren in der Leichtathletik. Von ihren vier Olympiateilnahmen waren die Spiele von 1984 ihre erfolgreichsten, als sie über 800 m Gold und über 1500 m Silber holte.

Land: Rumänien
Medaillen: – 1 Gold
– 1 Silber
Teilnahmen: 1980, 1984, 1988, 1992

Faina Melnik

Kurz vor den Spielen 1972 in München hatte sie ihre Konkurrentinnen mit gleich zwei Weltrekorden geschockt: Zunächst warf Faina Melnik den Diskus auf 65,48 m, wenige Wochen danach auf 66,76 m. So war ihr souveräner Olympiasieg, mit einer Weite von 66,62 m 1,5 m vor der Rumänin Menis, alles andere als eine Überraschung. Die Lehrerin aus Eriwan war auch die erste Frau, die den Diskus über die 70-m-Marke schleuderte. Insgesamt erzielte sie elf Weltrekorde, ihren letzten im Olympiajahr 1976 mit 70,50 m, enttäuschte aber bei den Spielen in Montreal mit Rang 4.

Land: UdSSR
Medaillen: – 1 Gold
Teilnahmen: 1972, 1976, 1980

Pietro Mennea (Mitte)

Die Italiener nannten ihn »Pietro Nazionale«. Der 1,78 m große, nur 68 kg schwere, fast dürre Mann aus Apulien war über viele Jahre Italiens Lieblingssprinter. Der 200-m-Spezialist wurde 1980 Olympiasieger, nachdem er über diese Distanz bereits 1972 Bronze geholt hatte. Eine weitere Bronzemedaille gewann er mit der 4x400-m-Staffel (1980). Am nachhaltigsten wirkte sein fabelhafter 200-m-Weltrekord von 1979 in Mexico City mit 19,72 Sekunden; eine Marke, die 17 Jahre Bestand hatte, ehe sie von Michael Johnson unterboten wurde. Der Physiker und Politikwissenschaftler war nach seiner Karriere fünf Jahre lang Abgeordneter im Europäischen Parlament.

Land: Italien
Medaillen: – 1 Gold
– 2 Bronze
Teilnahmen: 1972, 1976, 1980, 1984, 1988

Toni Merkens

Es war eine Goldmedaille der außergewöhnlichen, weil umstrittenen Art, die Deutschlands Radsportidol Toni Merkens bei den Spielen 1936 in Berlin holte. Im Sprintfinale der Bahnfahrer lieferten sich der Deutsche und sein niederländischer Gegner Arie van Vliet ein hitziges Duell. Merkens siegte zwar, aber nur deshalb, weil er den Holländer unfair behindert hatte. Doch statt einer Disqualifikation erhielt er eine Geldbuße von 100 Reichsmark und durfte – Kotau vor dem Gastgeberland – seine Goldmedaille behalten.

Land:	Deutschland
Medaillen:	– 1 Gold
Teilnahmen:	1936

Irine Merleni

2004 stand erstmals Frauenringen auf dem olympischen Programm – und gleich war alles ein bisschen anders. Nach ihrem Sieg im Freistil in der leichtesten Klasse (bis 48 kg) geriet die 22 Jahre alte Ukrainerin Irine Merleni vor lauter Freude so aus dem Häuschen, dass sie dem verdutzten Mattenrichter kurzerhand in die Arme sprang – als erste Goldmedaillengewinnerin im Frauenringen.

Land:	Ukraine
Medaillen:	– 1 Gold
Teilnahmen:	2004

Ralph Metcalfe (2. v. links)

Der amerikanische Spitzensprinter Ralph Metcalfe hatte gleich zweimal das Pech, dass ihm ein schnellerer Landsmann das Gold vor der Nase wegschnappte. 1932 war es Thomas Tolan, der ihn im 100-m-Finale auf Platz 2 verwies, 1936 der berühmte Jesse Owens. Doch die Klasse seiner Landsleute brachte Ralph Metcalfe auch eine Goldmedaille ein. Bei den Spielen in Berlin wurde er zusammen mit Owens Olympiasieger über 4x100 m. Einzelbronze holte Metcalfe noch 1932 über 200 m.

Land:	USA
Medaillen:	– 1 Gold
	– 2 Silber
	– 1 Bronze
Teilnahmen:	1932, 1936

Caren Metschuck

Kurz aber beeindruckend war die olympische Karriere der DDR-Schwimmerin Caren Metschuck. Mit drei Goldmedaillen wurde die gerade 17 gewordene Schülerin aus Greifswald erfolgreichste weibliche Teilnehmerin der Spiele 1980 in Moskau. Sie gewann über 100 m Schmetterling, 4x100 m Freistil und 4x100 m Lagen, holte darüber hinaus die Silbermedaille über 100 m Freistil. Nach dem WM-Titel in der 4x100-m-Freistilstaffel zwei Jahre später beendete Caren Metschuck ihre Karriere und wurde Lehrerin.

Land:	DDR
Medaillen:	– 3 Gold
	– 1 Silber
Teilnahmen:	1980

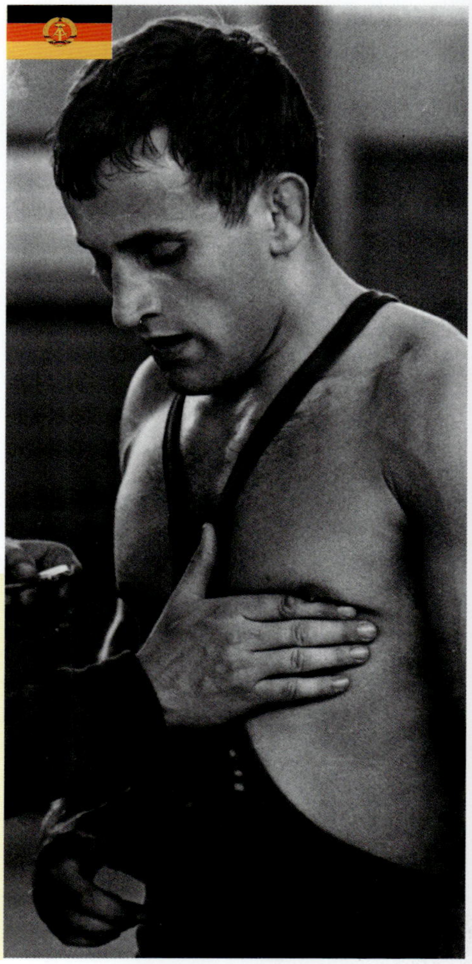

Lothar Metz

1960 Silber, 1964 Bronze, 1968 Gold – auch wenn sich Lothar Metz 1972 nicht mehr im Vorderfeld platzieren konnte, so gehörte der DDR-Mittelgewichtler weit über zehn Jahre lang zu den besten Ringern der Welt. Der auf den griechisch-römischen Stil spezialisierte Offizier der Volksmarine war vor allem im Bodenkampf gefürchtet, für den er neue Trainingsmethoden entwickelt hatte.

Land:	DDR
Medaillen:	– 1 Gold
	– 1 Silber
	– 1 Bronze
Teilnahmen:	1960, 1964, 1968, 1972

Uwe-Jens Mey

Erst 500-m-Gold für die DDR (1988), dann 500-m-Gold für die Bundesrepublik (1992). Die große Ära des Berliner Eisschnellläufers Uwe-Jens Mey fiel in die Wendezeit in Deutschland. Der Berliner, der 1988 noch Silber über 1000 m gewann, wurde oft mit Erhard Keller verglichen, der 20 Jahre vor ihm die gleichen Erfolge feierte: Beide Eissprinter galten als coole Siegertypen mit außergewöhnlichen Fähigkeiten im mentalen Bereich, beide hatten eine exzellente Technik, beide waren zielorientiert und abgeklärt.

Land:	DDR, Deutschland
Medaillen:	– 2 Gold
	– 1 Silber
Teilnahmen:	1984, 1988, 1992

Christian Meyer

Nach seinem Olympiasieg 1992 im 100-km-Mannschaftszeitfahren mit dem Straßenvierer stand Christian Meyer eine große Zukunft als Radprofi bevor. Der Freiburger galt als guter Techniker und umsichtiger Fahrer, der Risiken abzuschätzen wusste. Um so unfassbarer erschien sein Unfall am 17. Juni 1994 auf der 9. Etappe des Giro d'Italia der Amateure. Meyer kam bei einem Überholmanöver von der Straße ab und prallte mit Tempo 60 frontal gegen einen Baum. Seitdem ist er von der Hüfte abwärts querschnittsgelähmt, verlor aber keineswegs seine Lebensfreude. Er wurde Bankkaufmann und engagiert sich tatkräftig für den Behindertensport.

Land:	Deutschland
Medaillen:	– 1 Gold
Teilnahmen:	1992

Deborah Meyer

Mit 16 wurde sie als erste Schwimmerin Olympiasiegerin über drei Einzelstrecken bei denselben Spielen (200, 400 und 800 m Freistil), doch schon mit 18 beendete sie ihre Karriere. Die Fachleute bedauerten, dass die Amerikanerin Deborah (Debbie) Meyer ihr wahres Potenzial bis dahin noch gar nicht ausschöpfen konnte, zumal sie ihren Triumph von Mexico City 1968 trotz Magenverstimmung und Erkältung erreicht hatte. Innerhalb kürzester Zeit hatte die Schwimmerin mit 15 Weltrekorden die Türen zu neuen Dimensionen im Schwimmsport aufgestoßen. Nach ihrem plötzlichen Rücktritt heiratete sie, bekam drei Kinder und eröffnete nach ihrer Scheidung in Kalifornien eine Schwimmschule.

Land:	USA
Medaillen:	– 3 Gold
Teilnahmen:	1968

Horst Meyer (4. v. links)

Er übernahm stets Verantwortung – als Sportler wie auch später im Beruf. In den 1960er-Jahren hatte Horst Meyer als Schlagmann des Deutschlandachters stets ein gutes Gespür für die zwischenmenschlichen Beziehungen seiner Bootscrew im Sinne der Leistungssteigerung. Die Deutschen gewannen 1964 mit Horst Meyer als »Kapitän« Silber und 1968 Gold. Die Verantwortung für Boot und Mannschaft kam ihm später als Topmanager zugute. Der Hamburger wurde Inhaber einer erfolgreichen Gesellschaft für Unternehmensberatung. Außerdem bestellte ihn der Senat der Hansestadt als Geschäftsführer der Hamburger Bewerbungs-GmbH für die Olympischen Spiele 2012.

Land:	Deutschland
Medaillen:	– 1 Gold
	– 1 Silber
Teilnahmen:	1964, 1968

Ulrike Meyfarth

Bis heute ist Ulrike Meyfarth die jüngste Leichtathletikolympiasiegerin in einem Einzelwettbewerb. 16 Jahre alt war sie, als sie 1972 vor 80 000 den Atem anhaltenden Zuschauern im Münchner Olympiastadion den Hochsprungwettbewerb mit dem neuen Weltrekord von 1,92 m sensationell für sich entschied und ihre Bestleistung um 7 (!) Zentimeter übertraf. Der Rummel danach stürzte die 1,86 m große und 71 kg schwere Athletin in eine Krise. 1976 in Montreal qualifizierte sie sich nicht fürs Finale, bei der EM 1974 und 1978 belegte sie nur einen siebten und fünften Platz. Sechs Jahre lang, bis 1978, konnte sie ihre persönliche Bestleistung nicht steigern. Erst zehn Jahre nach München schaffte Ulrike Meyfarth ein Comeback, als sie bei der Europameisterschaft 1982 in Athen den Weltrekord auf 2,02 m schraubte. Zwei Jahre später wurde sie in Los Angeles erneut Olympiasiegerin. 12 Jahre nach ihrem ersten Olympiagold war sie damit zugleich die jüngste und älteste Olympiasiegerin in der Geschichte der Olympischen Spiele. Ulrike Meyfarth ist mit einem Kölner Anwalt verheiratet, hat zwei Töchter und lebt heute in der Nähe von Köln.

Land:	Deutschland
Medaillen:	– 2 Gold
Teilnahmen:	1972, 1976, 1984

Ingrid Mickler-Becker

Bereits 1960 nahm die 16-Jährige als jüngstes Mitglied der deutschen Mannschaft an Olympischen Spielen teil (Neunte im Hochsprung). Ingrid Mickler-Becker, Westfälin aus Lippstadt, war Fünfkämpferin mit besonderen Stärken im Sprung und Sprint. Weltbekannt wurde sie 1968 mit ihrem Olympiasieg im Fünfkampf. Vier Jahre später gelang ihr ein zweiter Olympiasieg mit der 4x100-m-Staffel, zusammen mit Christiane Krause, Annegret Richter und Heide Rosendahl. Nach ihrer Karriere unterrichtete Ingrid Mickler-Becker an einem Mainzer Gymnasium Sport und Sozialkunde. 1990 wurde sie für die CDU Staatssekretärin im Sozialministerium von Rheinland-Pfalz und persönliches Mitglied des NOK. 2005 erhielt sie von der Stiftung Deutsche Sporthilfe die Goldene Sportpyramide für ihr Lebenswerk als Sportlerin und die Förderung des Sports.

Land:	Deutschland
Medaillen:	– 2 Gold
Teilnahmen:	1960, 1964, 1968, 1972

Juha Mieto

»Der große Vater da oben ist nicht auf meiner Seite«, hatte der finnische Langläufer Juha Mieto einmal geklagt, weil er nur einmal Olympiasieger geworden war (1976 mit der Staffel). Ansonsten galt er als ewiger Verlierer. Schon bei seinem ersten Olympiaauftritt war er nur sechs Hundertstelsekunden an einer Medaille vorbeigeschrammt. Bei der WM 1974 fehlten erneut sechs Hundertstel zum Sieg über 30 km. Voller Dramatik auch der Ausgang 1980 in Lake Placid: Diesmal trennte Juha Mieto über 15 km eine einzige Hundertstel vom Gold. Sieger Thomas Wassberg aus Schweden plädierte für die Teilung des ersten Platzes und setzte sich dafür ein, die Zeitmessung im Langlauf auf Zehntelsekunden zu beschränken. Doch das IOC korrigierte die Regelung erst nach diesem Rennen. Eine weitere Silbermedaille gewann Mieto 1980 über 50 km, dazu Bronze mit der Staffel. Mit Staffelbronze verabschiedete er sich auch 1984 in den sportlichen Ruhestand und den Worten: »Ich bin einfach unter einem schlechten Stern geboren, warum sollte ich deswegen mit mir hadern ...«

Land:	Finnland
Medaillen:	– 1 Gold
	– 2 Silber
	– 2 Bronze
Teilnahmen:	1972, 1976, 1980, 1984

Georges Miez

Bis heute ist der Kunstturner Georges Miez der erfolgreichste Olympiateilnehmer der Schweiz. Miez, der als Georg geboren wurde, sich aber wegen seines ersten Auftritts 1924 in Paris bei Olympia Georges nannte und später als Bürger im Tessin Giorgio, startete mit Mannschaftsbronze. Vier Jahre später in Amsterdam hatte er seinen Höhepunkt und wurde dreifacher Olympiasieger (Reck, Mehrkampf Einzel, Mehrkampf Mannschaft), dazu Silbermedaillengewinner am Seitpferd. 1932 in Los Angeles war er der einzige Schweizer Turner. Als er in seiner Spezialdisziplin, am Boden, nur Silber holte, verzichtete er auf weitere Starts. 1936 in Berlin gewann Miez dann doch noch Gold am Boden sowie Silber im Mannschaftsmehrkampf. Nach seiner aktiven Laufbahn war er als Trainer tätig.

Land:	Schweiz
Medaillen:	– 4 Gold
	– 3 Silber
	– 1 Bronze
Teilnahmen:	1924, 1928,
	1932, 1936

John Mikaelsson

Nach dem Zweiten Weltkrieg waren die schwedischen Leichtathleten die besten Europas. Während in anderen Staaten die Sportstätten erst wieder aufgebaut werden mussten, war der Sportbetrieb in Schweden während des Krieges weitergegangen, die Athleten hatten ihr Training nicht unterbrechen müssen. So war es kein Wunder, dass Schweden bei der Europameisterschaft 1946 mit elf Goldmedaillen am besten abschnitt. Auch bei Olympia ragten die Skandinavier heraus. Mikaelsson holte zweimal nacheinander die Goldmedaille im 10 000 m Bahngehen und war mit 38 Jahren 1952 der älteste Nachkriegsolympiasieger.

Land:	Schweden
Medaillen:	– 2 Gold
Teilnahmen:	1948, 1952

Shannon Miller

Schon vor Beginn der Schule trainierte sie morgens täglich eine Stunde, nachmittags dann noch einmal mehrere Stunden, insgesamt 30 Stunden pro Woche. Shannon Millers Eltern, der Vater Professor für Sport an der University of Oklahoma, die Mutter Kampfrichterin, planten den Tag ihres turnenden Kindes bis ins Detail. Shannon war 15, als sie 1992 in Barcelona zweimal Silber (Mehrkampf, Schwebebalken) und zweimal Bronze (Stufenbarren, Boden) gewann. 1996 wurde die 1,52 m kleine und 44 kg leichte Amerikanerin Doppelolympiasiegerin am Boden und Stufenbarren.

Land:	USA
Medaillen:	– 2 Gold
	– 2 Silber
	– 2 Bronze
Teilnahmen:	1992, 1996

Rolf Milser

Die Krönung seiner Laufbahn war der Olympiasieg 1984 im 1. Schwergewicht (90–100 kg). Der Duisburger Gewichtheber Rolf Milser erwies sich aber auch nach seiner Sportkarriere als Mann, der etwas Reißen konnte. 12 Jahre lang war er Bundestrainer im Bundesverband Deutscher Gewichtheber und war in der Zeit der deutschen Vereinigung an führender Stelle am Zusammenwachsen zweier unterschiedlicher Sportsysteme beteiligt. Er betätigte sich auch als Modedesigner und Filmschauspieler. Heute betreibt Milser ein Landhotel bei Duisburg, in dem unter anderem die monegassische Fürstenfamilie zum Champions-League-Finale 2004 wohnte und Italiens Equipe während der Fußball-WM 2006 untergebracht war.

Land:	Deutschland
Medaillen:	– 1 Gold
Teilnahmen:	1972, 1976, 1984

Fu Mingxia

Keine Goldmedaillengewinnerin war jünger als sie. Als die Chinesin Fu Mingxia 1992 in Barcelona Olympiasiegerin im Damenturmspringen wurde, war sie noch ein Kind: 12 Jahre, 4 Monate und 19 Tage alt, dazu 40 kg leicht und nur 1,48 m groß. Sie bekam einen Eintrag ins Guiness' »Buch der Rekorde«. Danach beschloss der Internationale Schwimmverband, das Mindestalter für WM- und Olympiateilnahmen auf 14 Jahre anzuheben. Vier Jahre älter holte Fu Mingxia 1996 Gold im Turmspringen und vom 3-m-Brett; 2000 in Sydney wiederholte sie den Sieg vom 3-m-Brett und gewann Silber im Synchronspringen.

Land:	China
Medaillen:	– 4 Gold
	– 1 Silber
Teilnahmen:	1992, 1996, 2000

Rosi Mittermaier

»Miss Lächeln« titulierte sie die New York Times, und in Deutschland weiß jeder, wer mit »Gold-Rosi« gemeint ist, obwohl ihre Olympiasiege gut drei Jahrzehnte zurückliegen. Noch heute ist Rosemarie Mittermaier ein »Leitbild ohne Verfallsdatum« (FAZ). Ihr Stern ging auf bei Olympia 1976, als sie zweimal Gold (Abfahrt und Slalom) und einmal Silber (Riesenslalom) gewann, im selben Jahr noch Weltmeisterin in der Kombination und Gesamtweltcupsiegerin wurde. Ihr Lächeln ging um die Welt, aber auch ihr unwiderstehlicher Charme. Zweifellos gab es in der Geschichte der Olympischen Spiele erfolgreichere Goldathletinnen, aber keine mit goldigerem Lachen, größerer Herzlichkeit und beeindruckenderer Natürlichkeit als Rosi Mittermaier. Sie gewann die Herzen der Menschen im Handumdrehen, wurde 1997 zur ersten deutschen »Botschafterin für Sport, Toleranz und Fair Play« ernannt und erhielt 1999 den Olympischen Orden des IOC. Verheiratet ist sie seit 1980 mit dem ehemaligen Skirennläufer Christian Neureuther. Ihre Tochter Amelie ist eine preisgekrönte Designerin bei Wolfgang Joop, ihr Sohn Felix einer der talentiertesten Skirennläufer. Wirtschaftlich hat Rosi Mittermaier ausgesorgt: als Werbeikone, Designerin und Firmen- und Hotelbesitzerin.

Land:	Deutschland
Medaillen:	– 2 Gold
	– 1 Silber
Teilnahmen:	1968, 1972, 1976

Yoshinobu Miyoke

Von seinen ersten bis zu seinen letzten Spielen gehörte der Japaner zu den besten Gewichthebern der Welt. 1960 gewann Yoshinobu Miyoke die Silbermedaille im Bantamgewicht (bis 56 kg), 1964 und 1968 wurde er Olympiasieger im Federgewicht (bis 60 kg). 1972 verpasste er mit Rang 4 nur knapp eine weitere Medaille. Außerdem stemmte sich Miyoke fünfmal zum Weltmeister. Nach seinem Universitätsstudium wurde er Polizeioffizier in Tokio und war auch Trainer der japanischen Gewichtheber.

Land: Japan
Medaillen: – 2 Gold
– 1 Silber
Teilnahmen: 1960, 1964, 1968, 1972

Dietmar Mögenburg

Schon 1980 war der deutsche Hochspringer auf Medaillenkurs, als er den Weltrekord des Polen Jacek Wszola mit 2,35 m egalisierte. Doch wegen des Boykotts der Moskauer Spiele musste Dietmar Mögenburg zu Hause mit ansehen, wie 2,31 m zum Medaillengewinn ausreichten. Vier Jahre später indes wurde der Rheinländer Olympiasieger, mit 2,35 m. Mögenburg, 2,01 m groß und mit idealen Hebelverhältnissen ausgestattet, galt nicht nur als technisch bester Hochspringer seiner Zeit, sondern auch als Pokerface, weil er große Wettkämpfe oft mit Nervenstärke und Risikofreude für sich entschied. Mit 24 Jahren hatte er alles erreicht: EM-Titel, Europacupsieg, Hallenweltrekord (2,39 m). Danach folgten gesundheitliche Probleme. Wegen eines »Reizknies« musste er 1994 seine Karriere beenden.

Land: Deutschland
Medaillen: – 1 Gold
Teilnahmen: 1984, 1988, 1992

Eugenio Monti (links)

Der Italiener war der erste Bobfahrer, der zeigte, dass man in seiner Zunft auch als schlanker Athlet Medaillen herausfahren kann: 1956 waren für Eugenio Monti Silberspiele (zweite Plätze im Zweier- und Viererbob) 1964 Bronzespiele (zweimal Dritter) und 1968 endlich auch Goldspiele mit zwei Olympiasiegen. 1960 blieb er nur deshalb ohne Medaille, weil die Amerikaner die Bobwettbewerbe in Squaw Valley absagten. Dazu wurde Monti elfmal Weltmeister. Der rasende Italiener begann als Skirennläufer (zweifacher italienischer Meister), war Autorennfahrer (Klassensieger bei der Mille Miglia) und kam erst danach zum Bobfahren, als er die Schwergewichte seiner Sportart ablöste.

Land: Italien
Medaillen: – 2 Gold
– 2 Silber
– 2 Bronze
Teilnahmen: 1956, 1964, 1968

Leontien van Moorsel-Zijlaard

Sie war bereits zweimal Straßenweltmeisterin geworden, als Leontien van Moorsel-Zijlaard mit einem Male 1993 in eine Krise geriet. Die Niederländerin, die bis dahin mit hartem Training ihrem Körper offenbar zu viel zugemutet hatte, wurde magersüchtig, wog unter 45 Kilo, verfiel dann ins andere Extrem, sodass sie in kurzer Zeit 25 Kilo Übergewicht aufwies. An Radfahren war nicht zu denken. Den Weg zurück zum Leistungssport ebnete ihr der holländische Radrennfahrer Michael Zijlaard, den Leontien van Moorsel Mitte der 1990er-Jahre heiratete und der sie trainierte und betreute. Mit olympischem Erfolg: 2000 gewann sie Gold in der 3000 m Einzelverfolgung, im Straßenrennen und im Zeitfahren, Silber im Punktefahren; 2004 wiederholte sie ihren Golderfolg im Zeitfahren und holte Bronze in der 3000 m Einzelverfolgung.

Land:	Niederlande
Medaillen:	– 4 Gold
	– 1 Silber
	– 1 Bronze
Teilnahmen:	2000, 2004

Pablo Morales

Der Sohn kubanischer Eltern wurde schon mit fünf Jahren in die US-Talentförderung aufgenommen. Mit 18 gehörte Pablo Morales zur Weltklasse der Butterflyschwimmer und holte 1984 drei Medaillen (Gold mit der Lagenstaffel, Silber über 100 m Butterfly und 200 m Lagen). Nachdem er 1988 die Olympiaqualifikation verpasst hatte, legte er eine dreijährige Pause ein und konzentrierte sich auf sein Politik- und Jurastudium. Vor den Spielen 1992 packte ihn jedoch noch einmal der Ehrgeiz. Mit zwei Goldmedaillen über 100 m Butterfly und mit der Lagenstaffel gelang Morales ein großartiges Comeback. Nach seiner Karriere engagierte sich der Rechtsanwalt für diverse soziale Projekte (Behinderte, Kinder ohne Elternhaus).

Land:	USA
Medaillen:	– 3 Gold
	– 2 Silber
Teilnahmen:	1984, 1992

Daniel Morelon

Der Franzose war einer der besten Amateurradrennfahrer aller Zeiten. Nach einer Bronzemedaille 1964 und zwei Goldmedaillen 1968 und 1972 im Sprint reiste Daniel Morelon 1976 nach Montreal, um als erster Radfahrer dreimal hintereinander den olympischen Titel zu holen. Doch der Tschechoslowake Anton Tkác durchkreuzte seine Sprintpläne, und Morelon wurde Zweiter. Seine dritte Goldmedaille holte er sich übrigens im Tandemwettbewerb zusammen mit seinem Landsmann Pierre Trentin (1968). Frankreichs Nationaltrainer Luis Gérardin sagte einmal über den sechsmaligen Weltmeister: »Daniel ist schnell wie ein Tiger, stark wie ein Bär, listig wie ein Fuchs und ruhig wie ein Dromedar.«

Land:	Frankreich
Medaillen:	– 3 Gold
	– 1 Silber
	– 1 Bronze
Teilnahmen:	1964, 1968, 1972, 1976

Thomas Morgenstern

Schon die Prognosen versprachen viel. »Thomas ist ein Jahrhunderttalent mit außergewöhnlichen körperlichen Fähigkeiten!« sagte Österreichs Skisprunglegende Toni Innauer Ende 2003. 17 Jahre war Thomas Morgenstern damals und hatte noch kein großes Springen gewonnen. Wenige Wochen nach Innauers Aussage belegte der junge Kärnter den dritten Platz bei der Vierschanzentournee. Zwei Jahre später war er Doppelolympiasieger mit Gold von der Großschanze und im Mannschaftswettbewerb. 2007 wurde Thomas Morgenstern Weltmeister mit Österreichs Team und Dritter von der Normalschanze. »Ich werde springen, bis ich 30 bin«, sagt er. Das sind noch fast zehn Jahre.

Land:	Österreich
Medaillen:	– 2 Gold
Teilnahmen:	2006

Robert Morrow

Acht Wochen vor Beginn der Spiele 1956 in Melbourne erkrankte der US-Sprinter Robert (Bobby) Morrow an einer schweren Darmgrippe und verlor zwölf Pfund Gewicht. Mit eisernem Training und einem speziellen Ernährungsprogramm brachte sich der Texaner wieder in Form und gewann – als erster Athlet nach Jesse Owens – bei denselben Spielen Goldmedaillen über 100 m, 200 m und in der 4x100-m-Staffel (zusammen mit Baker, King und Murchison).

Land:	USA
Medaillen:	– 3 Gold
Teilnahmen:	1956

Annemarie Moser-Pröll

Ihr Talent entdeckte der Dorfpfarrer, als er die kleine Annamarie, sechstes von acht Kindern eines österreichischen Bergbauern oberhalb von Kleinarl, das erste Mal auf Skiern stehen sah und gleich an den Skiverband weiterempfahl. Annemarie Moser-Pröll wurde die überragende Läuferin der 1970er-Jahre, gewann sechsmal den Gesamtweltcup, vier Weltmeisterschaften und 1980 die lang ersehnte Goldmedaille in der Abfahrt, ihrer Spezialität. Schon 1972 galt sie als haushohe Favoritin für Gold in Abfahrt und Riesenslalom, musste sich aber jeweils der Schweizerin Marie-Theres Nadig geschlagen geben. Olympia 1976 verpasste sie, weil sie kurz vorher wegen der Krebserkrankung ihres Vaters zurücktrat. Nach ihrem Comeback im Dezember 1976 konnte sie sich gleich wieder in der Weltspitze etablieren, um dann vier Jahre später endlich Olympiasiegerin zu werden. »Es war das einzige Ziel in meiner langen Laufbahn.«

Land:	Österreich
Medaillen:	– 1 Gold
	– 2 Silber
Teilnahmen:	1972, 1980

Edwin Moses

Gleich der erste internationale Auftritt des Edwin Moses wirbelte die Leichtathletikszene durcheinander: 1976 in Montreal gewann der Student das Finale über 400 m Hürden in neuer Weltrekordzeit (47,64 Sekunden) und mit dem größten Vorsprung aller Zeiten (8 m). Zehn Jahre lang (1977–1987) und 122 Rennen in Folge blieb der Amerikaner danach unbesiegt und dominierte seine Disziplin wie kein anderer. Wegen des Olympiaboykotts 1980 verpasste er zunächst seine zweite Goldmedaille, die er sich dann 1984 holte. Zwischendurch wurde er zweimal Weltmeister. Die eindrucksvolle Siegesserie des vierfachen Weltrekordlers endete im Juni 1987 mit der Niederlage gegen seinen Landsmann Danny Harris. Im Jahr darauf verabschiedete sich Moses von Olympia mit einer Bronzemedaille. Danach engagierte er sich für sauberen Sport (als Mitglied der Antidopingkommission in den USA) und für weltweite Sportprojekte mit benachteiligten Kindern.

Land:	USA
Medaillen:	– 2 Gold
	– 1 Bronze
Teilnahmen:	1976, 1984, 1988

Alexander Moskalenko

Nachdem er erneut Weltmeister geworden war, hatte Alexander Moskalenko 1994 seine Laufbahn beendet. Die Motivation des besten Trampolinturner war aufgebraucht. Doch als das IOC 1997 entschied, bei den Spielen 2000 die Sportart ins olympische Programm aufzunehmen, entschloss sich der Russe zum Comeback. Nachdem er 24 Kilo abtrainiert hatte, war er wieder Weltspitze und holte als 30-Jähriger in Sydney die Goldmedaille. Moskalenko machte weiter, wurde zum fünften Mal Weltmeister und galt für die Spiele 2004 erneut als Favorit – musste sich aber überraschend knapp dem Ukrainer Nikitin geschlagen geben.

Land:	Russland
Medaillen:	– 1 Gold
	– 1 Silber
Teilnahmen:	2000, 2004

Rosa Mota

Die Portugiesin ist in ihrer Heimat so bekannt und beliebt wie Fußballstars à la Eusebio oder Figo. »A nossa Rosinha« (unsere kleine Rosa) zählt zu den bekanntesten Sportpersönlichkeiten des Landes. Das war nicht immer so. Anfang der 1980er-Jahre wurde die 1,57 m große und 45 kg schwere Marathonläuferin schon mal mit Geschirr und anderen Gegenständen beworfen, wenn sie trainierte. Marathon laufende Frauen passten vielen, vor allem Männern, nicht in ihr Weltbild. Doch Rosa Mota kämpfte für ihren Sport, legte sich mit Funktionären an, die sie daran hindern wollten, an internationalen Rennen teilzunehmen. Einmal schaltete sich sogar Portugals Sportminister ein, um zu vermitteln. 1984 gewann sie Olympiabronze, vier Jahre später die Goldmedaille. Sie wurde auch Europa- und Weltmeisterin.

Land:	Portugal
Medaillen:	– 1 Gold
	– 1 Bronze
Teilnahmen:	1984, 1988

Manuela Mucke

Die Kanutin aus Potsdam wurde systematisch an die großen Aufgaben herangeführt. Als 16-Jährige wurde Manuela Mucke Juniorenweltmeisterin, was ihr noch weitere vier Mal gelang. Bei den Spielen 1996 saß sie dann zusammen mit Birgit Fischer, Deutschlands erfahrendster und erfolgreichster Kanutin, im selben Boot und wurde Olympiasiegerin im Viererkajak über 500 m. Es folgten zwei Weltmeistertitel und bei den Spielen 2000 die olympische Titelverteidigung – alles im Fischer-Boot.

Land:	Deutschland
Medaillen:	– 2 Gold
Teilnahmen:	1996, 2000

Nawal el Moutawakel

Die Marokkanerin war die erste Frau eines islamischen Landes, die eine olympische Medaille gewann. Nawal el Moutawakel holte in Los Angeles Gold über die erstmals bei Olympia ausgetragenen 400 m Hürden. Nach dem Sieg strömten Zigtausende auf die Straßen ihrer Heimatstadt Casablanca und feierten um 2 Uhr nachts den Triumph. Marokkos König Hassan II. erklärte, dass alle Mädchen im Lande, die am Tag des Sieges von Nawal el Moutawakel geboren wurden, ihren Namen tragen sollten. 1998 wurde die Marokkanerin IOC-Mitglied, sie lebt heute verheiratet in den USA.

Land:	Marokko
Medaillen:	– 1 Gold
Teilnahmen:	1984

Jens Müller

Der in der DDR groß gewordene Rennrodler stand zwar zumeist im Schatten des Bayern Georg Hackl. Dennoch war der Thüringer Jens Müller Olympiasieger (1988), Olympiadritter (1998), Weltmeister (2000) und Europameister (1996, 2000). Bundestrainer Thomas Schwab lobte einmal: »Jens war immer ein Vorbild, ein Kämpfer, der nie aufgab; und ohne ihn wäre ein Hackl nicht so weit gekommen.« Nach Karriereende setzte der deutsche Bob- und Schlittenverband Jens Müller zunächst bei der Nachwuchsbetreuung ein. Der Diplomsportlehrer gilt als Spezialist für die mentale Wettkampfvorbereitung.

Land:	DDR, Deutschland
Medaillen:	– 1 Gold
	– 1 Bronze
Teilnahmen:	1988, 1992, 1994, 1998

Kristina Mundt

1988 der erste Olympiasieg für die DDR, 1992 der zweite Olympiasieg für die Bundesrepublik – dies alles im selben Boot, im Doppelvierer der Frauen. Kristina Mundt aus Leipzig war schon 1985 Weltmeisterin geworden und bei ihrem ersten Olympiagold eine erfahrene Ruderin. Erst recht bei ihrer zweiten Teilnahme, als die Wirtschaftskauffrau mit Olympiasiegerinnen und Weltmeisterinnen in einem Boot der Favoritenrolle des deutschen Doppelvierers gerecht wurde.

Land:	DDR, Deutschland
Medaillen:	– 2 Gold
Teilnahmen:	1988, 1992

Thomas Munkelt

Der Leipziger gehörte viele Jahre zu den beständigsten Hürdensprintern Europas. Sein größter Erfolg war der Olympiasieg 1980 in 13,39 Sekunden eine Hundertstelsekunde vor dem Kubaner Casanas. Vier Jahre zuvor hatte Thomas Munkelt noch einen enttäuschenden fünften Rang belegt. Außerdem wurde der 110-m-Hürdenspezialist 1977 Weltcupsieger sowie 1978 und 1982 Europameister. Als sich die DDR zum Boykott der Spiele 1984 in Los Angeles entschloss, gab Munkelt seinen Rücktritt bekannt. Danach arbeitete er als Zahnarzt in der Nähe von Leipzig.

Land:	DDR
Medaillen:	– 1 Gold
Teilnahmen:	1976, 1980

Walentin Muratow (links)

Der Sowjetrusse zählte zu den besten Turnern der Nachkriegsjahre. Walentin Muratow war ein Allrounder, der auf allen Geräten Spitzenleistungen abrufen konnte. 1952 in Helsinki gewann er zwar »nur« Gold mit der Mannschaft, doch vier Jahre später in Melbourne ragte er auch als Einzelturner heraus. Er gewann Silber an den Ringen, Gold am Boden und beim Pferdsprung (zusammen mit dem Deutschen Helmut Bantz) sowie zum zweiten Mal Mannschaftsgold.

Land:	UdSSR
Medaillen:	– 4 Gold
	– 1 Silber
Teilnahmen:	1952, 1956

Ira Murchison

Als der Student der Western Michigan University am 4. August 1956 in Berlin den tags zuvor von Willie Williams auf 10,1 Sekunden verbesserten Weltrekord einstellte, galt er als einer der großen Favoriten über die Sprintstrecke bei den Spielen in Melbourne. Doch Ira Murchison, einer der besten 100-m-Läufer der 1950er-Jahre und mit 1,57 m kleinster Sprintweltrekordler der Geschichte, patzte und wurde nur Vierter. Wenige Tage darauf rehabilitierte er sich als Startläufer der 4x100-m-Staffel. Der »Sputnik«, wie Murchison wegen seines hohen Speeds beim Start genannt wurde, legte den Grundstein zur Goldmedaille und zum Weltrekord (39,5 Sekunden) des US-Quartetts. Drei Jahre später musste Murchison aus gesundheitlichen Gründen im Alter von 26 Jahren seine Karriere beenden.

Land:	USA
Medaillen:	– 1 Gold
Teilnahmen:	1956

Halil Mutlu

Drei Olympiasiege in Folge, fünf Welt- und neun Europameisterschaften, 20 Weltrekorde – so lautet die beeindruckende Bilanz des türkischen Gewichthebers Halil Mutlu. Der kleine Mann aus Ankara (1,47 m) ist einer von nur vier Athleten in der Hebergeschichte, die mehr als ihr dreifaches Körpergewicht in die Höhe wuchten konnten. 1996, 2000 und 2004 gewann er jeweils Gold im Fliegen- und Bantamgewicht. Die heimische Presse titulierte den Kleinen als »größten Mann in der Türkei« und »Super-Zwerg Halil«. Der Schock kam 2005, als Halil Mutlu bei der EM in Sofia des Dopings überführt und für zwei Jahre gesperrt wurde.

Land:	Türkei
Medaillen:	– 3 Gold
Teilnahmen:	1992, 1996, 2000, 2004

Jonni Myyrä

Mit Jonni Myyrä beginnt die lange Geschichte der Speerwurfnation Finnland. Kein anderes Land stellte in dieser Sportart so viele Olympiasieger. Bei seinem olympischen Debüt 1912 hatte der 20-Jährige noch Platz 8 belegt. Danach warf er sich mit Weltrekorden in die Spitzenklasse vor. 1920, bei den ersten Spielen nach dem Ersten Weltkrieg, ging Myyrä als hoher Favorit an den Start und siegte mit 65,78 m vor drei Landsleuten. Vier Jahre später gewann er mit 62,96 m erneut, und wieder mit 2 m Vorsprung.

Land:	Finnland
Medaillen:	– 2 Gold
Teilnahmen:	1912, 1920, 1924

John Naber – Aldo Nadi – Nedo Nadi – Marie-Theres Nadig – Timea Nagy – Akinori Nakayama – Josef Neckermann – Meinhard Nehmer – Ferenc Németh – Imre Németh – Miklós Németh – Romeo Neri – Katerina Neumannova – Lars Nieberg – Lorenz Nieberl – Bill Nieder – Gunda Niemann-Stirnemann – Toni Nieminen – Ari-Pekka Nikkola – Li Ning – Tadahiro Nomura – Axel Nordlander – Wolfgang Nordwig – Martha Norelius – Glynis Nunn – Paavo Nurmi – Matti Nykänen

Aldo Nadi

Der jüngere Bruder des legendären Nedo Nadi hatte keine Chance, nicht Fechter zu werden. Vater Giuseppe betrieb in Livorno eine Fechtschule, der ältere Bruder focht ihm ständig etwas vor. So stand denn auch Aldo Nadi schon mit fünf Jahren auf der Planche. »Es war die einzige Welt, die ich kannte«, sagte er später einmal, »und mein sechs Jahre älterer Bruder war mein Held.« Mit ihm zusammen gewann Aldo 1920 in Antwerpen dreimal Mannschaftsgold. Und im Säbeleinzel, wo er Silber holte, musste er lediglich Nedo den Vortritt lassen. Nach den Spielen waren die Nadi-Brüder in ihrer Heimat Helden, denen sich viele Türen öffneten, auch Schlafzimmertüren. Aldo profilierte sich als Playboy, ging später nach Amerika, schrieb ein (auch von George Bernhard Shaw) gerühmtes Buch »On Fencing«, spielte in Hollywoodfilmen zusammen mit Humphrey Bogart und Lauren Bacall und arbeitete in einer Fechtschule.

Land:	Italien
Medaillen:	– 3 Gold
	– 1 Silber
Teilnahmen:	1920

John Naber

Der Amerikaner war mit seinen vier Goldmedaillen der Star der Spiele von 1976. John Naber, der als Rückenschwimmer den Deutschen Roland Matthes beerbte, gewann die 100 m, 200 m (als erster unter 2 Minuten) sowie mit der Staffel die 4x100-m-Lagen und 4x200-m-Freistil; dazu holte er noch Silber über 200 m Freistil. Bereits wenige Monate später beendete der 21-Jährige seine Laufbahn. Danach rissen sich die US-Fernsehstationen um den blendend aussehenden und eloquenten Athleten. Daneben baute John Naber in Pasadena mit Erfolg eine Computerfirma auf und hielt in großen Firmen wie Coca-Cola, Exxon, IBM oder Time Warner viel beachtete Vorträge zu Themen wie Teambildung und Zielsetzung.

Land:	USA
Medaillen:	– 4 Gold
	– 1 Silber
Teilnahmen:	1976

Nedo Nadi

Bis heute gilt der Italiener als der variabelste Fechter der Geschichte. Nedo Nadi gelang es als Einzigem, in allen drei Waffenarten (Florett, Degen, Säbel) bei ein- und denselben Spielen (1920) Olympiasieger zu werden, wobei er im Florett und Säbel jeweils Einzel- und Mannschaftstitel gewann. Hinzu kam eine Goldmedaille 1912 im Floretteinzel. Dass es im Degen 1920 nur zum Team- und nicht zum Einzelgold reichte, lag nicht zuletzt an Nadis Vater, einem Fechtmeister. Der hatte dem Sohn das Training mit dieser seiner Ansicht nach »undisziplinierten« Waffe verboten. Nach seiner Karriere arbeitete Nadi als Fechtlehrer und war Präsident von Italiens Fechtverband.

Land:	Italien
Medaillen:	– 6 Gold
Teilnahmen:	1912, 1920

Marie-Theres Nadig

Die Schweizerin schaffte eine jener Überraschungen, die den Sport so faszinierend machen: 1972 besiegte sie in Sapporo sensationell die haushohe Favoritin Annemarie Moser-Pröll, und das gleich zweimal: in der Abfahrt und im Riesenslalom. Der unerwartete Erfolg entpuppte sich für Marie-Theres Nadig in den Folgejahren jedoch als Hypothek. Sie war dem Siegesdruck nicht mehr gewachsen, konnte drei Jahre lang kein Rennen mehr gewinnen und blieb bei den Spielen 1976 ohne Medaille. Erst im Olympiawinter 1979/80 knüpfte sie wieder an ihre früheren Leistungen an. In Lake Placid gewann Marie-Theres Nadig Bronze in der Abfahrt und im Jahr darauf den Gesamt-Weltcup. Danach trat sie zurück, wurde 2004 Cheftrainerin des alpinen Frauenteams und ein Jahr später wegen Erfolglosigkeit wieder abgelöst.

Land:	Schweiz
Medaillen:	– 2 Gold
	– 1 Bronze
Teilnahmen:	1972, 1976, 1980

Timea Nagy

Der Ungarin war ihr Olympiasieg fast peinlich. Timea Nagy, 34 Jahre alt, Mutter zweier Kinder, hatte gerade die hohe Favoritin Laura Flessel aus Frankreich im Degenfinale von Athen 2004 klar und deutlich geschlagen, als sie bemerkte: »Es muss schrecklich sein für Laura, für mich bleibt sie die beste Fechterin der Welt.« Die Ungarin glänzte nicht nur mit ihren Leistungen, sondern auch mit ihrer Bescheidenheit. Immerhin war sie als Titelverteidigerin nach Athen gekommen, hatte 2000 in Sydney schon einmal Degengold gewonnen, war zudem Mannschaftsweltmeisterin 1997 und 1999 geworden.

Land:	Ungarn
Medaillen:	– 2 Gold
Teilnahmen:	1996, 2000, 2004

Akinori Nakayama

Zehn Medaillen bei zwei Olympischen Spielen – mit dieser Bilanz zählt der Japaner Akinori Nakayama zu den besten Turnern der 1960er- und 1970er-Jahre. Mit seinen vier Goldmedaillen (Ringe, Reck, Barren, Mannschaft), Silber (Boden) und Bronze (Mehrkampf) war er der erfolgreichste männliche Teilnehmer der Spiele von 1968. Vier Jahre später holte Nakayama noch zweimal Gold (Ringe, Mannschaft), Silber (Boden) und Bronze (Mehrkampf). Außerdem sammelte er bei Weltmeisterschaften insgesamt sieben Titel.

Land:	Japan
Medaillen:	– 6 Gold
	– 2 Silber
	– 2 Bronze
Teilnahmen:	1968, 1972

Josef Neckermann

Fast so bekannt wie im Versandhandel war der Name Neckermann auch im Sport. Josef Neckermann, Spross einer traditionsreichen Unternehmerfamilie, fühlte sich schon als Kind zu Pferden hingezogen und gewann bereits mit 14 Jahren ein Springen in Stuttgart. Seine große Liebe galt allerdings der Dressur. Während seiner langen Karriere wurde er zweimal Olympiasieger (1964, 1968) und einmal Silbermedaillengewinner (1972) im Mannschaftswettbewerb. In der Einzeldressur holte er einmal Silber (1968) und zweimal Bronze (1960, 1972). Zu Neckermanns Lebenswerk zählt neben seinem beruflichen und sportlichen Erfolg zweifellos die Stiftung Deutsche Sporthilfe, deren Mitinitiator und Vorsitzender er 20 Jahre lang war.

Land:	Deutschland
Medaillen:	– 2 Gold
	– 2 Silber
	– 2 Bronze
Teilnahmen:	1960, 1964, 1968, 1972

Meinhard Nehmer (links)

Bobfahrer Meinhard Nehmer begann als Speerwerfer. Als er wegen Schulterproblemen aufhören musste, kam er per Zufall zum Bobsport. Als krasser Außenseite fuhr er zu den Winterspielen 1976 nach Innsbruck und gewann für alle überraschend Gold im Zweier- und Viererbob. Nehmer, der stets auf dem Pilotensitz saß und nie einen Sturz fabrizierte, galt als begnadeter Lenker. 1980 brachte er das Kunststück fertig, den Viererwettbewerb mit dem im Bobsport unglaublichen Vorsprung von fast 1 Sekunde zu gewinnen; im Zweier holte er Bronze. »Er ist der beste Pilot, den ich je gesehen habe«, lobte sein bundesdeutscher Konkurrent Wolfgang Zimmerer. Obwohl die DDR-Verantwortlichen Nehmer, auch viermaliger Weltmeister, zum Weitermachen aufforderten, trat er nach Olympia 1980 zurück. Nach der Wende, die er als DDR-Offizier erlebte, arbeitete er erfolgreich als Trainer der Bobteams der USA und Italiens und von 2000 bis 2006 als Bundestrainer.

Land:	DDR
Medaillen:	– 3 Gold
	– 1 Bronze
Teilnahmen:	1976, 1980

Ferenc Németh

Ungarns moderne Fünfkämpfer zählten traditionell zu den Besten ihres Fachs. Bei den Spielen 1960 in Rom gaben sie sich ganz besonders souverän und gewannen die Goldmedaillen im Einzel und in der Mannschaftswertung. Überragender Teilnehmer war dabei Ferenc Németh. Er holte sich den Einzelsieg vor seinem Landsmann Imre Nagy und dem Amerikaner Robert Beck und dominierte zusammen mit Nagy und Andras Balczó auch in der Teamwertung vor der UdSSR und den USA.

Land:	Ungarn
Medaillen:	– 2 Gold
Teilnahmen:	1960

Imre Németh

Der Hammerwerfer gehörte zu den bedeutendsten Persönlichkeiten des ungarischen Sports – als Olympiasieger und Weltrekordler im Hammerwerfen 1948 (Bronze 1952), erfolgreicher Trainer, Präsident des Leichtathletik-Verbandes und langjähriger Direktor des Budapester Nepstadions. Imre Némeths Sohn Miklós trat später in die Fußstapfen des Vaters und wurde 1976 in Montreal Olympiasieger im Speerwerfen. »Als Junge hat Miklós zu Hause mit meiner Goldmedaille oft Siegerehrung gespielt«, erinnerte sich Imre Németh nicht ohne Stolz.

Land:	Ungarn
Medaillen:	– 1 Gold
	– 1 Bronze
Teilnahmen:	1948, 1952

Miklós Németh

Nicht der Vater, der Olympiasieger im Hammerwerfen, war sein Vorbild, sondern der Freund des Vaters, der Speerwerfer und Olympiadritte Jozsef Varsegi. Miklós Németh nahm lieber den Speer als den Hammer in die Hand. Bei seiner ersten Olympiateilnahme 1968 konnte er sich noch nicht fürs Speerwurffinale qualifizieren. 1972 wurde er Siebter und 1976 in Montreal Olympiasieger. Gleich im ersten Wurf hatte er den Speer auf die Weltrekordweite von 94,58 m geschleudert. 1980, inzwischen 34 Jahre alt, verabschiedete sich Miklós Németh von Olympia mit einem achten Platz.

Land:	Ungarn
Medaillen:	– 1 Gold
Teilnahmen:	1968, 1972,
	1976, 1980

Romeo Neri

Der italienische Turner war 1932 mit drei Goldmedaillen erfolgreichster Teilnehmer. Nachdem Romeo Neri 1928 schon Silber am Reck geholt hatte, überzeugte er 1932 als Olympiasieger im Mehrkampf, am Barren und im Mannschaftswettbewerb. Die Turnwettkämpfe in Los Angeles litten unter der schwachen Zuschauerresonanz, obgleich die Veranstalter alles taten, um mit typisch amerikanischen Disziplinen wie Keulenschwingen und Federbrettsprüngen das Publikum wie einst beim Goldrausch anzulocken.

Land:	Italien
Medaillen:	– 3 Gold
	– 1 Silber
Teilnahmen:	1928, 1932

Katerina Neumannova

In ihrer Heimat Tschechien gilt sie als Symbol einer erfolgreichen Frau und alleinerziehenden Mutter – und einer Sportlerin, die kein Blatt vor den Mund nimmt: »Doping hat mich einiger meiner besten Momente beraubt«, sagte die Langläuferin Katerina Neumannova nach ihrem Rücktritt Ende der Saison 2006/07. Erst nachträglich war sie doppelte Silbermedaillengewinnerin von 2002 geworden, weil zwei Russinnen wegen Dopings disqualifiziert wurden. »Aber es ist nicht dasselbe Gefühl, wenn du eine Medaille erst anderthalb Jahre später bekommst.« Ihren größten Triumph feierte Neumannova bei ihren letzten Spielen 2006 in Turin mit dem Olympiasieg über 30 km – und einen würdigen Abschied mit dem WM-Titel über 15 km im Februar 2007 in Sapporo.

Land:	Tschechische Republik
Medaillen:	– 1 Gold
	– 4 Silber
	– 1 Bronze
Teilnahmen:	1998, 2002, 2006

Lars Nieberg

Reiten lernte Lars Nieberg mit sechs Jahren auf dem Ponyhof seiner Eltern. 20 Jahre später war er Leiter des Gestüts Wäldershausen im hessischen Homberg. Den Feinschliff als Springreiter der Weltklasse brachten ihm Reiterikone Paul Schockemöhle und Bundestrainer Herbert Meyer bei. Das intensive Training zahlte sich dann vor allem ab Mitte der 1990er-Jahre aus. 1996 und 2000 wurde Lars Nieberg mit der Mannschaft Olympiasieger im Springreiten, dazwischen Weltmeister (1998).

Land:	Deutschland
Medaillen:	– 2 Gold
Teilnahmen:	1996, 2000

Lorenz Nieberl (rechts)

Zu seiner Zeit zählte im Bobsport noch Masse. Der Bayer Lorenz Nieberl gehörte zu jenen vier barocken Dicken, die bei den Spielen 1952 in Oslo die ersten deutschen Nachkriegsgoldmedaillen holten. Mit fast 500 kg im Bob rauschten Pilot Anderl Ostler, Fritz Kuhn, Franz Kremser und Lorenz Nieberl konkurrenzlos zum Sieg, Ostler und Nieberl auch noch im Zweierbob. Danach begrenzte der internationale Verband das Gewicht, und die Bobfahrer wurden dynamischer und muskulöser. Dem Jubel in der Heimat tat dies keinen Abbruch. Die pfundige Olympiagaudi war ein kleiner Vorgeschmack auf den Empfang der Helden von Bern zwei Jahre später.

Land:	Deutschland
Medaillen:	– 2 Gold
Teilnahmen:	1952

Bill Nieder (links)

Er wollte eigentlich lieber Footballspieler werden. Doch als sich Bill Nieder mit 19 Jahren eine schwere Knieverletzung zuzog, konzentrierte er sich aufs Kugelstoßen. Gleich bei seinem ersten Olympiaeinsatz 1956 gewann er Silber und stellte danach drei Weltrekorde auf, wobei er kurz vor den Spielen 1960 als erster Mensch die Traumgrenze von 20 m übertraf. Nach seinem Olympiasieg 1960 in Rom gab der 1,90 m große und 102 kg schwere Athlet das Kugelstoßen auf und wurde Boxer. Doch nachdem er gleich in seinem ersten Kampf nach 126 Sekunden K.o. gegangen war, ließ er sich reamateurisieren, fand aber in der Leichtathletik keinen Anschluss mehr an die Weltspitze.

Land:	USA
Medaillen:	– 1 Gold
	– 1 Silber
Teilnahmen:	1956, 1960

Gunda Niemann-Stirnemann

Radfahren, Schwimmen, Volleyball, Tischtennis, Leichtathletik – Gunda Niemann-Stirnemann probierte die verschiedensten Sportarten aus, ehe sie zum Eisschnelllaufen kam. Die Thüringerin war schon 17, als sie mit dem systematischen Training auf Kufen begann. Fachleute gaben ihr anfangs keine große Zukunft, ihr breiter Laufstil sei uneffektiv und unästhetisch. Mit eisernem Training – sie absolvierte oft Trainingseinheiten der Männer – strafte die ehrgeizige Athletin die voreiligen Kritiker Lügen und wurde die erfolgreichste Eisschnellläuferin aller Zeiten: mit 3 Olympiasiegen (1992: 3000 m und 5000 m; 1998: 3000 m); 8 Europa- und 19 Weltmeistertiteln, 19 Gesamtweltcuperfolgen und 19 Weltrekorden. 1999 wurde sie zur Eisschnellläuferin des Jahrhunderts gewählt. Auf die Spiele 2002 musste Gunda Niemann-Stirnemann wegen Schwangerschaft verzichten. 2005 trat sie wegen Rückenproblemen zurück und begann mit einer Ausbildung an der Kölner Trainerakademie.

Land:	DDR, Deutschland
Medaillen:	– 3 Gold
	– 4 Silber
	– 1 Bronze
Teilnahmen:	1988, 1992, 1994, 1998

Toni Nieminen

Mit 16 Jahren und 259 Tagen zum Zeitpunkt seines Olympiasieges im Februar 1992 war der Finne Toni Nieminen der jüngste Goldmedaillengewinner in der Geschichte der Winterspiele. Nachdem er auf der Normalschanze schon Bronze gewonnen hatte, holte er anschließend noch zweimal Gold mit der Mannschaft und von der Großschanze. In derselben Saison wurde er Sieger der Vierschanzentournee und des Weltcups. Doch so kometenschnell Nieminen am Springerhimmel aufgetaucht war, so schnell verschwand er wieder. Finnlands Held der Nation genoss dank fetter Sponsorenverträge das Leben mit Alkohol, Mädchen und schnellen Autos in vollen Zügen. Seine Leistungen nahmen in dem Maße ab, wie er an Gewicht zulegte. So konnte er bei seinen folgenden Olympiateilnahmen nie mehr an die Erfolge von 1992 anknüpfen.

Land:	Finnland
Medaillen:	– 2 Gold
	– 1 Bronze
Teilnahmen:	1992, 1994, 2002

Ari-Pekka Nikkola (rechts)

Mit respektablen Einzelsiegen musste der Finne bis auf das Karriereende seines Landsmanns Matti Nykänen warten. Erst dann war der Erfolgsweg für Ari-Pekka Nikkola frei. So gewann er in der Saison 1989/90 den Gesamtweltcup, sein größter Erfolg als einzelner Springer. Zu olympischen Goldehren kam er mit Finnlands Superteam (1988 und 1992), wurde auch dreimal Mannschaftsweltmeister (1987, 1989, 1995). 1998 beendete Nikkola seine Karriere und wurde Trainer. Seit Anfang 2007 betreut er die Skispringer Sloweniens.

Land:	Finnland
Medaillen:	– 2 Gold
Teilnahmen:	1988, 1992, 1994

Li Ning

Sechs Medaillen, davon die Hälfte aus Gold – Chinas Turner Li Ning hatte seine olympische Sternstunde 1984 in Los Angeles. Er gewann am Boden, Seitpferd und an den Ringen, holte Silber beim Pferdsprung und mit der Mannschaft und Bronze im Mehrkampf. Obwohl durch das Fehlen der starken russischen Turner (Olympiaboykott) Li Nings Erfolg relativiert wurde, entlohnte ihn sein Verband fürstlich: mit einem fünfstelligen Dollarbetrag und einem lukrativem Job. Bei den Spielen 2000 in Sydney trat Li Ning, inzwischen Sportartikelhersteller, als Ausstatter von Chinas Olympiateam auf.

Land:	China
Medaillen:	– 3 Gold
	– 2 Silber
	– 1 Bronze
Teilnahmen:	1984, 1988

Tadahiro Nomura

Er ist ein stiller Dominator, der seine Gegner alleine schon mit Ruhe und Selbstsicherheit in die Defensive drängen konnte. Dem Japaner Tadahiro Nomura gelang es, als erstem Judoka zum dritten Mal hintereinander eine Goldmedaille zu gewinnen. Mit seinem goldenen Triple im Superleichtgewicht (bis 60 kg), realisiert am 15. August 2004 in Athen, entfachte er in seiner Heimat eine Begeisterung, die mit europäischen Maßstäben kaum zu messen war. Danach kassierte Tadahiro Nomura in Japan pro Turniersieg sechsstellige Eurobeträge.

Land:	Japan
Medaillen:	– 3 Gold
Teilnahmen:	1996, 2000, 2004

Axel Nordlander

Military und Militär waren in den olympischen Anfangsjahren eng miteinander verwoben. Die sogenannten Vielseitigkeitsreiter waren allesamt Offiziere, die bei Olympia ihre eigenen Dienstpferde einsetzten. So auch bei den Spielen 1912 in Stockholm, wo Axel Nordlander, einem Rittmeister vom schwedischen Husarenregiment, der optimale Erfolg gelang: Er gewann als bester von 27 Reitern aus sieben Nationen die Einzel- und Mannschaftskonkurrenz. Der fünftägige Wettbewerb bestand aus einem 55 km langen Geländeritt, einem Querfeldein-Hindernisrennen, einem Jagdgalopp über 3500 m mit zehn leichten Sprüngen, einem Jagdspringen und einer abschließenden Dressur.

Land:	Schweden
Medaillen:	– 2 Gold
Teilnahmen:	1912

Wolfgang Nordwig

Seit Beginn der neuzeitlichen Spiele hatten stets Amerikaner den Stabhochsprung gewonnen, 76 Jahre lang. Bis der Deutsche Wolfgang Nordwig aus Jena in München 1972 diese Siegesserie durchbrach und mit einem Satz über 5,50 m vor dem Amerikaner Bob Seagren Olympiasieger wurde. Vier Jahre zuvor hatte Nordwig bereits Bronze geholt und war dabei mit 5,40 m ebenso hoch gesprungen wie Seagren (Gold) und der Westberliner Schiprowski, hatte dazu allerdings einen Versuch mehr benötigt. Nach seiner Laufbahn machte Nordwig als Akademiker Karriere und wurde Forschungsdirektor beim DDR-Vorzeigebetrieb Carl Zeiss Jena. Nach der Wende war er Geschäftsführer eines Berliner Reiseveranstalters.

Land:	DDR
Medaillen:	– 1 Gold
	– 1 Bronze
Teilnahmen:	1968, 1972

Martha Norelius

Der Vater Charles Norelius, ebenfalls ein Schwimmer, hatte den Ehrgeiz, seiner Tochter größere Erfolge zu bescheren, als ihm vergönnt war. Schon früh nahm er Martha unter seine Fittiche und machte sie schon im kindlichen Alter zur Weltklasseschwimmerin. Mit 15 wurde Martha Norelius 1924 in Paris Doppelolympiasiegerin über 400 m Freistil und mit der 4x100-m-Staffel und wiederholte vier Jahre später in Amsterdam ihren Doppelsieg in denselben Disziplinen.

Land:	USA
Medaillen:	– 4 Gold
Teilnahmen:	1924, 1928

Glynis Nunn

Sie war die erste Goldmedaillengewinnerin im Siebenkampf, davor hatten die Leichtathletinnen noch den Fünfkampf ausgetragen. Nach dem Boykott etlicher Ostblockstaaten war die Australierin Glynis Nunn bei den Spielen 1984 in Los Angeles als Favoritin in den nunmehr sieben Disziplinen umfassenden Wettbewerb gegangen – und wurde den hohen Erwartungen gerecht. Sie gewann vor der US-Amerikanerin Jackie Joyner-Kersee (Silber) und der Deutschen Sabine Everts (Bronze).

Land:	Australien
Medaillen:	– 1 Gold
Teilnahmen:	1984

Paavo Nurmi (rechts)

Er ist einer der legendären »Fab Four« (neben Larissa Latynina, Carl Lewis und Mark Spitz), die mit jeweils neun Goldmedaillen die Bestenliste der Olympioniken anführen. Paavo Nurmi war einer der bedeutendsten Athleten des 20. Jahrhunderts. Glanzpunkt seiner olympischen Auftritte waren die Spiele 1924 in Paris, wo er fünfmal Gold gewann, über 1500 m und 5000 m gar innerhalb von 45 Minuten. Auch den als »Sonnenschlacht von Colombes« in die Geschichte eingegangenen 10 000 m Geländelauf bei über 40 Grad im kaum vorhandenen Schatten beendete der Finne als Sieger, während 20 von 38 Teilnehmern im Hospital landeten. Zwischen 1500 m und 10 000 m bis hin zum Geländelauf beherrschte Nurmi über ein Jahrzehnt weltweit Gegner und Geschehen. Sogar an die 3000 m Hindernis traute er sich heran, etwa bei den Spielen 1928, als er als Anfänger trotz mehrerer Stürze in den Wassergraben noch die Silbermedaille gewann. Nurmi stellte 24 Weltrekorde auf, von 1500 m bis zum Stundenlauf (19 210 m); einmal, kurz vor Olympia 1924, brach er in Helsinki innerhalb einer Stunde gleich zwei Weltrekorde (1500 m und 5000 m). Den Plan, seine Karriere mit einem Sieg im Marathonlauf bei den Olympischen Spielen 1932 in Los Angeles zu krönen, vereitelten die Funktionäre. Sie warfen Nurmi vor, er habe zu hohe Reisespesen angenommen und sei deshalb nicht mehr als Amateur einzustufen. Nurmi verbitterte und erwachte erst 1952 aus seinem Groll, als er das olympische Feuer ins Stadion von Helsinki tragen durfte. Der ästhetische Laufstil Nurmis wurde zum Vorbild für die meisten seiner Nachfolger. Der 1,74 m große und nur 62 kg schwere Mann lief mit einer ganz geringen Neigung nach vorn, die Arme zur Unterstützung des Atmens weit vom Körper abgewinkelt. So zeigt ihn auch das Denkmal, das ihm seine Landsleute in Helsinki vor den Toren des Olympiastadions errichtet haben. Im Stadion selbst wurde 2000 eine Oper über den Wunderläufer uraufgeführt. Auch ein Asteroid wurde nach ihm benannt.

Land:	Finnland
Medaillen:	– 9 Gold
	– 3 Silber
Teilnahmen:	1920, 1924, 1928

Matti Nykänen

Der Finne war in den 1980er-Jahren im Skispringen das Maß aller Dinge. Matti Nykänen dominierte seine Sportart wie kein anderer vor oder nach ihm. 1984 wurde er Olympiasieger von der Großschanze und holte Silber von der Normalschanze. Vier Jahre später gewann er gar alle drei Springwettbewerbe: von der Groß- und Normalschanze wie auch das Teamspringen. Außerdem wurde er in den Achtzigern je viermal Weltmeister und Weltcupsieger. Nykänens Tragik begann, als er 1991 seine Laufbahn beendete. Zunächst gab er als Popsänger und Stripper eine unglückliche Figur ab. Die Boulevardpresse trat seine Alkoholexzesse und die drei Eheschließungen samt Scheidungen breit. 2004 geriet Nykänen mit seiner Frau unter Verdacht des versuchten Totschlags im Alkoholrausch an einem Freund. Nykänen wurde zu 26 Monaten Haft verurteilt, nach der Hälfte auf Bewährung entlassen, jedoch nach Misshandlungen seiner Frau Meryi wieder zu Haftstrafen verurteilt. Der Aufstieg und Fall des Matti Nykänen wurde 2006 verfilmt, die Hauptrolle spielte der bekannte finnische Schauspieler Jasper Pääkönen.

Land:	Finnland
Medaillen:	– 4 Gold
	– 1 Silber
Teilnahmen:	1984, 1988

Dan O'Brien – Parry O'Brien – Patrick O'Callaghan – Fernandez Ochoa – Alfred Oerter – Kenji Ogiwara – Olav Kronprinz von Norwegen – Anna Carin Olofsson – Jon Olsen – Marlies Ölsner-Göhr – Ilona Olteanu – Takashi Ono – Henri Oreiller – Christian d'Oriola – Pierre Jonquères d'Oriola – Carl Osburn – Micheline Ostermeyer – Andreas Ostler – Kristin Otto – Sylke Otto – Steve Ovett – Jesse Owens

Dan O´Brien

Schon vor seinem Olympiasieg hatte der US-Zehnkämpfer seine Ansprüche auf Gold nachdrücklich angemeldet. Dreimal in Folge (1991, 1993, 1995) war Dan O´Brien Weltmeister geworden. Schon 1992 in Barcelona war er auf die Goldmedaille programmiert. Doch er scheiterte sensationell schon bei den US-Trials, der internen amerikanischen Olympiaqualifikation und musste zu Hause bleiben. Wenige Wochen später stellte O´Brien mit 8891 Punkten einen neuen Zehnkampfweltrekord auf. 1996 in Atlanta rehabilitierte sich der beste Zehnkämpfer der 1990er-Jahre und gewann die Goldmedaille. In den Jahren danach litt er unter diversen langwierigen Verletzungen und musste seine Karriere beenden.

Land:	USA
Medaillen:	– 1 Gold
Teilnahmen:	1996

Parry O´Brien

»Mr. Shot Put«, wie der Amerikaner genannt wurde, weil er das Kugelstoßen revolutionierte und seine, die O´Brien-Technik, heute noch üblich ist, war in den 1950er-Jahren in seiner Disziplin das Maß aller Dinge. Seine Bilanz: 1952 und 1956 Olympiasieger, zwischen beiden Goldtiteln 116 Siege in Folge, 1960 noch einmal Silbermedaillengewinner, insgesamt elf Weltrekorde. Der Offizier der Air Force, wegen seiner Starallüren nicht sonderlich beliebt, schwor auf Bienenhonig als Kraftnahrung und führte zu allen Wettkämpfen einen großen Vorrat mit sich. 1964 in Tokio war er Fahnenträger des US-Teams und wurde 1984 in die U.S. Olympic Hall of Fame aufgenommen.

Land:	USA
Medaillen:	– 2 Gold – 1 Silber
Teilnahmen:	1952, 1956, 1960, 1964

Patrick O´Callaghan

Der Ire hatte gerade in einem Städtchen namens Clommel im Bezirk Tipperary eine eigene Arztpraxis eröffnet, als ihm einfiel, er könnte doch auch mal an Olympischen Spielen teilnehmen. 1927 nahm Patrick O´Callaghan in Dublin erstmals an einem Hammerwurfwettkampf teil. Ein Jahr später wurde er in Amsterdam Olympiasieger, der erste des unabhängigen Staates Irland übrigens. Vier Jahre später wiederholte der kräftige Mediziner seinen olympischen Coup. 1936 in Berlin durfte er nicht teilnehmen, weil der Weltverband IAAF dem irischen Verband die Anerkennung verweigerte. Entsprechend wurde auch O´Callaghans Weltrekord von 59,55 m im Jahre 1937 offiziell nicht anerkannt, gleichwohl erst 1949 übertroffen.

Land:	Irland
Medaillen:	– 2 Gold
Teilnahmen:	1928, 1932

Fernandez Ochoa

Bis heute ist Fernandez Ochoas Triumph im alpinen Slalom von 1972 Spaniens einziger Olympiasieg bei Winterspielen. Es war eine der größten Überraschungen in der alpinen Sportgeschichte, als der Spanier Favoriten wie Augert (Frankreich) und Italiens Thönibrüder hinter sich ließ. Auch nach seiner langen Karriere blieb Ochoa eine der angesehensten Sportpersönlichkeiten Spaniens. Mitte der 1990er-Jahre war er maßgeblich an der Organisation der Ski-WM in der Sierra Nevada beteiligt. Ende 2006 starb er im Alter von 56 Jahren an Lymphdrüsenkrebs.

Land:	Spanien
Medaillen:	– 1 Gold – 1 Bronze
Teilnahmen:	1968, 1972, 1976, 1980

Alfred Oerter

Kaum jemand hatte einen ausgeprägteren Instinkt für den Wettkampf als der Amerikaner Alfred (Al) Oerter. Viermal hintereinander wurde er Olympiasieger im Diskuswerfen – obwohl er nie als Favorit angetreten war und stets aktuelle Weltrekordler vor der Nase hatte. Oerter bewies jedoch stets mentale Stärke und trat mit eindrucksvollen Wurfserien aus dem Schatten der jeweiligen Favoriten. Nach seinem vierten Olympiasieg 1968 trat der Hüne (1,93 m, 120 kg) zurück. 12 Jahre später, mittlerweile 44 Jahre alt, packte Al Oerter indes noch einmal der Ehrgeiz. Er wollte 1980 in Moskau sein fünftes Olympiagold holen, doch nicht zuletzt der Boykott der Spiele vereitelte seinen Plan. »Olympische Spiele sind für mich die wichtigste Veranstaltung, die es auf der ganzen Welt gibt«, sagte der überzeugte Olympionike einmal, »ich liebe diese Atmosphäre, weil Ähnliches nirgends sonst zu finden ist. Es sind vor allem die Kontakte mit Athleten vieler Länder und der Gedankenaustausch mit ihnen, was mir große Freude macht.«

Land:	USA
Medaillen:	– 4 Gold
Teilnahmen:	1956, 1960, 1964, 1968

Kenji Ogiwara

Japans nordischer Kombinierer wurde zweimal mit seinem Team Olympiasieger (1992 und 1994), dreimal Weltmeister (zweimal im Einzel, einmal mit der Mannschaft) und gewann dreimal in seiner Laufbahn den Gesamtweltcup. Nur das begehrte Einzelgold blieb Kenji Ogiwara, dem herausragenden nordischen Kombinierer der 1990er-Jahre, versagt. Nach den Spielen 2002 gab der Japaner seine Bemühungen auf und trat zurück.

Land:	Japan
Medaillen:	– 2 Gold
Teilnahmen:	1992, 1994, 1998, 2002

Olav Kronprinz von Norwegen

Mehr als 70 Jahre lang war der Kronprinz von Norwegen ein begeisterter Segler auf nationalen und internationalen Regattastrecken. Sein größter Erfolg war der Gewinn der Goldmedaille bei den Spielen 1928 in Amsterdam in der 6-m-Klasse. Im Jahr darauf heiratete Olav seine Cousine Prinzessin Märtha von Schweden. Er folgte seinem Vater König Haakon VII. auf den norwegischen Thron und galt bald als Volkskönig, vor allem wegen seiner konsequenten Haltung während des Zweiten Weltkriegs.

Land:	Norwegen
Medaillen:	– 1 Gold
Teilnahmen:	1928

Anna Carin Olofsson

Nach Olympia 2002 in Lake Placid hatte die schwedische Langläuferin keine Entwicklungsmöglichkeiten mehr für sich gesehen. Anna Carin Olofsson wechselte 2003 zum Biathlon und konnte sich rasch in der Weltspitze etablieren. Bei den Spielen 2006 gewann sie im 12,5 km Massenstartwettbewerb die Goldmedaille und im 7,5 km Sprint noch einmal Silber. Sie war damit die erste schwedische Olympiasiegerin im Biathlon. »Biathlon sah aus, als könnte es mir Spaß machen«, sagte sie, » und als ich es versuchte, hat es tatsächlich Spaß gemacht.«

Land: Schweden
Medaillen: – 1 Gold
– 1 Silber
Teilnahmen: 2002, 2006

Jon Olsen

Der Amerikaner war auch als Freistilschwimmer ein Mannschaftssportler. Jon Olsen gewann nämlich alle seine Medaillen, vier goldene und eine bronzene, mit US-Staffelteams. 1992 in Barcelona wurde er Olympiasieger über 4x100-m-Freistil, 4x100-m-Lagen und Bronzemedaillengewinner über 4x200-m-Freistil; 1996 holte er zwei weitere Goldmedaillen über 4x100-m- und 4x200-m-Freistil.

Land: USA
Medaillen: – 4 Gold
– 1 Bronze
Teilnahmen: 1992, 1996

Marlies Ölsner-Göhr (rechts)

Die DDR-Sprinterin lief 1977 als erste Frau die 100 m unter 11 Sekunden (10,88). Marlies Ölsner-Göhr wurde 1976 und 1980 zwar zweimal Olympiasiegerin mit der Sprintstaffel der DDR (1988 noch einmal Silber), doch blieb ihr das ersehnte Einzelgold versagt. Bei den Spielen 1980 in Moskau wurde sie durch einen umstrittenen Zielrichterentscheid hinter die Russin Ludmilla Kondratjewa auf Platz 2 gesetzt. 1984 in Los Angeles wäre sie neben Evelyn Ashford (USA) Mitfavoritin gewesen, konnte wegen des Olympiaboykotts aber nicht teilnehmen. Ihren wichtigsten Einzelsieg erreichte Marlies Ölsner-Göhr, als sie 1983 Weltmeisterin über 100 m wurde. In dieser Zeit soll sie nach Recherchen des bundesdeutschen Dopingforschers Prof. Werner Franke hohe Dosen Oral-Turinabol genommen haben. Nach ihrer Karriere beendete die Sprinterin ihr Psychologiestudium mit Diplom und arbeitete in einer Kinderklinik. Sie ist verheiratet mit dem ehemaligen Torhüter des FC Carl Zeiss Jena und späteren Fußballtrainer Ulrich Göhr.

Land: DDR
Medaillen: – 2 Gold
– 2 Silber
Teilnahmen: 1976, 1980, 1988

Ilona Olteanu (3. v. links)

Die rumänische Ruderin Ilona Olteanu hatte das Glück, in einem unschlagbaren Achter zu sitzen – dies noch zusammen mit Elisabeta Lipa, der erfolgreichsten Ruderin der Welt (fünfmal Gold). Da konnte sie fast gar nicht anders, als Olympiasiegerin zu werden. Nach der Silbermedaille 1992 gewann die 1,78 m große und 74 kg schwere Athletin zweimal in Folge die Goldmedaille, 1996 in Atlanta und 2000 in Sydney. Außerdem wurde sie viermal Weltmeisterin, natürlich ebenfalls im Achter.

Land:	Rumänien
Medaillen:	– 2 Gold
	– 1 Silber
Teilnahmen:	1992, 1996, 2000

Takashi Ono

Zusammen mit dem Russen Viktor Tschukarin war der Japaner länger als ein Jahrzehnt weltbester Kunstturner. Takashi Ono gewann bei seinen vier Olympiateilnahmen insgesamt 13 Medaillen, elf allein bei den Spielen 1956 und 1960. Fünfmal war er Olympiasieger (zweimal mit dem Team, zweimal am Reck, einmal im Pferdsprung). Er führte Japans Turnriege vom fünften Platz 1952 bis zum Spitzenplatz 1960/64. Unglücklich war Japans Kunstturnlegende nur darüber, dass es ihm nie gelang, den Einzelmehrkampf bei Olympia zu gewinnen. Höhepunkt waren für Takashi Ono die Spiele 1964 in seiner Heimat. Obwohl er mit 33 Jahren bereits zur älteren Generation gehörte, nominierte ihn der Verband noch einmal für den Mannschaftszwölfkampf – eine Verneigung vor einem der besten Turner aller Zeiten. In der Reckpflichtübung erlitt Ono einen Kapselabriss in der Schulter und quälte sich durch den gesamten Wettbewerb. Dennoch war der gelernte Textilhandelskaufmann am Olympiasieg seines Teams maßgeblich beteiligt. Um während der Olympiavorbereitung durchgängig trainieren zu können, hatte sich der Außendienstler in diversen Handelsstädten Japans Trainingsmöglichkeiten organisiert.

Land:	Japan
Medaillen:	– 5 Gold
	– 4 Silber
	– 4 Bronze
Teilnahmen:	1952, 1956, 1960, 1964

Henri Oreiller

»Akrobat« wurde er genannt, weil er auf nur einem Ski steile Abfahrtshänge hinuntersausen konnte. Der Franzose Henri Oreiller, »Resistance«-Mitglied während des Zweiten Weltkriegs, war 1948 bei den ersten Winterspielen nach dem Krieg der alpine Star. Gleich bei seinem ersten Auftritt, dem Abfahrtslauf, distanzierte er die Konkurrenz um stolze 4 Sekunden, obwohl ihm durch ein Missgeschick noch kurz vor dem Rennen seine roten Skier abhanden gekommen waren. Eine zweite Goldmedaille gewann Oreiller in der damals noch olympisch gewerteten alpinen Kombination und noch eine Bronzemedaille im Slalom. Später wurde er Autorennfahrer und kam im Alter von 36 Jahren in einem Rennen bei Paris mit seinem Ferrari ums Leben.

Land:	Frankreich
Medaillen:	– 2 Gold
	– 1 Bronze
Teilnahmen:	1948, 1952

Christian d´Oriola

Schon seine Geburtsstätte war wegweisend. Zur Welt kam der französische Florettfechter Christian d´Oriola in Perpignan am Place d´Armes (Platz der Waffen). Der adlige Vater förderte schon früh das Talent des Sohnes, indem er im Untergeschoss seiner Villa einen Fechtraum einrichten ließ. Mit 13 bestritt Christian, übrigens ein Vetter des berühmten Springreiters, seine ersten offiziellen Wettkämpfe, bereits zwei Jahre später nahm er es mit den Besten des Landes auf, bald darauf mit den Besten der Welt: Je zweimal Gold gewann er im Einzel (1952, 1956) und in der Mannschaft (1948, 1952), je einmal Silber für sich (1948) und mit dem Team (1956).

Land:	Frankreich
Medaillen:	– 4 Gold
	– 2 Silber
Teilnahmen:	1948, 1952, 1956, 1960

Pierre Jonquères d'Oriola (Mitte)

Der Franzose war einer der besten und elegantesten Springreiter der Geschichte. Seine großen Erfolge feierte er in den 1950er- und 1960er- Jahren. Gleich zweimal wurde er Olympiasieger in der Einzelkonkurrenz (1952 und 1964), was bis dahin keinem anderen gelungen war. Hinzu kamen versilberte Mannschaftserfolge mit dem französischen Team (1964 und 1968). Zwischen den olympischen Erfolgen holte Pierre Jonquères d´Oriola auch die Weltmeisterschaft (1966).

Land:	Frankreich
Medaillen:	– 2 Gold
	– 2 Silber
Teilnahmen:	1952, 1956, 1960, 1964,1968

Micheline Ostermeyer

Jeden Tag übte Micheline Ostermeyer fünf Stunden lang Klavier, weil sie Konzertpianistin werden wollte; danach trainierte sie im Leichtathletikstadion Kugelstoßen, Diskuswerfen und Hochsprung, um Olympiasiegerin zu werden. Die Französin erreichte beide Ziele und gehört deshalb zu den außergewöhnlichsten Persönlichkeiten der Sportgeschichte. 1948 in London gewann sie die Goldmedaillen im Diskuswerfen und Kugelstoßen sowie eine Bronzemedaille im Hochsprung. Ihre Leistungen wurden allein von der legendären Fanny Blankers-Koen noch übertroffen. Danach konzentrierte sich Micheline Ostermeyer ausschließlich auf die Musik und machte eine internationale Karriere als Konzertpianistin. Sie wurde auf Tourneen weltweit gefeiert. »Der Sport lehrte mich zu entspannen«, sagte sie einmal, »das Klavier schenkte mir das Gefühl für Bewegung und Rhythmus.«

Land:	Frankreich
Medaillen:	– 2 Gold
	– 1 Bronze
Teilnahmen:	1948

Carl Osburn (rechts)

Mit seinen insgesamt elf Medaillen gehört Carl Osburn neben Athleten wie Mark Spitz und Matt Biondi zu den erfolgreichsten männlichen US-Olympiateilnehmern – nicht zuletzt dank der Tatsache, dass in den frühen olympischen Jahren im Schießen eine breite Palette an Wettbewerben angeboten wurde: vom Kleinkalibergewehr übers freie Gewehr bis hin zum Armeegewehr, mal stehend, mal liegend, mal über 300 m, mal über 600 m, mal auf den laufenden Keiler, und dann das Ganze in der Einzelwertung und natürlich auch im Mannschaftswettbewerb. Carl Osburn versuchte sich in allen Disziplinen – mit großem Medaillenerfolg.

Land:	USA
Medaillen:	– 5 Gold
	– 4 Silber
	– 2 Bronze
Teilnahmen:	1912, 1920, 1924

Andreas Ostler (links)

Bobfahrer von heute mit ihren Hightech-schlitten würden es womöglich nicht glauben, wenn sie dies hörten: Mit einem 17 Jahre alten Vorkriegsbob wurde Pilot Andreas »Anderl« Ostler 1952 in Oslo zusammen mit seinem Bremser Lorenz Nieberl Olympiasieger im Zweierbob. Und der Bayer gewann auch noch Gold im Viererbob. Ostler hatte schon 1941 Bobrennen bestritten, galt als ein Steuermann mit viel Erfahrung, Fingerspitzengefühl und Draufgängertum. Die Erfahrung sagte ihm, dass auf der Olympiabahn von Oslo, die so schmal gebaut war, dass nur eine Spur befahrbar war, nur ein schwerer Schlitten mit gewichtigen Insassen die schnellste Fahrt garantierte. Ostlers schwerster Bob war auch der älteste, von anno 1935; und mit seiner Crew von Superschwergewichtlern flitzten insgesamt 474 kg lawinenartig schnell zu Tal. Nach den Spielen beschloss der internationale Bobverband eine Gewichtsbeschränkung auf 400 kg. Und Ostlers Team war geplatzt.

Land:	Deutschland
Medaillen:	– 2 Gold
Teilnahmen:	1952

Kristin Otto

Sechs Starts, sechs Siege – und dies bei ein- und denselben Olympischen Spielen. Keine Bilanz kann makelloser sein als jene der ehemaligen DDR-Schwimmerin Kristin Otto, keine Schwimmerin war bei Olympia erfolgreicher als die sechsmalige Goldmedaillengewinnerin von Seoul. Vielfach geehrt und bewundert wegen ihrer Erfolge, nach der Wende aber auch eingeholt von den DDR-Schatten und der Dopingdiskussion, teilt die heutige Sportreporterin des ZDF das Schicksal vieler früherer DDR-Spitzensportler. In Seoul siegte die vielseitige Schwimmerin über 50 m und 100 m Freistil, 100 m Schmetterling, 100 m Rücken sowie mit der 4x100-m-Freistil- und der 4x100-m-Lagenstaffel. Hinzu kamen neun EM- und sieben WM-Titel. »Zu meiner aktiven Zeit war ich einer der meistkontrollierten Athleten, alle Ergebnisse waren negativ«, sagte Otto einmal in einem dpa-Interview. Und es schmerzt sie, dass bei der Dopingdiskussion meist nur über die DDR gesprochen wird. »Dabei ist Doping kein Problem des Ostens, es ist ein weltweites Problem.«

Land:	DDR
Medaillen:	– 6 Gold
Teilnahmen:	1988

Sylke Otto

Die Deutsche aus Oberwiesenthal ist die erfolgreichste Rennrodlerin aller Zeiten. Sylke Otto gewann 37 Weltcuprennen, viermal den Gesamtweltcup, wurde fünfmal Europa- und sechsmal Weltmeisterin – und zweimal in Folge Einzelolympiasiegerin. Als eine TV-Kamera sie einmal mit dem Kofferaufkleber »Otto, find´ ich gut« zeigte, setzten ihre Fans mit einem Transparent noch eins drauf: »Sylke find´ ich besser.« Ehe Sylke Otto nach der Wende für die Bundesrepublik Deutschland an den Start ging, hatte sie bereits die Kaderschule des DDR-Sports durchlaufen, war Schülerin der Kinder- und Jugendsportschule Oberwiesenthal. Mit 14 bereits begann sie mit dem Rennrodeln, mit 27 gab sie, Anfang 2007, wegen einer Schwangerschaft ihren Rücktritt bekannt.

Land:	Deutschland
Medaillen:	– 2 Gold
Teilnahmen:	1992, 2002, 2006

Steve Ovett (2. v. rechts)

Das große Duell der beiden Briten Steve Ovett und Sebastian Coe 1980 in Moskau endete wie erwartet unentschieden – und doch anders als erwartet: 1500-m-Favorit Ovett besiegte 800-m-Favorit Coe über die 800 m, dafür bezwang Coe den Konkurrenten über 1500 m auf dessen Spezialstrecke. Bei Olympia 1984 startete Ovett als Favorit über beide Mittelstrecken, wurde wegen einer Bronchitis über 800 m aber nur Achter und musste eine Runde vor Ende des 1500-m-Rennens wegen einer Viruserkrankung aufgeben. Nach Beendigung seiner Laufbahn ging der Brite nach Australien und arbeitete als Leichtathletikkommentator fürs Fernsehen.

Land:	Großbritannien
Medaillen:	– 1 Gold
	– 1 Bronze
Teilnahmen:	1976, 1980, 1984

Jesse Owens

Den Nazis waren die Großtaten des farbigen US-Athleten Jesse Owens 1936 ein Dorn im Auge, nicht aber dem deutschen Publikum im Berliner Olympiastadion. Der 22 Jahre alte Amerikaner wurde innerhalb einer Woche zum Mann, der Hitler die Spiele stahl und hinterher der wohl berühmteste, populärste, mit Sicherheit aber am meisten dekorierte Leichtathlet aller Zeiten. Mit seinen vier Goldmedaillen (100 m, 200 m, 4x100-m-Staffel, Weitsprung) war ein »Neger« in Deutschland der Liebling des Publikums. Bis zum Auftritt von Carl Lewis 1984 blieb Owens der einzige Leichtathlet mit vier Goldmedaillen bei denselben Spielen. Obwohl seine sportliche Karriere nur knapp vier Jahre währte, setzte der Kettenraucher aus Alabama noch weitere sportliche Bestmarken. Am 25. Mai 1935 gelangen ihm innerhalb von 45 Minuten fünf Weltrekorde: 100 Yard in 9,4 Sekunden, 220 Yard (201 m) in 20,3 Sekunden (gleichzeitig anerkannt als Weltrekord über 200 m), 220 Yard Hürden in 22,6 Sekunden und im Weitsprung 8,13 m; eine Bestmarke, die erst 25 Jahre später vom Amerikaner Ralph Bosten übertroffen wurde. Auch Owens´ 100-m-Weltrekord von 10,2 Sekunden wurde lange nach dem Krieg (1956) unterboten. Nach den Spielen von 1936 trat der Athlet als Werbeträger und bei Showrennen auf, tingelte als Leader einer Jazzband durch die Staaten, verdiente viel Geld und verlor es wieder durch Fehlinvestitionen. Im Alter von 66 Jahren starb Jesse Owens an Lungenkrebs, lebte aber als Symbolfigur vieler Schwarzer weiter.

Land:	USA
Medaillen:	– 4 Gold
Teilnahmen:	1936

Charles Paddock – Charles Ferdinand Pahud de Mortanges – John und Sumner Paine – Kristjan Palusalu – Nikolai Panin-Kolomenkin – Denis Pankratow – László Papp – Pasquale Passarelli – Floyd Patterson – Rodney Pattisson – Ivan Patzaichin – Henry Robert Pearce – Claudia Pechstein – Aaron Peirsol – Gwendal Peizerat – Marie-José Perec – Kieren Perkins – Uwe Peschel – Rodrigo Pessoa – Birgit Peter – Barbara Petzold – Paola Pezzo – Franz Pfnür – Michael Phelps – Mark Phillips – Hermanni Pihlajamäki – Kustaa Pihlajamäki – Matthew Pinsent – Jewgenij Platow – Andrea Pollack – Heinz Pollay – Catalina Ponor – Alexander Popow – Ramona Portwich – Anett Pötzsch – Dorothy Poynton-Hill – Irina Press – Tamara Press – Myer Prinstein – Oleg Protopopow – Maricica Puica – Alexander Pusch

Charles Paddock

Im Jahre 1921 lief der US-Sprinter Charles Paddock mit 10,2 Sekunden neuen Weltrekord über 100 m. Weil kein Mensch diese Zeit für möglich hielt, wurde die Bestmarke niemals anerkannt. Man glaubte sie erst 15 Jahre später, als Jesse Owens 10,2 Sekunden lief. Paddock war ein begnadeter Sprinter, der bei den Spielen 1920 zwei Goldmedaillen (100 m, 4x100-m-Staffel) und einmal Silber (200 m) gewann. Vier Jahre später wiederholte er seinen 200-m-Silbererfolg. Er arbeitete im Management verschiedener Tageszeitungen und wirkte zwischen 1925 und 1928 in einigen Spielfilmen mit.

Land:	USA
Medaillen:	– 2 Gold
	– 2 Silber
Teilnahmen:	1920, 1924, 1928

Charles Ferdinand Pahud de Mortanges

Der Offizier und spätere Generalleutnant war einer der erfolgreichsten niederländischen Olympioniken. Als Vielseitigkeitsreiter (Military) gewann er zwischen 1924 und 1932 vier Goldmedaillen (je zwei im Einzel und mit der Mannschaft) und eine Silbermedaille (Mannschaft). Im Zweiten Weltkrieg geriet Charles Ferdinand Pahud de Mortanges in deutsche Kriegsgefangenschaft, konnte aber durch einen Sprung aus einem fahrenden Zug entkommen. Nach dem Krieg wurde er Chef des Militärs am Hof der Königin und arbeitete ehrenamtlich fürs NOK und IOC.

Land :	Niederlande
Medaillen :	– 4 Gold
	– 1 Silber
Teilnahmen:	1924, 1928, 1932, 1936

John und Sumner Paine

Mit fünf Wettbewerben, drei für Gewehre und zwei für Pistolen, gab es 1896 noch nicht so viele Schießdisziplinen wie bei den folgenden Spielen. Die US-Brüder John und Sumner Paine dominierten dabei das Schießen mit Militärpistolen. Über die 25-m-Distanz siegte John mit seiner Dienstwaffe vor Sumner. Über die 50-m-Distanz verzichtete John, um dem griechischen Gastgeber bessere Medaillenchancen einzuräumen. Sumner gewann und war der erste Verwandte eines Olympiasiegers, der selbst Olympiasieger wurde.

Land:	USA
Medaillen:	– 2 Gold
	– 1 Silber
Teilnahmen:	1896

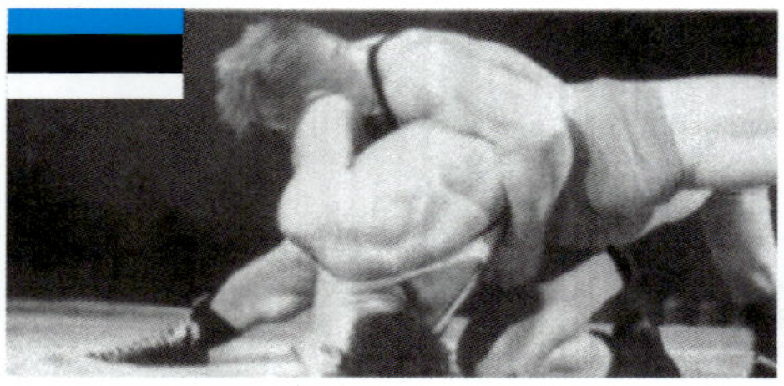

Kristjan Palusalu

Der Ringer aus Estland wurde 1936 Doppelolympiasieger im Schwergewicht in beiden Gewichtsklassen (Freistil und griechisch-römisch) – eine in der Olympiageschichte einmalige Leistung. Nach der Eroberung Estlands durch die Sowjetunion als Folge des Hitler-Stalin-Paktes wurde Kristjan Palusalu wie viele seiner Landsleute deportiert. Ihm gelang jedoch zweimal die Flucht, auch nachdem man ihn zum Tode verurteilt hatte. Als die Rote Armee 1944 erneut das Land besetzte, wurde Palusalu wiederum verhaftet und musste nach seiner Freilassung ein zurückgezogenes Leben führen. Der erfolgreichste estnische Sportler der Vorkriegszeit blieb bis heute einer der populärsten Sportler seines Landes.

Land:	Estland
Medaillen:	– 2 Gold
Teilnahmen:	1936

Nikolai Panin-Kolomenkin

Der Russe galt zu seiner Zeit als elegantester und pflichtsicherster Eiskunstläufer. Bei den Spielen 1908 in London – Eiskunstlaufen fand damals im Rahmen der Sommerspiele statt – wurde Nikolai Panin-Kolomenkin Olympiasieger beim Wettbewerb für Spezialfiguren. Dabei kam es darauf an, komplizierte Figuren mit größter Akkuratesse aufs Eis zu projizieren. Weil 1912 in Stockholm Eiskunstlaufen nicht ins Programm aufgenommen wurde, startete der Eiskunstläufer im Pistolenschießen, wurde Achter im Einzel und Vierter im Mannschaftswettbewerb. Einige Jahre später gründete Panin-Kolomenkin die weltberühmte Leningrader Eiskunstlaufschule, die vor allem im Paarlauf zahlreiche Olympiasieger hervorbrachte.

Land:	Russland
Medaillen:	– 1 Gold
Teilnahmen:	1908, 1912

Denis Pankratow

Der Russe ging durch eine harte Schule. Beim Schwimmtraining im Freiluftbecken in Wolgograd war es bisweilen so kalt, »dass ich den in Mütze und Mantel dick eingehüllten Trainer in den Dampfschwaden am Beckenrand nicht erkennen konnte« (so Denis Pankratow). Wenn die Trainingskollegen das Wasser verließen, schwamm er weiter seine Bahnen. Härte und Ausdauer machten sich bezahlt: 1996 wurde Denis Pankratow Doppelolympiasieger über 100 m und 200 m Schmetterling und gewann Silber mit der 4x100-m-Lagenstaffel. 1994 wurde er Weltmeister, 1995 und 1996 Weltschwimmer des Jahres.

Land:	Russland
Medaillen:	– 2 Gold
	– 1 Silber
Teilnahmen:	1992, 1996

László Papp

Der Ungar gewann als erster Boxer Gold bei drei aufeinanderfolgenden Spielen, 1948 im Mittelgewicht (67–73 kg), danach im Halbmittelgewicht (67–71 kg). Auf dem Höhepunkt seiner Karriere wechselte László Papp als erster Boxer aus dem sozialistischen Lager zu den Berufsboxern und wurde Europameister im Mittelgewicht. Seinen Griff zur WM-Krone stoppten allerdings die Funktionäre im eigenen Land, als sie Papp 1964 kurzerhand weitere Profikämpfe untersagten. Von 1969 bis 1992 trainierte er Ungarns Nationalteam, 1972 wurde »sein« Halbfliegengewichtler Gedó Olympiasieger. Später baute László Papp in Budapest eine Boxschule auf.

Land:	Ungarn
Medaillen:	– 3 Gold
Teilnahmen:	1948, 1952, 1956

Pasquale Passarelli

Die Bilder gingen 1984 um die Welt. Im Ringkampf um den Olympiasieg im Bantamgewicht (griechisch-römisch) versuchte der Japaner Masaki Eto anderthalb Minuten lang, die Brücke des am Boden liegenden Deutschen Pasquale Passarelli einzudrücken und ihn damit zu schultern. Vergeblich. Der gebürtige Italiener widerstand allen Versuchen und besiegte den Japaner. Für diese Leistung wurde der spätere Weltmeister (1989) mit dem Silbernen Lorbeerblatt, der höchsten Auszeichnung für Sportler in Deutschland, gewürdigt; zudem erhielt er die Goldene Kamera der TV-Zeitschrift »HÖRZU«.

Land: Deutschland
Medaillen: – 1 Gold
Teilnahmen: 1984, 1988

Floyd Patterson

Floyd Patterson begann mit dem Boxen in einer Besserungsanstalt, weil er als Jugendlicher mit dem Gesetz in Konflikt geraten war. Dort entdeckte ihn der legendäre Trainer und Manager Cus d´Amato. Pattersons Glück: Als 17-Jähriger wurde er 1952 durch einen K.o.-Sieg in der ersten Runde über den Rumänen Wassile Tita Olympiasieger im Mittelgewicht. Schon wenige Monate später bestritt der Amerikaner seinen ersten Profifight. Vier Jahre darauf war der 21-Jährige Weltmeister im Schwergewicht durch einen K.o.-Sieg über die Boxlegende Archie Moore. Patterson verlor zwar seinen Titel gegen den Schweden Ingemar Johansson, gewann aber den Rückkampf und war damit der erste Schwergewichtsweltmeister, der die bis dahin geltende Regel »They never come back« gebrochen hatte.

Land: USA
Medaillen: – 1 Gold
Teilnahmen: 1952

Rodney Pattisson

Er wurde Schottlands erfolgreichster Seemann. Flying-Dutchman-Segler Rodney Pattisson wurde zweimal in Folge Olympiasieger, 1968 zusammen mit Ian MacDonald-Smith, 1972 mit Christopher Davies. Mit seinem Partner Justin Brooke Houghton wollte Pattisson 1976 dann seinen Segelhattrick landen und die dritte Goldmedaille holen. Diesmal allerdings fand er seine Meister im deutschen Brüderpaar Eckart und Jörg Diesch. Sie wurden Olympiasieger, Rodney Pattisson gewann Silber.

Land: Großbritannien
Medaillen: – 2 Gold
– 1 Silber
Teilnahmen: 1968, 1972, 1976

Ivan Patzaichin (Mitte)

Kein männlicher Sportler Rumäniens gewann mehr Medaillen als der Kanute Ivan Patzaichin. Erfolgreicher als er waren nur die Turnerin Nadja Comaneci und die Ruderin Elisabeta Lipa. Mit Ausnahme seiner Goldmedaille im Einerkanadier über 1000 m 1972 in München holte Ivan Patzaichin alle übrigen sechs Medaillen im Zweierkanadier: dreimal Gold über 1000 m (1968, 1980, 1984), dreimal Silber über 1000 m (1972) und über 500 m (1980, 1984). Nur 1976 in Montreal ging der Rumäne leer aus.

Land:	Rumänien
Medaillen:	– 4 Gold
	– 3 Silber
Teilnahmen:	1968, 1972, 1976, 1980, 1984

Henry Robert Pearce

Nach dieser Aktion schlossen die Holländer bei den Spielen 1928 in Amsterdam den australischen Einerruderer Henry Robert Pearce sofort ins Herz: Im Viertelfinalrennen gegen den Franzosen Saurin kreuzte plötzlich eine große Entenfamilie die Bahn vor dem Boot des Australiers. Der stoppte ab, ließ die Enten vorbeischwimmen und gewann sein Rennen – und später die Goldmedaille. Vier Jahre später hatte Pearce es im Finale mit dem Amerikaner William Miller zu tun. Diesmal gewann der Entenfreund nur knapp.

Land:	Australien
Medaillen:	– 2 Gold
Teilnahmen:	1928, 1932

Claudia Pechstein

Mit fünf Olympiasiegen und vier weiteren Medaillen ist Claudia Pechstein Deutschlands erfolgreichste Winterolympionikin. (Zum Vergleich: Gunda Niemann-Stirnemann gewann mehr außerolympische Titel.) Die Berlinerin holte dreimal Gold (1994, 1998, 2002) über 5000 m, einmal (2002) über 3000 m und einmal (2006) im Teamwettbewerb. Hinzu kamen zweimal Silber (1998 über 3000 m, 2006 über 5000 m) und zweimal Bronze (1992 über 5000 m, 1994 über 3000 m). Unvergessen bleibt das 5000-m-Duell zwischen den beiden deutschen Läuferinnen 1994, als Claudia Pechstein in einem fantastischen Rennen ihre Bestzeit um 20 Sekunden verbesserte und die haushohe Favoritin Gunda Niemann-Stirnemann besiegte. Erfolgsgeheimnis waren ihre Lockerheit und ihr Selbstbewusstsein, auch abseits der Bahn. Kleine Giftpfeile ihrer Konkurrentin Anni Friesinger konterte sie stets gelassen: »Ich mache den Mund hinterher auf, Anni vorher.«

Land:	Deutschland
Medaillen:	– 5 Gold
	– 2 Silber
	– 2 Bronze
Teilnahmen:	1992, 1994, 1998, 2002, 2006

Aaron Peirsol

»Ein netter, unkomplizierte Junge, aber wenn der Startschuss ertönt, wird er aggressiv«, beschrieb der US-Schwimmtrainer Eddie Reese seinen Schützling Aaron Peirsol, den seit den letzten Olympischen Spielen besten Rückenschwimmer der Welt (2004 dreimal Gold über 100 m, 200 m und 4x100-m-Lagenstaffel). Schon als 16-Jähriger hatte der coole, lässige Teenager aus Kalifornien eine Silbermedaille gewonnen (2000 über 200 m), außerdem diverse WM-Titel.

Land: USA
Medaillen: – 3 Gold
– 1 Silber
Teilnahmen: 2000, 2004

Gwendal Peizerat

Zusammen mit seiner Partnerin Marina Anissina gehörte der Franzose Gwendal Peizerat zu den besten Eistänzern um die Jahrtausendwende. Das Paar wurde Europameister (2000, 2002), Weltmeister (2000) und Olympiasieger (2002), gewann überdies eine olympische Bronzemedaille (1998). Zuletzt beklagte Peizerat allerdings die Entwicklung in seiner Sportart: »Es gibt zu viele vorgeschriebene Elemente, deshalb ähneln sich die Programme immer mehr.«

Land: Frankreich
Medaillen: – 1 Gold
– 1 Bronze
Teilnahmen: 1998, 2002

Marie-José Perec

Die Französin war die erste Athletin, der zweimal (1992 und 1996) ein Sieg über die 400 m gelang. Hinzu kam 1996 ihr 200-m-Triumph über Merlene Ottey. Mit ihrem Doppelerfolg über 200 m und 400 m wurde sie zum weiblichen Pendant von Michael Johnson (USA). 2000 in Sydney sollte es dann zum großen Duell zwischen Marie-José Perec und Australiens Volksheldin Cathy Freeman kommen. Doch die Französin reiste kurz vorher überstürzt ab. Sie vermutete in Freemans Heimatland eine Verschwörung gegen sie, hätte weder ihr Hotel verlassen noch trainieren können.

Land: Frankreich
Medaillen: – 3 Gold
Teilnahmen: 1988, 1992, 1996

Kieren Perkins

Er schwamm zunächst nur, weil er musste. Nach einem schweren Unfall war Kieren Perkins Schwimmen verordnet worden, um das linke Bein voll funktionstüchtig erhalten zu können. So entdeckte der Neunjährige seine Liebe zum Schwimmen, vor allem zu den langen Strecken. Zehn Jahre später war der Australier Olympiasieger über die 1500-m-Distanz, holte außerdem Silber über 400 m. Vier Jahre darauf wurde der elfmalige Weltrekordler erneut 1500-m-Olympiasieger. Obwohl Perkins danach kaum noch Erfolge feiern konnte, tat er alles, um bei Olympia 2000 im eigenen Land noch einmal eine Medaille zu gewinnen. Er trainierte wie besessen und gewann tatsächlich Silber.

Land:	Australien
Medaillen:	– 2 Gold
	– 2 Silber
Teilnahmen:	1992, 1996, 2000

Uwe Peschel (rechts)

Den größten Erfolg seiner Laufbahn errang der Berliner Radrennfahrer 1992 in Barcelona, als er im 100-km-Straßenvierer Olympiasieger wurde. Uwe Peschel avancierte dabei zum »Schlagmann« des deutschen Quartetts, komplettiert durch Bernd Dittert, Christian Meyer und Michael Rich. Zeitfahren im Einzel und im Team war Peschels große Stärke. Im Straßenvierer wurde er auch WM-Dritter 1994 und im Einzelzeitfahren Vizeweltmeister 2003. Uwe Peschel stammt aus einer Radsportfamilie. Sein Vater Axel, einer der herausragenden Fahrer in der DDR, gewann 1968 die Friedensfahrt.

Land:	Deutschland
Medaillen:	– 1 Gold
Teilnahmen:	1992, 1996

Rodrigo Pessoa

Sein weltberühmter Vater Nelson Pessoa führte ihn behutsam ans Springreiten heran, er wollte ihn langsam aufbauen. Doch Sohnemann Rodrigo war so talentiert, dass er alle Hürden rasend schnell nahm. Schon mit 17 wurde der Brasilianer als jüngster Reiter beim renommierten Turnier in Aachen Dritter, vor seinem Vater (Fünfter). Mit 19 landete Rodrigo zusammen mit dem Vater bei den Spielen 1992 auf Platz 10 im Teamwettbewerb. Nach zweimal Mannschaftsbronze 1996 und 2000 gelang dem Junior 2004 dann der ersehnte Olympiasieg. Dabei profitierte Rodrigo Pessoa allerdings von der Disqualifikation des Iren Cian O´Connor, dessen Pferd gedopt war. Vater Nelson erlebte seinen schönsten Moment schon früher, als sein Sohn 1998 jüngster Weltmeister der Geschichte wurde: »Für mich ist das die Erfüllung eines Lebenstraums. Ich wollte immer ein großes Championat gewinnen, Rodrigo steht nun für mich dort.«

Land:	Brasilien
Medaillen:	– 1 Gold
	– 2 Bronze
Teilnahmen:	1992, 1996, 2000, 2004

Birgit Peter (links)

Ihre Voraussetzungen waren ideal: Der Vater, selbst aktiver Ruderer, war Bootsbauer und hatte sein Domizil direkt am Wasser. Und die Tochter brachte die richtige Figur (1,85 m, 78 kg) mit. Hinzu kam, dass Birgit Peter mit der früheren Olympiasiegerin Jutta Lau bei der SG Dynamo Potsdam eine ausgezeichnete Trainerin hatte. So stellten sich die Erfolge beinahe folgerichtig ein: Weltmeisterin 1985, 1986 und 1987 im Doppelvierer sowie 1990 im Einer, Olympiasiegerin 1988 im Doppelzweier (mit Martina Schröter) für die DDR; 1992, nach der Wende, Olympiasiegerin im Doppelvierer (mit Sybille Schmidt, Kerstin Müller und Kristina Mundt) für die Bundesrepublik Deutschland.

Land: DDR, Deutschland
Medaillen: – 2 Gold
Teilnahmen: 1988, 1992

Barbara Petzold

Barbara Petzold war die erste deutsche Olympiasiegerin im Skilanglauf. Bei den Spielen 1980 in Lake Placid gewann die Athletin aus der DDR Einzelgold über 10 km und Staffelgold über 4x5 km; vier Jahre zuvor hatte sie in Innsbruck mit der Staffel bereits Bronze geholt. Das Interesse am Skilaufen weckte ihr Vater, der ein guter Skispringer und auch ihr erster Trainer war. Nach ihrer aktiven Laufbahn arbeitete Barbara Petzold als Rechtsanwältin in Thum bei Chemnitz, wo sie eine Kanzlei eröffnete.

Land: DDR
Medaillen: – 2 Gold
– 1 Bronze
Teilnahmen: 1976, 1980

Franz Pfnür

Bei den Winterspielen 1936 in Garmisch-Partenkirchen standen erstmals alpine Skirennen auf dem Programm. Der Bayer Franz Pfnür, zwei Jahre zuvor schon Weltmeister im Slalom, lieferte sich in den beiden Rennen um die olympische Kombinationswertung – Einzelrennen gab es noch nicht – ein spannendes Duell mit dem hoch favorisierten Norweger Birger Ruud. Nachdem Ruud die Abfahrt gewonnen hatte, holte der Deutsche im Slalom vor 60 000 Zuschauern (!) den Rückstand auf und wurde erster Olympiasieger im alpinen Skisport. Nach seinem Triumph errichtete man für den Schreiner, der seine ersten Ski selber schnitzte, einen Triumphbogen, und der »Führer« bat ihn zum Kaffee auf den Obersalzberg. Noch als 80-Jähriger fuhr Franz Pfnür Skihänge hinunter und starb 1996 in seinem Heimatort Oberau (bei Berchtesgaden), wo er längst zur sportlichen Legende geworden war.

Land: Deutschland
Medaillen: – 1 Gold
Teilnahmen: 1936

Paola Pezzo

Die Aufnahme der noch jungen Sportart Mountain Biking ins olympische Programm vollzog sich relativ rasch. Kaum als Sport erfunden, fand 1993 bereits die erste WM statt. Paola Pezzo, die erste Weltmeisterin, wurde denn auch gleich als Favoritin für die ersten Spiele mit Mountain Bike (1996) gehandelt – und ihrer Rolle überlegen gerecht. Vier Jahre später allerdings, die Konkurrenz war inzwischen zahlreicher und stärker geworden, holte die Italienerin nur wegen eines Sturzes der Spanierin Fullana die Goldmedaille. 2004, inzwischen 35 Jahre alt, waren die jüngeren Gegnerinnen für Paola Pezzo zu mächtig geworden, sie musste aufgeben.

Land: Italien
Medaillen: – 2 Gold
Teilnahmen: 1996, 2000, 2004

Michael Phelps

Der US-Schwimmer ist neben dem russischen Turner Alexander Ditjatin der zweite Athlet, der bei den selben Spielen acht Medaillen gewinnen konnte. Vier Jahre nach seinem medaillenlosen Olympiadebüt 2000 als 15-Jähriger holte Michael Phelps sechsmal Gold (100 und 200 m Schmetterling, 200 und 400 m Lagen, 4x200-m-Freistillstaffel, 4x100-m-Lagenstaffel) und zweimal Bronze (200 m Freistil, 4x100-m-Freistilstaffel). Er verpasste damit knapp sein Ziel, den Rekord seines Landsmanns Mark Spitz aus dem Jahre 1972 (siebenmal Gold) zu brechen – was Phelps´ Sponsor Speedo mit einer Million Dollar honoriert hätte. Dass das nasse Element ihn einmal reich machen würde, war anfangs nicht abzusehen. Als Kind geriet Michael Phelps in Panik, wenn sein Gesicht mit Wasser in Berührung kam. Bis zur 6. Klasse schluckte er Psychopharmaka gegen seine hektische Nervosität. Erst als 11-Jähriger versuchte er sich im Schwimmbecken und setzte alle Energie dort um. Vier Jahre später, kurz nach den Spielen 2000 in Sydney, stellte Phelps den ersten seiner vielen Weltrekorde auf – und war mit 15 Jahren der jüngste Weltrekordler aller Zeiten.

Land:	USA
Medaillen:	– 6 Gold
	– 2 Bronze
Teilnahmen:	2000, 2004

Mark Phillips

Der erste Ehemann von Prinzessin Anne, der Tochter von Königin Elizabeth II., gewann bei den Spielen 1972 mit dem britischen Militaryteam die Goldmedaille und vier Olympiaden später noch einmal Silber. Bei einem seiner Turnierauftritte als Vielseitigkeitsreiter hatte Mark Phillips auch Prinzessin Anne kennengelernt, die er im November 1973 heiratete. Fünf Jahre nach seiner Scheidung (1992) ehelichte er die erfolgreiche US-Dressurreiterin Sandy Pflueger. Von 2003 bis 2005 betreute Mark Phillips als Cheftrainer das amerikanische Militaryteam.

Land:	Großbritannien
Medaillen:	– 1 Gold
	– 1 Silber
Teilnahmen:	1972, 1988

Hermanni Pihlajamäki

Der jüngere Cousin des größten finnischen Ringers aller Zeiten errang seinen größten Erfolg mit dem Olympiasieg 1932 im Federgewicht (bis 61 kg), der Gewichtsklasse seines Cousins Kustaa. Es waren jene Spiele, bei denen der ansonsten stets bessere Kustaa ohne Medaille blieb. Um der siegreicheren Verwandtschaft aus dem Weg zu gehen, startete Hermanni Pihlajamäki ab und zu im Leichtgewicht (bis 66 kg). So auch bei den Spielen 1936 in Berlin, wo er die Bronzemedaille gewann, wie schon 1932 im freien Stil.

Land:	Finnland
Medaillen:	– 1 Gold
	– 1 Bronze
Teilnahmen:	1932, 1936

Kustaa Pihlajamäki

In der Familie Pihlajamäki musste keiner lange mit sich ringen, um sich fürs Ringen zu entscheiden. Alle wurden erstklassige Ringer, die drei Brüder, allen voran Kustaa, und Cousin Hermanni. Kustaa, der Polizist, gehörte von 1925 bis 1939 zur absoluten Weltspitze. Viermal hintereinander nahm der schnelle, clevere und griffgewaltige Finne an Olympischen Spielen teil: 1924 wurde er Olympiasieger im Bantamgewicht (bis 56 kg), 1928 holte er Silber im Federgewicht (bis 61 kg), 1932 verpasste er als Vierter nur knapp eine Medaille, 1936 wurde er ein zweites Mal Olympiasieger im Federgewicht. Obwohl er in beiden Stilarten zu Hause war, gewann er seine Medaillen alle im freien Stil. Neunmal wurde er Europameister, zuletzt (1939) als 37-Jähriger.

Land:	Finnland
Medaillen:	– 2 Gold
	– 1 Silber
Teilnahmen:	1924, 1928, 1932, 1936

Matthew Pinsent

Mit vier Goldenen bei vier Olympischen Spielen sowie zehn Weltmeisterschaften zählt Matthew Pinsent zu den absoluten Ausnahmeruderern. Die erste Hälfte seiner Erfolgskarriere saß er mit dem erfahrenen, legendären Steven Redgrave in einem Boot. Die beiden wurden zweimal Olympiasieger im Zweier ohne. 1997 wechselten Pinsent und Redgrave in den Vierer ohne und wurden 2000 zusammen mit James Cracknell und Tim Foster erneut Olympiasieger. Nach Redgraves Rücktritt bildete Pinsent mit Cracknell ein neues Erfolgsduo mit diversen WM-Titeln. Als Pinsent bei der WM 2003 seine erste Niederlage seit 1991 hinnehmen musste, wechselte er erneut in den Vierer ohne, zusammen mit Cracknell – und wurde 2004 zum vierten Mal Olympiasieger. Danach trat der gelernte Journalist und Trainer zurück und erhielt von der Queen den Ehrentitel Commander of the British Empire.

Land:	Großbritannien
Medaillen:	– 4 Gold
Teilnahmen:	1992, 1996, 2000, 2004

Jewgenij Platow

Zusammen mit seiner Partnerin Oksana Gritschuk bildete Jewgenij Platow das dominierende Eistanzpaar der 1990er-Jahre. Die beiden Russen gewannen neben zwei Olympiasiegen (1994, 1998) auch noch fünf Weltmeisterschaften in Folge (1994 bis 1998). Während Jewgenij während der Darbietungen auf dem Eis ein Garant für Sicherheit und Souveränität war, sorgte Oksana als »Madonna« auf dem Eis mehr für Extravaganz und Schlagzeilen zwischen Glamour und Skandal. Die Partnerschaft war vom sowjetischen Eislaufverband diktiert worden. Er hatte kurzerhand aus zwei Eistanzpaaren das neue, vielversprechende Paar Gritschuk/Platow gebildet. Nach Olympia 1998 trennte man sich. Seitdem arbeitet Platow als Trainer.

Land:	Russland
Medaillen:	– 2 Gold
Teilnahmen:	1992, 1994, 1998

Andrea Pollack (Mitte)

Die ehemalige DDR-Schwimmerin Andrea Pollack war eine Schmetterlingsspezialistin. Drei ihrer sechs Medaillen holte sie in den Delfin-Einzeldisziplinen (Gold über 200 m, zweimal Silber über 100 m), drei in Staffelwettbewerben (zweimal Gold mit der 4x100-m-Lagenstaffel, einmal Silber über 4x100 m Freistil). Ins Gerede kam sie Jahre später bei der Aufbereitung der Dopingpraktiken in der DDR. So berichtete 1998 »Der Spiegel«: »Bei Sportlerinnen wie Andrea Pollack sind Anabolikadosierungen in Dokumenten ... auf das Milligramm genau angegeben.« US-Schwimmerinnen, die sich von der gedopten Konkurrenz betrogen fühlten, wollten seinerzeit entgangene Medaillen einfordern.

Land:	DDR
Medaillen:	– 3 Gold
	– 3 Silber
Teilnahmen:	1976, 1980

Heinz Pollay

Seine Begabung blieb lange unentdeckt. Erst mit 24 Jahren saß Heinz Pollay erstmals auf einem Reitpferd. Bereits vier Jahre später, bei den Spielen 1936, war er Doppelolympiasieger in der Dressur (Einzel und Mannschaft). Vor dem Zweiten Weltkrieg war Pollay aktiver Offizier, anfangs bei der Landespolizei, dann bei der Wehrmacht, wo er wegen seiner Erfolge als Dressurreiter schnell Karriere machte. Nach dem Krieg wurde er Leiter der Abteilung Öffentlichkeitsarbeit in der Generalverwaltung der Max-Planck-Gesellschaft. 1952 in Helsinki gewann Heinz Pollay noch einmal Mannschaftsbronze und war nach seinem Rücktritt einer der angesehensten Dressurrichter des Internationalen Verbandes.

Land:	Deutschland
Medaillen:	– 2 Gold
	– 1 Bronze
Teilnahmen:	1936, 1952

Catalina Ponor

Als Rumäniens Kunstturnszene, viele Jahre medaillenverwöhnt, eine Zeit lang der Weltspitze hinterher hinkte, wurde eine landesweite Talentsuche eingeleitet. Catalina Ponor zählte zu den Auserwählten, denen eine besondere Förderung zuteil wurde. Gleich der erste internationale Auftritt, die WM 2003, wurde für die Spätstarterin mit drei Vizeweltmeisterschaften zum eindrucksvollen Debüt. Im Jahr darauf zählte die 17-Jährige mit drei Goldmedaillen (Boden, Schwebebalken und Mannschaftswettbewerb) zu den erfolgreichsten Sportlern der Spiele in Athen.

Land:	Rumänien
Medaillen:	– 3 Gold
Teilnahmen:	2004

Alexander Popow

»Zar Alexander«, wie er von der Presse gerne tituliert wurde, schaffte den Durchbruch bei Olympia 1992 – mit zweimal Gold (50 und 100 m Freistil) und zweimal Silber (4x100-m-Freistil und -Lagenstaffel). In kürzester Zeit wurde Alexander Popow zum Topverdiener unter den Schwimmern, wobei ihm auch sein hoher Sonnyboyfaktor zur Popularität verhalf. Vor allem aber sein hoher Intellekt machte ihn zum herausragenden Athleten. Auf sein Erfolgsgeheimnis angesprochen, sagte Popow einmal: »Das Wasser ist dein Freund, kämpfe nicht mit ihm, sondern teile seinen Geist mit ihm, dann wird es dir helfen.« Bei den Spielen 1996 verteidigte der Russe seinen 100-m-Titel und war damit der Erste, dem dies nach »Tarzan« Johnny Weissmüller (1924 und 1928) gelang. Auch den 50-m-Erfolg von 1992 wiederholte er. Das dritte 100-m-Olympiagold allerdings blieb ihm versagt. 2000 in Sydney verlor er gegen den Holländer Pieter van den Hoogenband und holte Silber. Popow lebt heute mit seiner Familie in der Schweiz.

Land:	GUS, Russland
Medaillen:	– 4 Gold
	– 5 Silber
Teilnahmen:	1992, 1996, 2000, 2004

Ramona Portwich (rechts)

Schon im Nachwuchsbereich gehörte sie zu den ganz großen Kanutalenten in der DDR. So erfolgte Ramona Portwichs Aufstieg in die Weltspitze des Kanurennsports eigentlich zwangsläufig. Die 13-fache Weltmeisterin gewann zwischen 1988 und 1996 bei Olympischen Spielen drei Goldmedaillen (zweimal im Viererkajak, einmal im Zweier) und zweimal Silber (Vierer und Zweier). Bei vier ihrer fünf Medaillengewinnen saß sie in einem Boot mit Birgit Fischer, der erfolgreichsten Kanutin aller Zeiten, deren Führungsrolle Ramona Portwich stets anerkannte.

Land: DDR, Deutschland
Medaillen: – 3 Gold
– 2 Silber
Teilnahmen: 1988, 1992, 1996

Anett Pötzsch

Ihren größten Erfolg feierte die Vorgängerin von Katarina Witt 1980 bei den Spielen in Lake Placid. 8500 Zuschauer wollten mit ihren Anfeuerungsrufen ihrer Landsfrau Linda Fratianne zum Olympiasieg verhelfen und die Preisrichter beeinflussen. Doch Anett Pötzsch, die Gymnasiastin aus Chemnitz und Schülerin der berühmten Jutta Müller, behielt die Nerven, setzte zwei blitzsaubere Dreifachsprünge ein und gewann Gold, das erste übrigens für die DDR in dieser Sportart. Heute arbeitet Anett Pötzsch, die in erster Ehe mit Witts Bruder Axel verheiratet war, als Trainerin und berät im Auftrag des Weltverbandes Preisrichter bei der Analyse von Sprüngen.

Land: DDR
Medaillen: – 1 Gold
Teilnahmen: 1980

Dorothy Poynton-Hill

Mit 13 Jahren und 24 Tagen ging Dorothy Poynton-Hill mit ihrem zweiten Platz 1928 vom 3-m-Brett als jüngste Medaillengewinnerin in die Geschichte ein. Und sie war eine von nur zwei Wasserspringerinnen, die Medaillen bei drei Spielen gewannen (1932 und 1936 Gold vom 10-m-Turm, dazu Bronze vom 3-m-Brett). Schon sehr früh gab sich die Amerikanerin ausgesprochen extravagant. Als die Fotografen die 17-Jährige nach ihrer ersten Goldmedaille 1932 noch im Badedress fotografieren wollten, weigerte sie sich und marschierte in die Umkleidekabine, um sich danach in ebenso fantastischer wie exklusiver Aufmachung beim Fotoshooting zu präsentieren.

Land: USA
Medaillen: – 2 Gold
– 1 Silber
– 1 Bronze
Teilnahmen: 1928, 1932, 1936

Irina und Tamara Press

Die »Press Sisters« gewannen in den 1960er-Jahren fast alles, was es in der Leichtathletik zu gewinnen gab. Die zwei Jahre jüngere Irina wurde 1960 Olympiasiegerin über 80 m Hürden (sie war auch Weltrekordlerin) und vier Jahre später im neu eingeführten Fünfkampf. Tamara dominierte im Kugelstoßen (zweimal Gold) und Diskuswerfen (Gold und Silber) und stellte jeweils sechs Weltrekorde auf. Den Schwestern wurde nachgesagt, dass ihr Geschlecht nicht eindeutig festzulegen sei. Für manche waren sie zumindest Hermaphroditen, andere vertraten die Ansicht, man habe sie mit männlichen Hormonen gedopt. Später nannten sie auch schon mal »Press Brothers«. Nachdem die Bestimmung des Geschlechts für alle international auftretenden Sportler ab 1968 zur Pflicht wurde (2000 in Sydney wurden die Tests wieder abgeschafft), verschwanden die beiden Russinnen von der Sportlerbühne. Danach machten sie beruflich Karriere. Irina wurde KGB-Offizier, Tamara eine renommierte Bauingenieurin.

Land: UdSSR
Medaillen: – 2 Gold (Irina)
– 3 Gold (Tamara)
– 1 Silber (Tamara)
Teilnahmen: 1960, 1964 (Irina)
1960, 1964 (Tamara)

Myer Prinstein

Ob mit einem Sprung, oder mit dreien – der US-Leichtathlet Myer Prinstein hüpfte um 1900 am weitesten von allen. Kurz vor den Spielen in Paris hatte er sich mit dem Weltrekordsatz von 7,50 m, einer für damalige Verhältnisse sensationellen Weite, zum Topfavoriten im Weitsprung empfohlen. Nach der Qualifikation zum olympischen Finale lag Prinstein wie erwartet auf Platz eins. Der Endkampf fand jedoch an einem Sonntag statt. Obwohl es ihn als Juden nicht gestört hätte, an einem christlichen Feiertag zu starten, musste Prinstein auf das Finale verzichten, da seine Methodistische Universität von Syracuse/New York ihm für den Fall eines Starts mit der Exmatrikulation drohte. Sein Landsmann Alvin Kraenzlein hätte als Christ eher Grund gehabt, nicht zu starten, trat jedoch zum Finale an und übertraf die Qualifikationsweite von Prinstein (7,18 m) um 1 Zentimeter. Silbermedaillengewinner Prinstein war so verärgert war, dass er Kraenzlein nach dem Wettkampf einen Schlag verpasste. Einen Tag später gewann er die Goldmedaille im Dreisprung. Vier Jahre später dann holte sich Prinstein Gold im Weitsprung und Gold im Dreisprung – und blieb bis heute der einzige Athlet, dem dies bei ein und denselben Spielen gelang.

Land:	USA
Medaillen:	– 3 Gold
	– 1 Silber
Teilnahmen:	1900, 1904

Oleg Protopopow

Zusammen mit seiner Ehefrau Ljudmilla Beloussowa beherrschte Oleg Protopopow ein Jahrzehnt lang das Paarlaufen. Der baumlange Oleg überragte seine Partnerin nicht nur körperlich, er allein wies den Weg, in privater wie sportlicher Hinsicht. Als Sohn einer Ballerina in Leningrad geboren, kam es ihm darauf an, seine Sportart vor allem künstlerisch zu interpretieren. »Die Kunst ist unsterblich wie die Schönheit«, sagte er einmal und meinte damit wohl auch seine Ewigkeitswirkung als Eiskunstläufer. Umso härter trafen ihn die Demütigungen, als die Protopopows im Duell mit ihren Nachfolgern Rodnina/Ulanow bei der EM 1969 in Garmisch ausgepfiffen und nur Zweite wurden. Vor allem Oleg fühlte sich tief verletzt und konnte das unrühmliche Ende seiner Amateurlaufbahn nie verwinden.

Land:	UdSSR
Medaillen:	– 2 Gold
Teilnahmen:	1960, 1964, 1968

Maricica Puica

Das erste olympische Rennen über die 3000 m der Frauen gewann bei den Spielen 1984 die Rumänin Maricica Puica. Die Premierensiegerin kam dabei vor der favorisierten, aber gestürzten Weltmeisterin Mary Decker (USA) ins Ziel. Außerdem holte sie noch einmal Bronze über 1500 m. Nach ihrer aktiven Laufbahn wurde die Athletin, die mit einem Trainer verheiratet ist, selbst Trainerin und brachte Läuferinnen wie Paula Ivan und Violeta Beclea bis zur Weltspitze.

Land:	Rumänien
Medaillen:	– 1 Gold
	– 1 Bronze
Teilnahmen:	1984, 1988

Alexander Pusch

Über anderthalb Jahrzehnte war Alexander Pusch einer der weltbesten Degenfechter. 1975 wurde er mit 20 Jahren jüngster Degenweltmeister der Geschichte, im Jahr darauf erster deutscher Fechtolympiasieger. Nachdem ihm die Spiele 1980 in Moskau wegen des Boykotts entgangen waren, holte der Tauberbischofsheimer 1984 in Los Angeles Mannschaftsgold. Vier Jahre später gewann er im Teamwettbewerb noch einmal Silber, enttäuschte aber im Einzel (Neunter). Dafür konnte er über das Abschneiden seiner Schülerin Anja Fichtel jubeln, die Pusch als Trainer zum Olympiasieg geführt hatte und Deutschlands erfolgreichste Fechterin wurde. 1994, nach Beendigung seiner Karriere, wurde Alexander Pusch auf Initiative von Cheftrainer Emil Beck Bundestrainer. Auf Anfangserfolge folgten Misserfolge. 1999 kam es zum Bruch mit Beck und nach Olympia 2000 zur Kündigung durch den Deutschen Fechterbund.

Land:	Deutschland
Medaillen:	– 2 Gold
	– 1 Silber
Teilnahmen:	1976, 1984, 1988

Lina Radke-Batschauer – Alexander Ragulin – Benjamin Raich – Jiri Raska – Emil Rausch – Helmut Recknagel – Steven Redgrave – Ossi Reichert – Charles Reidpath – Thomas Reineck – Rica Reinisch – Silke Renk – Waleri Resanzew – Alexander Resch – Anfissa Reszowa – Kim Rhode – George Rhoden – Fernanda Ribeiro – Michael Rich – Robert Richards – Annegret Richter – Ilona Richter – Ulrike Richter – Johan Richthoff – Lars Riedel – Guillermo Rigondeaux – Hans Rinn – Ville Ritola – Elizabeth Robinson – Irina Rodnina – Frank-Peter Roetsch – Willy Rögeberg – Gianni Romme – Jon Rönningen – Murray Rose – Ralph Rose – Heide Rosendahl – Petra Roßner – Christa Rothenburger – Wilma Rudolph – Frank Rühle – Tracie Ruiz – Herbert Runge – Bernhard Russi – Katrin Rutschow-Stromporowski – Birger Ruud – Matthew Ryan

Lina Radke-Batschauer

Die deutsche Mittelstreckenläuferin aus Karlsruhe holte bei den Spielen 1928 die erste Goldmedaille für die deutschen Leichtathletinnen seit Beginn der Olympischen Spiele 1896. Lina Radke-Batschauer stellte bei ihrem Sieg über die 800 m mit 2:16,8 Minuten einen neuen Weltrekord auf. Gleich nach den Spielen von Amsterdam wurde die Disziplin wieder aus dem Programm gestrichen, da man die Frauen physisch nicht überfordern wollte. Erst 1960 wurden die 800 m wieder olympisch. In den Kriegswirren ging Lina Radke-Batschauer ihre Goldmedaille verloren. Jahre später tauchte sie in einem Kölner Nachlass wieder auf und wurde ihr 1956 ein zweites Mal verliehen.

Land: Deutschland
Medaillen: – 1 Gold
Teilnahmen: 1928

Alexander Ragulin

»Der Bär«, wie der 1,85 m große und 99 kg schwere Alexander Ragulin vom Moskauer Armeesportklub ZSKA genannt wurde, war mit drei Olympiasiegen und zehn Weltmeistertiteln der erfolgreichste Eishockeyspieler überhaupt und galt mehr als ein Jahrzehnt lang als bester Verteidiger. »Er war die Art von Spieler, mit dem kein Stürmer konfrontiert werden wollte«, charakterisierte den Russen einmal der Präsident des Eishockey-Weltverbandes René Fasel. Und Kanadas NHL-Profi Mahovlich sagte nach einigen Meetings mit Ragulin: »Wenn er stehen bleibt, meinst du gegen einen Baum zu laufen. Wenn er auf dich zufährt, denkst du an ein Krankenhausbett.«

Land: UdSSR
Medaillen: – 3 Gold
Teilnahmen: 1964, 1968, 1972

Benjamin Raich

Schon als Junior hatte der Österreicher mit fünf EM-Titeln sein großes Potenzial im Skirennsport angekündigt. Benjamin Raich fuhr sich mit seinem unbekümmerten und draufgängerischen Stil zügig in die Weltspitze. Seine ersten olympischen Meriten holte er sich 2002 in Salt Lake City mit zwei Bronzemedaillen im Slalom und in der Kombination. Vier Jahre später wurde Raich gar Doppelolympiasieger im Slalom und Riesenslalom. Außerdem gewann er drei WM-Titel und 2006 den Gesamtweltcup.

Land: Österreich
Medaillen: – 2 Gold
– 2 Bronze
Teilnahmen: 2002, 2006

Jiri Raska

Bis heute ist Jiri Raska der einzige tschechische Olympiasieger im Skispringen. Typisch für ihn waren sein bedingungsloser körperlicher Einsatz und sein großer Mut. Sein bestes Jahr hatte Raska 1968, als er bei Olympia in Grenoble Gold von der Normalschanze und Silber von der Großschanze holte. 1970 wurde er Vizeweltmeister und 1972 Dritter der Skiflug-WM. Nach seiner aktiven Laufbahn begann der gelernte Werkzeugmacher ein Studium und wurde 1978 Cheftrainer der Springernationalmannschaft.

Land:	Tschechoslowakei
Medaillen:	– 1 Gold
	– 1 Silber
Teilnahmen:	1968, 1972

Emil Rausch

Der 6. September 1904 war der schönste Tag im Leben des Berliners Emil Rausch. Gleich zweimal durfte der deutsche Schwimmer bei den Spielen in St. Louis aufs Siegerpodest klettern: Über 880 Yards holte er sich sein erstes Gold, über 1 Meile sein zweites, als er die Konkurrenz gar um über 1 Minute deklassierte. Eine weitere Bronzemedaille, auch sie im freien Stil erschwommen, gewann Emil Rausch über die 220 Yards.

Land:	Deutschland
Medaillen:	– 2 Gold
	– 1 Bronze
Teilnahmen:	1904

Helmut Recknagel

Der Skispringer aus dem Thüringer Wald hatte die jahrzehntelange Phalanx der Skandinavier durchbrochen. 1957 gewann er, gerade mal 19 Jahre alt, als erster Nichtskandinavier das weltberühmte Springen am Holmenkollen in Oslo. Und 1960 bei den Spielen in Squaw Valley war er der erste Skisprungolympiasieger aus einem nicht-skandinavischen Land – damals noch in Supermanpose mit nach vorne ausgestreckten Armen. Keiner flog in jenen Jahren weiter und erfolgreicher. Und keiner schöner. Für manche Experten galt Recknagel wegen seiner stilreinen Sprünge gar als bester Skispringer aller Zeiten. 1962 wurde er Skiflugweltmeister, zudem gewann er dreimal die Vierschanzentournee. Anlässlich seines 70. Geburtstages im März 2007 und des 50. Jahrestages seines Sieges 1957 in Oslo war Recknagel Ehrengast beim Springen am Holmenkollen. Bei seinem Besuch übergab er dem dortigen Skimuseum jene Skier, die ihn anno 1957 zum Sieg getragen hatten.

Land:	DDR
Medaillen:	– 1 Gold
Teilnahmen:	1960, 1964

Steven Redgrave

Das schaffte vor und nach ihm keiner: Der Brite Steven Redgrave wurde als einziger Ruderer fünfmal in Folge Olympiasieger (Vierer mit, 3 x Zweier ohne, Vierer ohne). 1988 holte er noch Bronze im Zweier mit. Rechnet man seine neun Weltmeistertitel hinzu, zählt Redgrave zu den erfolgreichsten Rudersportlern aller Zeiten. Der erfolgreichste britische Olympiateilnehmer ist er ohnehin. Nach den Spielen 2000 in Sydney erhob ihn die Queen in den Adelsstand. 1997 stand Redgraves Karriere nach einer Diabetesdiagnose vor dem Ende. Doch konnten ihn weder die täglichen Insulinspritzen noch der Rat seiner Frau, immerhin Teamärztin im Ruderverband, davon abhalten, weiterhin Hochleistungssport zu treiben. Umso schöner für die Ruderlegende, dass sie zum Abschluss bei den Spielen 2000 noch einmal Gold gewann.

Land:	Großbritannien
Medaillen:	– 5 Gold
	– 1 Bronze
Teilnahmen:	1984, 1988, 1992, 1996, 2000

Ossi Reichert

Ossi Reichert – unter ihrem richtigen Vornamen Rosa kannte sie kaum jemand – war mit ihrer Goldmedaille im Riesenslalom 1956 die erste deutsche Skiolympiasiegerin nach dem Zweiten Weltkrieg. Es blieb auch die einzige Goldmedaille des gesamtdeutschen Teams bei diesen Spielen in Cortina d´Ampezzo. »I bin g´fohrn wie verruckt«, sagte sie danach. Der bekannte Fernsehreporter Heinz Maegerlein kommentierte es etwas gesetzter: »Mit Ossi Reichert siegte eine der größten Skistilistinnen der Welt.« Schon vier Jahre zuvor hatte die Allgäuerin in Oslo nur knapp Olympiagold verfehlt, als sie im Slalom mit 0,8 Sekunden Rückstand hinter der Amerikanerin Andrea Mead-Lawrence Silber holte.

Land: Deutschland
Medaillen: – 1 Gold
– 1 Silber
Teilnahmen: 1952, 1956

Charles Reidpath

Vor einem Jahrhundert mussten 400-m-Läufer noch Zweikampfhärte wie Eishockeyspieler mitbringen. Jedenfalls war bei den Spielen 1912 der 400-m-Lauf äußerst umstritten, weil nicht in vorgegebenen Bahnen, sondern frei gestartet wurde. Die Folge: heftige Rangeleien. Zum Beispiel zwischen dem Deutschen Braun und dem Amerikaner Donnell, der schließlich disqualifiziert wurde. Fairer war das Finale zwischen Hanns Braun und Charles Reidpath. Braun führte lange, ehe der Amerikaner ihn überholte und ganz knapp siegte. Sein zweites Gold gewann Reidpath mit der 4x400-m-Staffel. Nach den Spielen wurde er Stadtplaner in Buffalo und war im Zweiten Weltkrieg ein vielfach ausgezeichneter Soldat, zuletzt im Rang eines Brigadegenerals.

Land: USA
Medaillen: – 2 Gold
Teilnahmen: 1912

Thomas Reineck (vorne)

Er begann als Einerkanute, doch diese Disziplin war Thomas Reineck auf die Dauer zu einsam. So wechselte er in den Viererkajak und übernahm dort auch Verantwortung als Schlagmann; das ist derjenige, der bestimmt, wann das Tempo gehalten oder forciert wird. Diese Rolle hatte der Essener wenige Wochen vor den Spielen 1992 übernommen – und wurde gleich Olympiasieger über 1000 m. Ein Triumph, den er vier Jahre später wiederholen konnte. Außerdem wurde der Viererkajakspezialist noch fünfmal Weltmeister.

Land: Deutschland
Medaillen: – 2 Gold
Teilnahmen: 1988, 1992, 1996

Rica Reinisch

Die 15-jährige Rica Reinisch war 1980 die Schwimmkönigin der Spiele. Die Rückenspezialistin verbesserte allein in Moskau viermal den Weltrekord und holte drei Goldmedaillen (100 m, 200 m, 4x100-m-Lagenstaffel). Sie war sicherlich eines der größten deutschen Schwimmtalente überhaupt. Die Dopingpolitik der DDR zerriss ihre Erfolge jedoch und verhinderte ihre Entwicklung zu einem Weltstar. Am Beispiel Rica Reinisch, die noch heute unter Herzrhythmusstörungen leidet, wird deutlich, wie sorg- und skrupellos vor allem in der DDR junge Sportler gedopt wurden. Im Mai 2000 sagte die inzwischen 35-Jährige als Zeugin im Prozess gegen den früheren Vorsitzenden des DTSB der DDR Manfred Ewald und gegen den stellvertretenden Leiter des Sportmedizinischen Dienstes der DDR Manfred Höppner aus.

Land:	DDR
Medaillen:	– 3 Gold
Teilnahmen:	1980

Silke Renk

Auf diesen Wurf, den größten und weitesten ihrer Karriere als Speerwerferin, hatte sie lange gewartet. »Zwölf Jahre lang habe ich für so einen Wurf trainiert«, sagte Silke Renk mit Tränen in den Augen hinterher. Im Speerwurffinale der Spiele von 1992 hatte sie in ihrem letzten Versuch mit 68,34 m die hohe Favoritin Natalja Schikolenko (GUS) um 8 Zentimeter übertrumpft und war Olympiasiegerin geworden. Vier Jahre zuvor hatte sie, noch für die DDR am Start, Platz 5 belegt. Und vier Jahre nach ihrem Golderfolg konnte sie wegen mehrerer Knieoperationen nicht mehr mithalten.

Land:	Deutschland
Medaillen:	– 1 Gold
Teilnahmen:	1988, 1992, 1996

Waleri Resanzew (rechts)

Waleri Resanzew, ein Hochschulabsolvent und späterer Lehrer, galt als einer der weltbesten Ringer aller Zeiten. Wie ein Kugelblitz fegte der Halbschwergewichtler aus Moskau in den 1970er-Jahren über die Matte, um seine Gegner gleich reihenweise mit attraktiver Grifftechnik auf dieselbe zu legen. Resanzew wurde zweimal hintereinander Olympiasieger, dreimal Europa- und fünfmal Weltmeister, immer im griechisch-römischen Stil. Und bei keiner dieser zehn internationalen Veranstaltungen verlor er auch nur einen Kampf. Nach Beendigung seiner Laufbahn agierte er noch viele Jahre als einer der besten Kampfrichter der Welt.

Land:	UdSSR
Medaillen:	– 2 Gold
Teilnahmen:	1972, 1976

Alexander Resch (links)

Gleich viermal wurde der Rodler Alexander Resch zusammen mit seinem Partner Patric Leitner Weltmeister im Doppelsitzer (1999, 2000, 2004, 2007). Höhepunkt seiner bisherigen Laufbahn war jedoch der Olympiasieg 2002. Bei den darauffolgenden Spielen 2006 in Turin belegte das favorisierte Doppel, bedingt durch eine hohe Startnummer auf einer dann langsamer gewordenen Piste, nur den sechsten Platz. »Du musst wie der andere denken und fühlen und eigene Fehler auf ein Minimum reduzieren«, fasste der Berchtesgadener Resch einmal seine Aufgabe auf dem wackligen Schlitten zusammen.

Land:	Deutschland
Medaillen:	– 1 Gold
Teilnahmen:	2002, 2006

Anfissa Reszowa

Die Russin ging in die olympische Geschichte ein als die einzige Person, die bei Winterspielen in zwei Sportarten Gold gewann. 1988 war Anfissa Reszowa, neben ihrer Silbermedaille im 20 km Langlauf, Olympiasiegerin mit der 4x5-km-Langlaufstaffel geworden. 1992, inzwischen zum Biathlon gewechselt, triumphierte sie mit Gold über 7,5 km und Staffelbronze. Bei den folgenden Spielen, die bereits zwei Jahre später stattfanden, weil das IOC den parallelen Rhythmus von Sommer- und Winterspielen durchbrechen wollte, wurde Anfissa Reszowa zum drittenmal Olympiasiegerin (Staffel). Schon als Kind hatte die Russin die Sportarten gewechselt. Sie begann als Kunstturnerin, wurde dann aber zum Eisschnelllauf geschickt und landete schließlich beim Skilanglauf.

Land:	UdSSR, Russland
Medaillen:	– 3 Gold
	– 1 Silber
	– 1 Bronze
Teilnahmen:	1988, 1992, 1994

Kim Rhode

Die Amerikanerin war ein Naturtalent. Schon mit 17 wurde sie 1996 in Atlanta Olympiasiegerin im Wurftaubenschießen – und damit die jüngste Schützen-Goldmedaillengewinnerin überhaupt. Kein Mensch hatte die Außenseiterin vorher auf der Rechnung gehabt. 2000 in Sydney, sie zählte inzwischen zum Favoritenkreis, musste sich Kim Rhode geschlagen geben. Vor allem weil ihre Nervenkraft nicht ausreichte, landete sie diesmal auf einem Bronzeplatz. 2004 in Athen aber zeigte sich die mittlerweile 25-Jährige nun auch nervlich stabiler und gewann nach spannendem Wettkampf ihr zweites Gold.

Land:	USA
Medaillen:	– 2 Gold
	– 1 Bronze
Teilnahmen:	1996, 2000, 2004

George Rhoden

Er war einer jener herausragenden jamaikanischen Sprinter, die in den ersten Nachkriegsjahren urplötzlich den sieggewohnten Amerikanern davonliefen. Mit George Rhoden als Schlussläufer wurde das Quartett mit Arthur Wint, Les Laing und Herb McKinley 1952 über 4x400 m Olympiasieger und riss dabei 70 000 Zuschauer in Helsinki von den Sitzen. Im dramatischen Finish hatte Weltrekordler Rhoden (45,8 Sekunden) die USA um 17 Hundertstelsekunden geschlagen. Vorher hatte der Jamaikaner bereits die 400 m vor seinem Landsmann McKinley gewonnen. In diesen Nachkriegsjahren wurde der Grundstein für die große Sprinterära der Athleten aus Jamaika gelegt. Herb McKinley war später Trainer und Mentor unzähliger jamaikanischer Medaillengewinner wie etwa Linford Christie, Don Quarrie oder Lennox Miller.

Land:	Jamaika
Medaillen:	– 2 Gold
Teilnahmen:	1948, 1952

Fernanda Ribeiro

Als sie mit elf Jahren im ersten Halbmarathon ihres Lebens nur 4 Sekunden hinter dem portugiesischen Weltstar Rosa Mota ins Ziel kam, war Experten klar: Fernanda Ribeiro hat das Talent zur Olympiasiegerin. 16 Jahre später, 1996 in Atlanta, gewann die kleine Portugiesin die Goldmedaille über 10 000 m. Bereits angekündigt hatte sie ihren Erfolg mit ihrem WM-Sieg im Jahr davor. 2000 in Sydney holte sie auf ihrer Lieblingsstrecke noch einmal eine Bronzemedaille.

Land:	Portugal
Medaillen:	– 1 Gold
	– 1 Bronze
Teilnahmen:	1988, 1992,
	1996, 2000

Michael Rich

Der Freiburger war einer der besten Zeitfahrspezialisten. Fünfmal war Radrennfahrer Michael Rich Deutscher Meister im Zeitfahren geworden, dreimal WM-Zweiter. Der größte Erfolg gelang ihm bei den Olympischen Spielen 1992 in Barcelona, wo er mit dem 100-km-Straßenvierer zusammen mit Bernd Dittert, Christian Meyer und Uwe Peschel Olympiasieger wurde. Später ließ er bei Zeitfahretappen bisweilen auch Jan Ullrich hinter sich.

Land:	Deutschland
Medaillen:	– 1 Gold
Teilnahmen:	1988, 1992,
	1996, 2004

Robert Richards

Sein Spitzname war »fliegender Vikar«. Robert »Bob« Richards, ein Theologieprofessor aus Kalifornien, war trotz großer beruflicher Belastung im ersten Nachkriegsjahrzehnt der weltbeste Stabhochspringer. 1948 gewann er die Bronzemedaille, 1952 und 1956 zweimal in Folge die Goldmedaille (4,55 m bzw. 4,56 m). 1952 hatte erstmals nach dem Krieg auch wieder die Sowjetunion an Olympia teilgenommen, und viele befürchteten, dass der Kalte Krieg die Spiele in Helsinki belasten könnte. In dieser Situation sorgte Robert Richards für Aufsehen, als er mit einer Delegation von US-Athleten den russischen Sportlern in ihrem Quartier einen inoffiziellen Besuch abstattete.

Land:	USA
Medaillen:	– 2 Gold
	– 1 Bronze
Teilnahmen:	1948, 1952, 1956

Ilona Richter

Mit Ilona Richter wurde der DDR-Frauenachter gleich zweimal Olympiasieger. Neben ihren olympischen Erfolgen gewann die Ruderin mit dem Achter außerdem noch zwei Weltmeistertitel (1974 und 1975). Die Berlinerin, die Kristallografie (Wissenschaft der Kristalle) studierte, startete auch im Vierer mit Steuermann und wurde in dieser Bootsklasse 1977 Weltmeisterin.

Land:	DDR
Medaillen:	– 2 Gold
Teilnahmen:	1976, 1980

Annegret Richter

»Sensibles Mädchen«, »graue Maus«, »große Stilistin« – so beschrieben Betreuer, Journalisten und Trainer eine der besten deutschen Sprinterinnen. Die Dortmunderin Annegret Richter lief nicht einfach nur schnell, sondern auch schön schnell. Ihren ersten Olympiasieg feierte sie 1972, als sie mit der Sprintstaffel der Bundesrepublik im legendären Duell mit der DDR die Goldmedaille gewann. Ihren olympischen Höhepunkt jedoch erreichte sie vier Jahre später in Montreal. Schon im Halbfinale hatte sie den 100-m-Weltrekord auf 11,01 Sekunden verbessert. Im Finale lief sie dann nach drei nervenaufreibenden Fehlstarts dem DDR-Star Renate Stecher im Endspurt davon und gewann mit 11,08 Sekunden. Mit zwei Silbermedaillen über 200 m und mit der Sprintstaffel stieg sie zur erfolgreichsten deutschen Athletin der Spiele auf. Ihr großes Ziel, als erste Frau unter 11 Sekunden zu bleiben, machte 1977 die DDR-Läuferin Marlies Oelsner-Göhr mit 10,88 Sekunden zunichte. Geschockt von der Nachricht trat Annegret Richter zurück. Ein olympisches Comeback scheiterte am Olympiaboykott der Moskauer Spiele.

Land:	Deutschland
Medaillen:	– 2 Gold
	– 2 Silber
Teilnahmen:	1972, 1976

Ulrike Richter (links)

Mit 17 wurde sie in Montreal dreifache Olympiasiegerin, und mit 18 trat die DDR-Rückenschwimmerin Ulrike Richter bereits zurück; für viele unverständlich. »Ich hatte alles erreicht«, erklärte sie später einmal in einem Zeitungsinterview, »ich sehnte mich nur danach, ein normales Leben zu führen.« Schon mit 13 Jahren schwamm sie ihren ersten Rückenweltrekord, dem weitere zwölf folgen sollten. Viermal wurde sie Weltmeisterin. Ihre Olympiasiege holte Ulrike Richter über 100 und 200 m sowie mit der 4x100-m-Lagenstaffel.

Land: DDR
Medaillen: – 3 Gold
Teilnahmen: 1976

Johan Richthoff

1928 in Amsterdam durfte beim olympischen Ringerturnier erstmals nur ein Athlet pro Land und Gewichtsklasse teilnehmen. Den Schweden fiel dabei im Schwergewicht die Auswahl nicht schwer. Johan Richthoff, ihr Bester, gewann vor dem Finnen Sihvola und dem Franzosen Dame die Goldmedaille – den schwachen Kampfrichtern zum Trotz. Vier Jahre später in Los Angeles verteidigte Richthoff seinen Titel noch einmal.

Land: Schweden
Medaillen: – 2 Gold
Teilnahmen: 1928, 1932

Lars Riedel

Er begann mit dem Leistungssport in der DDR, doch seine großen Erfolge erlebte der Diskuswerfer aus Zwickau in der Bundesrepublik. Nach der Wende arbeitete Lars Riedel zunächst auf dem Bau, weil sein alter DDR-Trainer seine Stelle verloren hatte. Erst als Riedel Karlheinz Steinmetz, den Trainer des USC Mainz, kennenlernte, setzte er seine Sportlerkarriere fort. Der Modellathlet (1,99 m, 110 kg) wurde in den 1990er-Jahren eine der Führungsfiguren in der deutschen Leichtathletik. Neben seinem Olympiasieg von 1996 und dem Silber von 2000 gewann er fünf WM-Titel. »So ein Talent wird nur einmal in zehn Jahren geboren«, schwärmte sein Trainer Steinmetz einmal. Zu gerne wäre Riedel auch 2004 in Topform nach Athen gereist, um gerade dort seine Laufbahn mit einer letzten Goldmedaille zu schmücken. »Denn Athen ist die Wiege des Diskuswerfens.« Doch hartnäckige Verletzungsprobleme machten die Pläne zunichte. Der »Herr der Ringe« ging als Siebter geschlagen aus dem Ring, mehr von Schmerzen als von Gegnern besiegt.

Land: Deutschland
Medaillen: – 1 Gold
– 1 Silber
Teilnahmen: 1992, 1996, 2000, 2004

Guillermo Rigondeaux

Bisweilen macht man sich selbst die schönsten Geburtstagsgeschenke. Wie der kubanische Boxer Guillermo Rigondeaux. Am Tag seines zwanzigsten Geburtstages besiegte er bei den Spielen 1996 im Finale des Bantamgewichts den Russen Malchbekow und wurde Olympiasieger. Vier Jahre darauf verteidigte er seinen Titel gegen den Thailänder Petchkoom. Zwischen 1999 und 2003 war der Kubaner 142-mal hintereinander unbesiegt geblieben.

Land:	Kuba
Medaillen:	– 2 Gold
Teilnahmen:	2000, 2004

Hans Rinn (links)

Der Thüringer war zwischen 1972 und 1982 lange Zeit der erfolgreichste Rennrodler der Welt, trotz eines Georg Hackl. Hans Rinn sammelte seine Medaillen bei Europa- und Weltmeisterschaften und natürlich bei Olympia, mal im Einsitzer, mal im Doppelsitzer (mit Norbert Hahn). Für seinen Trainer Wolfgang Weidner war er »das größte Talent aller Zeiten«. Die beiden Olympiasiege holte Rinn im Doppelsitzer, seine Bronzemedaille (1976) im Einsitzer. Der frühere Major der DDR-Volksarmee musste später zugeben, als Informant für die Stasi agiert zu haben, »in meiner wohlmeinenden Überzeugung, nichts Schlechtes zu tun.«

Land:	DDR
Medaillen:	– 2 Gold
	– 1 Bronze
Teilnahmen:	1976, 1980

Ville Ritola

Sein Auftritt 1924 in Paris passte zu dieser Stadt: faszinierend, magisch, aufregend. Der finnische Leichtathlet Ville Ritola, der während der 1920er-Jahre zusammen mit seinem Landsmann Paavo Nurmi sämtliche Langstreckendistanzen beherrschte, gewann bei den Spielen in der französischen Weltstadt viermal Gold und zweimal Silber. Zuerst siegte der »Tempobolzer« über 10 000 m und verbesserte seinen Weltrekord um 12 Sekunden, dann über 3000 m Hindernis mit 75 m Vorsprung. Auf zweimal Silber (5000 m und Querfeldeinlauf) folgten dann noch zweimal Gold (Querfeldeinteam und 3000-m-Mannschaftsrennen). Weitere Medaillen gab es 1928 mit Silber über 10 000 m und Gold über 5000 m. Bereits 1913 war Ville Ritola in die USA emigriert. Er lebte, arbeitete (als Bauarbeiter) und trainierte in New York, startete aber für sein Land. Anfang der 1970er-Jahre kehrte der Finne in seine Heimat zurück und starb 1982 in Helsinki im Alter von 86 Jahren.

Land:	Finnland
Medaillen:	– 5 Gold
	– 3 Silber
Teilnahmen:	1924, 1928

Elizabeth Robinson

Die 16-jährige Betty wusste nicht, wie schnell sie laufen konnte, bis einer ihrer Lehrer sie einem Zug hinterherrennen sah. Tags darauf machte er auf dem Schulhof mit der Schülerin einen Sprinttest, stoppte die Zeit – und war fassungslos. Danach überstürzten sich für Elizabeth Robinson die Ereignisse. Vier Monate vor Olympia 1928 nahm sie an ihrem ersten offiziellen 100-m-Wettbewerb teil und lief mit 12,2 Sekunden gleich Weltrekord. In Amsterdam gewann die 17-jährige Amerikanerin die Goldmedaille und war die erste Siegerin dieser Disziplin. Frauenleichtathletik war bis dahin höchst umstritten. Außerdem holte sie Silber mit der 4x100-m-Staffel. 1931 wurde Elizabeth Robinson bei einem Flugzeugabsturz schwer verletzt. Zunächst gaben ihr die Ärzte kaum Überlebenschancen, dann sagten sie, dass sie nie wieder gehen könne. Doch kurz darauf begann die Sprinterin wieder mit dem Training. Sie verpasste zwar die Spiele von 1932 und konnte 1936 in Berlin ihre Knie immer noch nicht richtig beugen. Dennoch startete sie in der US-Sprintstaffel, weil sie hier aus dem Stand loslaufen konnte. Nachdem die hoch favorisierten deutschen Damen beim letzten Wechsel den Stab verloren hatten, gewannen die Amerikanerinnen – und Elizabeth Robinson ihr zweites Gold.

Land:	USA
Medaillen:	– 2 Gold
	– 1 Silber
Teilnahmen:	1928, 1936

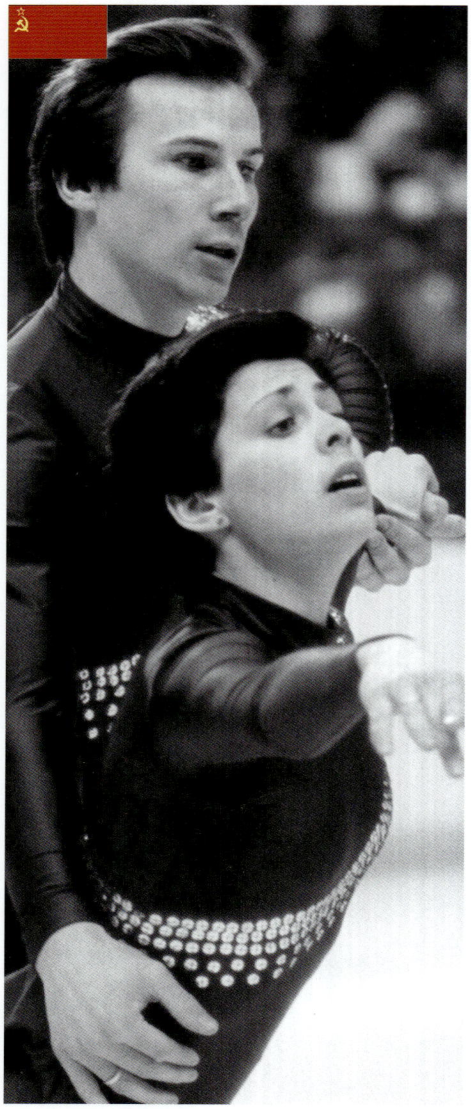

Irina Rodnina

Sie ist die erfolgreichste Eiskunstläuferin der Geschichte. Dreimal hintereinander wurde Irina Rodnina Olympiasiegerin im Paarlauf – 1972 mit Alexej Ulanow, 1976 und 1980 mit Alexander Saizew. Zehnmal hintereinander (1969–1978) war sie Weltmeisterin, erst mit Ulanow (4x), dann mit Saizew (6x). Als »Revolution« wurde vor allem Irena Rodninas Laufstil mit Partner Alexander Saizew gefeiert, den sie 1975 heiratete. Das Paar mied den romantischen Vortrag ihrer Vorgänger Belousowa/Protopopow und gab stattdessen mit schnellen Elementen, viel Power und hohen Schwierigkeitsgraden dem Paarlauf eine neue Richtung. Nach ihrer Karriere arbeitete Irina Rodnina als Trainerin. 1985 wurde sie geschieden, zog 1990 in die USA und heiratete einen Geschäftsmann. Nach der erneuten Scheidung kehrte sie 2000 nach Russland zurück und lebt mit ihren beiden Kindern in Moskau.

Land:	UdSSR
Medaillen:	– 3 Gold
Teilnahmen:	1972, 1976, 1980

Frank-Peter Roetsch

Der Biathlet aus der DDR gewann seine Rennen oft allein wegen seiner herausragenden Laufleistungen. So triumphierte Frank-Peter Roetsch bei seinem Doppelolympiasieg 1988 über 10 km und 20 km über besser schießende Konkurrenz dank seines herausragenden Lauftalents. Schon 1984 hatte er über 20 km Silber geholt. Roetsch, mit vier Weltmeistertiteln und drei Weltcuperfolgen einer der erfolgreichsten Biathleten überhaupt, war der Erste, der bei seinen Skiern auf Steigwachs verzichtete und die Skatingtechnik anwendete. Anfang 1990 verabschiedete sich Roetsch nach Kontroversen mit Kameraden, Trainern und Funktionären aus dem DDR-Team, um im Winter darauf aus eigener Kraft den Aufstieg in die gesamtdeutsche Elite zu schaffen. Große Erfolge blieben ihm allerdings versagt.

Land:	DDR
Medaillen:	– 2 Gold
	– 1 Silber
Teilnahmen:	1984, 1988

Willy Rögeberg

Der Norweger Willy Rögeberg gewann Gold in den letzten Spielen vor dem Zweiten Weltkrieg und Bronze in den ersten Spielen der Nachkriegszeit (freies Gewehr über 300 m). 1936 in Berlin wurde er Olympiasieger im Kleinkaliber 50 m liegend, 1948 dann Dritter im freien Gewehr über 300 m. Vor den Schießwettbewerben in Berlin war es zum Krach zwischen dem IOC und dem Internationalen Schützenverband gekommen. Der Verband bestand der Tradition gemäß auf Geldpreisen, was das IOC natürlich ablehnte. Man einigte sich schließlich auf einen Kompromiss: Wer in Berlin antreten wollte, durfte ab 1. August 1934 kein Geld mehr bei irgendwelchen Schießwettkämpfen gewonnen haben. »Mir war Gold statt Geld ohnehin lieber«, sagte Rögeberg später.

Land:	Norwegen
Medaillen:	– 1 Gold
	– 1 Bronze
Teilnahmen:	1936, 1948

Gianni Romme

Die Stärken des niederländischen Eisschnellläufers lagen vor allem auf den langen Strecken. Höhepunkt von Gianni Rommes Karriere waren seine beiden Olympiasiege über 5000 m und 10 000 m 1998 in Nagano – mit zwei Fabelweltrekorden. Vier Jahre später gewann der »fliegende Holländer« noch einmal Silber über 10 000 m. Seit der Saison 2006/07 arbeitet der neunmalige Weltmeister und viermalige Gewinner des Gesamtweltcups auch als Trainer, u. a. betreut er die Deutsche Anni Friesinger.

Land:	Niederlande
Medaillen:	– 2 Gold
	– 1 Silber
Teilnahmen:	1998, 2002

Jon Rönningen (unten)

Der 1,56 m kleine und 52 kg leichte Fliegengewichtler aus Oslo war der erste Norweger, der in der Geschichte der Olympischen Spiele eine Ringergoldmedaille im klassischen Stil erringen konnte. 1988 in Seoul wurde Jon Rönningen Olympiasieger und verteidigte seinen Titel vier Jahre später in Barcelona. Als Kind widmete er sich zunächst dem Skilanglauf, wechselte aber auf Anraten seines Vaters, einst norwegischer Meister im Kraftsport, die Sportart und wurde Ringer. Sein erster großer Titelgewinn war 1985 die Weltmeisterschaft.

Land:	Norwegen
Medaillen:	– 2 Gold
Teilnahmen:	1984, 1988, 1992

Murray Rose

17 Jahre jung und drei Goldmedaillen auf einen Schlag – dies schaffte bislang nur der australische Schwimmer Murray Rose. 1956 in Melbourne gewann er bei den Spielen in seinem neuen Heimatland – Murrays schottische Familie war nach dem Krieg nach Australien ausgewandert – Freistilgold über 400 m, 1500 m und mit der 4x200-m-Staffel. Vier Jahre später sammelte er noch ein komplettes Medaillenset: Gold über 400 m, Silber über 1500 m und Bronze mit der 4x200-m-Staffel. 2000 in Sydney gehörte Murray Rose, auch Jahrzehnte nach seinen großen Erfolgen in Australien noch allseits bekannt, zu den acht Fahnenträgern, die die olympische Flagge ins Stadion trugen.

Land:	Australien
Medaillen:	– 4 Gold
	– 1 Silber
	– 1 Bronze
Teilnahmen:	1956, 1960

Ralph Rose

Der Amerikaner Ralph Rose gewann seine insgesamt sechs Medaillen in mehreren Disziplinen: Im Kugelstoßen holte er einmal Silber und dreimal Gold, davon einmal im beidarmigen Stoßen mit rechter und linker Hand, im Diskuswerfen Silber und im Hammerwerfen Bronze. Für einen Eklat sorgte Rose bei den Spielen 1908 in London. Zur Eröffnungsfeier trug der 23-Jährige die US-Flagge, wobei er sich weigerte, die Flagge seines Landes aus Ehrerbietung vor dem britischen König zu senken.

Land:	USA
Medaillen:	– 3 Gold
	– 2 Silber
	– 1 Bronze
Teilnahmen:	1904, 1908, 1912

Heide Rosendahl

Ihre größte Tat? Diese: Als sie bei den Spielen von München 1972 auf gleicher Höhe mit Renate Stecher, der weltbesten Sprinterin, als Schlussläuferin den Staffelstab übernahm, der DDR-Konkurrentin in einem Psychoduell ohnegleichen einen guten Meter abrang und in neuer Weltrekordzeit (42,81 Sekunden) für die bundesdeutsche 4x100-m-Staffel die Goldmedaille gewann. Selten in der Geschichte des Sports war ein Zweikampf mit diesem unglaublichen Einsatz von Physis und Psyche auf einem solch hohen Niveau entschieden worden. »Heide Rosendahl war ein Glücksfall für die deutsche Leichtathletik«, hatte es der frühere Leichtathletik-Verbandspräsident Helmut Digel einmal auf den Punkt gebracht. Die Leverkusenerin verkörperte Weltklasse im Fünfkampf (1969 Weltrekord mit 5155 Punkten), im Sprint und im Weitsprung (1970 Weltrekord mit 6,84 m). In München wurde sie zum »Gesicht der Spiele«. Vor ihrem Staffelgold hatte sie bereits mit 6,78 m den Weitsprung gewonnen und im Fünfkampf mit nur 10 Punkten Rückstand zur Britin Mary Peters Silber geholt. Heide Rosendahl war eine Athletin, der es stets darauf ankam »die eigene Grenze rauszukriegen, ohne dabei sich selbst zu betrügen«. Als Aktive war Doping deshalb für sie nie ein Thema. Später, als Verbandsfunktionärin, schon: »Wer mit dem Hintergedanken des Betruges dopt, der hat in dieser Sportgesellschaft nichts mehr zu suchen.« Ihre Karriere beendete die Leverkusenerin 1973. Seit 1974 ist sie mit dem Exbasketballstar John Ecker verheiratet, ihr Sohn Danny zählt zu Europas besten Stabhochspringern. Heide Rosendahl ist Geschäftsführerin eines Unternehmens für Ernährungswissenschaften und betreibt mehrere Sportstudios.

Land:	Deutschland
Medaillen:	– 2 Gold
	– 1 Silber
Teilnahmen:	1968, 1972

Petra Roßner

Für Rudolf Scharping, den früheren deutschen Verteidigungsminister und späteren Präsident des Bundes Deutscher Radfahrer (BDR), war Petra Roßner »die beste deutsche Radfahrerin aller Zeiten«. Anfang der 1990er-Jahre fuhr die Leipzigerin in die Weltspitze vor, wurde 1991 Weltmeisterin in der Einerverfolgung und im Jahr darauf in derselben Disziplin Olympiasiegerin. In beiden Jahren hatte sie auch den Gesamtweltcup für sich entschieden. Begonnen hatte sie in der DDR als Leichtathletin, wurde in der Kaderschule auf Ausdauerdisziplinen im Laufen getrimmt. Als die 18-Jährige 1984 am Fernseher das olympische Straßenrennen der Frauen miterlebte, war sie »sofort vom Frauenradsport fasziniert«. Fast wäre sie von der Schule geflogen, weil die Leichtathleten sie nicht gehen lassen wollten. Ab 1985 durfte Petra Roßner endlich aufs Rennrad. Bei Olympia 1988 stürzte sie im Straßenrennen, doch danach ging´s bergauf. 2004 beendete sie ihre Karriere, seit Ende 2006 ist sie Sportliche Leiterin des T-Mobile-Teams.

Land:	Deutschland
Medaillen:	– 1 Gold
Teilnahmen:	1988, 1992, 2000

Christa Rothenburger

Christa Rothenburger schrieb 1988 Sportgeschichte, als sie als erste Olympiateilnehmerin Medaillen bei Winter- und Sommerspielen im selben Jahr gewann. Um ihr Zeit zu erreichen, musste sie einen erheblichen Widerstand der DDR-Sportfunktionäre überwinden. Zunächst hatte die Eisschnellläuferin in Calgary Gold (über 1000 m) und Silber (über 500 m) gewonnen. Danach qualifizierte sich die Radsportlerin für die Sommerspiele in Seoul und holte Silber im Radsprint. Schon zwei Jahre zuvor war sie in dieser Disziplin Radweltmeisterin geworden, vier Jahre vor Calgary schon einmal Olympiasiegerin im 500-m-Eisschnelllauf. Großen Profit konnte die gelernte Wirtschaftskauffrau aus ihrer ungewöhnlichen Doppelbegabung indes nicht ziehen. »Für mich kam die Wende zwei Jahre zu spät.« 1992 beendete sie ihre Doppelkarriere mit Bronze, mal wieder im Eisschnelllauf über 500 m.

Land:	DDR, Deutschland
Medaillen:	– 2 Gold
	– 2 Silber
	– 1 Bronze
Teilnahmen:	1980, 1984, 1988 (2x), 1992

Wilma Rudolph (links)

Als das 20. von 22 Kindern einer Familie in Clarksville (US-Bundesstaat Tennessee) erkrankte Wilma Rudolph mit vier Jahren an spinaler Kinderlähmung. Mit acht konnte sie – dank des kollektiven Massageeinsatzes von Eltern und Geschwistern – erstmals ohne Krücken gehen und mit elf mit ihren Brüdern Basketball spielen. Fünf Jahre später schon,1956, gewann die gerade mal 16-Jährige in Melbourne Bronze mit der US-Sprintstaffel und war bei den folgenden Spielen 1960 in Rom die schnellste und am schönsten laufende Frau der Welt. Die »schwarze Gazelle«, wie sie in der Presse genannt wurde, gewann Gold über 100 m, 200 m und mit der 4x100-m-Staffel. Wilma Rudolph, eine Frau mit großem Charme und ohne Allüren, war plötzlich ein Weltstar. Doch sie lebte bescheiden weiter, lehnte lukrative Werbeofferten ab, sie arbeitete als Sportlehrerin in Kalifornien, später als Personalchefin einer Bank in Tennessee. Sie schrieb Bücher über Sport und Frauen im Berufsleben, hielt Vorträge und half mit ihrer Wilma-Rudolph-Stiftung unterprivilegierten Kindern und Jugendlichen. Als sie mit 54 Jahren an einem Gehirntumor starb, sagte Primo Nebiolo, der Präsident des Leichtathletik-Weltverbandes: »Sie war eine der größten Sportpersönlichkeiten aller Zeiten, wir werden uns gern an eine große, triumphierende Athletin sowie an eine schöne Frau erinnern.«

Land:	USA
Medaillen:	– 3 Gold
	– 1 Bronze
Teilnahmen:	1956, 1960

Frank Rühle

Er gehörte zu jenem legendären Vierer ohne Steuermann von Einheit Dresden, der zwischen Mitte der 1960er- und Anfang der 1970er-Jahre unschlagbar war. Von 1966 bis 1972 gewann Frank Rühle zusammen mit Frank Forberger, Dieter Grahn und Dieter Schubert jeden großen Wettkampf und wurde jeweils zweimal Europameister, Weltmeister und Olympiasieger (1968 und 1972). Ebenfalls zweimal war die Rudercrew auch DDR-Mannschaft des Jahres. Nach den Spielen von München wurde der Vierer um Frank Rühle aufgelöst.

Land:	DDR
Medaillen:	– 2 Gold
Teilnahmen:	1968, 1972

Tracie Ruiz

Ihr tägliches Trainingspensum umfasste 5 km Schwimmen, 3000 m Lauftraining sowie 5 Stunden Wassertraining inklusive der sogenannten »Killerübung« (Tauchen, bis die Lungenbläschen zu platzen drohen). Weil Tracie Ruiz außerdem durch spielerische Eleganz, perfekte Synchronität (im Solo zur Musik, im Duett zu der Partnerin) bestach, war sie eine der besten Synchronschwimmerinnen der Welt. Gleich bei der olympischen Premiere dieser Sportart 1984 in Los Angeles wurde die Hawaiianerin Doppelolympiasiegerin (im Solo und im Duett mit Candy Costie). Vier Jahre später gewann sie noch einmal Solosilber.

Land:	USA
Medaillen:	– 2 Gold
	– 1 Silber
Teilnahmen:	1984, 1988

Herbert Runge

Der gelernte Fleischermeister aus Wuppertal-Elberfeld war der einzige deutsche Schwergewichtsboxer, dem ein Olympiasieg gelang. 1936 in Berlin besiegte Herbert Runge im Finale den Argentinier Guillermo José Lovell in einem wahrhaft verbissenen Fight – der Deutsche hatte Bisswunden an der Schulter. Er war damit auch gleichzeitig Europameister. Von 500 Amateurkämpfen gewann er 482. Nach dem Krieg boxte Runge aus materieller Not zunächst drei Jahre lang wenig erfolgreich als Profi. Später arbeitete er als Angestellter der Stadt Wuppertal.

Land:	Deutschland
Medaillen:	– 1 Gold
Teilnahmen:	1936

Bernhard Russi

Kaum war der 20 Jahre alte Bernhard Russi 1969 neues Mitglied des Schweizer Skinationalteams, fiel er auch schon wieder aus: Als Stuntman war er bei Dreharbeiten zum James-Bond-Film »Im Geheimdienst Ihrer Majestät« so schwer gestürzt, dass er monatelang pausieren musste. Dennoch wurde er 1970 Skiweltmeister im Abfahrtslauf – für Experten eine Sensation. In der Folgezeit zählte der Schweizer zusammen mit seinem Landsmann Roland Collombin und dem Österreicher Franz Klammer zu den herausragenden Abfahrern der 1970er-Jahre. 1972 in Sapporo wurde er Olympiasieger vor Collombin, 1976 Silbermedaillengewinner hinter Klammer. Später machte sich Bernhard Russi als Pistenarchitekt einen Namen; so entwarf er etwa die Olympiaabfahrten von Calgary und Val d'Isère.

Land:	Schweiz
Medaillen:	– 1 Gold
	– 1 Silber
Teilnahmen:	1972, 1976

Katrin Rutschow-Stromporowski

Die Berliner Ruderin begann im Doppelvierer und wurde 1996 zusammen mit Jana Sorgers, Kerstin Köppen und Kathrin Boron Olympiasiegerin. Danach machte Katrin Rutschow-Stromporowski als »Solistin« weiter. 2000 in Sydney holte sie bei ihrem olympischen Debüt im Einer eine Bronzemedaille. 2004 in Athen dann gewann sie die Goldmedaille mit dem größten Vorsprung (knapp 4 Sekunden), den je eine Ruderin in einem olympischen Einerfinale herausfuhr. Daneben schloss sie erfolgreich ihr Studium als Modedesignerin ab, heiratete, bekam Zwillinge und engagiert sich heute als Juniorentrainerin.

Land:	Deutschland
Medaillen:	– 2 Gold
	– 1 Bronze
Teilnahmen:	1996, 2000, 2004

Birger Ruud

Der Norweger galt als einer der besten Skispringer der Vorkriegszeit und als Revolutionär des Sprunglaufs. Birger Ruud segelte als perfekter Stilist mit über dem Kopf ausgestreckten Händen und dem typischen Knick in der Hüfte allen davon. So wurde er viermal Weltmeister und zweimal, 1932 und 1936, Olympiasieger von der Normalschanze. 1948 hätte er um ein Haar erneut gewonnen. Ruud, inzwischen Trainer der norwegischen Springer, hatte bei den Spielen von St. Moritz seinen indisponierten Schützling Thrane vertreten und mit nur 1,5 Punkten Rückstand Gold verpasst, aber Silber gewonnen. Wegen seines aktiven Widerstands gegen die Nazis, die sein Heimatland besetzt hatten, verbrachte Birger Ruud anderthalb Jahre in einem Straflager bei Oslo. Das Skispringen ließ ihn nie los. Bis wenige Jahre vor seinem Tod im Alter von 86 Jahren war er immer wieder einmal vom Bakken gesprungen.

Land:	Norwegen
Medaillen:	– 2 Gold
	– 1 Silber
Teilnahmen:	1932, 1936, 1948

Matthew Ryan

1992 in Barcelona erlebte der australische Militaryreiter Matthew Ryan den totalen Triumph: Gold in der Einzelwertung vor dem Deutschen Herbert Blöcker und Gold in der Mannschaftswertung nach einem höchst spannenden Duell mit Neuseeland. Vier Jahre später zählte Matt, wie Matthew Ryan sich von allen rufen ließ, erneut zum favorisierten Olympiateam Australiens. Doch wenige Tage vor Beginn der Spiele in Atlanta erkrankten seine beiden Pferde, und der Reiter musste mit ansehen, wie seine Mannschaftskameraden ohne ihn die Goldmedaille gewannen. 2000 in Sydney war Ryan jedoch wieder dabei und holte mit dem Team sein drittes Militarygold.

Land:	Australien
Medaillen:	– 3 Gold
Teilnahmen:	1992, 2000

Evi Sachenbacher – Toni Sailer – Henri Saint Cyr – Hitoshi Saito – Alexander Saizew – Ulrich Salchow – Wladimir Salnikow – Erika Salumäe – Ulla Salzgeber – Hayes Edward Sanders – Charles Sands – Viktor Sanejew – Dimitri Sautin – Heikki Savolainen – Felix Savon – Leonid Schabotinski – Boris Schachlin – Gustav Schäfer – Natalja Schaposchnikowa – Martin Schaudt – Christine Scheiblich – Robert Scheidt – Ard Schenk – Christian Schenk – Witali Scherbo – Eduard Scherrer – Evelin Schlaak-Jahl – Hedy Schlunegger – Adolf Schmal – Heidi Schmid – Jozef Schmidt – Sybille Schmidt – Thomas Schmidt – Fredy Schmidtke – Arnd Schmitt – Martin Schmitt – Karl Schnabl – Vreni Schneider – Anja Schneiderheinze – Manfred Schnelldorfer – Philipp Schoch – Alwin Schockemöhle – Donald Schollander – Andrea Schöne – Beate Schramm – Dieter Schubert – Anett Schuck – Carl Schuhmann – Carolyn Schuler – Jürgen Schult – Günther Schumacher – Jochen Schümann – Nils Schumann – Ralf Schumann – Jan Schur – Alfred Schwarzmann – Barbara Scott – Roman Sebrle – Anke von Seck-Nothnagel – Juri Sedych – Peter Seisenbacher – Katja Seizinger – Stefan Semmler – Jack Shea – Jim Shea – Melvin Sheppard – Martin Sheridan – Hiroyasu Shimizu – Sigrun Siegl – Daniela Silivas – Adhemar Ferreiro da Silva – Sara Simeoni – Nikolai Simjatow – Gian Simmen – Lidija Skoblikowa – Kamila Skolimowska – Franke Sloothaak – Ilona Slupianek – Raissa Smetanina – Karl-Heinz Smieszek – John Smith – Michelle Smith – Ronnie Ray Smith – Tommie Smith – Peter Snell – Magnar Solberg – Jana Sorgers – Javier Sotomayor – Sylvia Sperber – Leon Spinks – Michael Spinks – Mark Spitz – Hans Stanggassinger – Thomas Stanggassinger – Richard Stebbins – Renate Stecher – Hans-Peter Steinacher – William Steinkraus – Ingemar Stenmark – Teófilo Stevenson – Michael Stich – Gerhard Stöck – Sharon Stouder – Josef Straßberger – Ludwig Stubbendorff – Naim Süleymanoglu – Jörgen Sundelin – Peter Sundelin – Ulf Sundelin – Viorica Susanu – Gunde Svan – Alfred Swahn – Oscar Swahn – Ecaterina Szabó – Irena Szewinska-Kirszenstein

Evi Sachenbacher

Evi Sachenbacher war die Schlussläuferin jener deutschen Damenstaffel, die 2002 in Salt Lake City erstmals seit 22 Jahren eine Goldmedaille für deutsche Langläufer gewann. Mit diesem und ihrem Silbererfolg im 1,5-km-Sprint wurde die junge Dame aus Reit im Winkl zur Werbefigur der deutschen Skiszene. Für die »FAZ« war sie »das Gesicht des Langlaufs«. Nachdem sich Evi Sachenbacher mit Bundestrainer Jochen Behle wegen zu vieler PR-Termine verkracht hatte und in ein Leistungstief gefallen war, nahm sie sich mit Wolfgang Pichler einen privat finanzierten Langlauftrainer, der sie wieder an die Weltspitze zurückführte. Resultat: olympisches Silber 2006 mit der Langlaufstaffel.

Land:	Deutschland
Medaillen:	– 1 Gold
	– 2 Silber
Teilnahmen:	2002, 2006

Toni Sailer

Der Österreicher war der erste alpine Rennfahrer, der drei von drei möglichen Goldmedaillen gewann. 1956 war es, als Toni Sailer die Konkurrenz geradezu deklassierte: im Riesenslalom um 6,2 Sekunden, im Slalom um 4,0 Sekunden und in der Abfahrt um 3,5 Sekunden. Anton Engelbert Sailer, wie der dunkelhaarige Läufer aus Kitzbühel (»der schwarze Blitz aus Kitz«) richtig hieß, zog sich 1959 vom aktiven Skisport zurück, wirkte nach dem Besuch der Berliner Schauspielschule in 25 Filmkomödien mit und trat als Schlagersänger auf (25 Plattenaufnahmen). Doch der Skisport ließ ihn nie los. Sailer war Cheftrainer des Österreichischen Skiverbands, technischer Direktor des Internationalen Verbands und Leiter einer Kinderskischule in Kitzbühel. 2000 wählte man ihn zu Österreichs »Sportler des Jahrhunderts«.

Land:	Österreich
Medaillen:	– 3 Gold
Teilnahmen:	1956

Henri Saint Cyr (Mitte)

Der Schwede galt als der Gentleman unter den Dressurreitern. Neben seinen großen sportlichen Leistungen blieben besonders jene Momente in Erinnerung, als Henri Saint Cyr bei den Spielen 1952 und 1956 die jeweils hinter ihm platzierte halbseitig gelähmte Dänin Lis Hartel aufs Siegerpodest hob. 1956 bei den olympischen Reiterspielen von Stockholm sprach er den olympischen Eid. Henri Saint Cyr war der erste Dressurreiter, der bei Olympia zweimal in Folge Gold im Einzel und mit der Mannschaft gewann.

Land: Schweden
Medaillen: – 4 Gold
Teilnahmen: 1952, 1956

Hitoshi Saito

Für viele war der 140-kg-Athlet der Supermann im japanischen Judo. Zweimal hintereinander (1984 und 1988) wurde Hitoshi Saito Olympiasieger im Schwergewicht. Bekannt wurde er durch seine schulmäßigen Uchi-Matas, mit denen er viele Gegner zu Fall brachte. Kaum ein Gegner konnte sich aus Saitos Klammergriff lösen, und viele waren froh, wenn sie gegen ihn das Ende der offiziellen Kampfzeit erlebten.

Land: Japan
Medaillen: – 2 Gold
Teilnahmen: 1984, 1988

Alexander Saizew

In der Fachwelt wurde der russische Eiskunstläufer mehr oder weniger als Anhängsel seiner Partnerin und späteren Ehefrau Irina Rodnina gesehen. Sicherlich galt sie als der Glamourstar dieses außergewöhnlichen Eiskunstlaufpaars, gleichwohl war der zurückhaltendere Alexander Saizew ein exzellenter Eiskunstläufer. 1975 heirateten die beiden, doch die Ehe wurde nach nur wenigen Jahren geschieden. Alexander Saizew ging später als Trainer in die USA und lebt heute in Moskau als Rentner.

Land: UdSSR
Medaillen: – 2 Gold
Teilnahmen: 1976, 1980

Ulrich Salchow

Der Schwede war der erste Olympiasieger im Eiskunstlauf. 1908 in London, wo diese Sportart noch als Teil der Sommerspiele stattfand, gewann Ulrich Salchow überlegen die Goldmedaille. Zu Beginn des 20. Jahrhunderts war er der überragende Eiskunstläufer und wurde zehnmal Weltmeister – von 1901 bis 1911 mit einer Ausnahme (1906). Noch heute ist er bekannt wegen seines von ihm kreierten Salchowsprungs, der inzwischen sogar mit vierfacher Drehung gesprungen wird.

Land: Schweden
Medaillen: – 1 Gold
Teilnahmen: 1908

Wladimir Salnikow

1980 in Moskau stellte der Russe einen historischen Weltrekord auf, als er im olympischen 1500-m-Finale als Erster unter 15 Minuten schwamm (14:58, 27 Minuten). Daneben gewann er über 400 m und mit der 4x200-m-Kraulstaffel der UdSSR. Wegen des Olympiaboykotts der Spiele 1984 musste er acht Jahre aufs nächste Olympiagold warten: Obwohl kein Experte 1988 in Seoul mehr mit ihm rechnete, drehte Salnikow die Zeit noch einmal zurück und gilt seitdem als Phänomen.

Land:	UdSSR
Medaillen:	– 4 Gold
Teilnahmen:	1976, 1980, 1988

Erika Salumäe

Zweimal wurde sie Olympiasiegerin im Radsprint, 1988 als Starterin für die UdSSR, 1992 nach dem Zusammenbruch der Sowjetunion für ihre Heimat Estland. Wobei für Erika Salumäe ihr zweites Gold stets die größere Bedeutung hatte. Von der sowjetischen Sportförderung abgeschnitten, musste sie 1992 mit eigenem Material nach Barcelona reisen. Und ihr Sieg gelang mit einem vom australischen Team geliehenen Rennrad. Es war die erste Goldmedaille für Estland, das Erika Salumäe neunmal zur »Sportlerin des Jahres« kürte.

Land:	UdSSR, Estland
Medaillen:	– 2 Gold
Teilnahmen:	1988, 1992, 1996

Ulla Salzgeber

Die studierte Juristin machte das Reiten zu ihrem Beruf und betreibt einen Reitstall – die ideale Ergänzung für ihre sportlichen Ambitionen. Ulla Salzgeber kämpfte sich dank eiserner Disziplin und starker Nerven bis in die Weltspitze des Dressurreitens vor. 2000 und 2004 holte sie mit der deutschen Equipe die Goldmedaille, wobei sie in Athen als Schlussreiterin mit einem fehlerfreien Ritt den Olympiasieg sicherte. Auch ihre beiden olympischen Einzelstarts brachten Medaillen: 2000 Bronze und 2004 Silber. Im Februar 2004 war Ulla Salzgeber noch gesperrt worden, weil ihr Pferd Rusty positiv auf Testosteron getestet worden war. Später stellte sich heraus, dass der Tierarzt ohne ihr Wissen das Tier wegen einer Hautirritation behandelt hatte.

Land:	Deutschland
Medaillen:	– 2 Gold
	– 1 Silber
	– 1 Bronze
Teilnahmen:	2000, 2004

Hayes Edward Sanders

Dem amerikanischen Schwergewichtsboxer stand eine große Karriere bevor. 1952 in Helsinki hatte er im olympischen Finale den Schweden Ingemar Johansson, den späteren Profiweltmeister, klar beherrscht und die Goldmedaille gewonnen. Im Gegensatz zu Johansson endete Hayes Edward Sanders´ Karriere jedoch tragisch. Zwei Jahre nach seinem Olympiasieg kam er, inzwischen Profi, nach einer K.o-Niederlage bewusstlos ins Krankenhaus und starb wenige Tage darauf im Alter von 24 Jahren an einem subduralen Hämatom.

Land:	USA
Medaillen:	– 1 Gold
Teilnahmen:	1952

Charles Sands

Nur zweimal, 1900 und 1904, hatte das IOC Golf ins olympische Programm mit aufgenommen. Der Amerikaner Charles Sands war der erste Olympiasieger dieser Sportart. 1900 in Paris besiegte er hauchdünn mit einem Schlag Vorsprung den Briten Walter Rutherford. »Shocking« dagegen der Auftritt der Siegerin im Frauenwettbewerb: Die Amerikanerin Margaret Abbot trat nicht mit Cocktailkleid und Pumps an, sondern in Golfhosen und Turnschuhen – und konnte von Glück sagen, deshalb nicht disqualifiziert zu werden.

Land:	USA
Medaillen:	– 1 Gold
Teilnahmen:	1900

Viktor Sanejew

Seine Karriere schien beendet, ehe sie richtig begonnen hatte. Schon mit 22 Jahren litt Viktor Sanejew wegen seines harten Trainings an den typischen Dreispringerkrankheiten Arthrose und Ischiasbeschwerden. Doch der Russe biss sich durch, machte Gymnastik, bis ihn jede Übung im Schlaf verfolgte. Ein Jahr später war er als Außenseiter Olympiasieger mit der Weltrekordweite von 17,39 m. Es war der Start eines goldenen Dreisprungs: Dreimal in Folge gewann Viktor Sanejew die Goldmedaille – 1968, 1972 und 1976. Bei seinen vierten und letzten Spielen 1980 in Moskau holte der 1,88 m große und 78 kg schwere Athlet noch einmal Silber. Später ging er mit seiner Familie nach Australien und arbeitete dort als Lehrer und Trainer.

Land:	UdSSR
Medaillen:	– 3 Gold – 1 Silber
Teilnahmen:	1968, 1972, 1976, 1980

Dimitri Sautin

Die Chinesen hatte jahrelang diesen Sport dominiert – bis Dimitri Sautin zu siegen begann. Der muskulöse Russe sprang elegant vom Turm und tauchte spritzerlos ins Wasser. Kein Wasserspringer holte mehr Medaillen als er: sieben insgesamt. Die beiden Olympiasiege gelangen Dimitri Sautin 1996 und 2000 jeweils vom 10-m-Turm, beim ersten Male solo, beim zweiten Mal im Duo (Synchronspringen). Mit vier Medaillen waren die Spiele 2000 sein erfolgreichster Auftritt. 2004 verabschiedete sich Sautin von Olympia mit einer Bronzemedaille vom 3-m-Brett.

Land:	Russland
Medaillen:	– 2 Gold – 1 Silber – 4 Bronze
Teilnahmen:	1992, 1996, 2000, 2004

Heikki Savolainen

Der Finne wurde zum langlebigsten Olympiaturner. Von 1928 bis 1952 nahm Heikki Savolainen an allen Spielen teil und schaffte jedes Mal den Sprung aufs Treppchen. Der Mediziner sammelte insgesamt neun Medaillen, seine beiden goldenen jedoch erst im Alter von 40 Jahren, als er in London 1948 Olympiasieger am Seitpferd und im Teamwettbewerb wurde. Bei seinen fünften und letzten Spielen 1952 in Helsinki durfte der Turnveteran den olympischen Eid sprechen und konnte seine Laufbahn mit einer Bronzemedaille (Mannschaft) beenden. Nicht nur als Turner hatte er ein langes Leben, Savolainen wurde 90 Jahre alt.

Land:	Finnland
Medaillen:	– 2 Gold – 1 Silber – 6 Bronze
Teilnahmen:	1928, 1932, 1936, 1948, 1952

Felix Savon

Neben seinem kubanischen Landsmann Teofilo Stevenson ist Felix Savon der erfolgreichste Amateurschwergewichtsboxer aller Zeiten. Dreimal in Folge wurde er Olympiasieger. Er galt als das sportliche Aushängeschild der Karibikinsel. Zeit seiner Karriere hatte der 1,98 m große Modellathlet eine ganze Reihe millionenschwerer Profiangebote erhalten, die er allesamt ohne zu zögern ablehnte; darunter auch die hoch dotierte Offerte von US-Promoter Don King, der Felix Savon gegen die damaligen Weltmeister Evander Holyfield und Mike Tyson antreten lassen wollte. Savons Begründung: »Geld ist nicht alles, es gibt nichts Wichtigeres als das Heimatland. Wer es verlässt, liebt überhaupt nichts mehr am Leben.«

Land:	Kuba
Medaillen:	– 3 Gold
Teilnahmen:	1992, 1996, 2000

Leonid Schabotinski

Als Leonid Schabotinski noch jünger und vor allem leichtgewichtiger war, spielte er Volleyball und Basketball. Mit 19 war er für seine Lieblingssportarten zu schwer und unbeweglich geworden, und so entschied er sich fürs Gewichtheben. In der Armee hatte der spätere Offizier beste Trainingsmöglichkeiten. 1963 durfte er erstmals an einer WM teilnehmen: im Schwergewicht. Zwar waren Asse wie sein Landsmann Juri Wlassow noch stärker als er, doch Schabotinski wurde immerhin WM-Dritter. Bei Olympia im folgenden Jahr aber drehte er den Spieß um, besiegte Altmeister Wlassow und gewann die Goldmedaille. Vier Jahre darauf verteidigte er seinen Titel noch einmal.

Land:	UdSSR
Medaillen:	– 2 Gold
Teilnahmen:	1964, 1968

Boris Schachlin

Der siebenfache Olympiasieger und sechsfache Weltmeister Boris Schachlin zählte in den 1950er- und 1960er-Jahren zu den prägenden Figuren im Turnen. Sein olympischer Höhepunkt: die Spiele 1960 in Rom, als der Russe mit vier Goldenen, zwei Silbernen und einer Bronzenen zum besten Olympioniken wurde. Schachlins Stärke war seine Konzentrationsfähigkeit, was ihm den Beinamen »der Eiserne« einbrachte. Allein sechs seiner sieben Goldmedaillen gewann er als Einzelturner, einmal siegte er mit der Mannschaft. Der stets freundliche und bescheiden auftretende Ukrainer (Jahrgang 1932), der eine Turnerin heiratete, die später als Ärztin praktizierte, wurde nach seiner Sportlerkarriere Präsident der Ukrainischen Turnföderation und arbeitete als Dozent am Institut für Körperkultur und Sport in Kiew. Jahrzehntelang galt er als einer der besten internationalen Kampfrichter.

Land:	UdSSR
Medaillen:	– 7 Gold
	– 4 Silber
	– 2 Bronze
Teilnahmen:	1956, 1960, 1964

Gustav Schäfer

Ehe er zu einem der besten deutschen Vorkriegsruderer wurde, versuchte sich Gustav Schäfer im Wasserball, Hockey und Fußball, spielte zeitweilig gar mit dem späteren Bundestrainer Helmut Schön zusammen. Der Dresdner war schon 23 Jahre alt, als er zum Rudern kam – Schäfer hatte die Einladung einiger Ruderer zu einer Probefahrt auf der Elbe angenommen. Danach trainierte er wie besessen. Sieben Jahre später, 1936 in Berlin, konnte sich Gustav Schäfer als Olympiasieger im Einer feiern lassen. Nach dem Krieg war er Mitbegründer der Deutschen Olympischen Gesellschaft.

Land:	Deutschland
Medaillen:	– 1 Gold
Teilnahmen:	1936

Natalja Schaposchnikowa

»Sie ist wie ein Stachelschwein, man weiß nie, was man von ihr erwarten kann«, sagte einmal die russische Turnerin Ludmilla Touristschewa über ihre jüngere und von ihr gecoachte Kollegin. Natalja Schaposchnikowa konnte an allen vier Geräten (Schwebebalken, Stufenbarren, Pferdsprung, Boden) Leistungen auf höchstem Niveau zeigen, aber sie konnte eben auch anders. Ihre besten Tage erlebte sie 1980 bei den von etlichen westlichen Nationen boykottierten Spielen in Moskau. Natalja wurde zweimal Olympiasiegerin, im Pferdsprung und mit der sowjetischen Damenriege; außerdem gewann sie noch zweimal Bronze am Schwebebalken und Boden.

Land:	UdSSR
Medaillen:	– 2 Gold
	– 2 Bronze
Teilnahmen:	1980

Martin Schaudt

»Eigentlich wollte ich gar nicht so gerne reiten, zuerst hatte ich Angst auf den Pferden«, schrieb der zweimalige Mannschaftsolympiasieger im Dressurreiten auf seiner Homepage. Doch Martin Schaudt ließ sich von seinem reitsportbegeisterten Vater überreden und kam langsam übers Ponyreiten zu den Großpferden und dann von der Military zur Dressur. Der Autodidakt hatte keine Lehrmeister, Auslöser seiner Begeisterung für die Dressur war die Zeit in der Sportkompanie der Bundeswehr in Warendorf. Wegen der Reiterei brach er sein Jurastudium ab und wurde Berufsreiter.

Land:	Deutschland
Medaillen:	– 2 Gold
Teilnahmen:	1996, 2004

Christine Scheiblich

Die Ruderin aus Dresden war die erfolgreichste Skullerin in der zweiten Hälfte der 1970er-Jahre. Mit der Einführung von Weltmeisterschaften für Frauen erkämpfte Christine Scheiblich den ersten WM-Titel (dem 1975, 1977 und 1978 weitere folgten). Und bei der olympischen Premiere des Frauenruderns 1976 in Montreal holte sie gleich den ersten Olympiasieg im Einer. Gegen den Willen der DDR-Sportführung beendete Christine Scheiblich 1978 ihre Karriere und heiratete den Weltklasserennrodler Ulrich Hahn.

Land:	DDR
Medaillen:	– 1 Gold
Teilnahmen:	1976

Robert Scheidt

Der Brasilianer galt unter den Jollenseglern als absolutes Ausnahmetalent. Robert Scheidt wurde in der Einhandklasse Laser achtmal Weltmeister und gewann zweimal olympisches Gold (1996, 2004) sowie einmal Silber. 2006 wechselte er in die olympische Starbootklasse mit dem Ziel, 2008 dort ebenfalls Olympiasieger zu werden. Scheidt schlug deshalb sogar ein lukratives Angebot des Alinghi-Teams für einen Start beim America´s Cup aus.

Land:	Brasilien
Medaillen:	– 2 Gold
	– 1 Silber
Teilnahmen:	1996, 2000, 2004

Ard Schenk

Der niederländische Eisschnellläufer war in seiner Heimat so populär, dass man sogar eine Blume nach ihm benannte: Crocus chrysanthus Ard Schenk. Nach Silber über 1500 m 1968 in Grenoble wurde Ard Schenk vier Jahre später in Sapporo zum Superstar, als er auf drei der vier Strecken siegte: über 1500 m, 5000 m und 10 000 m. Nur über 500 m stürzte er nach nur vier Schritten und belegte Platz 34. Außerdem wurde der Holländer dreimal Vierkampfweltmeister und stellte insgesamt 17 Weltrekorde auf. Er war der beste Techniker seiner Zeit, sein Laufstil wirkte leicht, flüssig und elegant.

Land:	Niederlande
Medaillen:	– 3 Gold
	– 1 Silber
Teilnahmen:	1964,1968, 1972

Christian Schenk

Seinen sportlichen Höhepunkt erlebte der Rostocker Christian Schenk 1988 in Seoul, als ihn sein überraschender Zehnkampfolympiasieg zum »König der Athleten« machte. Allein in fünf Disziplinen hatte er persönliche Bestleistungen erzielt. Zu gerne wäre Schenk auch nach der Wende 1992 in Barcelona auf Medaillenjagd gegangen. Doch kurz vor Beginn der Spiele ließ eine Verletzung seine Träume platzen. Nach Beendigung seiner Karriere 1994 schlossen sich berufliche Höhepunkte an: Christian Schenk gründete eine Sportmarketing- und Health-Care-Agentur in Berlin und wurde Leiter des Sporthilfe-Elite-Forums auf Schloss und Gut Liebenberg.

Land:	DDR
Medaillen:	– 1 Gold
Teilnahmen:	1988

Witali Scherbo

Die Eltern, beide Akrobaten, hatten ihrem Sohn das Talent zum Turnen in die Wiege gelegt. 20 Jahre später war Witali Scherbos Talent zur Perfektion gereift. Bei den Spielen 1992 wurde der Weißrusse mit sechs Goldmedaillen zum erfolgreichsten Teilnehmer. Er siegte im Mehrkampfeinzel, am Barren, Seitpferd, beim Sprung, an den Ringen und mit der Mannschaft. Vier seiner Goldenen gewann er an einem einzigen Tag. Doch der Ruhm stieg dem selbstbewussten Russen zu Kopf. Von Journalisten verlangte er vierstellige Beträge für ein Interview und machte sich bei seinen bestens dotierten Schaukämpfen weltweit durch sein arrogantes Auftreten keine Freunde. »Scherbo gefällt sich in der Rolle des Flegels, dem die anderen gefälligst zu Füßen zu liegen haben«, kritisierte ihn eine Schweizer Sportzeitung. 1996 war Scherbos Goldrausch zu Ende, er holte viermal Bronze statt Edelmetall.

Land:	GUS, Russland
Medaillen:	– 6 Gold
	– 4 Bronze
Teilnahmen:	1992, 1996

Eduard Scherrer

Seinen schweren, hölzernen Viererbob hatte der Schweizer Eduard Scherrer bei einer Tombola in seinem Heimatdorf Leysin gewonnen. Er überredete drei Freunde, mit ihm zusammen aus Jux an den Ausscheidungen für die Winterspiele 1924 in Chamonix teilzunehmen. Scherrer hatte bis dahin noch nie einen Bobschlitten gesteuert. Das Team wurde tatsächlich nominiert. Die olympische Entscheidung in Chamonix litt unter Tauwetter und schlechten Bahnverhältnissen – ein Vorteil für Scherrers Holzbob mit den breiten Kufen. Der Schweizer, den kein Experte auf der Rechnung hatte, gewann drei der vier Läufe und wurde Olympiasieger.

Land:	Schweiz
Medaillen:	– 1 Gold
Teilnahmen:	1924

Evelin Schlaak-Jahl

Die Diskuswerferin gewann zwischen den Spielen 1976 und 1980 alle Titel, die in dieser Zeit möglich waren: Europameisterin, Welt- und Europacupsiegerin und zweimal Olympiasiegerin. Der große Wurf zu Beginn des Siegeszuges von Evelin Schlaak-Jahl kam indes überraschend. In Montreal besiegte sie 1976 die drei Jahre lang ungeschlagene Weltrekordlerin Faina Melnik (UdSSR) und wurde mit 20 Jahren die jüngste Diskusolympiasiegerin. Danach steigerte sie noch ihr Leistungspotenzial und verteidigte 1980 ihren Olympiaerfolg souverän. 1982 trat Evelin Schlaak-Jahl zurück.

Land: DDR
Medaillen: – 2 Gold
Teilnahmen: 1976, 1980

Hedy Schlunegger

Die Schweizerin ist die Gewinnerin der ersten olympischen Frauenabfahrt. Bei den Winterspielen 1948 in St. Moritz gewann Hedy Schlunegger Gold vor zwei Österreicherinnen. 58 Jahre später fehlten 37 Hundertstelsekunden für eine ganz besondere Familiengeschichte: Bei den Spielen 2006 in Turin gewann Hedy Schluneggers Enkelin Martina Schild Silber in der Abfahrt, nur knapp hinter der Österreicherin Michaela Dorfmeister. Die Großmutter konnte sich allerdings nicht mehr über die Medaille ihres Enkelkindes freuen. Sie war drei Jahre zuvor gestorben.

Land: Schweiz
Medaillen: – 1 Gold
Teilnahmen: 1948

Adolf Schmal

Der Österreicher war als Säbelfechter und als Radrennfahrer Weltspitze. Beim olympischen Fechtturnier 1896 in Athen lag Adolf Schmal nach mehreren Siegen bereits auf Medaillenkurs. Sein Pech war, dass gerade in diesem Moment Griechenlands König die Wettkampfstätte betrat. Um dem Monarchen einen besseren Überblick geben zu können, wurden alle bisherigen Gefechte annulliert und neu ausgetragen. Nun verlor Schmal und wurde am Ende nur Vierter. In den folgenden Radwettbewerben hielt er sich schadlos, sicherte sich an einem Tag zunächst zwei Bronzemedaillen (Sprint und 10 km) und zwei Tage später im 12-Stunden-Rennen mit 315 zurückgelegten Kilometern den ersehnten Olympiasieg. Nach seiner Laufbahn arbeitete Schmal als Sportjournalist und Herausgeber einer Zeitung.

Land: Österreich
Medaillen: – 1 Gold
– 2 Bronze
Teilnahmen: 1896

Heidi Schmid

Der Sporttag ihres Lebens war der 1. September 1960 in Rom. Da wurde die Augsburgerin Heidi Schmid nach einem dramatischen Gefecht mit der Rumänin Maria Vicol Olympiasiegerin im Damenflorett. Vier Jahre später gewann sie noch einmal Bronze mit der Mannschaft. Zudem wurde Heidi Schmid 1961 Weltmeisterin und im selben Jahr zu »Deutschlands Sportlerin des Jahres« gekürt. Nach ihrer sportlichen Laufbahn arbeitete sie als Musikpädagogin.

Land: Deutschland
Medaillen: – 1 Gold
– 1 Bronze
Teilnahmen: 1960, 1964

Jozef Schmidt

Der Pole war der erste Dreispringer, der die 17-m-Marke passierte (1960 mit 17,03 m). Im selben Jahr wurde Jozef Schmidt, von Beruf Autoschlosser, Olympiasieger; vier Jahre darauf wiederholte er seinen Triumph. Den größten Leistungssprung schaffte er bereits 1958. In jenem Jahr verbesserte er sich um insgesamt fast 1 m. Im Zuge der deutsch-polnischen Annäherung unter Willy Brandt wechselte der deutschstämmige Leichtathlet 1975 in die Bundesrepublik über, kehrte Anfang der 1990er-Jahre aber wieder in seine Heimat zurück.

Land: Polen
Medaillen: – 2 Gold
Teilnahmen: 1960, 1964, 1968

Sybille Schmidt (2. v. links)

Der Doppelvierer, mit dem die Berlinerin Sybille Schmidt 1992 in Barcelona Ruderolympiasiegerin wurde, hatte sich erst wenige Monate vor den Spielen zusammengefunden. Dennoch war die Goldmedaille keine Überraschung. Sybille Schmidt war zuvor dreimal in Folge Weltmeisterin geworden (1989–1991), ebenfalls im Doppelvierer, nur in anderer Besetzung. Auch Birgit Peter und Kristina Mundt hatten vorher schon olympische bzw. WM-Medaillen gesammelt.

Land: Deutschland
Medaillen: – 1 Gold
Teilnahmen: 1992

Thomas Schmidt

Kaum einer kannte den Nobody vorher. Und so wurde Thomas Schmidt aus Bad Kreuznach mit seinem sensationellen Erfolg im Kanuslalom 2000 in Sydney zum »Olympiasieger aus dem Nichts« (»Die Welt«). Schon mit seinem ersten Lauf hatte der 24-Jährige die Konkurrenz geschockt und im zweiten Lauf, von 12 000 Australiern frenetisch angefeuert, erneut hohe Favoriten wie den vorangegangenen Olympiasieger Pierpaolo Ferrazzi (Italien) und den Weltcupführenden Paul Ratcliff (Großbritannien) hinter sich gelassen.

Land: Deutschland
Medaillen: – 1 Gold
Teilnahmen: 2000, 2004

Fredy Schmidtke

Zum Radsport animiert wurde Fredy Schmidtke durch das Weihnachtsgeschenk seiner Mutter – ein Rennrad. Bereits als Jugendlicher gewann der Kölner um die 100 Radrennen, wurde deutscher Jugendmeister und Juniorenweltmeister. Die Erfolge setzten sich bei den Senioren fort: 1982 sprintete Schmidtke zum Weltmeistertitel im 1000-m-Zeitfahren. Höhepunkt seiner Karriere war jedoch Olympia 1984 in Los Angeles, als er – ebenfalls im 1000-m-Zeitfahren – knapp vor dem Kanadier Curtis Harnett die Goldmedaille gewann.

Land:	Deutschland
Medaillen:	– 1 Gold
Teilnahmen:	1984

Arnd Schmitt

1988 gelang dem 23-Jährigen »der Sieg, der alles zählt«, wie er es ausdrückte. Arnd Schmitt, Degenfechter aus Heidenheim, hatte im olympischen Finale den berühmten Franzosen Philippe Riboud nach einem 8:8-Gleichstand im »sudden death« besiegt und Einzelgold geholt. Dazu gewann er noch Silber mit dem Team. 1992 konnte er das Teamsilber dann sogar vergolden. Neben den olympischen Erfolgen sammelte der Fechter noch vier WM-Titel, drei mit der Mannschaft und den letzten, für ihn wertvollsten (weil überraschendsten), 1999 gegen Ende seiner Karriere. Im Gegensatz zu den Gepflogenheiten auf der Planche kämpfte Arnd Schmitt abseits der Fechtbahn jedoch mit offenem Visier. Der Zahnarzt nahm nie ein Blatt vor den Mund. Als Aktivensprecher der deutschen Fechter und Athletensprecher bei Olympia ging er keinem Konflikt aus dem Weg, scheute sich zum Beispiel auch nicht, den Fechterpapst Emil Beck zu attackieren: »Um den Fechtsport zu retten, muss sich Emil Beck zurückziehen.«

Land:	Deutschland
Medaillen:	– 2 Gold
	– 1 Silber
Teilnahmen:	1988, 1992, 1996, 2000

Martin Schmitt

Er war um die Jahrtausendwende der umjubelte Star der internationalen Skispringerszene. In jenen Jahren wurde Martin Schmitt mit dem Team Olympiasieger (2002) und Silbermedaillengewinner (1998), Doppelweltmeister im Einzel (1999, 2001) und mit der Mannschaft. Zwei Weltcupsiege (1999, 2000) komplettierten seine eindrucksvolle Bilanz damals. Die Medien mochten ihn, weil er offen war und stets etwas zu sagen hatte. »Martin Schmitt ragt heraus aus dem Heer der oberflächlichen Dampfplauderer, er taugt als Vorbild, so wie der junge Boris Becker mit seiner subtilen Extravaganz einst als Vorbild taugte«, wurde er 1999 von der »Süddeutschen Zeitung« charakterisiert. In Deutschland herrsche gar eine »Schmitt-Mania«, meinte seinerzeit die »Frankfurter Rundschau«. Die Leidenszeit des beliebten Schwarzwälders begann nach Olympia 2002. Verletzungen und Stürze warfen ihn nicht nur körperlich zurück, vor allem die gerade beim Skispringen noch wichtigere mentale Fitness wurde durch die Rückschläge nachhaltig angegriffen. Die Folge: Der sensible Martin Schmitt verlor dauerhaft das Selbstvertrauen seiner starken Jahre und fiel im internationalen Ranking weit hinter die Spitze zurück.

Land:	Deutschland
Medaillen:	– 1 Gold
	– 1 Silber
Teilnahmen:	1998, 2002, 2006

Karl Schnabl

Zusammen mit Innauer, Bachler, Pürstl und Lipburger gehörte Karl Schnabl zum legendären Springwunderteam, das Österreichs Trainerphilosoph Prof. Baldur Preiml in den 1970er-Jahren mit revolutionären Ideen geformt hatte. Preiml trainierte vor allem auch die mentale Stärke, auf die es gerade im Skispringen ankommt. »Von ihm habe ich das positive Denken gelernt«, sagte Karl Schnabl einmal, dessen Talent von Preiml entdeckt und gefördert worden war. 1976 in Innsbruck wurde der 21-Jährige Olympiasieger von der Großschanze und Dritter von der Normalschanze. Schon zwei Jahre später aber musste Schnabl verletzungsbedingt seine Karriere beenden. Er studierte Medizin, promovierte und wurde diplomierter Sportmediziner. Mitte der 1990er-Jahre übernahm Dr. Karl Schnabl die Leitung des Sportmedizinischen Instituts in Kärnten.

Land:	Österreich
Medaillen:	– 1 Gold
	– 1 Bronze
Teilnahmen:	1976

Vreni Schneider

Gleich bei ihrem ersten Olympiaauftritt 1988 in Calgary holte Vreni Schneider zweimal Gold (Riesenslalom und Slalom). 1992 war sie nach einem Bandscheibenvorfall in Trainingsrückstand geraten und verpasste allein deshalb einen Podestplatz. Doch schon zwei Jahre darauf erweiterte die Schweizerin ihre olympische Medaillensammlung um Gold (Slalom), Silber (Kombination) und Bronze (Riesenslalom). Ein Jahrzehnt lang gehörte Vreni Schneider im alpinen Rennsport zur Weltspitze. Sie war die beste Slalomakteurin und gewann neben ihren drei Goldmedaillen auch noch drei WM-Titel und dreimal den Gesamtweltcup. Obwohl sie in der Welt herumkam, fühlte sich Vreni Schneider in ihrem kleinen Heimatort Elm im Kanton Glarus am wohlsten (»es gibt keinen schöneren Ort auf der Welt«). Kein Wunder, dass die Schweizer ihr »Vreneli«, ihre beste Skirennläuferin aller Zeiten, denn auch zur »Sportlerin des Jahrhunderts« kürten.

Land:	Schweiz
Medaillen:	– 3 Gold
	– 1 Silber
	– 1 Bronze
Teilnahmen:	1988, 1992, 1994

Anja Schneiderheinze (rechts)

Eine andere Sportart sollte es zwar schon sein, doch wieder eine mit Kufen – sagte sich die Erfurterin Anja Schneiderheinze, als sie 2001 vom Eisschnelllauf zum Bobfahren hinüberglitt. Zusammen mit der Pilotin Sandra Kiriasis bildete sie ein erfolgreiches Zweierbobteam. Die beiden Athletinnen gewannen 2004, 2005 und 2006 den Gesamtweltcup, wurden 2005 Weltmeister und – der Höhepunkt – 2006 in Turin Olympiasieger.

Land:	Deutschland
Medaillen:	– 1 Gold
Teilnahmen:	2006

Manfred Schnelldorfer

Seine sportliche Laufbahn war praktisch vorgegeben. Manfred Schnelldorfers Eltern waren beide renommierte Eislauftrainer und machten auch bei ihrem Sohn einen guten Job. Der gewann schon mit acht Jahren seine erste Meisterschaft. Zwölf Jahre später war der Münchner der erste deutsche Soloolympiasieger im Eiskunstlauf, als er den favorisierten Franzosen Alain Calmat bezwang. Ein Erfolg, den er wenige Woche später mit dem Gewinn der Weltmeisterschaft bestätigte. Später versuchte sich Manfred Schnelldorfer als Schlagersänger (»Wenn du allein bist« verkaufte sich immerhin 400 000-mal) und Schauspieler (vier Kinofilme, u. a. mit Dietmar Schönherr) und wurde der erste Eislaufbundestrainer (1974 bis 1981). Als »Bayern-Bomber« Gerd Müller 1979 in die USA ging, übernahm Schnelldorfer dessen Sportshop und eröffnete bald darauf weitere Sportgeschäfte.

Land:	Deutschland
Medaillen:	– 1 Gold
Teilnahmen:	1964

Philipp Schoch

Der Schweizer Philipp Schoch ist der erste Snowboarder, der bei zwei Spielen hintereinander eine Goldmedaille gewann. 2002 in Salt Lake City besiegte er im Finale des Parallelriesenslaloms den Schweden Richard Richardsson, 2006 in Turin gar seinen eigenen Bruder Simon im Zweikampf um Gold. Schon als Kinder hatten sich die Schoch-Brüder fürs Snowboarden begeistert, wobei Simon dem jüngeren Philipp die Grundregeln beibrachte. Der Ältere war auch einige Zeit erfolgreicher, besiegte den Jüngeren im direkten Vergleich zum Beispiel im Finale der Junioren-WM. Die sportliche Rivalität hat das Verhältnis untereinander indes nie getrübt. »Ohne Simon kann ich fast nicht existieren«, sagte Olympiasieger Philipp einmal.

Land:	Schweiz
Medaillen:	– 2 Gold
Teilnahmen:	2002, 2006

Alwin Schockemöhle

Erst 23 Jahre war Alwin Schockemöhle alt, als er zusammen mit den beiden deutschen Reiterikonen Fritz Thiedemann und Hans Günter Winkler 1960 in Rom Mannschaftsgold im Springreiten gewann. Es war der Beginn einer großen Karriere. 1968 folgte mit Mannschaftsbronze die zweite Medaille. Dennoch nannte man Alwin Schockemöhle lange Jahre einen »Champion ohne Titel«, weil er bis 1975 keine bedeutende Einzelmeisterschaft gewinnen konnte. Mit dem Gewinn der Europameisterschaft 1975 wendete sich das Blatt. Im Jahr darauf wurde Schockemöhle Olympiasieger in Montreal – trotz eines Gewittersturms, der während seines Ritts über den Parcours fegte; hinzu kam noch Teamsilber. Wegen Rückenproblemen musste der Reiter 1977 seine Karriere beenden. Erfolgreich blieb er in seinem Metier dennoch: Er wurde zu einem der besten Traberzüchter Europas, besaß etwa mit Diamond Way den erfolgreichsten Traber der 1980er-Jahre. Mit 1,4 Mio. DM war Diamond Way 1987 sogar der gewinnreichste Traber aller Zeiten.

Land:	Deutschland
Medaillen:	– 2 Gold
	– 1 Silber
	– 1 Bronze
Teilnahmen:	1960, 1968, 1976

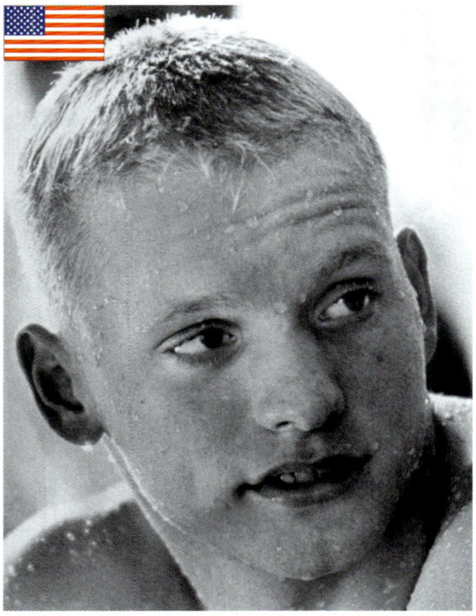

Donald Schollander

So viele Goldmedaillen hatte vor ihm noch kein Schwimmer bei denselben Spielen gewonnen. Der amerikanische Freistilspezialist Donald »Don« Schollander holte 1964 viermal Gold über 100 m, 400 m sowie mit den Staffeln über 4x100 m und 4x200 m. Dabei stand seine Paradedisziplin, die 200-m-Strecke, gar nicht mal auf dem olympischen Programm. 1968, als die 200 m Freistil dann im Angebot waren und Schollander als heißer Favorit galt, wurde der Amerikaner vom Australier Michael Wenden aus seinen Goldträumen gerissen und landete auf Platz 2. Der 22-malige Weltrekordler revanchierte sich in der 4x200-m-Freistilstaffel. Im Duell der Schlussschwimmer landete Schollander vor Wenden und gewann sein fünftes Olympiagold. Nach den Spielen trat der Yalestudent der Wirtschaftswissenschaften zurück und wurde ein erfolgreicher Finanzmakler.

Land:	USA
Medaillen:	– 5 Gold
	– 1 Silber
Teilnahmen:	1964, 1968

Andrea Schöne

Sie war gerade 15 Jahre alt geworden, als die DDR-Eisschnellläuferin Andrea Schöne 1976 in Innsbruck über 3000 m eine Silbermedaille holte und damit zur jüngsten Medaillengewinnerin bei Winterspielen wurde. Trotz ihres riesigen Talents musste sie noch acht Jahre auf ihr erstes Gold warten (3000 m in Sarajevo), gewann bei denselben Spielen außerdem zweimal Silber (1000 m, 1500 m). 1988 beendete die zweifache Weltmeisterin und Weltrekordlerin ihre Olympiakarriere mit zwei weiteren Silbermedaillen (3000 m, 5000 m) und Bronze (1500 m).

Land:	DDR
Medaillen:	– 1 Gold
	– 5 Silber
	– 1 Bronze
Teilnahmen:	1976, 1980, 1984, 1988

Beate Schramm

Der Doppelvierer der DDR war seinerzeit eine Bank. Schon 1976 und 1980 hatten die ostdeutschen Ruderinnen Goldmedaillen gewonnen. 1984 verpasste der DDR-Vierer wegen des Boykotts 1984 das dritte Gold, holte 1988 jedoch den entgangenen Olympiasieg nach. Diesmal in der Besetzung Kristina Mundt, Kerstin Förster, Jana Sorgers und Beate Schramm, die 1991 zusammen mit Kathrin Boron auch Weltmeisterin im Doppelzweier wurde. Insgesamt gewann Beate Schramm vier WM-Titel. Enttäuschend für sie allein der Schlusspunkt ihrer Karriere 1992 in Barcelona, als sie den olympischen Endlauf nicht erreichte.

Land:	DDR, Deutschland
Medaillen:	– 1 Gold
Teilnahmen:	1988, 1992

Dieter Schubert (links)

Es waren vier Burschen aus einer Stadt, die viele Jahre lang die Ruderwelt beherrschten. Dieter Schubert war einer jener Athleten, die zweimal Olympiasieger, je zweimal Europa- und Weltmeister und zweimal DDR-Mannschaft des Jahres wurden. Zusammen mit Frank Forberger, Dieter Grahn und Frank Rühle galt das Quartett in den Jahren zwischen 1966 und 1972 als unschlagbar.

Land:	DDR
Medaillen:	– 2 Gold
Teilnahmen:	1968, 1972

Anett Schuck

Die Diplomsportlehrerin aus Leipzig war eine der besten Kanutinnen im Viererkajak. 1996 und 2000 wurde sie jeweils Olympiasiegerin über die 500-m-Strecke, beim ersten Mal mit Birgit Fischer, Manuela Mucke und Ramona Portwich, beim zweiten Mal mit Katrin Wagner für Ramona Portwich. Auf ihrer Titelliste stehen diverse Weltmeisterschaften im Vierer- und Zweierkajak über 200 m, 500 m und im Marathon, wobei das Boot zum Teil über Land getragen werden muss.

Land:	Deutschland
Medaillen:	– 2 Gold
Teilnahmen:	1996, 2000

Carl Schuhmann

Bei den ersten Spielen der Neuzeit 1896 in Athen gelang dem Goldschmied aus dem westfälischen Münster eine bis heute einmalige Glanzleistung. Carl Schuhmann war für vier Sportarten gemeldet (Turnen, Ringen, Gewichtheben, Leichtathletik) und mit vier Goldmedaillen erfolgreichster Teilnehmer. Als Leichtathlet (Weitsprung, Dreisprung, Kugelstoßen) blieb der nur 1,63 m große Sportler noch ohne Medaille. Als Gewichtheber holte er beim zweiarmigen Heben mit 90 kg Bronze. Als Turner gewann er Einzelgold im Pferdsprung und zweimal Mannschaftsgold bei den Teamwettbewerben am Barren und Reck (mit Hermann Weingärtner, Alfred und Gustav Flatow). Seinen größten Coup aber landete Carl Schuhmann beim Ringkampf (griechisch-römisch), dieser in Griechenland traditionell beliebten Sportart. In der offenen Gewichtsklasse stand der kleine Goldschmied im Finale dem großen und ungleich stärkeren Griechen Georgios Tsitas gegenüber. Der Kampf wurde nach 40 Minuten wegen Dunkelheit unterbrochen und am nächsten Morgen fortgesetzt. Nach 25 Minuten legte Schuhmann seinen Gegner per Oberarmzug auf die Schultern. Eine Sensation! Der Erfolg machte den Deutschen im Veranstalterland schlagartig bekannt. Der griechische König Georg I. äußerte seine Bewunderung für Schuhmann mit dem später oft zitierten Ausspruch: »Sie sind der populärste Mann in Griechenland, Sie sind populärer als ich.« Für die Griechen war Schuhmann fortan »der kleine Apollo«, für die Deutschen »der erste Weltklasseathlet«. 1936 war Deutschlands erster Olympiasieger Ehrengast der Spiele in Berlin. Carl Schuhmann starb am 24. März 1946 und wurde in einem Ehrengrab auf dem Waldfriedhof in Berlin-Charlottenburg beigesetzt.

Land:	Deutschland
Medaillen:	– 4 Gold
	– 1 Bronze
Teilnahmen:	1896

Carolyn Schuler

Die US-Schwimmerin konnte während ihrer Laufbahn im Einzel keinen einzigen nationalen Titel gewinnen. Umso überraschender kam Carolyn Schulers Olympiasieg über 100 m Schmetterling 1960 bei den Spielen in Rom. Mit diesem Erfolg konnte sie sich auch für die 4x100-m-Lagenstaffel der Amerikanerinnen qualifizieren und als dritte Starterin den Butterflypart übernehmen. Zusammen mit Lynn Burke, Patricia Kempner und Christina von Saltza gewann die Kalifornierin dann ihr zweites Gold.

Land:	USA
Medaillen:	– 2 Gold
Teilnahmen:	1960

Günther Schumacher (rechts)

Im Quartett errang der deutsche Amateurradrennfahrer Günther Schumacher seine größten Erfolge: Zweimal wurde er Olympiasieger in der 4000-m-Verfolgung – 1972 mit Jürgen Colombo, Günter Haritz und Udo Hempel, 1976 mit Gregor Braun, Hans Lutz und Peter Vonhof. Im Vierer wurde Schumacher auch dreimal Weltmeister (1973–1975). Auch als 1000-m-Zeitfahrer ging er an den Start, wurde Deutscher Meister und WM-Vierter.

Land: Deutschland
Medaillen: – 2 Gold
Teilnahmen: 1972, 1976

Jürgen Schult

Im Nachhinein wurde Jürgen Schults Olympiasieg im Diskuswerfen an jenem 1. Oktober 1988 in Seoul zu einer historischen Wegmarke. Der Weltmeister (1987) und Weltrekordler (1986 mit 74,08 m) errang damit die letzte olympische Goldmedaille für die DDR. Die folgenden Spiele, 1992 in Barcelona, fanden erst nach der politischen Wende statt. Auch hier glänzte Schult mit einer Silbermedaille. Auf seine alten Tage als Diskuswerfer wäre dem langjährigen Konkurrenten von Lars Riedel um ein Haar noch ein großer Wurf gelungen. Bei der WM 1999 lag der 39-jährige Schult bis zum letzten Durchgang vor Teamkamerad Riedel und dem US-Athleten Washington und sah schon wie der kommende Weltmeister aus. Dann zog der Amerikaner doch noch an ihm vorbei und veranlasste Schult zu der Erkenntnis: »So nah am Gold ist Silber Blech!

Land: DDR, Deutschland
Medaillen: – 1 Gold
– 1 Silber
Teilnahmen: 1988, 1992, 1996

Jochen Schümann

Der Mann ist auf dem Wasser zu Hause. Mit zwölf Jahren begann Jochen Schümann seine Segelkarriere auf dem Ostberliner Müggelsee mit einem selbstgebauten Optimisten, der Einhandjolle für Jugendliche. Zehn Jahre danach, 1976 in Montreal, gewann er seine erste Goldmedaille im Solo Finn. Es war der Start einer großen Karriere, die Schümann zu einem der erfolgreichsten Segler der Welt machte. Nachdem er in der Finnklasse einige Male »nur« zweite und dritte Plätze ergattert hatte, stieg Schümann 1983 in die Solingklasse um, wo er dann – nach dem Olympiaboykott 1984 – weitere Medaillen sammelte: 1988 und 1996 gewann er zusammen mit Thomas Flach und Bernd Jäkel jeweils Gold, 2000 mit Gunnar Bahr und Ingo Borkowski Silber. Dazwischen wurde er zweimal Weltmeister (1992 und 1998). Dass Jochen Schümann ein Phänomen in der Branche ist, bewies er auch nach seinem Wechsel zum Hochseesegeln. 2003 gewann er als Chef der Schweizer Yacht Alinghi zum ersten Male den America´s Cup. »America´s Cup ist mein Beruf, Olympia mein Hobby«, sagte er einmal.

Land: DDR, Deutschland
Medaillen: – 3 Gold
– 1 Silber
Teilnahmen: 1976, 1980, 1988,
1992, 1996, 2000

Nils Schumann

Sein größter Erfolg machte ihn in Deutschland so populär, dass er im selben Jahr zum Sportler des Jahres gewählt wurde. Bei den Spielen 2000 in Sydney wurde Nils Schumann sensationell Olympiasieger im 800-m-Lauf, als er den hohen Favoriten, den für Dänemark startenden Kenianer Wilson Kipketer, in einem fantastischen Endspurt hinter sich ließ. Nie zuvor hatte ein Deutscher bei Olympia über diese Distanz gewonnen. »Der Spiegel« schrieb: »Er ist der erste olympisch erfolgreiche Ossi, der als Zögling des gesamtdeutschen Sports gelten darf ... er reifte nicht im DDR-Fördersystem.« Nach dem Erfolg kassierte der Thüringer Startgelder bis zu 50 000 DM, lukrative Werbeverträge lockten. Doch der Hype um Nils Schumann verebbte. Bei den Spielen 2004 fiel der Europameister und Weltcupsieger wegen Verletzung aus. Ende 2006 wurde gar ein Dopingverfahren gegen ihn eingeleitet.

Land:	Deutschland
Medaillen:	– 1 Gold
Teilnahmen:	2000

Ralf Schumann

»Er ist ein Jahrhunderttalent«, urteilte Bundestrainer Peter Kraneis über den deutschen Sportschützen Ralf Schumann. Der Sachse brachte es als erster Schütze zu drei Olympiasiegen. 1992, 1996 und 2004 gewann er im Wettbewerb mit der Schnellfeuerpistole auf 25 m dreimal Gold. Bei seinem Olympiadebüt 1988 hatte der gelernte Feinmechaniker schon Silber geholt. »In unserer Disziplin gibt es zwei Klassen«, meinte einmal Schumanns bulgarischer Konkurrent Emil Milev, »in der einen kämpft Ralf allein gegen sich, in der anderen balgen wir uns um die Plätze.« Nur einmal, 2000 in Sydney, zielte »Mister Perfect« daneben und wurde Fünfter. Als Kind wollte Ralf Schumann noch Gewichtheber werden. Doch als ihm jemand in der Schulsportgemeinschaft seiner Heimatstadt Meißen irgendwann eine Luftpistole in die Hand drückte und er als Einziger ins Schwarze traf, blieb er beim Pistolenschießen.

Land:	Deutschland
Medaillen:	– 3 Gold
	– 1 Silber
Teilnahmen:	1988, 1992, 1996, 2000, 2004

Jan Schur

Für die meisten Söhne ist es schwer, eine Legende zum Vater zu haben. Nicht anders bei Jan Schur, Sohn des berühmten DDR-Radrennfahrers Gustav-Adolf »Täve« Schur. Der wollte seinem Jan zunächst den Radsport sogar vorenthalten und schickte ihn zum Judo und Schwimmen. Irgendwann landete Jan Schur dann doch im DDR-Radnationalkader. Als er 1988 in Seoul zusammen mit Mario Kummer, Maik Landsmann und Uwe Ampler Olympiasieger im Straßenvierer wurde, war Vater Täve mit der Passion seines Sohnes längst versöhnt, zumal der im Jahr darauf in dieser Disziplin auch noch Weltmeister wurde. Nach der Wende wechselte Jan Schur ins Profilager, musste aber nach Anfangserfolgen durch einen Unfall seine Karriere beenden.

Land:	DDR
Medaillen:	– 1 Gold
Teilnahmen:	1988

Alfred Schwarzmann

Der bislang erfolgreichste und populärste deutsche Turner – das war Alfred Schwarzmann. Sein größter Erfolg war der Olympiasieg 1936 im Zwölfkampf, was davor und danach keinem anderen deutschen Turner mehr gelang. Zwei weitere Goldmedaillen holte Alfred Schwarzmann im Pferdsprung und Mannschaftswettbewerb, zweimal Bronze an Barren und Reck. Als Einziger des 111-köpfigen Teilnehmerfeldes in Berlin schloss der gelernte Konditor und spätere Studienrat alle zwölf Übungen mit einer Bewertung von über 9,0 Punkten ab, damals eine sensationelle Leistung. 16 Jahre später, 1952 in Helsinki, gewann der Franke aus Fürth als 40-Jähriger noch einmal Silber am Reck. Eine Leistung, die er höher bewertete als seine Goldgewinne. »Die 1952 erturnte Silbermedaille bedeutete mir persönlich mehr«, sagte der mit dem Silbernen Lorbeerblatt dekorierte spätere Bundeslehrwart und Bundestrainer.

Land:	Deutschland
Medaillen:	– 3 Gold
	– 1 Silber
	– 2 Bronze
Teilnahmen:	1936, 1952

Barbara Scott

Ihr großes Vorbild war die Norwegerin Sonja Henie. Die hatte der achtjährigen Barbara Scott einmal ein gerahmtes Foto mit einer Widmung geschenkt. Die Kanadierin war schon als kleines Kind vom Eiskunstlauf fasziniert. Weil ihr Vater früh starb, sammelten Freunde der Familie Geld, um der talentierten Barbara beste Trainingsmöglichkeiten zu verschaffen. Die zahlte es zurück, wurde 1948 Olympiasiegerin und im Jahr darauf Weltmeisterin. Nach Olympia wechselte Barbara Scott ins Profilager und wurde eine der bestbezahlten Eistänzerinnen und Rivalin ihres einstigen Idols Sonja Henie.

Land:	Kanada
Medaille:	– 1 Gold
Teilnahmen:	1948

Roman Sebrle

Im Mai 2001 stellte Roman Sebrle im österreichischen Götzis mit 9026 Punkten einen historischen Zehnkampfweltrekord auf. Der Tscheche war damit der Erste, der die 9000-Punkte-Marke übertraf. Doch bei großen internationalen Wettkämpfen musste er sich mit zweiten Plätzen zufriedengeben: Bei Olympia 2000 holte Roman Sebrle Silber, bei der WM 2003 ebenfalls. Sein großes Ziel, Olympiagold, erreichte er dann 2004 in Athen. Mit 8893 Punkten gewann der Fulltime-Athlet vor dem Amerikaner Bryan Clay (8820). Danach lief es wie gehabt: Bei der WM 2005 wurde der Tscheche wieder Zweiter, hinter Bryan Clay.

Land:	Tschechien
Medaillen:	– 1 Gold
	– 1 Silber
Teilnahmen:	2000, 2004

Anke von Seck-Nothnagel (rechts)

Die Rostockerin war eine der besten Kanufahrerinnen im Zweier- und Viererkajak. 1988 in Seoul gewann sie zweimal Gold über 500 m, im Zweier mit Birgit Schmidt und im Vierer mit Schmidt, Portwich und Singer. Nach der Wende schloss sie an ihre Leistungen im DDR-Team an und wurde 1992 in Barcelona Olympiasiegerin im Zweier über 500 m und Silbermedaillengewinnerin im Vierer über 500 m. In diesen Bootsklassen errang Anke von Seck-Nothnagel auch mehrere WM-Titel.

Land:	DDR, Deutschland
Medaillen:	– 3 Gold
	– 1 Silber
Teilnahmen:	1988, 1992

Juri Sedych

Die Leistungen des Ukrainers aus den 1970er- und 1980er-Jahren strahlen bis in die Gegenwart: Am 30. August 1986 stellte Juri Sedych einen Hammerwurfweltrekord auf, der bis zur Drucklegung dieses Buches nicht gebrochen wurde, seit mehr als 20 Jahren also gültig ist. Seine erste Begegnung mit dem Hammer hatte der 12-jährige Juri, als er vom Trainingsplatz der Leichtathleten seinen verirrten Fußball zurückholen wollte. Er ließ sich einen 4 kg schweren Schülerhammer geben, probierte einen Wurf und flog samt Hammer aus dem Ring. Dennoch trainierte der Junge fortan lieber mit der Eisen- statt mit der Lederkugel. Sein Lehrmeister war Exweltrekordler Anatoli Bodartschuk. 1976 und 1980 wurde Juri Sedych Olympiasieger, 1988 gewann er Silber. Sechsmal verbesserte er den Weltrekord, sein letzter hat historische Dimensionen.

Land: UdSSR
Medaillen: – 2 Gold
– 1 Silber
Teilnahmen: 1976, 1980, 1988

Peter Seisenbacher (links)

Das Selbstvertrauen mit der dazugehörenden mentalen Ausrüstung holte sich Peter Seisenbacher im Mutterland des Judosports. In Japan bereitete sich der österreichische Judoka auf die Olympischen Spielen 1984 in Los Angeles vor. Mit Erfolg: Der Mittelgewichtler (78–86 kg) wurde Olympiasieger. Letzte Zweifel an seiner Klasse zerstreute Seisenbacher im Jahr darauf bei der WM. Diesmal waren die starken Judokas aus Osteuropa am Start, die in Los Angeles wegen des Boykotts noch gefehlt hatten. Wieder war der Österreicher der überragende Athlet und gewann. Auf die nächsten Spiele bereitete er sich erneut in Japan vor. Nach seinem zweiten Olympiasieg trat Peter Seisenbacher zurück, stieg in die Sportpolitik ein und wurde Generalsekretär der Österreichischen Sporthilfe.

Land: Österreich
Medaillen: – 2 Gold
Teilnahmen: 1984, 1988

Katja Seizinger

Sie ist die erfolgreichste deutsche Skiläuferin aller Zeiten. Katja Seizinger, als Tochter eines Stahlfabrikanten im Ruhrgebiet keineswegs wie fast alle anderen in einem Skiparadies aufgewachsen, war Spezialistin für Speeddisziplinen wie Abfahrt und Super-G. Nach ihrem Olympiastart mit Bronze im Super-G 1992 gewann sie zwei Jahre später in Lillehammer ihr erstes Gold in der Abfahrt. 1998 gelang ihr als erster Athletin (inkl. Männer) die Wiederholung eines Abfahrtssieges; hinzu kam noch einmal Gold in der Kombination und Bronze im Riesenslalom. Zweimal gewann Katja Seizinger den Gesamtweltcup (1996, 1998), einmal wurde sie Weltmeisterin (1993 im Super-G). Nach einer schweren Verletzung trat sie 1999 zurück, heiratete ihren langjährigen Freund und studierte Betriebswirtschaft, um dann in den Betrieb ihres Vaters einzusteigen.

Land: Deutschland
Medaillen: – 3 Gold
– 2 Bronze
Teilnahmen: 1992, 1994, 1998

Stefan Semmler

Ruderolympiasiege von DDR-Vierern hatten jahrzehntelang Tradition. Der Goldmedaillensegen blieb konstant, nur die Besatzungen wechselten ab und an. Nach den beiden Olympiasiegen des Dresdner Vierers ohne Steuermann von 1968 und 1972 setzte der Vierer ohne des SC DHfK Leipzig die Erfolgsstory der Kollegen fort. Stefan Semmler zählte zu jenem Quartett, das 1976 und 1980 zweimal in Folge Gold gewann, zusammen mit Siegfried Brietzke, Andreas Decker sowie Wolfgang Mager (1976) bzw. Jürgen Thiele (1980).

Land: DDR
Medaillen: – 2 Gold
Teilnahmen: 1976, 1980

Jack Shea

Der amerikanische Eisschnellläufer aus Lake Placid wurde bei den Spielen 1932 in seiner Heimatstadt Doppelolympiasieger. Jack Shea gewann die Wettbewerbe über 500 m und 1500 m. Zu gerne hätte Shea auch 1936 an den Spielen in Garmisch-Partenkirchen teilgenommen. Doch der Jude folgte dem Rat eines Rabbis und verzichtete wegen der in Deutschland von den Nazis initiierten Judenverfolgungen schweren Herzens auf die Reise nach Europa.

Land: USA
Medaillen: – 2 Gold
Teilnahmen: 1932

Jim Shea

Jim Shea, Skeletonfahrer aus Connecticut, kommt aus einer Olympiafamilie. Sein Großvater Jack gewann 1932 in seiner Heimatstadt Lake Placid zwei Eisschnelllaufgoldmedaillen, sein Vater Jim senior trat 1964 in der Nordischen Kombination und im Skilanglauf an – und Jim Shea junior wurde nach seinem WM-Sieg 1999 drei Jahre später in Salt Lake City Skeletonolympiasieger. Wie schon sein Großvater durfte auch Jim Shea bei der Eröffnungszeremonie der Spiele den olympischen Eid sprechen. Die Sheas sind die einzige Familie, die mit drei Generationen in drei verschiedenen Sportarten an Olympischen Spielen teilnahm.

Land: USA
Medaillen: – 1 Gold
Teilnahmen: 2002

Melvin Sheppard (links)

Bei der New Yorker Polizei war er wegen eines angeblich zu schwachen Herzens abgeblitzt. Dafür ließ Melvin Sheppard bei den Spielen von 1908 und 1912 über die Mittelstreckendistanzen seinerseits die Konkurrenten abblitzen – und zwar reihenweise: In London gewann er dreimal Gold über 800 m (mit neuem Weltrekord in 1:52,8 Minuten), 1500 m und mit der 4x400-m-Staffel, in Stockholm erneut Staffelgold und 800-m-Silber. Nach seiner aktiven Zeit wurde Melvin Sheppard Rechtsanwalt und war einer der Verteidiger von Bruno Hauptmann, dem Entführer des Lindbergh-Babys.

Land: USA
Medaillen: – 4 Gold
– 1 Silber
Teilnahmen: 1908, 1912

Martin Sheridan

Der Amerikaner gehörte, wie Melvin Sheppard, zu den herausragenden Leichathleten zu Beginn des 20. Jahrhunderts. 1904 gewann Martin Sheridan in St. Louis sein erstes Gold im Diskuswerfen nach einem packenden Zweikampf mit seinem Landsmann Ralph Rose. Weil beide Athleten mit 39,28 m exakt die gleiche Weite erzielt hatten, entschied ein Stechen über Gold und Silber, der einzige derartige Fall in der olympischen Geschichte. Vier Jahre darauf in London wiederholte Sheridan seinen Diskuserfolg. Eine weitere Goldmedaille gewann er im sogenannten antiken Diskuswerfen, wobei der Athlet von einem Holzpodest aus dem Stand werfen musste. Sogar im Weitsprung (aus dem Stand) ging Sheridan an den Start – und holte Bronze.

Land:	USA
Medaillen:	– 3 Gold
	– 1 Bronze
Teilnahmen:	1904, 1908

Hiroyasu Shimizu

Sein Trumpf war sein Start. Als würde er von einem Katapult auf die Bahn geschleudert, düste der japanische Eisschnellläufer Hiroyasu Shimizu los und schockte seine Gegner in Sekundenschnelle. 1998 wurde er in Nagano, seiner Heimat, über 500 m Japans erster Olympiasieger im Eisschnelllauf. Dazu holte Shimizu Bronze über 1000 m. Vier Jahre später gewann er über 500 m noch einmal Silber, wurde dabei aber um Gold betrogen, weil ein Fehlstart des Amerikaners Randolph nicht geahndet wurde. Weitere Erfolge: Weltmeister 1996 über 500 m, Sprintweltmeister 1995 und 1996, Weltcupsieger 1995 und 1997 über 500 m.

Land:	Japan
Medaillen:	– 1 Gold
	– 1 Silber
	– 1 Bronze
Teilnahmen:	1994, 1998, 2002, 2006

Sigrun Siegl (Mitte)

Es war eine der knappsten Entscheidungen in der Geschichte der Leichtathletik. 1976 in Montreal standen am Ende des Fünfkampfs der Frauen zwei DDR-Athletinnen punktgleich an der Spitze. Sigrun Siegl und Christine Laser hatten nach den Disziplinen 100 m Hürden, Kugelstoßen, Hochsprung, Weitsprung und 200 m jeweils 4745 Punkte erreicht. Gemäß dem Reglement des Internationalen Leichtathletikverbandes entscheidet in diesem Fall die Anzahl der besseren Einzelleistungen – und die hatte die Thüringerin Sigrun Siegl.

Land:	DDR
Medaillen:	– 1 Gold
Teilnahmen:	1976, 1980

Adhemar Ferreira da Silva

Als Adhemar Ferreira da Silva am 12. Januar 2001 starb, wies ihn die Statistik noch immer als erfolgreichsten Leichtathleten Südamerikas aus, obwohl seine Erfolge fast ein halbes Jahrhundert zurücklagen. Mit zwei Olympiasiegen, vier Olympiateilnahmen und fünf Weltrekorden schrieb der Dreispringer aus Sao Paulo in den 1950er-Jahren Sportgeschichte, sprang als Erster über die 16-m-Marke. Auch abseits des Sports war da Silva eine große Persönlichkeit und brachte es als Landtagsabgeordneter, Diplomat, Lehrer, Journalist, TV-Kommentator, Rechtsanwalt, Musiker, Sänger, Bildhauer, Dichter und Schauspieler zu Renommee und wurde in seiner Heimat zum Nationalheros. Im Filmklassiker »Orfeu Negro« spielte da Silva die Rolle des Todes – ohne Gage, um die strengen IOC-Amateurregeln nicht zu verletzen.

Land:	Brasilien
Medaillen:	– 2 Gold
Teilnahmen:	1948, 1952, 1956, 1960

Daniela Silivas

Alle sechs Medaillen gewann die kleine rumänische Turnerin (1,41 m, 40 kg) 1988 in Seoul. Insgesamt siebenmal erhielt Daniela Silivas die Traumnote 10 und stellte damit den Rekord ihres Vorbilds Nadja Comaneci von 1976 ein. Ihre drei Goldmedaillen gewann sie am Schwebebalken, Boden und Stufenbarren. Um die Achtkampfgoldmedaille, die wertvollste, wurde der »Turnfloh« von den Kampfrichtern gebracht, die die Russin Jelena Schuschunova zu Unrecht vor der Rumänin auf Platz 1 setzten. So blieb Daniela Silivas »nur« Silber. Ein zweites Silber holte sie im Mannschaftswettbewerb, dazu Bronze im Sprung.

Land:	Rumänien
Medaillen:	– 3 Gold
	– 2 Silber
	– 1 Bronze
Teilnahmen:	1988

Sara Simeoni

In ihrem Heimatland Italien genoss Sara Simeoni eine Popularität wie sonst nur erfolgreiche Fußballer. Ihre Höhenflüge als Hochspringerin umfassten 22 Jahre. »Sara nazionale« übernahm als eine der ersten die Floptechnik des Amerikaners Dick Fosbury. 1976 in Montreal gewann sie bei ihrem olympischen Debüt Silber hinter der DDR-Springerin Rosemarie Ackermann. 1980 in Moskau wurde sie mit 1,97 m Olympiasiegerin, nachdem sie vorher mit 2,01 m Weltrekord gesprungen hatte. 1984 in Los Angeles verabschiedete sich Sara Simeoni von Olympia mit einer Silbermedaille. Nach ihrem Rücktritt 1986 sagte Italiens große Dame der Leichtathletik: »Mein Leben als Athletin war ein wunderbares Abenteuer.«

Land:	Italien
Medaillen:	– 1 Gold
	– 2 Silber
Teilnahmen:	1976, 1980, 1984

Nikolai Simjatow

Vor seinen großen Erfolgen als Skilangläufer stand seine Anfälligkeit für Erkältungen. Deshalb konnte Nikolai Simjatow lange Zeit nur eingeschränkt trainieren. Bis er den Tipp eines Freundes befolgte: vom Frühjahr bis zum Herbst täglich ein Bad im kalten Wasser. Die Erkältungen verschwanden, und der hagere Russe (1,81 m, 70 kg) baute eine konstante Form auf. 1980 gewann er drei der vier olympischen Wettbewerbe (30 km, 50 km, 4x10-km-Staffel), verteidigte vier Jahre später seinen Titel über die 30-km-Distanz und holte mit der Staffel noch einmal Silber.

Land:	UdSSR
Medaillen:	– 4 Gold
	– 1 Silber
Teilnahmen:	1980, 1984

Gian Simmen

Der Snowboarder aus der Schweiz verlor in seinen beiden Läufen um die Medaillen Mütze und Brille, aber nicht die Nerven. Gian Simmen war 1998 in Nagano als krasser Außenseiter in die Halfpipe gegangen. In der Qualifikationsrunde war er noch auf dem 21. Platz gelandet. Im Finale aber agierte der 20-Jährige aus Arosa, auch zu seiner eigenen Überraschung, wie ein Champion. Simmen lieferte unglaubliche Sprünge ab und kassierte die besten Noten. »Ich kann´s selber nicht glauben«, sagte er hinterher, »nur in meinen Träumen bin ich schon mal so gefahren wie heute.«

Land:	Schweiz
Medaillen:	– 1 Gold
Teilnahmen:	1998, 2002, 2006

Lidija Skoblikowa

Fröhlich, fair, flink – die Russin Lidija Skoblikowa war eine der erfolgreichsten Eisschnellläuferinnen aller Zeiten. Schon 1960 hatte sie über 1500 m und 3000 m zwei Goldmedaillen gewonnen. Vier Jahre darauf verdoppelte sie den Goldgewinn und wurde auf allen vier Strecken (500 m, 1000 m, 1500 m, 3000 m) Olympiasiegerin. Keinem war es bis dahin gelungen, in allen Disziplinen eine Goldmedaille zu holen. 30 Jahre lang war die zweifache Mehrkampfweltmeisterin (1963, 1964) sogar die »goldigste« Wintersportlerin, ehe sie 1994 von ihrer Landsfrau Ljubow Jegorowa, einer Skilangläuferin, in der Medaillenzahl (6 Gold – 3 Silber) übertroffen wurde. Nach ihrer Karriere arbeitete Lidija Skoblikowa, die bei ihren Gegnerinnen wegen ihrer Frohnatur und Fairness stets geschätzt war, als Trainerin. Später übernahm die promovierte Geisteswissenschaftlerin einen Lehrstuhl für Körpererziehung und gründete die Skoblikowa-Stiftung, die in Not geratenen Sportveteranen half.

Land:	UdSSR
Medaillen:	– 6 Gold
Teilnahmen:	1960, 1964, 1968

Kamila Skolimowska

Mit 17 wurde sie Olympiasiegerin, fast frühreif für eine Hammerwerferin. Doch die Polin Kamila Skolimowska hatte schon als Kind ihre Liebe zu der Sportart entdeckt. Mit 15 war sie Junioreneuropameisterin, mit 16 Juniorenweltmeisterin. Dennoch ging sie 2000 in Sydney bei der olympischen Premiere fürs Frauenhammerwerfen als Außenseiterin an den Start. Ihr Sieg galt deshalb als große Überraschung. Danach jedoch brach der fulminante Aufstieg ab. Bei der WM 2003, mittlerweile Favoritin, wurde Kamila nur Achte und bei Olympia 2004 Fünfte.

Land:	Polen
Medaillen:	– 1 Gold
Teilnahmen:	2000, 2004

Franke Sloothaak (2. v. links)

Der gebürtige Niederländer feierte die ersten Erfolge in seinem Heimatland: Mit 14 gehörte Franke Sloothaak zur holländischen Juniorenequipe, die bei der EM Zweite wurde. Mit 17 ging er dann beim deutschen Olympiasieger von 1976, Alwin Schockemöhle, in die Lehre (später bei dessen Bruder Paul), wurde 1979 deutscher Staatsbürger und war im Jahr darauf erstmals Deutscher Meister im Springreiten. Seine drei Olympiamedaillen gewann Franke Sloothaak alle im Teamwettbewerb: 1984 Bronze, 1988 und 1996 jeweils Gold. Sein größter Erfolg in der Einzelwertung war der WM-Titel 1994. Seit 1996 ist Sloothaak Besitzer einer eigenen Reitanlage. Stets war er ein kritischer Geist, vor allem gegenüber den Funktionären des Weltverbandes FEI: »Wir Reiter sind Profis, aber regiert werden wir von Amateuren ... Grapscher und Leute, die in die eigene Tasche wirtschaften, machen diesen Verband aus.«

Land:	Deutschland
Medaillen:	– 2 Gold
	– 1 Bronze
Teilnahmen:	1984, 1988, 1992, 1996

Ilona Slupianek (Mitte)

1980 war das stärkste Jahr der früheren DDR-Athletin: Sie stellte zwei Weltrekorde auf und wurde in Moskau Olympiasiegerin. Drei Jahre zuvor hatte Ilona Slupianek den ersten Dopingfall im DDR-Sport ausgelöst und war für ein Jahr gesperrt worden. Nach der Wende, als die Dopingforscher Brigitte Berendonk und Prof. Werner Franke anhand von Unterlagen die Dopingpraktiken vieler bekannter DDR-Sportler nachwiesen, wurde bekannt, dass Ilona Slupianek von 1981 bis 1984 hohe Dosen Oral-Turinabol genommen hatte. In Zeitungsinterviews gab sie zu: »Natürlich habe ich gedopt ... Betrug wird es im Spitzensport immer geben.«

Land:	DDR
Medaillen:	– 1 Gold
Teilnahmen:	1980

Raissa Smetanina

Die russische Skilangläuferin kann auf eine Bilanz der Rekorde verweisen. Keine Frau gewann bei Winterolympia so viele Medaillen wie Raissa Smetanina: zehn. Keine andere Athletin gewann Medaillen bei so vielen Winterspielen: fünf. Keine andere gewann Goldmedaillen über eine größere Zeitspanne: 16 Jahre. Die Tochter eines Rentierzüchters und -hirten, geboren in einem Iglu in der nördlichen Tundra, galt als gradlinig, willensstark und bescheiden. In den langen sibirischen Wintern stand sie von Klein an auf Skiern, half dem Vater bei der Arbeit und trainierte dabei, ohne sich dessen bewusst zu sein. Ihre Medaillen gewann sie über Distanzen zwischen 5 km und 20 km. Sieben ihrer zehn Medaillen holte Raissa Smetanina in Einzeldisziplinen, drei gewann sie mit der 4x5-km-Staffel, wie auch ihr letztes Gold 1992 im Alter von 40 Jahren.

Land:	UdSSR
Medaillen:	– 4 Gold
	– 5 Silber
	– 1 Bronze
Teilnahmen:	1976, 1980, 1984, 1988, 1992

Karl-Heinz Smieszek

Seine Vorbereitung auf die Spiele von 1976 in Montreal war durchaus individuell. Karl-Heinz Smieszek hatte sich zum Schießtraining in ein schwüles Gewächshaus begeben, um bei den Wettkämpfen der Schützen für das zu erwartende Klima am St.-Lorenz-Strom bestens gerüstet zu sein. Tatsächlich wurde Smieszek dann auch Olympiasieger. Im 50 m KK-Liegendkampf stellte er dabei mit 599 Ringen den Weltrekord ein.

Land: Deutschland
Medaillen: – 1 Gold
Teilnahmen: 1976

John Smith

Der Amerikaner mit dem Allerweltsnamen zelebrierte Freistilringen als Kunst. John Smith zeigte technische Wunderdinge und spielte dabei immer wieder mit der Gefahr der Niederlage. Oft begab er sich freiwillig in knifflige Situationen, damit er sie umso anspruchsvoller lösen konnte. Trotz solchen Wettkampfrisikos blieb der Federgewichtler von 1987 bis 1992 unbesiegt – bis auf einen Kampf bei Olympia in Barcelona, den er verloren gab, weil er bereits Gruppensieger war und damit im Finale stand. »Der Größte aller Zeiten« wird John Smith, mittlerweile Trainer, noch heute in den USA genannt. Außer Muhammad Ali versteht sich ...

Land: USA
Medaillen: – 2 Gold
Teilnahmen: 1988, 1992

Michelle Smith

Drei Olympiasiege – doch der Verdacht schwebte in der Luft. Um 19 Sekunden hatte sich die irische Schwimmerin Michelle Smith über 400 m Freistil innerhalb eines dreiviertel Jahres verbessert. Dazu ihre unerwarteten Siege über 200 und 400 m Lagen. Außerdem mit Erik de Bruin ein Trainer und Ehemann, der als Diskuswerfer schon eine vierjährige Dopingsperre abbrummen musste. Doch Schuldbeweise gegen die Schwimmerin fehlten. Zwei Jahre nach ihrem Olympiaerfolg wurde Michelle Smith-de Bruin dann doch wegen Dopingmissbrauchs gesperrt, weil sie am 10. Januar 1998 eine Urinprobe mit Alkohol manipuliert hatte. Danach beendete die Sportlerin ihre Karriere, beteuerte aber immer wieder ihre Unschuld.

Land: Irland
Medaillen: – 3 Gold
– 1 Bronze
Teilnahmen: 1996

Ronnie Ray Smith (links)

Der US-Sprinter gehörte zu jener großartigen amerikanischen Sprintstaffel, die 1968 in Mexico City mit 38,2 Sekunden einen fantastischen Weltrekord lief und die Goldmedaille gewann. Mit Ronnie Ray Smith standen Charles Greene, Melvin Pender und Jim Hines im Team – allesamt Sprinter, die die 100 m in 10 Sekunden und darunter laufen konnten. Wegen des Überangebots im eigenen Lager war Smith bei den Olympischen Spielen auch nicht für einen Einzelstart, sondern lediglich für die Staffel nominiert worden.

Land: USA
Medaillen: – 1 Gold
Teilnahmen: 1968

Tommie Smith

Tommie Smith war nicht nur ein herausragender Sprinter, sondern auch ein sehr politischer Mensch. Nach seinem 200-m-Olympiasieg von 1968 in Mexico City in der neuen Weltrekordzeit von 19,83 Sekunden blieben vor allem die Bilder von der Siegerehrung in Erinnerung. Zusammen mit Bronzegewinner John Carlos stand der Kalifornier auf dem Podest und reckte als Black-Power-Demonstration die rechte Faust im schwarzen Handschuh gen Himmel – eindrucksvoller Protest gegen die Behandlung ihrer farbigen Landsleute in den USA. Das NOK der USA warf die beiden Athleten daraufhin aus dem US-Team, Smith´ Karriere war beendet. Fortan erhielt er Morddrohungen und machte unter denkbar schwierigsten Umständen seinen Collegeabschluss. Später wurde Smith Soziologieprofessor und Fakultätsmitglied des Santa Monica College in Kalifornien. 1999 erhielt er den Sportsman of Millennium Award. Mit seiner eigenen Stiftung kämpft er nach wie vor für die Sache der Afroamerikaner.

Land: USA
Medaillen: – 1 Gold
Teilnahmen: 1968

Peter Snell

Unbedarft, unauffällig, unaufhaltsam – so betrat der 21-jährige Neuseeländer 1960 die olympische Bühne. Alle hatten Peter Snell unterschätzt, auch der 800-m-Weltrekordhalter Roger Moens aus Belgien. »Der ist für einen Olympiasieg 10 kg zu schwer«, vermutete Moens. In der Tat war Snell nicht das für den Mittelstreckler typisch drahtige Leichtgewicht, sondern ein Athlet (1,83 m, 80 kg) mit breitem Brustkorb, starken Oberschenkeln und knolligen Waden. Sein autodidaktischer Trainer Arthur Lydiards hatte ihm ein kräftezehrendes, extrem hartes Training auf Bahn und Straße, Schlamm und Sand im hügeligen Gelände verordnet. Für Peter Snell offenbar genau das Richtige: In Rom besiegte er im 800-m-Finale Roger Moens. Vier Jahre später verteidigte Snell seinen Titel und setzte mit dem 1500-m-Sieg sogar noch eins drauf. Schon mit 26 beendete der Neuseeländer seine Karriere und wurde Arzt in Texas. Er spezialisierte sich auf Herzkreislaufbeschwerden. Häufige Behandlungsmethode: Laufen.

Land: Neuseeland
Medaillen: – 3 Gold
Teilnahmen: 1960, 1964

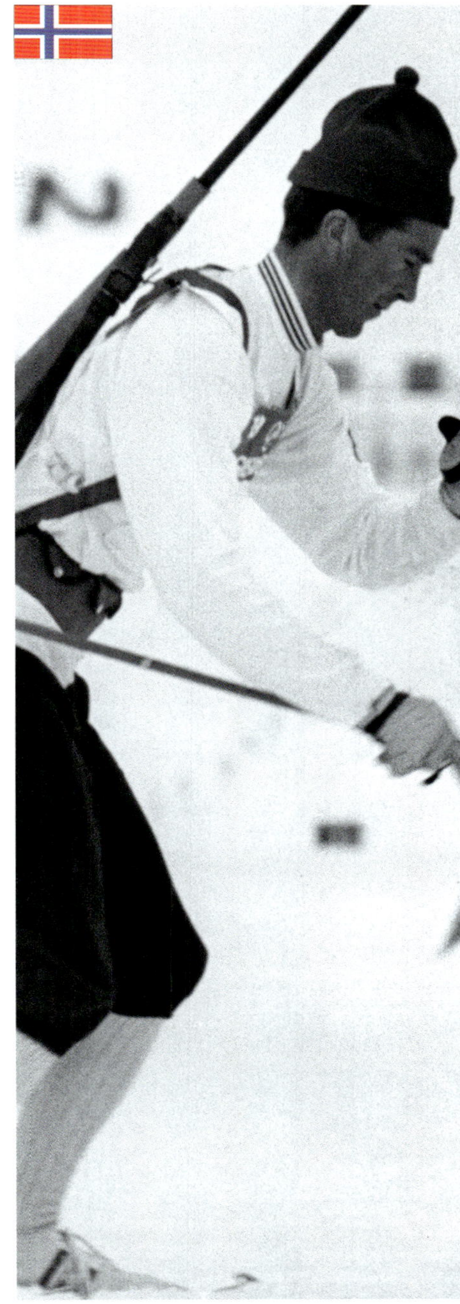

Magnar Solberg

Beim ersten Olympiasieg 1968 über 20 km war der norwegische Biathlet noch Außenseiter und bei seinem zweiten Triumph 1972 war er schon wieder außen vor, denn die Experten hatten den inzwischen 35-Jährigen bereits abgeschrieben. Magnar Solberg (1968 holte er noch Staffelbronze) überzeugte stets dann, wenn keiner mit ihm rechnete. Gerade beim Gewinn der zweiten Goldmedaille bewies der Biathlet eiserne Nerven. Der Wettkampf über 20 km war zunächst wegen Schneesturms unterbrochen worden, die Wartezeit zerrte an den Nerven – und nur Solberg behielt sie.

Land: Norwegen
Medaillen: – 2 Gold
– 1 Silber
Teilnahmen: 1968, 1972

Jana Sorgers (rechts)

Die Schlagfrau aus Mecklenburg war mit zwei Olympiasiegen und sieben Weltmeistertiteln eine der besten und erfolgreichsten deutschen Ruderinnen. Ihre erste Goldmedaille holte Jana Sorgers noch als Mitglied des DDR-Doppelvierers, die zweite nach der Wende und acht Jahre später mit dem »vielleicht stärksten Doppelvierer aller Zeiten« (so Trainerin Jutta Lau, selbst zweifache Olympiasiegerin) zusammen mit Kathrin Boron, Katrin Rutschow und Kerstin Köppen. Dazwischen lag mit der verpassten Qualifikation für Olympia 1992 die größte sportliche Niederlage ihres Lebens, die sie sogar zum Rücktritt veranlasste. Zum Comeback überredete Jana Sorgers Trainerin Jutta Lau. 1994 begann sie wieder mit dem Training, wurde im selben und im folgenden Jahr erneut Weltmeisterin. Nach ihrem zweiten Olympiagold erhielt Jana Sorgers 1997 als erste Ruderin die begehrte Thomas-Keller-Medaille.

Land: DDR, Deutschland
Medaillen: – 2 Gold
Teilnahmen: 1988, 1996

Sylvia Sperber

Als sie zwölf Jahre alt war, nahm der Vater sie mit ins Schützenheim zum Sportschießen. Sylvia Sperber fand Gefallen an dem Sport und ließ sich von Vater Hans, einem mehrfachen bayerischen Meister, anleiten. Vier Jahre darauf zählte sie bereits zur Weltspitze. Ihr erster olympischer Auftritt 1984 verlief jedoch so enttäuschend, dass die junge Athletin ihren Rücktritt vom Wettkampfsport verkündete. Ein Jahr vor Olympia 1988 entschied sich Sylvia Sperber für ein Comeback. Diesmal wurde Olympia für sie zum Fest. Im Luftgewehrschießen gewann sie, nur um einen Ring geschlagen, die Silbermedaille, im Dreistellungskampf mit dem Kleinkaliberstandardgewehr die Goldmedaille.

Land: Deutschland
Medaillen: – 1 Gold
– 1 Silber
Teilnahmen: 1984, 1988, 1992

Javier Sotomayor

Der Kubaner gilt mit seinem Olympiasieg von 1992, den sechs WM-Titeln (zwei im Freien, vier in der Halle) und Weltrekorden als einer der besten Hochspringer in der Geschichte der Leichtathletik. Javier Sotomayor sprang in seiner Karriere 230-mal über 2,30 m und 21-mal über 2,40 m. Sein Weltrekord von 2,45 m aus dem Jahr 1988 hat noch immer Bestand. Als er 1999 wegen angeblichen Kokainmissbrauchs für zwei Jahre gesperrt wurde, sorgte eine Intervention von Staatschef Fidel Castro für eine Begnadigung rechtzeitig vor den Spielen 2000; wofür sich Sotomayor mit einer Silbermedaille bedankte. Nur bei Olympia 1996 versagte er. Wegen einer Verletzung wollte der Kubaner mit möglichst wenigen Sprüngen gewinnen, ließ bis 2,32 m alle Versuche aus und scheiterte dann dreimal.

Land: Kuba
Medaillen: – 1 Gold
– 1 Silber
Teilnahmen: 1992, 1996, 2000

Michael Spinks

Sein Olympiasieg von 1976 in Montreal, als US-Boxer Michael Spinks im Finale des Mittelgewichts den Russen Rufat Riskijew K.o. schlug, ebnete ihm den Weg ins Profigeschäft. Fünf Jahre später war Spinks Weltmeister im Halbschwergewicht. 1985 schrieb Michael Spinks dann Boxgeschichte, als er als erster Halbschwergewichtler mit dem Sieg über den in 48 Kämpfen unbesiegten Larry Holmes den Weltmeistertitel im Schwergewicht errang. Dies war vorher noch keinem gelungen. Nach seiner einzigen Niederlage, 1988 gegen Mike Tyson, erklärte Michael Spinks seinen Rücktritt.

Land:	USA
Medaillen:	– 1 Gold
Teilnahmen:	1976

Leon Spinks

Wie sein drei Jahre jüngerer Bruder Michael stand auch Leon Spinks bei Olympia in Montreal 1976 im Boxfinale. Und wie Michael gewann auch Leon vorzeitig, als er den Kubaner Sixto Soria schlug und Olympiasieger im Halbschwergewicht wurde. Binnen zehn Minuten ein Brüderpaar als Olympiasieger im Boxring – das hatte es noch nicht gegeben. Auch Leon Spinks wechselte gleich danach ins Profilager. Nur zwei Jahre später kämpfte er gegen Muhammad Ali um den WBA- und WBC-Titel. Weil Ali den Außenseiter im Vorfeld nicht ernst nahm, gewann Spinks nach Punkten – eine der größten Sensationen in der Geschichte des Profiboxens. Nach Alis geglückter Revanche acht Monate danach begann für Spinks der sportliche wie private Abstieg.

Land:	USA
Medaillen:	– 1 Gold
Teilnahmen:	1976

Mark Spitz

Vor den Spielen 1968 hatte er den Mund noch etwas zu voll genommen und sechs Goldmedaillen versprochen. Doch US-Schwimmer Mark Spitz schaffte »nur« zwei mit der Staffel, dazu Silber über 100 m Schmetterling und Bronze über 100 m Freistil. Vor den Spielen 1972 in München hielt er sich bedeckt, schwieg und siegte tagelang. 1. Tag: 200 m Schmetterling – Gold mit Weltrekord; 4x100 m Freistil – Gold mit Weltrekord. 2 Tag: 200 m Freistil – Gold mit Weltrekord; 4. Tag: 100 m Schmetterling – Gold mit Weltrekord; 4x200-m-Freistil – Gold mit Weltrekord. 5. Tag: 100 m Freistil – Gold mit Weltrekord. 7. Tag: 4x100-m-Lagen – Gold mit Weltrekord. Mark Spitz ist der einzige Athlet, der bei ein und denselben Spielen siebenmal Gold holte und einer von vier neunfachen Olympiasiegern (neben Paavo Nurmi, Larissa Latynina und Carl Lewis). Während seiner aktiven Zeit stellte er insgesamt 35 Weltrekorde auf. Nach den Spielen von München trat er zurück, um seine Popularität zu vermarkten. Mitte der 1970er-Jahre heiratete er die Tochter eines vermögenden Immobilienhändlers, mit der er »zwei tolle Söhne« hat. Sein Versuch, sich im Alter von 41 Jahren noch einmal für die Spiele 1992 in Barcelona zu qualifizieren, scheiterte kläglich.

Land:	USA
Medaillen:	– 9 Gold
	– 1 Silber
	– 1 Bronze
Teilnahmen:	1968, 1972

Hans Stanggassinger (rechts)

Bundestrainer Sepp Lenz hatte für seine beiden Schützlinge Hans Stanggassinger und Franz Wembacher einen Rodelschlitten mit den idealen Abmessungen konstruiert. In perfekter Stromlinienform lagen Schwergewicht Stanggassinger als Steuermann und sein schmächtiger Mitfahrer auf dem Doppelsitzer. Olympia 1984 war ihr erster olympischer Auftritt. Hans Stanggassinger lieferte eine seiner besten Leistungen als Pilot ab und steuerte das Duo zum überraschenden Olympiasieg. Danach erklärten beide ihren Rücktritt.

Land: Deutschland
Medaillen: – 1 Gold
Teilnahmen: 1984

Thomas Stangassinger

Der Österreicher Thomas Stangassinger gehörte in den 1990er-Jahren zu den weltbesten Slalomfahrern. 1999 gewann er den Einzelweltcup im Slalom. Sportlicher Höhepunkt war jedoch der Olympiasieg 1994 in Lillehammer. Sein Vorsprung, den er dabei im ersten Slalomdurchgang herausgefahren hatte, war so komfortabel, dass ihm im zweiten Lauf die siebtschnellste Zeit genügte, um vorne zu bleiben. Seinen ruhigen, sachlichen Stil pflegte Thomas Stangassinger nicht nur auf der Piste, so gab er sich auch privat. Typisch seine Reaktion nach dem Goldgewinn: »Man sollte den Olympiasieg nicht überbewerten. Es bedeutet mir nicht so viel, wie manche vielleicht glauben.«

Land: Österreich
Medaillen: – 1 Gold
Teilnahmen: 1988, 1992, 1994, 1998

Richard Stebbins

An seinen Olympiasieg mit der US-Sprintstaffel denkt Richard Stebbins zweifellos noch gerne zurück. Damals, 1964 in Tokio, hatte er zusammen mit Otis Drayton, Gerald Ashworth und Bob Hayes in der Weltrekordzeit von 39,0 Sekunden die Goldmedaille gewonnen. Weitaus wichtiger war Richard Stebbins indes die Anerkennung nach seiner sportlichen Laufbahn. Er wurde ein bei Schülern wie Eltern überaus angesehener und beliebter Highschoollehrer mit diversen Auszeichnungen im US-Bundesstaat Maryland.

Land: USA
Medaillen: – 1 Gold
Teilnahmen: 1964

Renate Stecher

Am 7. Juli 1973 lief sie als erste Frau die 100 m unter 11 Sekunden (handgestoppt). Die DDR-Sprinterin Renate Stecher sprengte die Vorstellungen vom Bild einer Sprinterin des gazellengleichen Typus' einer Wilma Rudolph. Mit ihren 70 kg bei 1,70 m Körpergröße wirkte sie eher kräftig und kompakt. »Schnelligkeit«, sagte die spätere Sportlehrerin im Hochschuldienst einmal, »ergibt sich aus hoher Schrittfrequenz.« Mit dieser Schrittfrequenz und ihrer großen Schrittlänge lief Renate Stecher in der 1970er-Jahren jeder Frau der Welt davon. 1972 wurde sie Doppelolympiasiegerin über 100 und 200 m und holte Silber mit der Sprintstaffel. 1976 gewann sie noch einen kompletten Medaillensatz mit Gold in der Staffel, Silber über 100 m und Bronze über 200 m. Nach der Wende kritisierte sie, die guten Ansätze des DDR-Sportsystems seien zerschlagen worden. Und sie beklagte den Zustand, das laut Statistik 50 Prozent der Kinder in der Bundesrepublik sportunfähig sind. »So etwas wäre in unserem System nicht vorgekommen.«

Land:	DDR
Medaillen:	– 3 Gold
	– 2 Silber
	– 1 Bronze
Teilnahmen:	1972, 1976

Hans-Peter Steinacher (rechts)

Zusammen mit seinem Partner Roman Hagara wurde Vorschoter Hans-Peter Steinacher aus Zell am See erster österreichischer Olympiasieger im Segeln. Nachdem die beiden 1999 bereits mit dem WM-Titelgewinn die Konkurrenz vorgewarnt hatten, bestätigten sie 2000 in Sydney ihre Favoritenrolle mit dem Goldgewinn in der Tornadoklasse. 2004 in Athen verteidigten sie ihren Titel und waren damit das erste Team, das in dieser Segeldisziplin zweimal in Folge gewann.

Land:	Österreich
Medaillen:	– 2 Gold
Teilnahmen:	2000, 2004

William Steinkraus

Der US-Springreiter William Steinkraus gewann vier Medaillen bei fünf Olympischen Spielen. Seinen größten Erfolg feierte der Amerikaner 1968 mit seiner Goldmedaille im Einzelspringen. 1952 war er mit Mannschaftsbronze gestartet, hatte sich 1960 auf Mannschaftssilber gesteigert, ehe ihm dann in Mexico City der goldene Ritt gelang. Zum Abschluss seiner Olympialaufbahn vergab er die Chance aufs zweite Gold. Im letzten Wettbewerb der Spiele von München 1972, dem Preis der Nationen, vergab der beste Einzelreiter Steinkraus mit seinem einzigen Springfehler den Olympiasieg und holte Silber hinter den Deutschen.

Land:	USA
Medaillen:	– 1 Gold
	– 2 Silber
	– 1 Bronze
Teilnahmen:	1952, 1956, 1960, 1968, 1972

Ingemar Stenmark

Mit seinen 86 Weltcupsiegen zwischen 1973 und 1989 ist der Schwede Ingemar Stenmark der erfolgreichste Skirennläufer seit der Einführung des Weltcups. Obwohl er fast nie in der Abfahrt antrat, gewann er dreimal den Gesamtweltcup. Seine Spezialität waren Slalom und Riesenslalom. Mit seiner exzellenten Körperbeherrschung und seinem phänomenalen Balancegefühl wurde der schweigsame Naturbursche zum Ausnahmekönner der alpinen Skiathleten. Stenmarks technische Überlegenheit war so groß, dass das Reglement im Weltcup mehrfach verändert wurde, um seine Fließbandsiege zu verhindern. Dagegen nehmen sich seine Olympiaerfolge relativ bescheiden aus: 1976 Bronze im Riesenslalom, 1980 zweimal Gold im Slalom und Riesenslalom. Außergewöhnlich war Ingemar Stenmarks Sinn für Fairness. Weil er als Nobody bei schwedischen Ausrüstern keine Unterstützung fand, band er sich an die kaum bekannte jugoslawische Firma Elan. Als die großen Firmen dem Superstar später millionenschwere Angebote machten, verzichtete Stenmark und hielt Elan die Treue.

Land:	Schweden
Medaillen:	– 2 Gold
	– 1 Bronze
Teilnahmen:	1976, 1980, 1988

Teófilo Stevenson

Entweder flüchteten seine Gegner so lange vor ihm, bis sie vom Ringrichter wegen Passivität bestraft wurden, oder sie wurden ausgeknockt. Der Kubaner Teófilo Stevenson galt als der Amateurboxer mit der härtesten Rechten aller Zeiten. Bei seinen drei Olympiasiegen in Folge machte er stets kurzen Prozess. 1976 etwa benötigte er für alle Kämpfe inklusive Finale insgesamt nur eine Viertelstunde. Der sicherlich beste Amateurboxer wurde immer wieder mit Millionenangeboten aus dem Profilager gelockt, u. a. mit Fights gegen Muhammad Ali, blieb jedoch seinem Land und Staatschef Fidel Castro treu ergeben. »Was ist schon eine Million gegen das Vertrauen von acht Millionen Kubanern«, sagte Stevenson einmal, »ich liebe meine Heimat und den sauberen Amateursport.« Später machte Castro den überzeugten Sozialisten zum Präsidenten des kubanischen Boxsportverbandes.

Land:	Kuba
Medaillen:	– 3 Gold
Teilnahmen:	1972, 1976, 1980

Michael Stich (links)

Olympia zieht selbst diejenigen in seinen Bann, die im Sport schon die größten Erfolge gefeiert haben. Der Hamburger Tennisprofi Michael Stich hatte Wimbledon gewonnen (1991 mit seinem Finalsieg gegen Boris Becker), auch den Daviscup und war bis auf den zweiten Platz der Tennisweltrangliste vorgestoßen. Und doch fehlte ihm in seiner Karriere noch das i-Tüpfelchen: ein Olympiasieg. Der gelang ihm 1992 in Barcelona im Herrendoppel an der Seite seines ansonsten größten Rivalen Boris Becker. Mit 29 Jahren schon musste Michael Stich seine Karriere wegen einer hartnäckigen Schulterverletzung beenden. Bereits vorher hatte er eine gemeinnützige Stiftung gegründet, die sich für HIV-infizierte und an AIDS erkrankte Kinder einsetzt.

Land: Deutschland
Medaillen: – 1 Gold
Teilnahmen: 1992

Gerhard Stöck

Eigentlich hatte sich Gerhard Stöck als Zehnkämpfer auf die Spiele 1936 vorbereitet. Wegen einer Verletzung kurz vorher musste er sich jedoch auf die Wurfdisziplinen beschränken. Was ihm hervorragend gelang: Stöck gewann Gold im Speerwurf und Bronze im Kugelstoßen. Nach dem Krieg arbeitete er in Hamburg zunächst als Studienrat.1950 wurde er Leiter des Sportamtes und später Regierungsdirektor im Dezernat für Sportstättenbau. In seiner Amtszeit entstanden das Hamburger Volksparkstadion, die Alsterdorfer Sporthalle und die Alsterschwimmhalle. Stöcks größte Auszeichnung war die Berufung zum »Chef de Mission« der gesamtdeutschen Olympiateams von 1956, 1960 und 1964.

Land: Deutschland
Medaillen: – 1 Gold
– 1 Bronze
Teilnahmen: 1936

Sharon Stouder (links)

Dreimal Gold mit 15 Jahren – dies schaffte die US-Schwimmerin Sharon Stouder 1964 in Tokio. Sie gewann über 100 m Schmetterling, über 4x100-m-Freistil und 4x100-m-Lagen. Um ein Haar wäre Sharon Stouder ein noch größerer Coup gelungen. Im Finale über 100 m Freistil forderte sie Australiens Schwimmikone Dawn Fraser alles ab. In einem fantastischen Duell musste die 27-Jährige Fraser schon Weltrekord schwimmen, um die jüngere Konkurrentin ganz knapp hinter sich zu lassen. Fraser (59,5 Sekunden) und Stouder (59,9 Sekunden) blieben als Erste unter der Minutengrenze.

Land: USA
Medaillen: – 3 Gold
– 1 Silber
Teilnahmen: 1964

Josef Straßberger

Im Olympischen Dorf in München 1972 wurde eine Straße nach ihm benannt. Josef Straßberger war einer der besten deutschen Gewichtheber vor dem Zweiten Weltkrieg. Der Schwergewichtler aus Bayern holte sich 1928 in Amsterdam den Olympiasieg und vier Jahre später, inzwischen schon 38 Jahre alt, noch einmal Bronze in Los Angeles. Er gewann auch zwei EM- und einen WM-Titel und stellte insgesamt neun Weltrekorde auf.

Land:	Deutschland
Medaillen:	– 1 Gold
	– 1 Bronze
Teilnahmen:	1928, 1932

Ludwig Stubbendorff

Alle Goldmedaillen im Vielseitigkeitsreiten (auch Military genannt) zu gewinnen, war vorher noch keiner anderen Nation gelungen. Die deutschen Reiter schafften dies bei ihren Heimspielen 1936 in Berlin. Allen voran Ludwig Stubbendorff. Er holte auf seinem Pferd Nurmi Gold sowohl im Einzel als auch mit der Mannschaft. Fünf Jahre später wurde dem Berliner seine sportliche Begabung zum Verhängnis. Als Kommandeur einer reitenden Artillerieabteilung fiel Ludwig Stubbendorff mit 35 Jahren 1941 an der Ostfront.

Land:	Deutschland
Medaillen:	– 2 Gold
Teilnahmen:	1936

Naim Süleymanoglu

Der kleine Mann vom Bosporus ist der lebende Superlativ: Naim Süleymanoglu, wegen seiner 1,52 m Größe auch »Westentaschenherkules« genannt, gelangen als erstem Gewichtheber drei Olympiasiege (1988, 1992, 1996). Der Federgewichtler war jüngster Weltmeister (mit 16), jüngster Weltrekordler (mit 17) und der erste Heber, der mehr als das Dreifache seines Körpergewichts nach oben brachte. 22-mal wurde der Türke Weltmeister, 42-mal stellte er Weltrekorde auf. In seiner Heimat brachte es Süleymanoglu zu großem Reichtum. Mit ihm wurde in der Türkei Gewichtheben populär. Der Staat belohnte ihn mit Häusern, kiloweise Gold, Nobelkarossen und einer lebenslangen Rente. 1996 schloss er mit Coca-Cola einen Einjahreswerbevertrag über vier Millionen Dollar ab. Auch das IOC zeigte sich spendabel – jedenfalls ideell – und verlieh Naim Süleymanoglu den Olympischen Orden.

Land:	Türkei
Medaillen:	– 3 Gold
Teilnahmen:	1988, 1992,
	1996, 2000

Jörgen, Peter und Ulf Sundelin

In der 5,5-m-Klasse waren die drei schwedischen Segelbrüder eine Klasse für sich. Sie galten als unschlagbar. Mit Ulf Sundelin als Steuermann wurden die drei 1968 Olympiasieger. Es war der letzte Auftritt jener 5,5-m-Boote, die dann vom moderneren Soling abgelöst wurden. Auch die Brüder lösten sich bisweilen ab. Bei ihrem WM-Sieg fungierte Peter als Steuermann und bei den Spielen 1972 in München durfte Jörgen das Kommando übernehmen. In München segelten die Sundelins in der Drachenklasse, blieben aber ohne Medaillen.

Land:	Schweden
Medaillen:	– je 1 Gold
Teilnahmen:	1968, 1972

Viorica Susanu (links)

Die Rumänin war Mitglied des legendären Frauenachters, der 1997, 1998 und 1999 die Weltmeisterschaft gewann und 2000 in Sydney den Olympiasieg holte. Danach stieg Viorica Susanu in den Zweier ohne Steuerfrau um und ruderte mit Georgeta Damian von Erfolg zu Erfolg: Auch hier wurde Viorica Susanu Weltmeisterin (2001, 2002). Bei den Spielen 2004 in Athen gelang ihr sogar ein Doppelschlag – sie gewann Gold im Zweier und im Achter.

Land:	Rumänien
Medaillen:	– 3 Gold
Teilnahmen:	1996, 2000, 2004

Gunde Svan

Ausdauersportler wie etwa Skilangläufer erreichen ihren Zenit gewöhnlich nicht schon um die 20 herum. Deshalb war der Olympiasieg des 22 Jahre alten Schweden Gunde Svan über 15 km 1984 in Sarajevo eine riesige Überraschung, eine zweite Goldmedaille holte er mit der 4x10-km-Staffel. Nie war ein Langlaufolympiasieger jünger als Svan, der in Sarajevo zudem noch Silber (50 km) und Bronze (30 km) gewann. Medaillen in allen vier Wettbewerben – dies war bisher nur seinem Landsmann Sixten Jernberg gelungen. Vier Jahre später wurde der siebenmalige Weltmeister erneut Doppelolympiasieger (50 km und Staffel). »Mich fasziniert der Reiz des Sieges«, sagte er einmal, »ist der nicht mehr da, höre ich auf.« Gunde Svan war noch nicht einmal 30, als dieser Reiz nachließ, ein Alter, in dem Langläufer normalerweise erst richtig loslegen. Svan trat zurück, ein Fernsehstar blieb er für seine Landsleute dennoch. Der rotblonde Hüne wurde einer der beliebtesten schwedischen TV-Showmoderatoren. Längst ist er in seiner Heimat populärer als Sportgrößen wie Björn Borg oder Ingemar Stenmark, Umfragen zufolge sogar populärer als der König. Und er ist ein gefragter Managertrainer, der in großen Unternehmen Motivationsseminare abhält. Thema: »Wie bin ich erfolgreich?«

Land:	Schweden
Medaillen:	– 4 Gold
	– 1 Silber
	– 1 Bronze
Teilnahmen:	1984, 1988

Alfred Swahn (links)

Mit insgesamt neun Medaillen war der Sohn noch erfolgreicher als der Vater. Seinen ersten Olympiasieg feierte der schwedische Schütze Alfred Swahn noch zusammen mit Vater Oscar 1908 im Mannschaftswettkampf. Vier Jahre später jedoch zeigte der Filius, dass er auch auf sich allein gestellt eine Goldmedaille gewinnen kann, als er neben seinem zweiten Teamsieg nun auch die Einzelkonkurrenz (Einzelschuss Laufender Hirsch) für sich entschied.

Land:	Schweden
Medaillen:	– 3 Gold
	– 3 Silber
	– 3 Bronze
Teilnahmen:	1908, 1912, 1920, 1924

Oscar Swahn

Mit 72 Jahren war der schwedische Schütze der älteste Olympiateilnehmer aller Zeiten. In diesem Alter gewann Oscar Swahn 1920 in Antwerpen im Teamwettbewerb Laufender Hirsch noch eine Silbermedaille. Er war bereits 60, als er zum ersten Male Olympiasieger wurde. 1908 in London holte Oscar Swahn Gold in der Disziplin Einzelschuss Laufender Hirsch, und zwar sowohl im Einzel- als auch im Teamwettbewerb. Das Mannschaftsgold bezeichnete er immer wieder als seinen schönsten Erfolg, weil er ihn mit seinem Sohn Alfred feiern konnte, der gemeinsam mit dem Vater im Team startete. 1912 konnten die beiden den Vater-Sohn-Triumph sogar noch einmal wiederholen. Mit 64 Jahren und 257 Tagen ist Oscar Swahn seitdem auch der älteste Olympiasieger. Auch auf die Spiele 1924 hatte er sich, nun fast 79, intensiv vorbereitet. Eine Krankheit verhinderte jedoch seine Teilnahme.

Land:	Schweden
Medaillen:	– 3 Gold
	– 1 Silber
	– 2 Bronze
Teilnahmen:	1908, 1912, 1920

Ecaterina Szabó

Sie war die herausragende Turnerin der Spiele von 1984. Zwar unterlag Ecaterina Szabó im Achtkampf noch knapp ihrer amerikanischen Konkurrentin Mary Lou Retton um 0,05 Punkte und gewann »nur« Silber. Doch dann wurde die Rumänin vierfache Olympiasiegerin in drei Gerätefinals (Sprung, Schwebebalken, Boden) und mit ihrer Mannschaft. Selbst ein sechsminütiger Stromausfall Sekunden vor ihrer Bodenkür konnte die 18-jährige Europa- und Weltmeisterin nicht irritieren. »Ihre Leistungen strahlten heller als das Licht«, lobte ihre Trainerin Marina Cosma hinterher. Noch vor den Spielen 1988 trat Ecaterina zurück und absolvierte in Bukarest eine Trainerausbildung.

Land:	Rumänien
Medaillen:	– 4 Gold
	– 1 Silber
Teilnahmen:	1984

Irena Szewinska-Kirszenstein

Die Polin ist neben der Australierin Shirley de la Hunty-Strickland die Leichtathletin mit den meisten Olympiamedaillen. Dabei brachte Irena Szewinska-Kirszenstein das Kunststück fertig, im Abstand von zwölf Jahren Gold zu gewinnen. Als sie 13 war, hatte man ihr noch mangelndes leichtathletisches Talent attestiert. Fünf Jahre später, 1964, war Irena zum ersten Mal Olympiasiegerin mit der 4x100-m-Staffel, dazu Silber- und Bronzemedaillengewinnerin (200 m bzw. Weitsprung). 1968 folgten Gold über 200 m und Bronze über 100 m, 1972 dann Bronze über 200 m. Nach ihrem Wechsel auf die 400-m-Distanz schaffte Irena Szewinska-Kirszenstein 1976 ihren eindrucksvollsten Erfolg – mit Weltrekord und 10 m Vorsprung. Eine Wiederholung vier Jahre später zu ihrem olympischen Abschluss blieb ihr leider versagt, sie schied im Halbfinale mit einer Muskelverletzung aus. Noch heute ist sie in Polen ein Sportidol und als Vizepräsidentin des polnischen NOK noch immer aktiv.

Land:	Polen
Medaillen:	– 3 Gold
	– 2 Silber
	– 2 Bronze
Teilnahmen:	1964, 1968, 1972, 1976, 1980

Georges Taillandier – Armas Taipale – Karoly Takacs – Nurcan Taylan – Henry Taylor – Andreas Tews – Jacob Tullin Thams – Monica Theodorescu – Fritz Thiedemann – Dieter Thoma – Georg Thoma – Daley Thompson – Jenny Thompson – Lothar Thoms – Gustav Thöni – Ian Thorpe – Jim Thorpe – Nicola Thost – Petra Thümer – Clas Thunberg – Alexander Tichonow – Marianne Timmer – Ulf Timmermann – Alexander Timoschinin – Mark Todd – Alberto Tomba – Ferenc Török – Gwen Torrence – Jayne Torvill – Friedrich Adolf Traun – Wladislaw Tretjak – Julia Tschepalowa – Swetlana Tschorkina – Viktor Tschukarin – Mitsuo Tsukahara – Derartu Tulu – Ljudmilla Turistschewa – Cathy Turner – Wyomia Tyus

Georges Taillandier

Bei den Spielen 1900 in Paris hatten die Macher der Weltausstellung Olympiavater Pierre de Coubertin in Verlegenheit gebracht. Bei einigen Wettkämpfen war unklar, welche Olympia und welche der Weltausstellung zuzuordnen waren. Außerdem hatten die Ausstellungsmanager bei einer Vielzahl von Radwettbewerben Profis und Amateure gemeinsam starten lassen, was dem IOC nicht gefallen konnte. Manche Statistiken weisen heute nur noch den Sprint über 1000 m als olympische Raddisziplin anno 1900 aus. Sieger war der Franzose Georges Taillandier. Der hatte jahrzehntelang seinen Sprintwettbewerb für ein Rennen anlässlich der Weltausstellung gehalten, bis er 1960 im Fernsehen erfuhr, dass er Olympiasieger ist.

Land:	Frankreich
Medaillen:	– 1 Gold
Teilnahmen:	1900

Armas Taipale

Der Finne Armas Taipale wurde 1912 gleich zweimal Olympiasieger im Diskuswerfen. Was in dieser leichtathletischen Disziplin seinerzeit noch möglich war. Zunächst hatte er mit 45,21 m die Goldmedaille im klassischen Stil gewonnen. Danach holte sich der Finne noch einmal Gold im beidhändigen Werfen, wobei der Diskus nacheinander mit der rechten und der linken Hand geschleudert wurde. In der Addition kam Taipale auf 82,86 m. 1920, nach einer durch den Ersten Weltkrieg erzwungenen Pause, gewann der Athlet aus Helsinki noch einmal Silber im klassischen Stil, die beidhändige Variante hatte man inzwischen abgeschafft.

Land:	Finnland
Medaillen:	– 1 Gold
	– 1 Silber
Teilnahmen:	1912, 1920

Karoly Takacs

»Was willst Du hier?« fragte der argentinische Weltmeister und Weltrekordhalter Carlos Diaz Saenz den Ungarn Karoly Takacs vor dem Wettkampf mit der Schnellfeuerpistole bei den Spielen 1948 in London. »Ich bin hier, um zu lernen«, lautete die Antwort. Takacs galt als Außenseiter, zumal er beim Armeedienst durch eine explodierte Handgranate seine rechte Hand verloren hatte und seitdem mit links schießen musste. Dennoch besiegte er den Argentinier und wurde Olympiasieger mit neuem Weltrekord. Während der Siegerehrung wandte sich Silbermedaillengewinner Diaz Saenz noch einmal seinem Gegner zu und sagte: »Du hast jetzt genug gelernt.« Zweifellos, denn vier Jahre später in Helsinki wiederholte Karoly Takacs seinen Erfolg.

Land:	Ungarn
Medaillen:	– 2 Gold
Teilnahmen:	1948, 1952

Nurcan Taylan

Erst wurde sie Olympiasiegerin, dann legte sie sich für ihren ins Gerede gekommenen Trainer ins Zeug. Die türkische Gewichtheberin Nurcan Taylan sorgte 2004 in Athen mit ihrem Olympiasieg für eine große Überraschung, als sie in der Klasse bis 48 kg die haushohe Favoritin Zhou Li (China) mit neuem Weltrekord besiegte. Die Freude im türkischen Lager war noch nicht verebbt, da erhoben drei Mannschaftskameradinnen schwere Vorwürfe: Trainer Mehmet Ustundag habe sie mehrfach sexuell belästigt und geschlagen. Die Olympiasiegerin allerdings stellte sich an die Seite des Trainers und sprach von einer Verschwörung ihrer drei Kameradinnen.

Land:	Türkei
Medaillen:	– 1 Gold
Teilnahmen:	2004

Andreas Tews

Noch für die DDR startend gewann der Rostocker Boxer Andreas Tews 1988 die Silbermedaille im Fliegengewicht. Der 19 Jahre alte Rostocker war im Jahr zuvor bereits Europameister geworden. Vier Jahre Erfahrung später wurde er 1992 Olympiasieger im Federgewicht. Der jüngste von fünf Brüdern, der sich schon zu Hause im Durchsetzen üben konnte, galt als großes Talent. Manche Experten prophezeiten ihm eine erfolgreiche Zukunft, doch Andreas Tews beendete schon 1993 im Alter von erst 24 Jahren seine Karriere und schlug auch ein Angebot für einen Profivertrag beim Universum-Boxstall aus.

Land:	DDR, Deutschland
Medaillen:	– 1 Gold
	– 1 Silber
Teilnahmen:	1988, 1992

Henry Taylor (rechts)

Der Brite Henry Taylor gewann 1908 in London dreimal Gold und ist damit bis heute der erfolgreichste britische Schwimmer bei Olympischen Spielen überhaupt. Es waren kuriose Schwimmwettkämpfe: Beim Wettkampf über 1 Meile wurde seltsamerweise die Reihenfolge nach 1500 m gewertet. Deshalb gewann nicht Meilensieger Battersby, sondern Landsmann Henry Taylor, der auch über 400 m Freistil und mit der britischen 4x200-m-Freistilstaffel dominierte. In diesem Staffelrennen ereignete sich noch ein Drama. 50 m vor dem Ziel bekam Ungarns in Führung liegender Schlussschwimmer Halmay einen Krampf und ging unter. Als er aus seiner Bewusstlosigkeit aufwachte, war Taylor zum dritten Male Olympiasieger.

Land:	Großbritannien
Medaillen:	– 3 Gold
	– 2 Bronze
Teilnahmen:	1908, 1912, 1920

Jacob Tullin Thams

Er war der erste Olympiasieger im Skispringen bei den ersten Winterspielen 1924 in Chamonix. Jacob Tullin Thams war der beste von vier Norwegern, die unter den ersten fünf landeten. Bei der Titelverteidigung vier Jahre später wurde der Hochseematrose, der berufsbedingt kaum Zeit zum Training hatte, vom Pech verfolgt. Nach dem ersten Durchgang auf Rang 5 liegend, sprang er im zweiten mit 73 m Weltrekord, stürzte aber bei der Landung und landete abgeschlagen auf dem 28. Platz. Seine letzte Medaille gewann Thams dagegen mit minimalem Aufwand. Der Matrose blieb bei seinen Leisten, meldete sich für die in der Kieler Förde ausgetragenen Segelwettbewerbe der Spiele von 1936 an und holte als Teammitglied im norwegischen Boot der 8mR-Klasse noch einmal Silber.

Land:	Norwegen
Medaillen:	– 1 Gold
	– 1 Silber
Teilnahmen:	1924, 1936

Monica Theodorescu (rechts)

Sie ist stolz darauf, alle ihre erfolgreichen Dressurpferde selbst ausgebildet zu haben. Monica Theodorescu stammt aus einer Reiterfamilie. Ihr Vater nahm 1956 für Rumänien an den Olympischen Reiterspielen in Stockholm teil, ihre Mutter war Springreiterin. Schon mit drei Jahren saß sie im Sattel. »Wir haben sie einfach reiten und probieren lassen«, erzählte George Theodorescu, dessen Gestüt der Tochter alle Möglichkeiten eröffnete. Vom Vater, einem Trainer und Ausbilder von Weltruf, erlernte Monica Theodorescu auch die Ausbildungsmethoden. Dreimal in Folge wurde sie Olympiasiegerin im Teamwettbewerb, dazu Europa- und Weltmeisterin.

Land:	Deutschland
Medaillen:	– 3 Gold
Teilnahmen:	1988, 1992, 1996

Fritz Thiedemann

Er und Hans Günter Winkler waren die herausragenden deutschen Springreiter der 1950er-Jahre. Fritz Thiedemann, ein Landwirt und Unternehmer aus Holstein, galt als Ikone seiner Sportart, zusammen mit seinem Pferd Meteor, mit dem er die meisten Siege errang. 1952 gelang es ihm als bislang einzigem Reiter der Welt, in zwei Disziplinen Medaillen zu gewinnen: Beim Springreiten wurde er mit Meteor Dritter, mit der Dressurmannschaft holte er auf Chronist ebenfalls Bronze. Danach blieb Thiedemann beim Springreiten. 1956 und 1960 wurde er mit Meteor jeweils Olympiasieger in der Mannschaftswertung, 1958 Europameister und »Sportler des Jahres«. Fünfmal entschied er das Deutsche Springderby in Hamburg, das schwierigste Springen der Welt, für sich und Meteor. Insgesamt kamen Pferd und Reiter auf 150 Turniererfolge. Mit seinem sympathisch-gewinnenden Auftreten in den Nachkriegsjahren trug Fritz Thiedemann wesentlich dazu bei, dass Deutschland über den Sport hinaus wieder zu Ansehen kam. Als er am 8. Januar 2000 im Alter von 81 Jahren starb, sagte Dieter Graf Landsberg-Vehlen, Präsident der Deutschen Reiterlichen Vereinigung: »Einen wie ihn wird es so schnell nicht wieder geben.«

Land:	Deutschland
Medaillen:	– 2 Gold
	– 2 Bronze
Teilnahmen:	1952, 1956, 1960

Dieter Thoma

Dieter Thoma war nicht der erste erfolgreiche Skispringer seiner Familie. Sein Onkel Georg war Olympiasieger und Weltmeister in der nordischen Kombination. Neffe Dieter dagegen hatte sich ausschließlich aufs Springen spezialisiert. Er wurde 1994 Olympiasieger (Team) und holte Bronze (Normalschanze). Vier Jahre später folgte noch einmal Silber mit dem Team. Zweimal gelang ihm die Weltmeisterschaft – 1990 im Skifliegen und 1999 im Teamwettbewerb. Nach der Saison 98/99 trat Dieter Thoma vom Leistungssport aufgrund vieler Verletzungen und starker Schmerzen zurück. Er hatte acht Knieoperationen, zwei komplizierte Oberschenkeloperationen, einen Armbruch und etliche Gehirnerschütterungen erleiden müssen. Später betätigte er sich als TV-Kommentator bei Skiübertragungen und erhielt zwei Medienpreise.

Land.	Deutschland
Medaillen:	– 1 Gold
	– 1 Silber
	– 1 Bronze
Teilnahmen:	1988, 1992, 1994, 1998

Georg Thoma

Der Mann aus dem Schwarzwald durchbrach 1960 in Squaw Valley als erster Mitteleuropäer die Vorherrschaft der Skandinavier in der nordischen Kombination, dem Duett aus Skisprung und Langlauf. Georg Thomas Olympiasieg kam unerwartet, weil er zwar als hervorragender Springer, aber nur durchschnittlicher Langläufer galt. Vor den Spielen hatte der Briefträger jedoch ein intensives Lauftraining absolviert, indem er zum Beispiel seinen 30 km umfassenden Zustellerbereich immer wieder zu Fuß bzw. auf Skiern bewältigte. Mit goldenem Erfolg. Von 1960 an blieb Georg Thoma, von den meisten nur »Jörgli« genannt, permanent an der Weltspitze. 1963 siegte er, wiederum als erster Mitteleuropäer, am sagenumwobenen Holmenkollen in Oslo. Bei Olympia 1964 gewann er noch einmal Bronze. Und zum krönenden Abschluss seiner Karriere wurde er 1966 auch noch Weltmeister – am Holmenkollen.

Land:	Deutschland
Medaillen:	– 1 Gold
	– 1 Bronze
Teilnahmen:	1960, 1964

Daley Thompson

Sein ewiger Zweikampf im Zehnkampf mit Jürgen Hingsen schrieb Leichtathletikgeschichte. Obwohl der Brite Daley Thompson nicht die optimalen physischen Voraussetzungen mitbrachte wie sein deutscher Dauerkonkurrent, gelang es ihm immer wieder, Hingsen in allen großen Wettkämpfen zu besiegen. Thompson war psychisch besser ausgerüstet, er verstand es, mit Selbstsicherheit im Auftreten und in der Sprache (»Hollywood-Hingsen«) den talentierteren Widersacher oft genug aus dem mentalen Gleichgewicht zu bringen. Höhepunkt des Psychoduells waren die Spiele 1984, als Hingsen, den Sieg vor Augen, im Stabhochsprung plötzlich die Nerven verlor und die Bewegungsabläufe »vergaß«. Thompson wurde Olympiasieger, ebenso wie schon 1980 und beinahe auch 1988, als er nur wegen einer Verletzung den vierten Platz belegte. Insgesamt viermal verbesserte der Brite, der 1983 auch Weltmeister wurde, den Zehnkampfweltrekord.

Land:	Großbritannien
Medaillen:	– 2 Gold
Teilnahmen	1976, 1980, 1984, 1988

Jenny Thompson

Eine seltene Konstellation: Obwohl die US-Schwimmerin Jenny Thompson mit ihren acht Goldmedaillen zu den erfolgreichsten Olympioniken aller Zeiten zählt, konnte sie nie einen Einzelolympiasieg feiern. Alle ihre Golderfolge errang sie mit US-Staffeln (1992, 1996, 2000) über 4x100-m, 4x200-m (jeweils Freistil) und 4x100-m-Lagen. Einzelmedaillen holte Jenny Thompson über 100 m Freistil – 1992 Silber und 2000 Bronze. Solotitel gewann die Amerikanerin dafür 1998, als sie über 100 m Freistil und 100 m Schmetterling Weltmeisterin wurde. Nachdem ihre Mutter an Krebs erkrankt war, nutzte die Schwimmerin ihre Erfolge, um Geld für krebskranke Menschen zu sammeln, u. a. als Model auf Titelseiten von »Vanity Fair« oder »Vogue«. Nebenbei studierte sie Medizin.

Land:	USA
Medaillen:	– 8 Gold
	– 3 Silber
	– 1 Bronze
Teilnahmen:	1992, 1996, 2000, 2004

Lothar Thoms

Der Bahnradspezialist aus Cottbus war Ende der 1970er- und Anfang der 1980er-Jahre der weltbeste Radamateur im Zeitfahren. Zum Höhepunkt seiner Karriere gerieten die Spiele 1980 in Moskau, wo Lothar Thoms als letzter Starter in Weltrekordzeit die Goldmedaille im 1000 m Zeitfahren gewann. Viermal wurde er in jenen Jahren Weltmeister. Nach seiner Karriere fand Thoms eine Anstellung bei der Cottbuser Stadtverwaltung. Später begann er eine Ausbildung zum Physiotherapeuten, ein Schlaganfall machte ihn jedoch 2002 zum Invaliden. Seitdem ist er arbeitsunfähig. »Aber ich kann mich alleine versorgen«, sagt er.

Land:	DDR
Medaillen:	– 1 Gold
Teilnahmen:	1980

Gustav Thöni

Der Südtiroler gehörte in den 1970er-Jahren zu den besten Slalomfahrern überhaupt. Mit seiner neu entwickelten Umsteigetechnik, mit der er die Tore hoch anfahren konnte, revolutionierte Gustav Thöni den Fahrstil jener Zeit. 1972 wurde er Riesenslalomolympiasieger, gewann zudem Silber im Slalom und wiederholte diesen Erfolg 1976. Vier Weltmeistertitel und vier Gesamtweltcupsiege komplettieren Thönis Bilanz. Nach seiner aktiven Laufbahn war er persönlicher Trainer von Alberto Tomba und anschließend Cheftrainer von Italiens Skinationalteam. Sein durch die sportlichen Erfolge erwirtschaftetes Vermögen investierte Gustav Thöni in den Ausbau der elterlichen Pension zu einem Hotel am Fuße des Stilfser Jochs, das er mit seiner Frau und den drei Töchtern leitet.

Land:	Italien
Medaillen:	– 1 Gold
	– 2 Silber
Teilnahmen:	1972, 1976, 1980

Ian Thorpe

Ian Thorpe ist der erfolgreichste australische Athlet aller Zeiten. Seit den Spielen 2000 zählte er zu den weltbesten Schwimmern. Gleich während seines Olympiadebüts 2000 in Sydney gewann er dreimal Gold (400 m Freistil, 4x100- und 4x200-m-Freistilstaffel) plus zweimal Silber (200 m Freistil, 4x100-m-Lagenstaffel). Vier Jahre später drohte dem Australier ein Desaster. Wegen eines Fehlstarts über 400 m Freistil bei der nationalen Olympiaqualifikation schien die Chance für eine Titelverteidigung vorbei. Doch Ian Thorpes Teamkollege Craig Stevens verzichtete zugunsten seines Freundes auf den Start – und Thorpe wurde in Athen erneut Olympiasieger über 400 m Freistil. Außerdem gewann er das »Race of the Century« über 200 m Freistil gegen den Niederländer Pieter van den Hoogenband und den Amerikaner Michael Phelps. Neben seinen Olympiatiteln wurde er elfmal Weltmeister. Einen stattlichen Teil seiner Einkünfte stellte Ian Thorpe einer von ihm gegründeten Stiftung zur Förderung behinderter Kinder zur Verfügung.

Land:	Australien
Medaillen:	– 5 Gold
	– 3 Silber
	– 1 Bronze
Teilnahmen:	2000, 2004

Jim Thorpe

»Sir, Sie sind für mich der größte Athlet der Welt!« Mit diesen Worten gratulierte König Gustav V. von Schweden Jim Thorpe, dem Amerikaner indianischer Abstammung, nachdem der in Stockholm 1912 mit Weltrekorden nach dem antiken Fünfkampf auch noch den Zehnkampf gewonnen hatte. Seine Fünfkampfleistungen: Weitsprung, 7,07 m, Speer 46,41 m, 200 m 22,9 Sekunden, Diskus 35,75 m, 1500 m 4:44,8 Minuten Doch der Ruhm währte nicht lange. 1913 wurde Thorpe nachträglich der Amateurstatus aberkannt, weil er vor den Spielen einmal in einer unterklassigen Baseballliga gespielt und dafür 60 Dollar kassiert hatte. Er musste seine Medaillen zurückgeben, wurde aus den Ergebnislisten gestrichen und auf Lebenszeit disqualifiziert. Danach machte Jim Thorpe als Profi im Football und Baseball bei den besten US-Klubs Karriere und erhielt Ehrungen wie z. B. »Größter Athlet der ersten Jahrhunderthälfte« oder »Größter Footballspieler der ersten Jahrhunderthälfte«. Hollywood verfilmte Thorpes Schicksal 1951 unter dem Titel »Jim Thorpe – All American«. Die Hauptrolle spielte Burt Lancaster. 1982, fast 30 Jahre nach Thorpes Tod und 70 Jahre nach seinem Doppelolympiasieg, revidierte das IOC die Entscheidung von 1912 und gab den Nachfahren des ersten Allroundsportlers die beiden Goldmedaillen zurück. Jim Thorpes Entgegnung auf das königliche Kompliment bei der Stockholmer Siegerehrung lautete übrigens: »Thanks, King!«

Land:	USA
Medaillen:	– 2 Gold
Teilnahmen:	1912

Nicola Thost

Nicola Thost wurde 1998 in Nagano die erste Olympiasiegerin im Halfpipewettbewerb der Snowboarder. Die Pforzheimerin hatte als Turnerin begonnen und sich erst relativ spät dem Snowboarden zugewandt. Jedes Wochenende fuhr sie mit dem Zug von Pforzheim nach Oberstdorf (über 500 km hin und zurück), um ihren Sport ausüben zu können. Nicola Thost spezialisierte sich auf die Halfpipe, wurde zweimal Juniorenweltmeisterin (1995 und 1996) und danach Profiboarderin. Sie liebt die Mentalität der Boarder. »Bei uns steht der Fun im Vordergrund, für den wahren Boarder ist das Lebensgefühl wichtiger als Resultate.«

Land:	Deutschland
Medaillen:	– 1 Gold
Teilnahmen:	1998, 2002

Petra Thümer

Sie war erst 15, als sie Doppelolympiasiegerin im Schwimmen über 400 m und 800 m Freistil wurde. Petra Thümer gehörte zu jenen DDR-Athletinnen, die bei den Spielen 1976 in Montreal nach ihren sensationellen Leistungen in Dopingverdacht gerieten, weil ihnen das männliche Sexualhormon Testosteron gespritzt worden sein soll. Vor allem die DDR-Frauen, die bis auf zwei Wettbewerbe alle Rennen gewannen, standen wegen ihrer erhöhten Muskelbildung und der tiefen Stimmen im Fokus. Nur drei Jahre nach ihrem Erfolg von Montreal trat Petra Thümer zurück, gerade mal 18 Jahre alt. Sie wurde Fotografin.

Land:	DDR
Medaillen:	– 2 Gold
Teilnahmen:	1976

Clas Thunberg

Der Finne war der Pionier des Eisschnelllaufs. Clas Thunberg beherrschte diesen zu seiner Zeit noch wenig bekannten Sport von Anfang der 1920er-Jahre über ein Jahrzehnt lang bei Olympischen Spielen ebenso wie bei Europa- und Weltmeisterschaften. 1924 in Chamonix gewann der »Nurmi auf Eis« Medaillen in allen fünf Wettbewerben: dreimal Gold (1500 m, 5000 m, Mehrkampf), Silber (10 000 m) und Bronze (500 m). 1928 in St. Moritz ließ er noch zweimal Gold folgen (500 m, 1500 m). Fünfmal wurde Thunberg Welt- und viermal Europameister. In seiner Heimatstadt Helsinki war Clas Thunberg ein angesehener Architekt und Bauunternehmer. Ihm zu Ehren werden noch heute alljährlich die »Memorial-Eisschnelllauf-Wettbewerbe« ausgetragen.

Land:	Finnland
Medaillen:	– 5 Gold
	– 1 Silber
	– 1 Bronze
Teilnahmen:	1924, 1928

Alexander Tichonow

Ein großer Biathlet, ein erfolgreicher Geschäftsmann und ein des Mordkomplotts Verdächtigter – dies alles war und ist Alexander Tichonow. In der alten UdSSR reifte der Armeeoffizier zu einem der besten Biathleten. Viermal in Folge wurde er Olympiasieger, jeweils mit der 4x7,5-km-Staffel, einmal Silbermedaillengewinner (1968 über 20 km), dazu elfmal Weltmeister (davon sechsmal mit der Staffel). Nach Ende seiner Laufbahn und dem Ende der Sowjetunion erwirtschaftete Tichonow ein ansehnliches Vermögen, unterhielt eine riesige Landwirtschaft, eine Großbäckerei sowie mehrere Fleisch- und Fischfirmen mit 600 Angestellten. Doch dann geriet er in die Fänge der Justiz. Tichonow wurde angeklagt, an einem Mordkomplott gegen den Gouverneur des sibirischen Verwaltungsbezirks Kemerow, Aman Tulejew, beteiligt gewesen zu sein. In Tichonows Haus wurden angeblich große Mengen an Sprengstoff gefunden.

Land:	UdSSR
Medaillen:	– 4 Gold
	– 1 Silber
Teilnahmen:	1968, 1972,
	1976, 1980

Marianne Timmer

Gleich bei ihrer ersten Teilnahme an Olympischen Spielen 1998 in Nagano wurde Marianne Timmer Doppelolympiasiegerin im Eisschnelllaufen über 1000 m und 1500 m. Nachdem die Niederländerin 2002 in Salt Lake City über 1000 m nur knapp eine Bronzemedaille verpasst hatte, triumphierte sie 2006 in Turin mit ihrem insgesamt dritten Goldgewinn (1000 m). Über die 1000-m-Distanz wurde Marianne Timmer auch zweimal Weltmeisterin, ein drittes Mal im Sprintvierkampf.

Land:	Niederlande
Medaillen:	– 3 Gold
Teilnahmen:	1998, 2002, 2006

Ulf Timmermann

Kurz vor den Spielen 1988 hatte Ulf Timmermann als erster Kugelstoßer die 23-m-Marke geknackt und mit 23,06 m einen neuen Weltrekord aufgestellt. Er ging als hoher Favorit auf die Goldmedaille an den Start – und musste doch bis zuletzt um seinen Olympiasieg bangen. Vor dem letzten Durchgang lag Timmermann vorne. Dann wuchtete sich sein größter Widersacher Randy Barnes (USA) mit 22,39 m an die Spitze. Doch der 1,95 m große und 118 kg schwere Deutsche konterte. Mit seinem letzten Versuch übertraf er den Amerikaner und gewann mit 22,47 m.

Land:	DDR, Deutschland
Medaillen:	– 1 Gold
Teilnahmen:	1988, 1992

Alexander Timoschinin (links)

Wer mit Alexander Timoschinin in einem Boot saß, hatte goldene Perspektiven. 1968 in Mexico City wurde der russische Ruderer mit seinem Landsmann Anatoli Sass zusammen Olympiasieger im Doppelzweier. 1972 konnte er seinen Erfolg in derselben Bootsklasse wiederholen, obwohl er erst wenige Monate vor den Spielen in München einen neuen Partner fand. Diesmal war Gennadi Korschikow der Glückliche, der mit Alexander Timoschinin den Olympiasieg feiern durfte.

Land:	UdSSR
Medaillen:	– 2 Gold
Teilnahmen:	1968, 1972

Mark Todd

Schon als kleines Kind ritt Mark Todd bei Ponywettbewerben mit. Sein großes Berufsziel Jockey musste er jedoch mit zunehmendem Alter aufgeben. »Ich wurde einfach zu groß, und so kam ich zur Military.« Um möglichst rasch erfolgreich zu sein, verkaufte der Farmer in seiner Heimat Neuseeland alles, was er besaß und wanderte nach England aus, wo das Vielseitigkeitsreiten zu Hause ist. Nur sein Pferd Charisma nahm Mark Todd mit. Mit ihm wurde er 1984 und 1988 Olympiasieger in der Einzelwertung. 1988 holte er mit Neuseelands Team auch Bronze, vier Jahre später noch einmal Silber. Mit einer Bronzemedaille im Einzel zum Abschluss seiner Olympiakarriere 2000 in Sydney bestätigte Mark Todd ein letztes Mal seine Reputation als einer der besten Militaryreiter aller Zeiten. Die Internationale Reiterliche Vereinigung FEI kürte ihn 1999 sogar zum »Reiter des Jahrhunderts«.

Land:	Neuseeland
Medaillen:	– 2 Gold
	– 1 Silber
	– 2 Bronze
Teilnahmen:	1984, 1988, 1992, 2000

Alberto Tomba

Mit ihm wurde alpiner Rennsport zum Ereignis. Wo Alberto Tomba auf- und antrat, elektrisierte er die Massen, vor allem seine italienischen Landsleute. Er beherrschte die technischen Disziplinen Slalom und Riesenslalom wie der Schwede Ingemar Stenmark in den 1970er-Jahren. Der Athlet aus Bologna, wegen seiner Körperfülle und seiner dynamisch-explosiven Fahrweise gerne »Tomba la bomba« genannt, wurde gleich bei seinen ersten Spielen 1988 Olympiasieger im Slalom und Riesenslalom. Vier Jahre darauf holte er erneut Gold im Riesenslalom und Silber im Slalom, ebenso wie 1994. Dazu wurde der Siegertyp (»Ehe ich nur Dritter werde, scheide ich lieber aus«) mit dem übermächtigen Ego (Chefcoach Messner: »Er tut alles, um im Mittelpunkt zu stehen.«) Weltcupgesamtsieger und Weltmeister. Im Jahr 2000 wurde Alberto Tomba der Olympische Orden verliehen.

Land:	Italien
Medaillen:	– 3 Gold
	– 2 Silber
Teilnahmen:	1988, 1992, 1994

Ferenc Török

Der Ungar Ferenc Török zählte in den 1960er-Jahren zur Elite der modernen Fünfkämpfer. 1964 in Tokio wurde er im Einzelwettbewerb Olympiasieger vor den beiden Russen Igor Nowikow und Albert Mokejew und gewann mit seinen Mannschaftskameraden die Bronzemedaille im Teamwettbewerb. 1968 in Mexico City erreichte Török zwar keine Einzelmedaille, dafür siegte er mit dem ungarischen Team vor der UdSSR und Frankreich und holte sein zweites Gold.

Land:	Ungarn
Medaillen:	– 2 Gold
	– 1 Bronze
Teilnahmen:	1964, 1968

Gwen Torrence

Früher galt sie als »Discomaus«, der die nötige Konzentration für den Leistungssport fehlte. Doch als die US-Sprinterin Gwen Torrence nach ihrer Babypause Anfang der 1990er-Jahre auf die Tartanbahn zurückkehrte, hatte sie sich verändert. Mit großem Trainingseifer gelang der 1,70 m großen und 57 kg schweren farbigen Athletin aus Atlanta der Sprung in die absolute Weltspitze. 1992 blieb sie über 200 m erstmals unter 22 Sekunden und unter 50 Sekunden über 400 m. Bei den Spielen in Barcelona gewann sie drei Medaillen – zweimal Gold über 200 m und als Schlussläuferin der US-Sprintstaffel sowie Silber mit der 4x400-m-Staffel. 1996 wurde Gwen Torrence in ihrer Heimatstadt Atlanta zum drittenmal Olympiasiegerin (4x100 m), gewann außerdem Bronze über 100 m.

Land:	USA
Medaillen:	– 3 Gold
	– 1 Silber
	– 1 Bronze
Teilnahmen:	1988, 1992, 1996

Jayne Torvill

Zusammen mit ihrem Partner Christopher Dean hatte Jayne Torvill 1984 in Sarajevo neue Maßstäbe im Eistanz gesetzt. Bei ihrem Olympiasieg demonstrierten sie zu Maurice Ravels »Bolero« eine Art freies Tanzen, was möglicherweise gegen die Eistanzregeln verstieß, gleichwohl die Juroren zu Traumnoten (zwölfmal die 6,0) hinriss. Die Britin begann im Alter von 8 Jahren mit dem Eislaufen, versuchte sich zunächst im Paarlauf, ehe sie zum Eistanz fand. Nach dem Olympiasieg wechselte sie mit ihrem Partner ins Profilager. 1990 heiratete Jayne Torvill einen Tontechniker, der seiner Frau genügend Freiraum ließ, um weiterhin mit Christopher Dean aufs Eis zu gehen. 1994 ließen sich die beiden Profitänzer reamateurisieren, um noch einmal bei Olympia zu starten. Sie verabschiedeten sich nach einem spannendem Wettkampf mit einer Bronzemedaille.

Land:	Großbritannien
Medaillen:	– 1 Gold
	– 1 Bronze
Teilnahmen:	1984, 1994

Friedrich Adolph Traun

Der Sohn eines wohlhabenden Hamburger Kaufmanns wollte bei den Spielen 1896 eigentlich eine Medaille im 800-m-Lauf gewinnen. Doch nachdem Friedrich Adolph Traun bereits im Vorlauf ausgeschieden war, ließ er sich vom britischen Tennisspieler John Pius Boland zu einer spontanen Teilnahme am Wettbewerb im Herrendoppel überreden – und wurde Olympiasieger. Zwölf Jahre später wurde Traun tot in einem Hamburger Hotel aufgefunden. Vermutlich hatte er sich das Leben genommen, als ruchbar wurde, dass er Bigamist war.

Land:	Deutschland
Medaillen:	– 1 Gold
Teilnahmen:	1896

Wladislaw Tretjak

Der »Mann mit den goldenen Händen« galt als bester Eishockeytorwart der Welt. Wladislaw Tretjak gewann für die Sowjetunion zehn WM-Titel und drei olympische Goldmedaillen. Er selbst erhielt zig Auszeichnungen, u. a. die »Meritorious Service Medal« durch den Generalgouverneur von Kanada für seine Bemühungen um die kanadisch-russischen Beziehungen. Tretjaks großer Traum war es, 1984 nach seinem dritten Olympiasieg die UdSSR zu verlassen, um bei den Montreal Canadians zu spielen. Als die russischen Behörden ihm die Ausreise verweigerten, gab er bei ZSKA Moskau und im Nationalteam seinen Rücktritt bekannt. 2003 wurde Tretjak bei den Parlamentswahlen mit absoluter Stimmenmehrheit in die Duma gewählt und 2006 zum Präsidenten des russischen Eishockeyverbandes. Sein Ziel: Russland wieder zur Nummer eins im Eishockey zu machen.

Land:	UdSSR
Medaillen:	– 3 Gold
	– 1 Silber
Teilnahmen:	1972, 1976, 1980, 1984

Julia Tschepalowa

Nicht allein wegen ihrer Erfolge ist Julia Tschepalowa in Russland überaus populär. Die Individualistin ist keine sture Skilanglaufmaschine, sie kann sich auch gut verkaufen, nimmt Journalisten für sich ein und macht bei Fernsehinterviews eine gute Figur. Vor allem aber ist sie sportlich »ein Ausnahmetalent«, was der deutsche Bundestrainer Lutz Hähnel schon 1998 bei Julias erstem Olympiaauftritt erkannte. Da gewann sie über 30 km und stand fortan im Fokus. 2002 wurde die blonde Russin Olympiasiegerin im Sprint (vor Evi Sachenbacher), holte Silber über 10 km und Bronze über 15 km. 2006 folgte das dritte Gold (4x5-km-Staffel), dazu gab´s Silber über 30 km. Zwischen ihren olympischen Erfolgen lagen noch diverse WM-Erfolge und zwei Babypausen.

Land:	Russland
Medaillen:	– 3 Gold
	– 2 Silber
	– 1 Bronze
Teilnahmen:	1998, 2002, 2006

Swetlana Tschorkina

»Was soll ich mit so einer Großen?« Trainer Boris Pilkin war am Anfang nicht gerade begeistert von Swetlana Tschorkina, die mit 1,63 m für eine Turnerin recht groß gewachsen war. Doch gerade mit ihrem Erscheinungsbild und ihrer Eleganz zählte die Russin ein Jahrzehnt lang zu den Weltstars auf der Turnbühne (vier WM-Titel). 1996 und 2000 kürte sie sich mit ihren beiden Olympiasiegen am Stufenbarren zur »Königin zwischen den Holmen«, wie ein begeisterter Kritiker schrieb. Darüber hinaus gewann sie vier Silbermedaillen (zweimal mit der Mannschaft, im Mehrkampf und am Boden) und einmal Bronze zum Abschluss ihrer Karriere bei den Spielen 2004 im Teamwettbewerb.

Land:	Russland
Medaillen:	– 2 Gold
	– 4 Silber
	– 1 Bronze
Teilnahmen:	1996, 2000, 2004

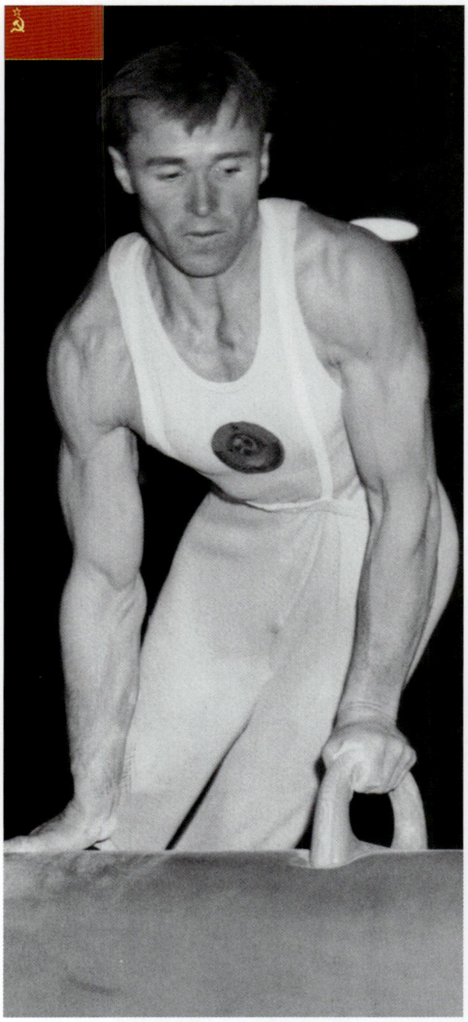

Viktor Tschukarin

Elf Medaillen, davon sieben in Gold, bei gerade mal zwei Olympiateilnahmen – Viktor Tschukarin zählte zu den Pionieren der sowjetischen Kunstturnschule und wurde Vorbild für eine ganze Generation junger Turner wie etwa Boris Schachlin (»ohne Viktor wäre ich nie der Schachlin geworden, als den man mich kennengelernt hat«). Mit circa 500 Trainingseinheiten pro Jahr trainierte Tschukarin doppelt so viel wie seine Teamkameraden. »Turnen ist Fleiß, nicht Genie«, lautete einer seiner Standardsätze. Mit vier goldenen und zwei Silbermedaillen war er erfolgreichster Teilnehmer der Spiele 1952. Und er war der erste Turner, der zweimal in Folge den begehrten Zwölfkampftitel gewann. Zweimal Gold holte Tschukarin auch im Mannschaftswettbewerb, je einmal im Pferdsprung und am Seitpferd (1952) sowie am Barren (1956). Nach Beendigung der Spiele von Melbourne trat er zurück, arbeitete als Trainer und Dozent für das Lehrfach Turnen.

Land:	UdSSR
Medaillen:	– 7 Gold
	– 3 Silber
	– 1 Bronze
Teilnahmen:	1952, 1956

Mitsuo Tsukahara

Seine goldenen Jahre liegen zwar schon einige Zeit zurück, dennoch ist der Name Tsukahara noch heute bei jedem großen Turnwettkampf mit dabei – als Übungsteil. Der Japaner Mitsuo Tsukahara verewigte sich in der Turnhistorie nicht nur wegen seiner fünf Goldmedaillen (dreimal Team, zweimal Reck), sondern auch durch den nach ihm benannten Bücksalto im Pferdsprung sowie den Doppelsalto rückwärts mit integrierter Schraube als Abgang vom Reck, erstmals präsentiert bei den Spielen 1972. Vor allem dieser »Tsukahara« war es, der in den Folgejahren sämtliche Turngeräte mit Ausnahme des Seitpferds eroberte. Nach seiner Karriere blieb der Japaner dem Turnen treu und arbeitete als Trainer. 2004 reiste er als Teamchef mit Japans Riege nach Athen, wo wieder der Name Tsukahara vertreten war, diesmal nicht nur als Übungsteil. Mitsuos Sohn Naoya turnte mit und wurde mit Japans Team Olympiasieger. Als ihm das Gold umgehängt wurde, reagierte Vater Mitsuo ganz unasiatisch offen. Er weinte.

Land:	Japan
Medaillen:	– 5 Gold
	– 1 Silber
	– 3 Bronze
Teilnahmen:	1968, 1972, 1976

Derartu Tulu (Mitte)

Mit 16 Jahren wusste Derartu Tulu noch nicht, wie schnell und lange sie laufen konnte. Bis ihr jemand riet, doch einmal ernsthaft zu trainieren. Vier Jahre später, 1992 in Barcelona, war die Äthiopierin sensationelle Olympiasiegerin über 10 000 m. Eingangs der Schlussrunde hatte sie die südafrikanische Favoritin Elana Mayer überholt und im Ziel um 30 m distanziert. Tulu, die erste schwarze afrikanische Goldmedaillengewinnerin überhaupt, und die weiße Südafrikanerin liefen anschließend Hand in Hand die Ehrenrunde, um auf diese Weise die Hoffnung für ein neues Afrika zu symbolisieren. Nach ihrer Rückkehr wurde sie von Staatspräsident Zenawi zum Polizeimajor befördert und bekam eine Prämie von umgerechnet 7500 Euro. 2000 wiederholte Derartu Tulu ihren Sieg und wurde im Jahr darauf Weltmeisterin. 2004 gewann sie noch einmal Bronze. Inzwischen ist sie Hotelbesitzerin in der Hauptstadt Addis Abeba.

Land:	Äthiopien
Medaillen:	– 2 Gold
	– 1 Bronze
Teilnahmen:	1992, 1996, 2000, 2004

Ljudmila Turistschewa

Zu ihrer aktiven Zeit gehörte Ljudmila Turistschewa zu den elegantesten und besten Turnerinnen der Welt. Sie wurde viermal Olympiasiegerin, davon dreimal mit der Mannschaft und einmal im Achtkampf (1972). Ihre übrigen Medaillen gewann sie am Boden (zweimal Silber) und beim Sprung (Silber und Bronze) sowie im Achtkampf (Bronze 1976). Außerdem war sie sieben Mal Weltmeisterin. Später heiratete sie den sowjetischen Sprintstar Waleri Borsow und wurde Präsidentin und Cheftrainerin der Turnföderation in der Ukraine. Für ihre Leistungen wurde sie mit hohen staatlichen Orden geehrt.

Land:	UdSSR
Medaillen:	– 4 Gold
	– 3 Silber
	– 2 Bronze
Teilnahmen:	1968, 1972, 1976

Cathy Turner

Zweimal wurde die Amerikanerin Olympiasiegerin über 500 m in der Eisschnelllaufabart Short Track – und jedes Mal mit Dramatik und Emotionen pur, keine Seltenheit in dieser noch jungen Sportart. 1992 wurde Cathy Turner auf der Ziellinie von der Chinesin Li Yan eingeholt. Sie glaubte, verloren zu haben und warf wütend ihre Laufschuhe in die Menge. Doch sie irrte sich. Die Amerikanerin lag mit vier Hundertstelsekunden vorne. 1994 hatte Cathy Turner die Kurven eindeutig am besten gekratzt, wiederum stand sie auf dem Siegertreppchen. Doch neben ihr wütete ihre chinesische Gegnerin, Weltrekordlerin Zhang Yanmei, die sich unfair behindert fühlte, die Silbermedaille nicht annahm und während der US-Hymne das Podest verließ.

Land:	USA
Medaillen:	– 2 Gold
	– 1 Silber
	– 1 Bronze
Teilnahmen:	1992, 1994

Wyomia Tyus

Im Grund wollte Wyomia Tyus, Tochter eines kleinen Farmers in Georgia, bei ihren ersten Spielen 1964 nur ein wenig Olympialuft schnuppern, um dann für 1968 gerüstet zu sein. Doch schon im Zwischenlauf egalisierte sie den drei Jahre alten Weltrekord von Wilma Rudolph (11,2 Sekunden) und gewann das 100-m-Finale vor ihrer favorisierten Landsfrau Edith McGuire, mit der sie auch Staffelsilber holte. 1968 setzte Wyomia Tyus noch eins drauf: Im Zwischenlauf stellte sie mit 11,0 Sek. einen neuen Weltrekord auf, und im Endlauf siegte sie mit 11,1 Sekunden. Doch diesmal wurde sie auch mit der Staffel Olympiasiegerin in der fantastischen Weltrekordzeit von 42,8 Sekunden. Nach ihrer Karriere arbeitete die stets bescheiden gebliebene Wyomia Tyus als Lehrerin, PR-Fachfrau und TV-Kommentatorin.

Land:	USA
Medaillen:	– 3 Gold
	– 1 Silber
Teilnahmen:	1964, 1968

Yojiro Uetake – Michael Uhrmann – Torsten Ullmann – Frank Ullrich – Jan Ullrich – Vegard Ulvang – Gintautas Umaras – Nicole Uphoff – Jochem Uytdehaage

Yojiro Uetake

Schon als Schüler hatte der Japaner gern gerungen. Zum Weltklasseringer jedoch machten ihn die Amerikaner. Nachdem Yojiro Uetake Anfang der 1960er-Jahre zum Studium der Wirtschaftswissenschaften an die Oklahoma State University gegangen war, fand er in Myron Roderick einen Trainer, der das außergewöhnliche Talent in kurzer Zeit zu einem Freistilspezialisten der Spitzenklasse formte. Zweimal hintereinander gewann Uetake die Goldmedaille im Bantamgewicht. Später ging er wieder in seine Heimat zurück, wo er Nationaltrainer von Japans Freistilringern wurde.

Land:	Japan
Medaillen:	– 2 Gold
Teilnahmen:	1964, 1968

Michael Uhrmann

Der frühere Bundestrainer der deutschen Skispringer, Reinhard Heß, sah in Michael Uhrmann Ende der 1990er-Jahre noch den »Nachfolger von Jens Weißflog«. Der Springer aus Niederbayern war als Jugendlicher 1995, 1996 und 1998 dreimal Juniorenweltmeister geworden. Die Erfolge setzten sich bei den Senioren fort. Uhrmann, Beamter beim Bundesgrenzschutz, wurde 2001 Weltmeister und 2002 Olympiasieger. Doch diese Erfolge entsprangen jeweils dem Mannschaftswettbewerb. Den Durchbruch zum überragenden Solosieger schaffte der Skispringer »mit dem besonderen Fluggefühl« (Reinhard Heß) nicht.

Land:	Deutschland
Medaillen:	– 1 Gold
Teilnahmen:	2002, 2006

Torsten Ullman

Der deutsche Favorit Erich Krempel staunte nicht schlecht, als ihm der schwedische Sportschütze Torsten Ullman 1936 im Wettbewerb der freien Scheibenpistole völlig überraschend die Goldmedaille vor der Nase wegschoss. Ullman holte auch noch Bronze mit der Schnellfeuerpistole. E war im Übrigen der erste Sportschütze, der sich mit wissenschaftlicher Methodik und Akribie auf seine Wettkämpfe vorbereitete. Neben seiner Sportlerkarriere arbeitete der Schwede aktiv mit an der technischen Entwicklung von Pistolen. 1947 wurde er mit einer Smith & Wesson Weltmeister über die 25-m-Distanz. Im Jahr darauf gewann er noch einmal Bronze bei den Spielen in London.

Land:	Schweden
Medaillen:	– 1 Gold
	– 2 Bronze
Teilnahmen:	1936, 1948

Frank Ullrich

Es versteht sich von selbst, dass der später so erfolgreiche deutsche Bundestrainer der Biathleten Frank Ullrich in seiner aktiven Zeit selber ein hervorragender Biathlet war. Damals startete er für die DDR. Bei seinem Olympiadebüt 1976 gewann er Bronze mit der 4x7,5-km-Staffel. Ullrich stellte an sich selbst stets die höchsten Anforderungen, galt bei seinen Kameraden als »harter Hund«. Auf Olympia 1980 in Lake Placid bereitete er sich so intensiv vor wie nie und wurde Olympiasieger über 10 km; außerdem gewann er zweimal Silber (20 km und Staffel). Sein nimmermüder Ehrgeiz belohnte ihn auch mit neun WM-Titeln und vier Weltcupgesamtsiegen. Nach seiner aktiven Laufbahn arbeitete der Diplomsportlehrer ab 1987 als Trainer des DDR-Nationalteams, seit 1998 ist er Bundestrainer der bundesdeutschen Männer.

Land:	DDR
Medaillen:	– 1 Gold
	– 2 Silber
	– 1 Bronze
Teilnahmen:	1976, 1980, 1984

Jan Ullrich

Mitte der 1990er-Jahre gelang dem Radrennfahrer Jan Ullrich der Durchbruch. Innerhalb weniger Jahre hatte er die bedeutendsten Rennen gewonnen, z. B. die Straßenweltmeisterschaft (1993), die Tour de France (1997) und zweimal die WM im Zeitfahren (1999 und 2001). Wie viele Radprofis setzte auch Jan Ullrich seinen ganzen Ehrgeiz daran, einmal Olympiasieger zu werden. Es gelang ihm 2000 in Sydney im olympischen Straßenrennen, zudem holte er sich Silber im Zeitfahren, übrigens vor Lance Armstrong. Vorwürfe wegen seiner Verwicklungen in den spanischen Dopingskandal vor der Tour de France 2006 leiteten Ullrichs steilen Abstieg ein. Die Dopingbelastung führte zum Ausschluss aus dem T-Mobile-Team. Im Februar 2007 erklärte der Rostocker seine Radsportkarriere für beendet.

Land:	Deutschland
Medaillen:	– 1 Gold
	– 1 Silber
Teilnahmen:	2000, 2004

Vegard Ulvang

Der Norweger aus dem höchsten Norden war Abenteurer und Autodidakt. Vegard Ulvang, groß geworden am Polarkreis, verzichtete auf Trainer (»Langlaufen ist Gefühlssache, da muss man in erster Linie selber wissen, was zu tun ist«) und lief zur Wettkampfvorbereitung schon mal 15 Tage lang mit den Skiern quer durch Grönland, auf den Spuren des Entdeckers Fridtjof Nansen. Nach seinem olympischen Bronzestart 1988 über 30 km wurde er 1992 in Albertville dreifacher Olympiasieger (10 km, 30 km, 4x10-km-Staffel) und holte Silber im Jagdrennen. Ulvang nahm nie ein Blatt vor den Mund. Wenige Tage vor den Spielen 1994 kritisierte er lautstark die »undemokratischen Züge des IOC« und äußerte sich kritisch zur faschistischen Vergangenheit von IOC-Präsident Samaranch. Später war der in Norwegen hoch geachtete Langläufer Athletenvertreter im internationalen Verband FIS und wurde ein erfolgreicher Geschäftsmann mit einem Millionenvermögen.

Land:	Norwegen
Medaillen:	– 3 Gold
	– 2 Silber
	– 1 Bronze
Teilnahmen:	1988, 1992, 1994

Gintautas Umaras

Nur ein Athlet gewann bei den olympischen Radwettbewerben 1988 zwei Goldmedaillen: der für die UdSSR startende Litauer Gintautas Umaras. Der bärenstarke Rennfahrer siegte in der 4000-m-Einzelverfolgung ebenso wie in der 4000-m-Mannschaftsverfolgung. Schon im Jahr vor Olympia hatte Umaras über die 4000-m-Distanz die Weltmeisterschaft gewonnen und sich so zum Favoriten für die Spiele in Seoul gemacht. 1991 gewann er in Stuttgart einen weiteren WM-Titel im 1000 m Bahnradfahren.

Land:	UdSSR
Medaillen:	– 2 Gold
Teilnahmen:	1988

Nicole Uphoff

Mit ihren vier Goldmedaillen und drei WM-Titeln gehört Nicole Uphoff zu den erfolgreichsten Dressurreiterinnen Deutschlands. Eng verbunden mit ihrem Erfolg ist ihr Ausnahmepferd Rembrandt. Mit ihm wurde sie, gerade mal 21 Jahre alt, 1988 in Seoul die jüngste Dressurolympiasiegerin aller Zeiten (Einzel und Mannschaft). Der Aufstieg der jungen Duisburgerin war so phänomenal, dass sie nach den Spielen zur weltbesten Reiterin gekürt wurde. Zwei Jahre später gewann Nicole Uphoff die Weltmeisterschaft mit der für die damalige Zeit noch nie erreichten Wertung von 1569 Punkten. 1992 in Barcelona wiederholte sie ihren triumphalen olympischen Erfolg von Seoul und wurde erneut Doppelolympiasiegerin. Als im Jahr darauf Rembrandt durch den Tritt eines anderen Pferdes über ein Jahr lang ausfiel und nach seiner Genesung mit 19 Jahren zu alt für große Turniere war, konzentrierte sich die Reiterin auf den Aufbau jüngerer Pferde. »Wer mich kennt weiß, dass ich kämpfen kann.«

Land:	Deutschland
Medaillen:	– 4 Gold
Teilnahmen:	1988, 1992, 1996

Jochem Uytdehaage

Der Niederländer war der Shootingstar bei den Eisschnelllaufwettbewerben 2002 in Salt Lake City. Jochem Uytdehaage lief die 10 000 m als erster unter 13 Minuten (12:58,92 Minuten) und wurde souverän Olympiasieger. Auch seine Goldmedaille über 5000 m holte er sich in neuer Weltrekordzeit (6:14,66 Minuten), dazu kam noch Silber über 1500 m. Im selben Jahr wurde Uytdehaage auch Europa- und Weltmeister. Für diese Leistungen wurde er im Rittersaal von Den Haag zum Ritter im Orden des niederländischen Löwen ernannt und von Königin Beatrix empfangen. Er genoss seine Popularität und konzentrierte sich auf die nächsten Wettkämpfe. Umso tragischer traf den Athleten dann das Ende seiner Karriere. Nach einem schweren Autounfall konnte er sich nicht mehr dauerhaft regenerieren, verpasste wegen seiner Verletzungen Olympia 2006 und gab Anfang 2007 seinen Rücktritt bekannt.

Land:	Niederlande
Medaillen:	– 2 Gold
	– 1 Silber
Teilnahmen:	2002

Jelena Välbe – Andrus Veerpalu – Rudolf Vesper – Charles Vinci – Hector Vinent – Lasse Viren – Angela Voigt – Stephan Volkert

Jelena Välbe

Die Russin war von Ende der 1980er- bis Ende der 1990er-Jahre die überragende Langläuferin im nordischen Skisport. Jelena Välbe wurde dreimal Olympiasiegerin und gewann viermal Bronze. Noch erfolgreicher war sie indes bei Weltmeisterschaften mit 14 Titeln, darunter auch diverse Einzelerfolge, allein vier bei der WM 1997 (5 km, 10 km, 15 km, 30 km). Im Gegensatz dazu kamen Jelena Välbes Olympiasiege allesamt »nur« bei Staffelrennen zustande (1992, 1994, 1998). Aufgewachsen ist die Athletin 8000 km östlich von Moskau in Ostsibirien, wo viel Schnee liegt und alle Menschen begeisterte Langläufer sind. »Die Langlaufbewegungen kommen aus mir heraus, sie sind ein Teil von mir«, erklärte Jelena Välbe einmal ihr Talent.

Land:	GUS, Russland
Medaillen:	– 3 Gold
	– 4 Bronze
Teilnahmen:	1992, 1994, 1998

Andrus Veerpalu

Der Olympiasieg von Andrus Veerpalu im Skilanglauf 2002 in Salt Lake City war keine Überraschung. Der Läufer aus Estland zählte schon in den Jahren zuvor zur Weltklasse, war 2001 etwa Weltmeister über 30 km im klassischen Stil geworden. In Salt Lake City gewann Veerpalu zudem Silber über 50 km. 2006 in Turin gelang ihm die Wiederholung seines Golderfolges von 2002, als er erneut über 15 km als Erster eintraf, 15 Sekunden vor dem Tschechen Lukas Bauer.

Land:	Estland
Medaillen:	– 2 Gold
	– 1 Silber
Teilnahmen:	2002, 2006

Rudolf Vesper

Bis zur letzten Minute hatte der Rostocker Ringer Rudolf Vesper um seinen Olympiasieg bangen müssen. Erst als der Franzose Rodin den Rumänen Taranu mit einem Schultererfolg bezwang, konnte der Weltgewichtler seinen Triumph im griechisch-römischen Stil bei den Spielen 1968 feiern. Zuvor war Vesper zweimal Vizeweltmeister (1963, 1967) geworden. Der gelernte Zimmermann und Berufsschullehrer, neunfacher DDR-Meister, wurde als »Verdienter Meister des Sports« ausgezeichnet.

Land:	DDR
Medaillen:	– 1 Gold
Teilnahmen:	1964, 1968

Charles Vinci

Charles Vinci, ein Sohn italienischer Einwanderer, hatte das Glück, dass zu seiner Zeit das US-Gewichtheberteam großzügig unterstützt wurde. Die Amerikaner stritten in den 1950er-Jahren mit der UdSSR um die Vormachtstellung in der Welt und wollten nicht nur politisch den Russen überlegen sein. Der Bantamgewichtler (bis 56 kg) bekam die besten Trainer und rechtfertigte das in ihn gesetzte Vertrauen mit zwei Olympiasiegen. 1956 besiegte er seinen starken russischen Konkurrenten Wladimir Stogow, 1960 ließ er den Japaner Miyake hinter sich.

Land:	USA
Medaillen:	– 2 Gold
Teilnahmen:	1956, 1960

Hector Vinent

Der Kubaner war erst 20 Jahre alt, als er 1992 im Boxturnier auf dem Weg zu seinem Olympiasieg u. a. den deutschen Olympiasieger von 1988, Andreas Zülow, schlug. Der Halbweltergewichtler aus der Karibik bestätigte auch vier Jahre später seinen Ruf, einer der weltbesten Amateurboxer zu sein. Mit seinem Erfolg über den Berliner Oktay Urkal verteidigte Hector Vinent seinen Titel und sagte: »Das bedeutet eine Menge für mein Land, für das Boxen in Kuba, aber am allermeisten bedeutet es für mich.«

Land:	Kuba
Medaillen:	– 2 Gold
Teilnahmen:	1992, 1996

Lasse Viren

Lasse Virens olympisches Debüt schien zum Desaster zu werden. Etwa zur Hälfte der 10 000-m-Entscheidung von München 1972 stürzte der 23 Jahre alte Polizist, an fünfter Position liegend. Der Finne sprang auf, spurtete wie ein Sprinter der Spitze hinterher und erreichte sie nach einer halben Runde wieder. Anderthalb Runden vor Schluss forcierte Viren plötzlich das Tempo und gewann mit 6 m Vorsprung. Dabei brach er den sieben Jahre alten Weltrekord. Einige Tage später siegte er auch über 5000 m. Als Viren vier Jahre später seinen Doppelolympiasieg wiederholte, hatte er sich endgültig eingereiht in die Tradition der sogenannten »fliegenden Finnen« wie Paavo Nurmi und Ville Ritola. Viren, der nach seiner Karriere Abgeordneter in Finnlands Parlament wurde, hatte vorwiegend im Wald trainiert. Seine Begründung: »Die Ruhe der Natur trägt zur Stärkung der mentalen Kraft bei. Man muss ständig Tempo und Rhythmus ändern, um etwa Wurzeln auszuweichen; dies verlangt ständige Wachsamkeit, wie im Wettkampf.«

Land:	Finnland
Medaillen:	– 4 Gold
Teilnahmen:	1972, 1976, 1980

Stephan Volkert (2. v. links)

Das Markenzeichen des Ruderers aus Köln war seine Vielseitigkeit. Er holte Titel in verschiedenen Bootsklassen, vom Zweier bis zum Achter. Weltmeister war Stephan Volkert im Doppelzweier und Doppelvierer. Bei Olympia allerdings holte er seine Medaillen ausschließlich im Doppelvierer: 1992 und 1996 wurde er Olympiasieger, jeweils zusammen mit André Willms und Andreas Hajek sowie Michael Steinbach (1992) und André Steiner (1996). Zum mit großem Ehrgeiz angestrebten olympischen Hattrick 2000 in Sydney reichte es dann nicht mehr: Statt des dritten Goldes in Folge gab es Bronze. An Stephan Volkert lag es sicherlich nicht. Er wurde 2002 in anderer Besetzung noch einmal Weltmeister im Doppelvierer.

Land:	Deutschland
Medaillen:	– 2 Gold
	– 1 Bronze
Teilnahmen:	1992, 1996, 2000

Angela Voigt

Die Talentsucher in der DDR irrten sich selten. Doch im Falle Angela Voigt lagen sie daneben. Beim SC DHfK Leipzig war das Mädchen als talentlos ausgemustert worden. Glücklicherweise bekam sie, im Sportsystem der DDR keineswegs üblich, beim SC Magdeburg eine neue Chance. Angela Voigt nutzte sie. 1973 war sie die Weltjahresbeste im Weitsprung – und 1976 Olympiasiegerin mit 6,72 m. Nach Karriereende und Wende arbeitete sie als Sozialpädagogin in einem Seniorenheim.

Land:	DDR
Medaillen:	– 1 Gold
Teilnahmen:	1976

Anita Wachter – Katrin Wagner-Augustin – Jan-Ove Waldner – Carolyn Waldo – Steffi Walter-Martin – Markus Wasmeier – Thomas Wassberg – Robert Webster – Andreas Wecker – Gustav Weder – Axel Wegner – Ulrich Wehling – Hermann Weingärtner – Jens Weißflog – Johnny Weissmuller – Ronny Weller – Franz Wembacher – Hanni Wenzel – Isabell Werth – Gerd Wessig – Carl Westergren – Malvin Whitfield – Pernilla Wiberg – Frank Wieneke – Kati Wilhelm – Percy Williams – Serena Williams – Venus Williams – André Willms – Hans Günter Winkler – Arthur Wint – Konrad Wirnhier – Katarina Witt – Sigrun Wodars – Hans Woellke – Mamo Wolde – Klaus Wolfermann – Todd Woodbridge – Mark Woodforde – Arkadi Worobjew – Michail Woronin – Andrzej Wronski – Frank Wykoff – Ilke Wyludda

Anita Wachter

Die Österreicherin Anita Wachter war eigentlich zu zierlich für das kräfteraubende Leben eines Skiprofis. Doch wenn es um die Vergabe von Medaillen ging, war das Fliegengewicht aus Vorarlberg dank ihrer Zähigkeit und ihrer Willensstärke zumeist dabei – ob bei Weltmeisterschaften, beim Weltcup oder bei Olympia. Ihr größter Erfolg war die Goldmedaille 1988 in der alpinen Kombination. Noch Jahre später bekannte sie: »Die Siegerehrung war das Größte, was ich bisher erlebt habe: das Abspielen der Hymne, das Hissen der Flagge und das Gefühl, auf ewig in den olympischen Annalen zu stehen.« 1992 gewann Anita Wachter noch zweimal Silber (Kombination und Riesenslalom), 1994 verpasste sie nur um Hundertstelsekunden einen Podestplatz im Riesenslalom.

Land:	Österreich
Medaillen:	– 1 Gold
	– 2 Silber
Teilnahmen:	1988, 1992, 1994

Katrin Wagner-Augustin

Das technisch gute und kraftvolle Multitalent aus Potsdam erreichte in den letzten Jahren das Niveau der legendären Birgit Fischer, der mit acht Goldmedaillen erfolgreichsten Kanutin aller Zeiten. Katrin Wagner-Augustin wurde viermal Europa- und fünfmal Weltmeisterin – und dreimal, jeweils zusammen mit Birgit Fischer, Olympiasiegerin: 2000 im Zweier- und Viererkajak, 2004 noch einmal im Vierer. »Ohne Birgit hätten wir in Athen bestenfalls Silber gewonnen«, gab sich Katrin Wagner-Augustin danach bescheidener als nötig. Doch im Jahr darauf legte sie der Kanulegende in einem Interview mit der »Welt am Sonntag« den Rücktritt nahe (»Es reicht, Birgit sollte aufhören.«). Die Kanuqueen war »not amused«.

Land:	Deutschland
Medaillen:	– 3 Gold
Teilnahmen:	2000, 2004

Jan-Ove Waldner

Schon mit 15 Jahren wurde er Tischtennisprofi. Kein Spieler gehörte jahrzehntelang zur absoluten Weltspitze wie der Schwede Jan-Ove Waldner. Er wurde zweimal Weltmeister im Einzel und viermal mit Schwedens Team. 82 Prozent seiner Spiele beendete er siegreich. Selbst im Alter von 39 Jahren erreichte Waldner bei Olympia in Athen noch einmal das Halbfinale. Da hatte der Schwede seine olympischen Medaillen schon längst im Trophäenschrank liegen: 1992 war er durch den Sieg über den französischen Weltranglistenersten Gatien nach nur 31 Minuten Olympiasieger. 2000 drang der 1,79 m große Ballvirtuose wiederum bis ins Finale vor, verlor aber in fünf Sätzen knapp gegen den Chinesen Kong Linghui und holte Silber.

Land:	Schweden
Medaillen:	– 1 Gold
	– 1 Silber
Teilnahmen:	1988, 1992, 1996, 2000, 2004

Carolyn Waldo

Sie lächelte stets, auch wenn ihr zum Schreien zumute war, weil unter Wasser die Luft knapp wurde. Doch die Wertungsrichter achten stets auch auf die Gesichtszüge von Kunst- und Synchronschwimmerinnen wie etwa Carolyn Waldo. Die Kanadierin aus Montreal war in den 1980er-Jahren eine überragende Vertreterin ihrer attraktiven Sportart. Sie wurde viermal Weltmeisterin und zweimal Olympiasiegerin. Nach ihrer Silbermedaille 1984 im Einzel gewann sie 1988 sowohl im Einzel als auch im Duowettbewerb (mit Michelle Cameron).

Land:	Kanada
Medaillen:	– 2 Gold
	– 1 Silber
Teilnahmen:	1984, 1988

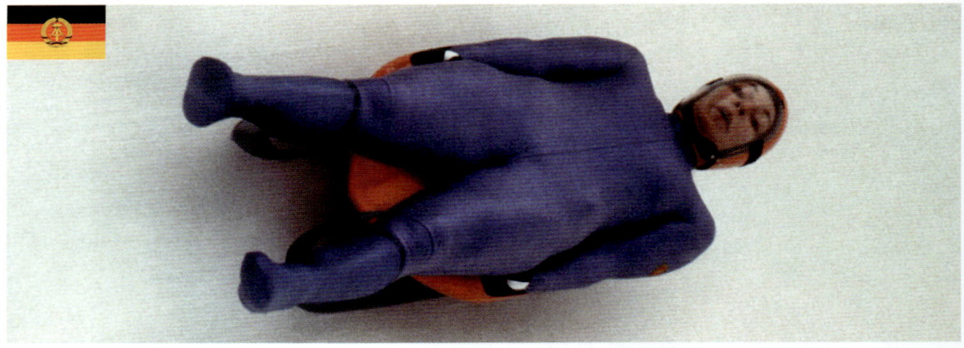

Steffi Walter-Martin

Sie begann als Leichtathletin, trainierte vor allem Wurf- und Stoßdisziplinen. Erst eine Lehrerin holte Steffi Martin, wie die DDR-Sportlerin damals noch hieß, zum Rennrodeln. »Ich wusste lange nicht, ob ich dabeibleiben sollte, ich holte mir einfach zu viele blaue Flecken«, gestand die gelernte Wirtschaftskauffrau einmal. Doch die 1,80 m große und 78 kg schwere Steffi blieb dabei und wurde 1984 und 1988 Olympiasiegerin im Einzel. Außerdem gewann sie zwei WM-Titel (1983, 1985) und einmal den Weltcup (1984).

Land:	DDR
Medaillen:	– 2 Gold
Teilnahmen:	1984, 1988

Markus Wasmeier

1994, in seinem Olympiawinter, war Markus Wasmeier einer der Goldfavoriten im Abfahrtslauf. Doch der Deutsche aus Schliersee wurde nur 36.. Gleichwohl wurde er, typisch für das Auf und Ab während seiner Karriere, bei denselben Spielen zum erfolgreichsten deutschen Skirennläufer im alpinen Skisport. Mit seinen Erfolgen im Super-G und Riesenslalom wurde Markus Wasmeier Doppelolympiasieger. Sein erster großer internationaler Erfolg, die Weltmeisterschaft im Riesenslalom 1985, lag fast zehn Jahre zurück – ein weiteres Indiz für die Berg- und Talfahrt in seiner Laufbahn. Doch Wasmeiers strahlender Optimismus ließ ihn – völlig zurecht, wie Olympia 1994 zeigte – nie an seinen Fähigkeiten zweifeln. Gleich nach dem Goldtriumph trat er zurück und arbeitete danach als beliebter Kommentator fürs Fernsehen.

Land:	Deutschland
Medaillen:	– 2 Gold
Teilnahmen:	1988, 1992, 1994

Thomas Wassberg

Sein erster Olympiasieg ging in die Geschichte ein. Nach 15 km lag der schwedische Skilangläufer Thomas Wassberg 1980 in Lake Placid eine Hundertstelsekunde vor Finnlands Heros Juha Mieto – in einer Disziplin wie dieser ein totes Rennen. Der Vorschlag Wassbergs, die Goldmedaille zu teilen, fand beim IOC keine Unterstützung. Immerhin wurde die Zeitmessung künftig auf Zehntelsekunden umgestellt. Wassbergs glücklichem Sieg schlossen sich viele souveräne Siege an: 1984 gewann er Gold über 50 km, dazu 1984 und 1988 jeweils mit der 4x10-km-Staffel. Außerdem wurde er Weltmeister über 30 und 50 km. Der wegen seines Rauschebarts auch schon mal »alter Wolf« titulierte Athlet war ein Muster an Trainings- und Wettkampfhärte – und Fairness.

Land:	Schweden
Medaillen:	– 4 Gold
Teilnahmen:	1976, 1980, 1984, 1988

Robert Webster

Keiner stürzte sich zu Beginn der 1960er-Jahre spektakulärer von einem 10-m-Turm als der amerikanische Wasserspringer Robert Webster. Bei den Spielen 1960 in Rom siegte er vor seinem Landsmann Gary Tobian und dem Briten Brian Phelps. 1964 in Tokio hatte es Webster mit dem hoffnungsvollen italienischen Talent Klaus Dibiasi zu tun. Webster besiegte den Südtiroler knapp, der hinter ihm Silber holte. Doch die Wachablösung war bereits eingeleitet. In den folgenden zehn Jahren beherrschte Dibiasi die Sprungtürme dieser Welt.

Land:	USA
Medaillen:	– 2 Gold
Teilnahmen:	1960, 1964

Andreas Wecker

Der erfolgreichste deutsche Turner zwischen Mitte der 1980er- und Mitte der 1990er-Jahre war Andreas Wecker. Er stand auf dem Siegerpodest als Olympiasieger (1996 am Reck), Weltmeister (1995 am Reck) und Europameister (1989, 1992 am Reck), turnte gleichermaßen athletisch wie ästhetisch. Ausgebildet wurde er in der DDR. Mit der DDR-Riege gewann Wecker auch seine erste olympische Medaille (1988 Silber im Mannschaftswettbewerb). Noch besser lief es nach der Wende bei den Spielen in Barcelona 1992 (Silber am Reck, jeweils Bronze an Pferd und Ringen). Doch Silber und Bronze waren dem nervenstarken und kaltschnäuzigen Wettkampftyp nicht gut genug. Vier Jahre später erfüllte sich Andreas Wecker dann seinen Traum vom olympischen Gold durch eine traumhafte Reckkür mit Tsukaharadoppelsalto samt anderthalber Längsachsendrehung als Abgang.

Land:	DDR, Deutschland
Medaillen:	– 1 Gold
	– 2 Silber
	– 2 Bronze
Teilnahmen:	1988, 1992, 1996, 2000

Gustav Weder

»Spitzenleistung kann nur aus einer totalen Ruhe heraus kommen.« Wer so spricht, muss in sich selbst ruhen, wie der Schweizer Gustav Weder. Der Bobpilot war einer der Besten seines Fachs, wurde 1992 und 1994 Olympiasieger im Zweier (jeweils mit seinem Anschieber und Bremser Donat Acklin), und holte Bronze (1992) und Silber (1994) im Vierer. Außerdem errang Gustav Weder fünf WM- und sieben EM-Titel. Er ist promovierter Sozialwissenschaftler und arbeitet seit dem Ende der aktiven Laufbahn Mitte der 1990er-Jahre als Unternehmensberater. Die Grundlagen seiner Managementtechniken, so Weder, habe er als Leistungssportler erfahren.

Land:	Schweiz
Medaillen:	– 2 Gold
	– 1 Silber
	– 1 Bronze
Teilnahmen:	1988, 1992, 1994

Axel Wegner

Der Schießsport hatte ihn schon früh zum Olympiasieger gemacht. 1988 gewann Axel Wegner, der im DDR-Sportsystem groß geworden war, die Goldmedaille im Skeet (Wurftaubenschießen). »Schießsport formt einen Menschen, Disziplin ist dabei oberstes Gebot«, lautete die Maxime des Mecklenburgers. Auch wenn Wegner nach der Wende noch viermal Europameister wurde und sich über 20 Jahre hinweg an der internationalen Spitze hielt – zu einem weiteren Medaillenerfolg bei Olympia reichte es nicht mehr.

Land:	DDR, Deutschland
Medaillen:	– 1 Gold
Teilnahmen:	1988, 1992, 1996, 2004

Ulrich Wehling

Er vollbrachte als einziger nordischer Kombinierer die sensationelle Leistung von drei Olympiasiegen hintereinander: Gold in Sapporo, Gold in Innsbruck, Gold in Lake Placid. Außerdem wurde Ulrich Wehling viermal Weltmeister. »Die Welt« nannte ihn den »König des nordischen Skisports«. 1999 wählte man Wehling hinter Björn Daehli und Jens Weißflog auf Rang 3 der Jahrhundertsportler im nordischen Skisport. Der Sohn eines Juristen und einer Apothekerin studierte Sport an der DHfK Leipzig und schloss mit dem Diplom ab. Nach seiner Karriere wurde er Persönliches Mitglied im NOK für Deutschland und Direktor des Internationalen Skiverbandes FIS für die nordische Kombination.

Land:	DDR
Medaillen:	– 3 Gold
Teilnahmen:	1972, 1976, 1980

Hermann Weingärtner

Dreimal Gold, zweimal Silber, einmal Bronze – es gab nur wenige Sportler in Deutschland, die bei Olympia so erfolgreich waren wie der Kunstturner Hermann Weingärtner bei den ersten Spielen der Neuzeit 1896 in Athen. Dennoch behandelte man ihn und seine Kameraden in der Heimat nicht als Helden, sondern als Vaterlandsverräter. Die deutschen Turner, in Athen eine Klasse für sich, wurden nach ihrer Rückkehr aus dem Deutschen Turnerbund ausgeschlossen und zwei Jahre für alle Wettkämpfe gesperrt. Nationalisten nahmen ihnen übel, dass sie an einem internationalen Wettbewerb teilnahmen, der vom französischen Baron de Coubertin ins Leben gerufen worden war. Frankreich galt damals als Erzfeind Deutschlands.

Land:	Deutschland
Medaillen:	– 3 Gold
	– 2 Silber
	– 1 Bronze
Teilnahmen:	1896

Jens Weißflog

Wegen seiner 55 kg bei 1,70 m Körpergröße nannten sie ihn »Floh«. Doch es war nicht nur das geringe Körpergewicht, das Jens Weißflog so schön und weit fliegen ließ. Der dreifache Olympiasieger, zweifache Weltmeister und vierfache Gewinner der Vierschanzentournee vereinte auch Ehrgeiz und Talent. Nach seinen ersten Medaillen 1984 (Gold auf der Normal- und Silber auf der Großschanze) musste er allerdings zehn Jahre auf die nächsten olympischen Erfolge warten (1994 Gold auf der Großschanze und mit der Mannschaft). Verletzungen, die schwierige Umstellung auf den V-Stil und die Neuorientierung nach dem Ende der DDR sorgten für einen wechselhaften Karriereverlauf. Der ehemalige Volkskammerabgeordnete musste sich Kritik an seiner Vergangenheit gefallen lassen. Doch er wusste mit dieser Kritik umzugehen. »Man kann seine Vergangenheit nicht wegschmeißen wie eine zerschlissene Hose«, sagte Jens Weißflog, blieb seiner Heimat Oberwiesenthal treu und wurde dort Hotelier. Außerdem ist er als Skisprungexperte beim ZDF tätig.

Land:	DDR, Deutschland
Medaillen:	– 3 Gold
	– 1 Silber
Teilnahmen:	1984, 1988, 1992, 1994

Johnny Weissmuller (rechts)

Zuerst der weltbeste Schwimmer, danach der weltbeste Tarzandarsteller – Johnny Weissmuller brachte es in beiden »Disziplinen« zu Weltruhm. Der Amerikaner aus dem ehemaligen Königreich Ungarn (heute Rumänien) war fünffacher Olympiasieger: 1924 und 1928 jeweils über 100 m Freistil und mit der 4x200-m-Freistilstaffel, 1924 außerdem über 400 m Freistil, dazu kam noch Bronze mit dem US-Wasserballteam. Weissmuller stellte an die 70 Weltrekorde auf und war der Erste, der die 100 m Freistil unter 1 Minute schwamm, ein Weltrekord, der 17 Jahre Bestand hatte. Und er war der erste Sportler, der aufgrund seines Erfolges in Hollywood Karriere machte. Zwischen 1932 und 1948 spielte Weissmuller in zwölf Tarzanfilmen die Rolle des Urwaldmenschen. Ihm reichte dafür ein einziger Satz: »Ich Tarzan, du Jane.« Obwohl er nur mittelmäßige Qualitäten als Schauspieler besaß (»Das Publikum verzeiht es mir, weil ich Athlet bin«), wurde er zum populärsten Tarzandarsteller. Sein Millionenvermögen brachte Weissmuller wegen seines aufwendigen Lebensstils bald durch. Er starb – völlig verarmt – 1984.

Land:	USA
Medaillen:	– 5 Gold
	– 1 Bronze
Teilnahmen:	1924, 1928

Ronny Weller

Als erfolgreichster deutscher Gewichtheber um die 1990er-Jahre gewann Ronny Weller bei fünf Olympischen Spielen vier Medaillen im Schwer- und Superschwergewicht. Außerdem wurde er Weltmeister und stellte elf Weltrekorde auf. Auch wenn er 2004 bei seinem letzten olympischen Auftritt scheiterte, war Weller für Bundestrainer Frank Mantek »der größte Gewichtheber, den Deutschland jemals hatte«. Ronny Weller stammt aus einer Gewichtheberfamilie im Vogtland. Schon der Großvater brachte Gewichte zur Hochstrecke. Vater Günther wurde Ronnys Trainer und ließ den Filius schon mit sechs Jahren mit 50-kg-Säcken hantieren. Mit zwölf Jahren hob Ronny bei einem Körpergewicht von 38 kg bereits 105 Kilo. Bei seinem Olympiasieg 1992 waren es insgesamt 432,5 kg. »Er hat immer nur die Olympischen Spiele ernst genommen«, so der Vater. Vor seiner Goldmedaille hatte er Bronze gewonnen (1988), danach noch zweimal Silber (1996 und 2000).

Land:	DDR, Deutschland
Medaillen:	– 1 Gold
	– 2 Silber
	– 1 Bronze
Teilnahmen:	1988, 1992, 1996, 2000, 2004

Franz Wembacher

Zusammen mit seinem schwergewichtigen Partner Hans Stanggassinger (1,90 m, 110 kg) bildete der schmächtige Franz Wembacher (1,82, 74 kg) ein Weltklassedoppel im Rennrodeln. Bundestrainer Sepp Lenz, auch ein erfahrener Schlittenkonstrukteur, hatte für das ungleiche Paar den passenden Schlitten gebaut. Nach zwei Drittplatzierungen bei Weltmeisterschaften (1981 und 1983) wurde das Duo gleich beim ersten Olympiaeinsatz 1984 in Sarajevo Olympiasieger. Danach gaben die beiden Rodler ihren Rücktritt bekannt.

Land:	Deutschland
Medaillen:	– 1 Gold
Teilnahmen:	1984

Isabell Werth

Vierfache Olympiasiegerin, sechsfache Weltmeisterin, elffache Europameisterin – Isabell Werth zählt seit Beginn der 1990er-Jahre zu den besten Dressurreiterinnen überhaupt. Mit ihrem Spitzenpferd Gigolo bildete sie ein oft unschlagbares Duo. 1992 in Barcelona gewann sie Teamgold und Einzelsilber, 1996 in Atlanta beide Male Gold und 2000 in Sydney wiederum Teamgold und Einzelsilber. Die Verabschiedung von Gigolo 2000 in Stuttgart geriet zu einer ergreifenden Zeremonie. Isabell Werth zeigte noch einmal ihre Kür von Sydney, und die Menschen in der ausverkauften Schleyer-Halle unterdrückten ihre Tränen nicht. Sie spürten, dass hier eine beispiellose Ära zu Ende ging. Gigolo wurde zum erfolgreichsten Pferd aller Zeiten. »Einen wie ihn werde ich wohl nie wieder finden«, ahnte die Rechtsanwältin damals. In der Tat dauerte es einige Jahre, ehe sie mit Gigolonachfolger Satchmo wieder in die Weltklasse vorstieß.

Land:	Deutschland
Medaillen:	– 4 Gold
	– 2 Silber
Teilnahmen:	1992, 1996, 2000

Hanni Wenzel

Hanni Wenzel ist die erste Olympiasiegerin des Fürstentums Liechtenstein (25 000 Einwohner). Bei den Spielen 1980 in Lake Placid gewann sie nach ihrer Silbermedaille in der Abfahrt zweimal Gold im Slalom und Riesenslalom. Vier Jahre zuvor hatte sie bereits Slalombronze geholt. Hanni Wenzel, die in Bayern geboren wurde und noch bis 1974 einen deutschen Pass besaß, wurde außerdem zweimal Weltcupsiegerin (1978 und 1980). Nach ihrem grandiosen Olympiaauftritt wurde sie zur Weltsportlerin des Jahres 1980 gewählt. 1984 trat sie zurück und gründete mit ihrem Mann Harti Weirather, einem österreichischen Skirennfahrer, eine Sportmarketingagentur.

Land:	Liechtenstein
Medaillen:	– 2 Gold
	– 1 Silber
	– 1 Bronze
Teilnahmen:	1976, 1980

Gerd Wessig

Der gelernte Koch war nachträglich für die DDR-Olympiamannschaft von 1980 nominiert worden. Kurz vor den Spielen in Moskau hatte der 21 Jahre alte Hochspringer Gerd Wessig mit 2,30 m persönliche Bestleistung gesprungen. Gegen Favoriten wie den Polen Jacek Wszola allerdings schien er ohne Chance. Doch dann trumpfte Wessig groß auf. Im olympischen Finale verbesserte er sich noch einmal um 6 cm und gewann mit 2,36 m und neuem Weltrekord vor Wszola. Olympiasieg mit Weltrekord – das hatte bislang noch kein Hochspringer erreicht. In den Jahren danach war Wessig vom Verletzungspech verfolgt. 1989 beendete er seine Laufbahn.

Land:	DDR
Medaillen:	– 1 Gold
Teilnahmen:	1980

Carl Westergren

Der Busfahrer aus Malmö zählt zu den Pionieren des modernen Ringens. Carl Westergren erfand beispielsweise den Überstürzer von vorne und den seitlichen Durchdreher. Seine drei Olympiasiege holte er in unterschiedlichen Gewichtsklassen, aber immer im griechisch-römischen Stil: 1924 siegte er im Mittelgewicht (bis 75 kg), 1924 im Halbschwergewicht (bis 82,5 kg) und 1932 im Superschwergewicht (über 87 kg). Nur 1928 versagte Carl Westergren. Nachdem er gleich in der ersten Runde von dem Finnen Pellinen geschultert worden war, war der hohe Favorit aus Schweden derart frustriert, dass er nicht mehr antrat und abreiste.

Land:	Schweden
Medaillen:	– 3 Gold
Teilnahmen:	1920, 1924, 1928, 1932

Malvin Whitfield (links)

Seine Duelle mit dem Jamaikaner Arthur Wint waren Höhepunkte der Leichtathletik. Nachdem der Amerikaner Malvin »Mal« Whitfield 1948 in London im 400-m-Finale noch gegen Wint verloren hatte und sich mit Bronze begnügen musste, drehte er über 800 m den Spieß um und wurde vor dem Jamaikaner Olympiasieger. Auch mit der 4x400-m-Staffel holte Whitfield Gold. Vier Jahre später kam es erneut zum 800-m-Duell mit Wint. Wieder gewann Whitfield, musste sich diesmal aber über 4x400 m Jamaikas Staffel mit Wint geschlagen geben. 1954 wurde Mal Whitfield als erster Farbiger mit dem von der Amateur Athletic Union (AAU) verliehenen Sullivan Memorial Award als bester Amateurathlet ausgezeichnet.

Land:	USA
Medaillen:	– 3 Gold
	– 1 Silber
	– 1 Bronze
Teilnahmen:	1948, 1952

Pernilla Wiberg

Ihr großes Vorbild war ihr Landsmann Ingemar Stenmark. Ihm eiferte Pernilla Wiberg nach. »Ich habe viel von ihm gelernt, indem ich mir ganz genau seinen Stil anschaute.« Die Schwedin wurde eine der erfolgreichsten Allrounderinnen und errang Siege in allen Disziplinen. Bei Olympia gewann Pernilla Wieberg Gold im Riesenslalom (1992) und in der Kombination (1994), dazu Silber in der Abfahrt (1998). Auch bei Weltmeisterschaften siegte die Schwedin in drei verschiedenen Disziplinen. Leider wurde sie während ihrer Karriere immer wieder von schweren Verletzungen zurückgeworfen (Kreuzbandriss, Brüche, Meniskusprobleme). Für Olympia 1998 etwa wurde sie nach Knieproblemen nicht mehr ganz fit. Nach den Spielen 2002 trat Pernilla Wiberg zurück, ist seitdem IOC-Mitglied und TV-Kommentatorin.

Land:	Schweden
Medaillen:	– 2 Gold
	– 1 Silber
Teilnahmen:	1992, 1994, 1998, 2002

Frank Wieneke

Der Judoka aus Hannover hatte zwei Gesichter. Auf der Matte sah Frank Wieneke seine Gegner als Feinde an, die es niederzukämpfen galt. Bei einem WM-Kampf ohrfeigte er sogar einmal seinen französischen Kontrahenten Berthe. Privat dagegen wirkte der Niedersachse stets zurückhaltend, freundlich und bescheiden. Als er 1984 mit 22 Jahren durch seinen Sieg bei den Deutschen Meisterschaften das Olympiaticket löste, rechnete kein Experte mit einem Medaillengewinn. Doch Frank Wieneke kämpfte sich sensationell ins Finale des Halbmittelgewichts und bezwang den britischen Welt- und Europameister Neil Adams nach 3 Minuten mit einem Schulterwurf. Vier Jahre später reichte es »nur« zu Silber, als er vom Polen Legien, ebenfalls per Schulterwurf, 13 Sekunden vor dem Ende besiegt wurde. Ende 2001 wurde Frank Wieneke Judobundestrainer.

Land:	Deutschland
Medaillen:	– 1 Gold
	– 1 Silber
Teilnahmen:	1984, 1988

Kati Wilhelm

1999 wechselte die Skilangläuferin aus Thüringen zum Biathlon. Nur zwei Jahre später wurde Kati Wilhelm Weltmeisterin und 2002 bereits Doppelolympiasiegerin (7,5 km, 4x7,5-km-Staffel) und Silbermedaillengewinnerin (10 km Verfolgung) – eine Blitzkarriere. Und die Erfolge setzten sich fort. 2006 in Turin trug Kati Wilhelm die deutsche Fahne bei der Eröffnungsfeier. Danach gewann sie ihr drittes Gold (10 km Verfolgung) und noch zweimal Silber (12,5 km Massenstart, 4x6-km-Staffel). Damit wurde Kati Wilhelm die erfolgreichste Biathletin bei Winterspielen. Seitdem wird sie mit Komplimenten überhäuft: »Mit ihrem Charisma und ihrer Leistungsbereitschaft hat sie das Potenzial zum Star« (Axel Achten von der Deutschen Sport-Marketing). – »Mit ihrer Ausstrahlung baut sie das Team auf« (Cheftrainer Uwe Müssiggang). – »Kati ist eine optimistische Frohnatur« (Norbert Baier vom Deutschen Skiverband). Und das sagt Kati Wilhelm über sich: »Ich bin verdammt ehrgeizig und zielstrebig und kann mich gut selber einschätzen.«

Land:	Deutschland
Medaillen:	– 3 Gold
	– 3 Silber
Teilnahmen:	2002, 2006

Percy Williams

Sein Weg zu Olympia war weit. Zunächst musste Percy Williams, ein Student aus Vancouver, 4000 km bis an die amerikanische Ostküste per Autostopp zurücklegen. Unterwegs verdiente der 20-jährige Leichtathlet Geld als Aushilfskellner, um damit die Schiffsreise nach Amsterdam zum Austragungsort der Olympischen Spiele 1928 zahlen zu können. In der holländischen Olympiastadt angekommen, trainierte Percy Williams im Hotelflur den Start für die Sprintstrecken. Mit Erfolg. Der Kanadier wurde Doppelolympiasieger über die Sprintstrecken (100 m in 10,8 Sekunden, 200 m in 21,9 Sekunden) – nicht zuletzt dank seines guten Starts. Nach seiner Rückkehr wurde er in seiner Heimat enthusiastisch gefeiert. Zwei Jahre später stellte er mit 10,3 Sekunden einen neuen 100-m-Weltrekord auf. Für die Spiele 1932 hatte er sich erneut Goldmedaillen vorgenommen. Eine Verletzung machte jedoch alle Pläne zunichte.

Land:	Kanada
Medaillen:	– 2 Gold
Teilnahmen:	1928, 1932

André Willms

Die Karriere des Magdeburger Ruderers pendelte zwischen Einer und Vierer hin und her. Mehrfach wechselte André Willms die Bootsklasse, war Weltmeister im Einer (1994) und im Doppelvierer (1993, 1999, 2001). In dieser Bootsklasse feierte er als Schlagmann auch seine größten Triumphe bei Olympia: 1992 und 1996 wurde Willms (mit Stephan Volkert und Andreas Hajek sowie Michael Steinbach bzw. André Steiner) zweimal in Folge Olympiasieger und gewann 2000 noch einmal Bronze. Auch wenn Willms 2004 in Athen zum Abschluss seiner Karriere keine Medaille mehr errang – er wurde mit dem Doppelvierer Fünfter –, zählt er zu den erfolgreichsten deutschen Ruderern.

Land:	Deutschland
Medaillen:	– 2 Gold
	– 1 Bronze
Teilnahmen:	1992, 1996, 2000, 2004

Serena und Venus Williams

Die amerikanischen Tennisschwestern Venus und Serena Williams erfüllten sich 2000 einen großen Traum. Bei den Spielen in Sydney traten sie zusammen im Damendoppel an und wurden Olympiasieger. Venus verdoppelte ihren Erfolg noch durch eine weitere Goldmedaille im Einzelwettbewerb. Obwohl sie in den Wochen zuvor bedeutende Turniere wie Wimbledon und die US-Open gewonnen hatte, bedeutete ihr der zweifache Olympiasieg nach eigener Aussage noch mehr: »Ein Traum hat sich für mich erfüllt.« Auch für ihre Schwester Serena. Nach ihrem olympischen Doppelerfolg wurden die beiden vom Welttennisverband zum »Team des Jahres« gekürt.

Land:	USA
Medaillen:	– 2 Gold (Venus)
	– 1 Gold (Serena)
Teilnahmen:	2000

Hans Günter Winkler

Unvergessen bleibt sein Siegesritt 1956 bei den olympischen Reiterspielen in Stockholm: Hans Günter Winkler hatte sich im ersten Durchgang der Mannschafts- und Einzelentscheidung einen Muskelriss zugezogen. Um seine Teamkameraden nicht im Stich zu lassen, trat er trotz großer Schmerzen zum zweiten Durchgang an. Obwohl Winklers Stute Halla fast führerlos agieren musste, bewältigte sie den Parcours fehlerfrei – Goldmedaillen fürs Team sowie im Einzel. Halla, fortan als »Wunderstute« gefeiert, wurde das einzige Pferd, das drei Goldmedaillen gewann. Und Hans Günter Winkler war der einzige Reiter, der fünfmal Olympiasieger wurde (nach zweimal Gold 1956 noch Teamgold 1960, 1964 und 1972) und der bei allen sechs olympischen Auftritten Medaillen holte. 1986 trat er im Alter von 60 Jahren zurück. Bis heute ist der gebürtige Wuppertaler einer der populärsten deutschen Sportler. Er veröffentlichte zahlreiche Bücher über den Reitsport und gründete 1991 die HGW-Marketinggesellschaft, die Reitturniere organisiert. Hans Günter Winkler erhielt außerdem das Bundesverdienstkreuz sowie 2002 die Auszeichnung als weltbester Springreiter bei Olympischen Spielen.

Land:	Deutschland
Medaillen:	– 5 Gold
	– 1 Silber
	– 1 Bronze
Teilnahmen:	1956, 1960, 1964, 1968, 1972, 1976

Arthur Wint (vorne)

Der Jamaikaner Arthur Wint gewann 1948 in London für sein Land die erste Goldmedaille überhaupt. Im 400-m-Finale lief der Sohn eines schwarzen Priesters und einer Mutter mit schottischen Vorfahren mit 46,2 Sekunden neuen Weltrekord und ließ seinen Landsmann Herb McKenley und den Amerikaner Mal Whitfield hinter sich. Vorher hatte Wint bereits Silber über 800 m geholt, diesmal hinter Whitfield. Die großen Hoffnungen der Jamaikaner auf 4x400-m-Staffelgold endeten mit einem Muskelriss, der Arthur Wint im Finale zu Boden warf. Vier Jahre später aber war es soweit. Jamaika wurde mit Wint in Weltrekordzeit (3:03,9 Minuten) Olympiasieger. Und der 1,94 m lange Läufer wiederholte sein 800-m-Silber, erneut hinter Whitfield. Auch außerhalb des Stadions stand Arthur Wint seinen Mann. Im Zweiten Weltkrieg kämpfte er als Pilot für England und studierte nach dem Krieg Medizin. Als Arzt kehrte er Mitte der 1950er-Jahre in seine Heimat zurück und wurde später Diplomat: Von 1974 bis 1978 war er Jamaikas »High Commissioner« in London. Als Wint 1992 starb, trauerte ganz Jamaika.

Land:	Jamaika
Medaillen:	– 2 Gold
	– 2 Silber
Teilnahmen:	1948, 1952

Konrad Wirnhier

Die Leidenschaft fürs Schießen lag in der Familie. Konrad Wirnhiers Großvater war passionierter Jäger und führte seit 1912 im niederbayerischen Pfarrkirchen ein Waffengeschäft. Das übernahm der Vater und nach ihm Junior Konrad. Seine Liebe zum Skeetschießen, einer Wurftaubendisziplin, entdeckte er aber erst, als in seinem Heimatort ein Wurftaubenstand eröffnet wurde. Sein Talent brachte ihn schnell zu sportlichen Ehren: 1965 wurde Konrad Wirnhier mit 199 getroffenen Scheiben von 200 erster deutscher Skeetweltmeister. Seine Nervenstärke schulte er mit Yogatraining, seine Reaktionsschnelligkeit mit Tischtennis. Seine berühmte Doppelbockflinte hatte der begabte Büchsenbauer selbst gebastelt. Nachdem er 1968 mit Bronze die Goldmedaille noch knapp verfehlt hatte, wurde Konrad Wirnhier 1972 vor seiner Haustür in München Olympiasieger. Noch am Abend seines Triumphes gab er seinen Rücktritt bekannt. Sein selbst entwickeltes Edelgewehr verkaufte er fortan zum Stückpreis von 50 000 DM in alle Welt. Gefragt war er auch als Nachwuchstrainer.

Land:	Deutschland
Medaillen:	– 1 Gold
	– 1 Bronze
Teilnahmen:	1968, 1972

Katarina Witt

»Das schönste Gesicht des Sozialismus« kam aus der DDR, das berühmte Zitat aber stammte aus den USA. Das »Time Magazine« hatte die Chemnitzer Eiskunstläuferin Katarina Witt nach ihrem zweiten Olympiasieg 1988 in Calgary so bezeichnet. Schon vorher war die von Trainerin Jutta Müller in die Weltklasse geführte Sportlerin viermal Weltmeisterin geworden. Die DDR-Führung hatte sich rasch sportliche Höchstleistungen samt attraktiver Ausstrahlung ihrer Eiskunstläuferin zunutze gemacht und Katarina Witt als Vorzeigerepräsentantin des Staates aufgebaut. Mit ihrem Konterfei wurde auf Plakaten für die Wahl der Nationalen Front geworben, zum Zeitpunkt des Mauerfalls war sie Volkskammerabgeordnete. Der Staat schenkte ihr einen VW Golf und eine Wohnungseinrichtung, den Eltern einen Wartburg. Doch auch sie wurde jahrelang von der Stasi überwacht (»das hat mir schon die Schuhe ausgezogen«). 1988 begann Katarina Witt ihre Profikarriere bei großen Eisrevuen. 1994 ließ sie sich reamateurisieren und nahm noch einmal an den Spielen in Lillehammer teil, wo sie Siebte wurde. Katarina Witt, inzwischen auch Geschäftsfrau, Künstlerin und TV-Moderatorin, gehört zweifellos zu den weltweit populärsten Sportlerinnen. Als sie sich 1998 einmal für den »Playboy« auszog, war dies das zweite Mal nach Marilyn Monroe, dass die Zeitschrift weltweit ausverkauft war.

Land:	DDR, Deutschland
Medaillen:	– 2 Gold
Teilnahmen:	1984, 1988, 1994

Sigrun Wodars

Die großen Erfolge verdankte Sigrun Wodars auch ihrer Trainingspartnerin Christine Wachtel. Mit ihrer Hilfe wurde die Mittelstrecklerin aus der DDR 1987 Weltmeisterin über 800 m, als Christine Wachtel in der zweiten Runde das Tempo hochhielt, um der Konkurrenz den Schlussspurt zu erschweren. Die Teamarbeit der beiden Läuferinnen führte auch zu Sigrun Wodars´ Olympiasieg im Jahr darauf. In Seoul hatte Wachtel Wodars erneut den Rücken freigehalten und war, wie schon bei der Weltmeisterschaft, knapp geschlagen Zweite geworden. Der Versuch, den Olympiasieg 1992 zu wiederholen, scheiterte. In Barcelona schied Sigrun Wodars in den Vorläufen aus.

Land:	DDR, Deutschland
Medaillen:	– 1 Gold
Teilnahmen:	1988, 1992

Hans Woellke

Nach seinem Olympiasieg wurde Hans Woellke vom Revieroberwachtmeister zum Polizeileutnant befördert. Der Berliner hatte mit einer Weite von 16,20 m im Kugelstoßen, zusammen mit der Frankfurter Speerwerferin Tilly Fleischer, den Goldmedaillensegen der Deutschen bei den Spielen von1936 eingeläutet. Spontan ließ der begeisterte Adolf Hitler die beiden Athleten in seine Ehrenloge bitten, gratulierte ihnen und salutierte exaltiert. Auch den dritten Sieger des Tages, den finnischen 10 000-m-Läufer Salminen, bat der Reichskanzler zu sich. Als jedoch der vierte Tagessieger, der afroamerikanische Hochspringer Cornelius Johnson, sich zur Siegerehrung bereit machte, war Hitlers Platz leer ...

Land:	Deutschland
Medaillen:	– 1 Gold
Teilnahmen:	1936

Klaus Wolfermann

Nicht jeder »einfache« Goldmedaillengewinner wurde so populär wie Klaus Wolfermann. Der ganz große Wurf gelang dem deutschen Speerwerfer 1972 in München. Im fünften Versuch hatte er das Gerät auf 90,48 m geschleudert. Im sechsten und letzten Durchgang antwortete sein stärkster Rivale, der Lette Janis Lusis, mit 90,46 m. 2 cm entschieden über Gold und Silber. Die Jubelbilder danach gingen um die Welt. Wolfermann und Lusis umarmten einander lange und wurden Freunde fürs Leben. »Ich glaube, die innige Umarmung zeigte den Menschen, dass wir Sportler uns über alle politischen Systeme hinweg schätzen«, sagte der Franke später. Ein Jahr später verbesserte Wolfermann den von Lusis gehaltenen Weltrekord um 28 cm. Wolfermann: »Ich wollte mir und anderen beweisen, dass mein Olympiasieg gegen meinen Freund kein Zufall war.« Gleich zweimal war Klaus Wolfermann Sportler des Jahres in Deutschland. Nach seiner Karriere wurde der studierte Sportlehrer ein erfolgreicher PR-Manager.

Land:	Deutschland
Medaillen:	– 1 Gold
Teilnahmen:	1968, 1972

Mamo Wolde

Als Mittelstreckler blieb der Äthiopier zunächst erfolglos, so auch bei Olympia 1956. Erst als Mamo Wolde auf die langen Strecke wechselte, sprang er aufs Siegertreppchen. Zwar verpasste er es 1964 in Tokio mit Platz 4 über 10 000 m noch knapp. 1968 aber gewann Wolde Silber über 10 000 m und Gold im Marathonlauf. Vier Jahre später holte er noch einmal Marathonbronze. 1992 wurde Mamo Wolde wegen der angeblichen Beteiligung an der Ermordung eines 15-Jährigen unter dem Regime des Diktators Mengistu Haile Mariam inhaftiert, obwohl er stets seine Unschuld beteuert hatte und sich Menschen und Organisationen (wie Amnesty International) in aller Welt für ihn einsetzten. Anfang 2002 verurteilte man ihn dafür zu sechs Jahren Haft, ließ ihn aber sofort frei, weil er zu diesem Zeitpunkt bereits neun Jahre im Gefängnis verbracht hatte. Wenige Monate nach seiner Entlassung starb Mamo Wolde im Alter von 70 Jahren in Addis Abeba.

Land:	Äthiopien
Medaillen:	– 1 Gold
	– 1 Silber
	– 1 Bronze
Teilnahmen:	1956, 1964, 1968, 1972

Todd Woodbridge

Der Australier Todd Woodbridge gehört zu den erfolgreichsten Tennisspielern im Herrendoppel. 61 seiner insgesamt 83 Titelgewinne holte er mit seinem Landsmann Mark Woodforde, darunter allein elf Erfolge bei allen Grand-Slam-Turnieren. 1996 in Atlanta wurden die »Woodies«, so ihr Spitzname, Olympiasieger und krönten damit ihr mit elf Turniersiegen bestes Jahr überhaupt. Vier Jahre später standen sie erneut im olympischen Finale. Bereits vorher hatte Woodbridges Partner seinen Rücktritt angekündigt. Die »Woodies« verabschiedeten sich mit einer versilberten Niederlage gegen das kanadische Duo Lareau/Nestor. Mit Tränen in den Augen ging Todd Woodbridge vom Platz und sagte hinterher: »Ich habe nicht geweint, weil wir verloren haben, sondern weil es jetzt für alle Zeiten zu Ende ist.« Danach setzte er seine Karriere mit dem Schweden Jonas Björkman fort. 2004 schrieb Woodbridge Tennisgeschichte, als er in seiner Heimatstadt Sydney mit seinem 79. Doppeltitel den 36 Jahre alten Rekord von Tom Okker übertraf.

Land: Australien
Medaillen: – 1 Gold
– 1 Silber
Teilnahmen: 1996, 2000

Mark Woodforde

Mark Woodforde bildete mit seinem australischen Landsmann Todd Woodbridge ein kongeniales Herrendoppel, das 1996 in Atlanta Gold und 2000 in Sydney Silber gewann. Im Einzel machte er sich einen Namen als »Favoritenkiller«. Obwohl er in der Weltrangliste nie unter den besten Zwanzig auftauchte, bereitete der rothaarige Australier Stars wie McEnroe, Lendl, Edberg und Co. immer wieder Probleme. Als Linkshänder fungierte er auch als Sparringspartner für Steffi Graf bei ihrer Vorbereitung auf Matches gegen Martina Navratilova.

Land: Australien
Medaillen: – 1 Gold
– 1 Silber
Teilnahmen: 1996, 2000

Arkadi Worobjew

Der Sowjetrusse war ein ebenso harter wie intelligenter Bursche, zuoberst gegen sich selbst. Mit 13 schwamm Arkadi Worobjew über die 1,5 km breite Wolga. Später diente er bei der Marineinfanterie, war Taucher und Minensucher in Odessa. Dort lernte er zufällig den Gewichtheberchampion der Schwarzmeerflotte kennen und trainierte fortan begeistert und verbissen an der Hantel. Bei seinem ersten Olympiaauftritt 1952 gewann Worobjew Bronze im Leichtschwergewicht (bis 82,5 kg), 1956 und 1960 jeweils Gold im Mittelschwergewicht (bis 90 kg). Nach erfolgreichem Medizinstudium wurde er nach Karriereende Cheftrainer der russischen Gewichtheber. Später wurde Worobjew zum Professor berufen, leitete das Institut für Körperkultur in Moskau und das Rehazentrum »Kinder von Tschernobyl«. Er wurde auch ein erfolgreicher Buchautor. Für seine Verdienste bekam er von Russlands Präsident Boris Jelzin den Vaterlandsorden.

Land: UdSSR
Medaillen: – 2 Gold
– 1 Bronze
Teilnahmen: 1952, 1956, 1960

Michail Woronin

Als der 14-jährige Michail Woronin einmal im Fernsehen die russischen Turnmeisterschaften verfolgte, war er so fasziniert, dass er Turner werden wollte. Gleich darauf begann er mit zielgerichtetem Training. Mit Fleiß und Bewegungsintelligenz wurde Woronin zu einem der Besten seines Fachs. 1968 gewann er olympisches Gold beim Sprung und am Reck, Silber im Mehrkampf, Mannschaftskampf, am Barren und an den Ringen, wo seine Riesenfelge mit gestreckten Armen als Woroninfelge bald zum Repertoire der Weltklasse gehörte. Als 1972 der Stern seines Landsmanns Nikolai Andrianow aufging, blieb Michail Woronin weiteres Olympiagold versagt. Mit zweimal Silber (Ringe und Teamwettbewerb) verabschiedete er sich von der olympischen Bühne, auf die der Sportwissenschaftler in den 1970er-Jahren als Trainer der sowjetischen Turner noch einmal zurückkehrte.

Land:	UdSSR
Medaillen:	– 2 Gold – 6 Silber – 1 Bronze
Teilnahmen:	1964, 1968, 1972

Andrzej Wronski

Nicht alle Athleten, die von so vielen Trainern betreut wurden wie Andrzej Wronski (fünf an der Zahl) nahmen einen solch direkten Weg zur Weltklasse. Doch der polnische Ringer behielt den Überblick, suchte sich stets die für ihn geeignetsten Griffe und Kniffe heraus und hielt sich fast 20 Jahre lang an der internationalen Spitze. Er war Weltmeister (1994), Europameister (1989, 1992, 1994) und Olympiasieger (1988 und 1996) im Schwergewicht des griechisch-römischen Stils. Dazwischen, bei den Spielen 1992, kam Wronski auf einen undankbaren vierten Rang. Nach einem 13. Platz 2000 in Sydney trat der Offizier der polnischen Armee zurück.

Land:	Polen
Medaillen:	– 2 Gold
Teilnahmen:	1988, 1992, 1996, 2000

Frank Wykoff

Der US-Sprinter steht bis heute für eine ganz spezielle Maxime: Frank Wykoff ist der einzige Leichtathlet, der dreimal hintereinander olympisches Gold im Staffellauf errang und dabei jeweils einen neuen Weltrekord aufstellte. Amsterdam 1928: Als Startläufer gewinnt der Sprinter aus Iowa mit seinen Landsleuten Quinn, Borah und Russell in 41,0 Sekunden vor Deutschland und Großbritannien. Los Angeles 1932: Wykoff als Schlussläufer, diesmal in der Besetzung mit Kiesel, Topino und Dyer in 40,0 Sekunden vor Deutschland und Italien. Berlin 1936: Owens, Metcalfe und Draper hatten einen so großen Vorsprung vorgelegt, dass Frank Wykoff gemütlich zum Gold sprinten konnte, vor Italien und Deutschland und wieder in Weltrekordzeit (39,8 Sekunden).

Land:	USA
Medaillen:	– 3 Gold
Teilnahmen:	1928, 1932, 1936

Ilke Wyludda

Kaum eine Weltklassesportlerin erlebte während ihrer Karriere eine solche Achterbahnfahrt wie die Diskuswerferin Ilke Wyludda. Große Erfolge wie Europameisterschaften (1990, 1994), Weltcupsiege (1989, 1994) oder Vizeweltmeisterschaften (1991, 1995) wurden immer wieder unterbrochen durch Verletzungspausen mit insgesamt 15 Operationen und auch psychischen Krisen. Absoluter Höhepunkt für die in der DDR sportlich zur Spitzenklasse geformte Athletin war Olympia 1996. Nervenstark beherrschte Ilke Wyludda die Konkurrenz vom ersten bis zum letzten Wurf. Bei fünf ihrer sechs Versuche übertraf sie die Würfe der anderen und siegte mit 69,66 m.

Land:	Deutschland
Medaillen:	– 1 Gold
Teilnahmen:	1992, 1996, 2000

Liu Xiang – Ling Yang – Yang Yang – Miruts Yifter – Paavo Yrjölä – Lou Yun

Liu Xiang

Als Kind war Liu Xiang ein begeisterter Hochspringer – bis man ihm sagte, ein Knochentest habe gezeigt, dass er nicht groß genug würde, um ein Weltklassehochspringer zu werden. So begann der 15-jährige Chinese 1998 mit dem Hürdentraining. 2002 brach er mit 13,12 Sekunden den 24 Jahre alten Juniorenweltrekord von Renaldo Nehemiah über 110 m Hürden. 2003, inzwischen bei den Senioren gelandet, wurde Liu WM-Dritter. Und 2004 feierte er als erster chinesischer Leichtathlet einen Olympiasieg, als er mit blitzsauberer Hürdentechnik und fast 3 m Vorsprung den Weltrekord des Briten Colin Jackson einstellte (12,91 Sekunden). Zwei Jahre darauf war der Student der Wirtschaftswissenschaften nach einem 12,88-Sekunden-sprint in Lausanne alleiniger Weltrekordhalter. Mittlerweile ist er der Vorzeigeathlet des chinesischen Sports. In einem Pekinger Theater wurde bereits ein Stück mit Liu Xiang als Hauptfigur aufgeführt. Chinesische Journalisten schätzen seine Einnahmen aus Siegprämien und staatlichen Zuwendungen auf rund 400 000 Dollar.

Land:	China
Medaillen:	– 1 Gold
Teilnahmen:	2004

Ling Yang

Der Schütze trägt sein Kleinkalibergewehr mit Zielfernrohr im Hüftanschlag. Erst wenn die Pappscheibe vor ihm sichtbar wird und sich in Bewegung setzt, darf er seine Waffe an die Schulter heben. Dann gilt es, die Scheibe, die sich mal in 5, mal in 2,5 Sekunden über eine 10 m lange Strecke bewegt, zu treffen. Am besten und sichersten sowohl bei den Spielen von Atlanta 1996 als auch von Sydney 2000 war in der Disziplin Laufende Scheibe der Chinese Ling Yang. Der bei seinem ersten Olympiasieg erst 24 Jahre alte Schütze gewann zweimal den Weltcup und stellte zwei Weltrekorde auf.

Land:	China
Medaillen:	– 2 Gold
Teilnahmen:	1996, 2000

Yang Yang (A)

1998 in Nagano war die Favoritin im Short Track über 500 m und 1000 m noch tief enttäuscht. Die Chinesin Yang Yang (das A hinter ihrem Namen steht für ihren Geburtsmonat, um sie von ihrer Short-Track-Landsfrau Yang Yang (S) unterscheiden zu können) blieb wegen Behinderung bzw. Disqualifikation ohne Einzelmedaille, holte nur mit der Staffel Silber. Vier Jahre später jedoch war Yang Yang (A) Doppelolympiasiegerin über 500 m und 1000 m und gewann erneut Staffelsilber. Eine weitere Olympiade später und inzwischen Athletensprecherin der Weltantidopingagentur, durfte die im August 1976 geborene Yang Yang bei der Eröffnungsfeier 2006 in Turin die chinesische Fahne tragen. Die vielfache Weltmeisterin verabschiedete sich mit Bronze über 1000 m.

Land :	China
Medaillen :	– 2 Gold
	– 2 Silber
	– 1 Bronze
Teilnahmen:	1998, 2002, 2006

Miruts Yifter (Mitte)

Seine 5000-m-Starts schienen eine Zeit lang wie verhext. 1970, beim Kontinentvergleich Afrika – USA, beendete der klar in Führung liegende Äthiopier Miruts Yifter das Rennen versehentlich eine Runde zu früh und verließ die Laufbahn. Bei Olympia 1972 in München verwehrte ihm ein übereifriger bayerischer Ordner den Zutritt zum Olympiastadion (»Hier kommen Sie nicht rein!«). Als Trost gewann der Äthiopier wenigstens Bronze über 10 000 m. Weil sein Land die Spiele von 1976, 1984 und 1988 boykottierte, konnte der hagere, nur 1,61 m große Miruts Yifter lediglich 1980 in Moskau sein wahres Können demonstrieren. Zweimal siegte er mit seinem typischen, unwiderstehlichen Schlusssspurt: Über 10 000 m explodierte »Yifter the shifter« (Yifter – der schlaue Fuchs) 300 m vor dem Ziel wie Armin Hary beim 100-m-Startschuss, übernahm die Führung und gewann mit 10 m Vorsprung. Über 5000 m drohte wieder einmal Unheil, als er in der letzten Runde eingekreist wurde. Doch 250 m vor dem Ziel machte Landsmann Mohammed Kedir selbstlos den Weg für Yifter frei. Der Doppelolympiasieger wurde danach zum Major befördert, verließ aber infolge der politischen Umwälzungen Mitte der 1990er-Jahre sein Land und wanderte nach Kanada aus.

Land:	Äthiopien
Medaillen:	– 2 Gold
	– 1 Bronze
Teilnahmen:	1972, 1980

Paavo Yrjölä

Drei Olympiateilnahmen benötigte der finnische Zehnkämpfer Paavo Yrjölä, um einmal »König der Athleten« zu werden. 1924 in Paris wurde er Neunter, 1932 in Los Angeles Sechster und 1928 in Amsterdam dann Zehnkampfolympiasieger mit 8053 Punkten vor seinem Landsmann Akilles Järvinen (7931) und dem Amerikaner John Kenneth Doherty (7706). Der kräftig gebaute Yrjölä (Spitzname: »Bär von Hämeenkyrö«) wollte sein Medaillenkontingent noch aufstocken. Er startete deshalb im Hochsprung und Kugelstoßen, erreichte aber keine vordere Platzierung.

Land:	Finnland
Medaillen:	– 1 Gold
Teilnahmen:	1924, 1928, 1932

Lou Yun

Er war nicht so berühmt wie sein Landsmann Li Ning, doch turnte Lou Yun fast ebenso brillant und erfolgreich. Dem nur 1,58 m großen und knapp 60 kg schweren Athleten mit den idealen Hebelverhältnissen gelangen vor allem beim Pferdsprung Höhenflüge ohnegleichen. In dieser Disziplin wurde er zweimal Olympiasieger (1984, 1988) und Weltmeister. Aber auch in den tieferen Regionen sammelte Lou Yun Medaillen: Am Boden holte er 1984 Silber und 1988 Bronze. Hinzu kam noch eine Silbermedaille 1984 im Mannschaftswettbewerb.

Land:	China
Medaillen:	– 2 Gold
	– 2 Silber
	– 1 Bronze
Teilnahmen:	1984, 1988

Mark Zabel – Olga Zaitseva – Józef Zapedzki – Emil Zatopek – Dana Zatopkova – Monika Zehrt – Jan Zelezny – Chen Zhong – Annemarie Zimmermann – Egon Zimmermann – Roswietha Zobelt – Joop Zoetemelk – Armin Zöggeler – Andreas Zülow – Pirmin Zurbriggen – Albert Zürner – Ellina Zwerewa

Mark Zabel

Mark Zabel durchlief als Kanute die klassische Sportausbildung in der DDR: 1982 erste Paddelversuche bei der TSG Calbe/Saale, 1987 Delegierung zur Kinder- und Jugendsportschule nach Magdeburg, 1987 und 1989 insgesamt neunmal Spartakiadesieger. Als Aktiver bei den Senioren konnte Zabel die Früchte dieser Ausbildung erst nach der Wende – und da als Mitglied der Sportfördergruppe der Bundeswehr – ernten. Seine größten Siege feierte er im Viererkajak, dem Paradeboot des Deutschen Kanuverbandes: Olympiasieger 1996, zweimal Silbermedaillengewinner (2000, 2004), fünfmal Weltmeister, zweimal Europameister. Nach Beendigung seiner Karriere 2005 wurde Mark Zabel Landestrainer des Kanuverbandes Sachsen-Anhalt.

Land:	Deutschland
Medaillen:	– 1 Gold
	– 2 Silber
Teilnahmen:	1996, 2000, 2004

Olga Zaitseva

In ihren ersten Jahren trieb sie der Ehrgeiz zur Unvernunft. Die russische Biathletin Olga Zaitseva war etliche Male nach gesundheitlichen Problemen und Krankheiten zu früh wieder in die Wettkämpfe gegangen. »Sie muss ihre Gesundheit ernster nehmen«, warnte denn auch Russlands dienstältester Biathlontrainer Alexander Priwalow im Jahre 2004. Danach zügelte Zaitseva ihren Ehrgeiz etwas – und gewann. 2005 wurde sie Weltmeisterin mit der russischen Staffel, Zweite im Sprint und Dritte in der Verfolgung. 2006 in Turin erfüllte sie sich ihren Kindheitstraum und gewann die Goldmedaille mit der 4x6-km-Staffel.

Land:	Russland
Medaillen:	– 1 Gold
Teilnahmen:	2002, 2006

Józef Zapedzki

Als Angehöriger der polnischen Armee hatte sich Józef Zapedzki beim Dienstsport am meisten fürs Schießen interessiert. Von 1957 an begann er mit intensivem Training an der Schnellfeuerpistole und wurde 1968 in Mexico City Olympiasieger. 1972 in München konnte der zum Oberst aufgestiegene Schütze seinen Erfolg noch einmal wiederholen, musste sich aber 1976, inzwischen 47 Jahre alt, und auch 1980 der jüngeren Konkurrenz beugen. Für seine Verdienste als Soldat und Sportler wurde er als »Verdienter Bürger der Stadt« Wroclaw (früher: Breslau) ausgezeichnet.

Land:	Polen
Medaillen:	– 2 Gold
Teilnahmen:	1968, 1972, 1976, 1980

Emil Zatopek

Er war der Held von Helsinki und Volksheld in der Tschechoslowakei – und gehört zweifelsfrei zu den Sportlern des Jahrhunderts. Emil Zatopek wurde bei den Spielen von 1952 mit seinen Triumphen über 5000 m, 10 000 m und im Marathonlauf dreifacher Olympiasieger. Schon vier Jahre davor hatte er über 10 000 m Gold und Silber über 5000 m geholt. Während seine Goldmedaillen über 5 und 10 km die Experten nicht sonderlich überraschten, glich sein Olympiagold über die Marathonstrecke von Helsinki einer Sensation. Erst kurz vor dem Start hatte sich Zatopek, der zuvor noch nie ein großes Marathonrennen bestritt, für seine Teilnahme entschieden und gewann souverän mit olympischem Rekord. Insgesamt stellte er 18 Weltrekorde auf. Sein Markenzeichen war sein Laufstil. Die heraushängende Zunge mit der angestrengt und erschöpft wirkenden Körpersprache erweckten den Eindruck, Emil Zatopek sei schon nach ein paar Runden mit den Kräften am Ende. Doch die »tschechische Lokomotive«, so sein Beiname, schnaufte und stampfte bis ins Ziel auf Hochtouren. Trotz seiner einflussreichen Stellung in der kommunistischen Partei seines Landes unterstützte er 1968 die Reformbewegung des »Prager Frühlings«. Zatopek kletterte sogar auf einen sowjetischen Panzer und forderte die Invasoren zum Rückzug auf. Danach wurde der Offizier zum Hilfsarbeiter degradiert, musste zeitweise in einem Uranbergwerk arbeiten. Doch seine Persönlichkeit und sein Charakter blieben ungebrochen. 1977 wurde er rehabilitiert. Verheiratet war Emil Zatopek mit Dana Zatopkova, der Speerwurfolympiasiegerin von 1952. Er starb am 22. Dezember 2000 in Prag im Alter von 78 Jahren. Doch die tschechische Lokomotive ist noch immer aktiv: Ende 2006 taufte die tschechische Staatsbahn einen Zug auf den Namen »Schnellzug Nr. 627 Emil Zatopek«.

Land:	Tschechoslowakei
Medaillen:	– 4 Gold
	– 1 Silber
Teilnahmen:	1948, 1952, 1956

Dana Zatopkova

Wenige Minuten, nachdem ihr Mann Emil Zatopek 1952 in Helsinki 5000-m-Gold gewonnen hatte, wurde Dana Zatopkova Olympiasiegerin im Speerwerfen. 1960 in Rom gewann sie zum Karriereende hin noch einmal Silber. Näher gekommen waren sich Dana und Emil bei den Spielen 1948 in London. Danach soll er ihr mit folgenden Worten einen Antrag gemacht haben: »Dana, wir sind beide am 19. September 1922 geboren, wollen wir auch am selben Tag heiraten?« Vier Jahre Jahre später gewannen sie nicht nur am selben Tag olympisches Gold, sondern wurden 1954 auch am selben Tag Europameister. Die beiden führten eine glückliche Ehe. Als Emil beim »Prager Frühling« für die Politik vom Geachteten zum Geächteten wurde, beschwor sie ihn: »Bitte Emil, rede nicht zu viel, rede am besten gar nicht.« Und als dem Ehepaar der Kinderwunsch versagt blieb, tröstete Emil: »Kopf hoch, Mädel, wegen uns stirbt die Menschheit nicht aus.«

Land:	Tschechoslowakei
Medaillen:	– 1 Gold
	– 1 Silber
Teilnahmen:	1948, 1952, 1956, 1960

Monika Zehrt

Die DDR-Leichtathletin war mit 19 Jahren die bis heute jüngste Olympiasiegerin im 400-m-Lauf. 1972 in München besiegte sie im Duell um Gold knapp Rita Wilden vom Klassenfeind Bundesrepublik Deutschland und setzte mit dem Staffelgold über 4x400-m noch eins drauf. Doch Monika Zehrt ist wohl auch bis heute die Einzige, die ihren Dolmetscherberuf (Spanisch und Englisch) aufgeben musste, weil ihre Stimme als Folge anabolen Dopings fast auf Basstiefe abgerutscht war.

Land:	DDR
Medaillen:	– 2 Gold
Teilnahmen:	1972

Jan Zelezny

Zu seinen ersten Spielen 1988 war der Speerwerfer Jan Zelezny als Weltrekordhalter angereist. In die Qualifikationsrunde startete der Goldfavorit gleich mit einem olympischen Rekord und führte im Finale bis zum allerletzten Wurf. Den hatte der Finne Tapio Korjus – und der warf den Speer 16 cm weiter als der Tschechoslowake. Die Enttäuschung motivierte Jan Zelezny, der danach fast alles gewann: Mit drei Olympiasiegen in Folge (1992, 1996, 2000), drei Weltmeisterschaften (1993, 1995, 2001) und fünf Grandprixsiegen wurde der fünfmalige Weltrekordler (1987–1996) zum erfolgreichsten Speerwerfer aller Zeiten. Auf der Abschlussfeier der Spiele 2000 wurde der Tscheche der Weltöffentlichkeit als neues IOC-Mitglied vorgestellt.

Land:	Tschechoslowakei
Medaillen:	– 3 Gold – 1 Silber
Teilnahmen:	1988, 1992, 1996, 2000

Chen Zhong

Die Chinesin war die Topfavoritin bei der Olympiapremiere der Kampfsportart Taekwondo 2000 bei Olympia in Sydney. In der Tat erfüllte Chen Zhong die in sie gesetzten Erwartungen und besiegte im Finale der Schwergewichtskategorie (über 67 kg) die Russin Natalia Iwanowa. Vier Jahre später in Athen feierte Chen Zhong ihren zweiten Olympiasieg. Diesmal bezwang sie die Französin Myriam Baverel.

Land:	China
Medaillen:	– 2 Gold
Teilnahmen:	2000, 2004

Annemarie Zimmermann

Annemarie Zimmermann zählte zu den besten bundesdeutschen Kanutinnen der 1960er-Jahre. Mit Roswitha Esser wurde sie 1964 in Tokio Olympiasiegerin im Zweierkajak über 500 m. Danach legte sie eine dreijährige Pause ein, gab der Familienplanung oberste Priorität und brachte eine Tochter zur Welt. Als die nächsten Olympischen Spiele, 1968 in Mexico City, bevorstanden, ließ sich Annemarie Zimmermann von ihrer Neusser Vereinskameradin Roswitha Esser noch einmal zum Comeback überreden. Die beiden Athletinnen wiederholten ihren Olympiasieg – und Annemarie Zimmermann trat endgültig zurück.

Land:	Deutschland
Medaillen:	– 2 Gold
Teilnahmen:	1964, 1968

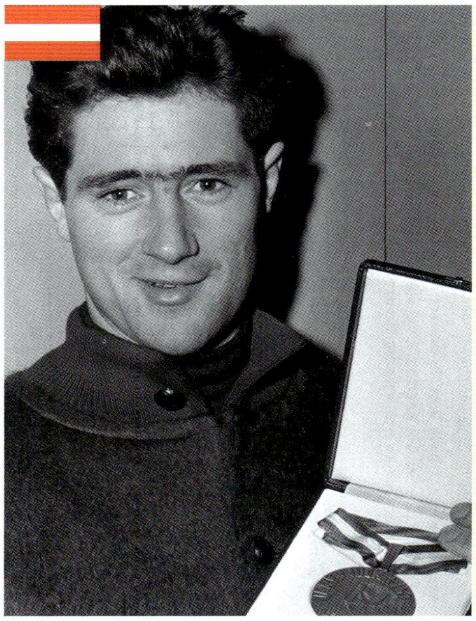

Egon Zimmermann

Den ersten großen Erfolg feierte der Österreicher Egon Zimmermann mit der Weltmeisterschaft 1962 im Riesenslalom. Es war noch nicht einmal seine stärkste Disziplin, denn am wohlsten fühlte sich der Skirennläufer aus Lech am Arlberg bei der wesentlich rasanteren Abfahrt. Zwei Jahre später, bei den Winterheimspielen der Österreicher in Innsbruck, schlug Zimmermanns große Stunde. In waghalsiger Manier ließ er alle Favoriten hinter sich und wurde Olympiasieger. Im Herbst desselben Jahres verunglückte er bei seiner zweiten Rennleidenschaft mit dem Sportwagen so schwer, dass er danach nie mehr an die alte Form anknüpfen konnte. Nachdem Egon Zimmermann 1968 in Grenoble nur Platz 13 in der Abfahrt belegt hatte, trat er zurück und schuf sich eine Existenz als Hotelier in seinem Heimatort.

Land:	Österreich
Medaillen:	– 1 Gold
Teilnahmen:	1964, 1968

Roswietha Zobelt

Weil sie im Erzgebirge aufwuchs, hatte sich Roswietha Zobelt zunächst dem Skisport verschrieben. Als sie jedoch mit 15 Jahren nach Brandenburg kam, fiel sie mit ihrer großen, athletischen Statur den Rudertrainern auf und begann 1970 bei der SG Dynamo Potsdam mit dem Leistungstraining. Sechs Jahre später wurde die 1,88 m große und 84 kg schwere Athletin beim olympischen Frauenruderdebüt Olympiasiegerin im Doppelvierer mit Steuerfrau. 1980 wiederholte sie ihren Erfolg in Moskau. Roswietha Zobelt gewann auch vier WM-Titel, einen davon im Doppelzweier.

Land:	DDR
Medaillen:	– 2 Gold
Teilnahmen:	1976, 1980

Armin Zöggeler

Mit 20 nahm der Südtiroler Bauernsohn erstmals an Olympia teil. Damals, 1994 in Lillehammer, fuhr Armin Zöggeler noch den beiden Rodelheroen Georg Hackl und Markus Prock hinterher und holte Bronze. Vier Jahre später war es schon Silber, und nur Hackl lag noch vor ihm. 2002 in Salt Lake City rasten Hackl und Prock hinter Zöggeler her, der seinen ersten Olympiasieg feierte und vier Jahre später in seiner italienischen Heimat den zweiten. Der abgelöste deutsche Champion Georg Hackl machte den Polizisten aus Meran flugs zum »besten Rennrodler der Gegenwart« und lag damit nicht falsch. Armin Zöggeler, ein ruhiger, ausgeglichener Mann (»Ich bin ein einfacher Mensch, der sich nicht anmaßt, etwas Besonderes zu sein«) wurde außerdem fünfmal Weltmeister und sechsmal Weltcupsieger. Und er ist der einzige Italiener, der bei vier aufeinanderfolgenden Olympischen Spielen stets eine Medaille mitnahm.

Land:	Italien
Medaillen:	– 2 Gold
	– 1 Silber
	– 1 Bronze
Teilnahmen:	1994, 1998, 2002, 2006

Joop Zoetemelk

Als Radprofi zählt der Niederländer Joop Zoetemelk zu den Großen seiner Zunft. Gleich in seinem ersten Profijahr 1970 wurde er Zweiter bei der Tour de France (insgesamt sechs zweite Plätze) und zwei Jahre darauf Toursieger. Im Alter von 38 Jahren wurde er 1985 noch einmal Straßenweltmeister. Doch schon als Amateurrennfahrer errang Zoetemelk große Erfolge, den größten 1968 in Mexico City mit dem Gewinn der Goldmedaille im 100 km Mannschaftsstraßenrennen zusammen mit seinen Kameraden Jan Krekels, Fedor den Hertog und René Pinjen.

Land:	Niederlande
Medaillen:	– 1 Gold
Teilnahmen:	1968

Andreas Zülow

Mit vier Schwestern um sich herum war Andreas Zülow zu Hause in Schwerin der Hahn im Korb. Die Mutter war jedenfalls froh, dass sich ihr einziger Sohn dem Boxen zuwandte. »Dieser Sport hat ihn um 180 Grad gedreht und zu einem disziplinierten, willensstarken Menschen erzogen.« Andreas Zülow brachte körperlich zwar nicht die besten Voraussetzungen mit, doch mit ungeheurem Trainingsaufwand bahnte er sich den Weg nach oben. 1988 nahm er für die DDR an den Spielen in Seoul teil und wurde Olympiasieger im Leichtgewicht durch einen klaren Punktsieg über den Schweden Cramne. 1992 unterlag Zülow in der zweiten Turnierrunde dem späteren Goldmedaillengewinner Vinent aus Kuba. Nach Ende seiner Karriere arbeitete der gelernte Kaufmann als Immobilienberater.

Land:	DDR
Medaillen:	– 1 Gold
Teilnahmen:	1988, 1992

Pirmin Zurbriggen

Obwohl er »nur« einmal Gold gewann, gehört der Schweizer Pirmin Zurbriggen zu den besten Skirennläufern überhaupt. Der Allroundfahrer war vierfacher Weltmeister in unterschiedlichen Disziplinen, vierfacher Weltcupgesamtsieger und lag bei insgesamt 40 Weltcuprennen vorne. Sein bestes Olympiajahr war 1988 in Calgary, als er in der Abfahrt die Goldmedaille gewann. Auch im Riesenslalom zählte Pirmin Zurbriggen zu den Favoriten. Als er nach dem ersten Durchgang mit dem Skilift zum Start gondelte, wurde er Zeuge eines schrecklichen Unfalls, bei dem ein Mannschaftsarzt des österreichischen Teams von einer Schneemaschine tödlich erfasst wurde. Mit dem Schockerlebnis ging der Schweizer in den zweiten Durchgang und gewann die Bronzemedaille. Die Kraft für seine Erfolge schöpfte der sehr religiöse Zurbriggen aus seinem Glauben: »Ich habe ein Talent bekommen von dem, der über allem und allen steht. Dieses Talent ist ein großes Geschenk.«

Land:	Schweiz
Medaillen:	– 1 Gold
	– 1 Bronze
Teilnahmen:	1984, 1988

Ellina Zwerewa (links)

Fast zwei Jahrzehnte lang schleuderte Ellina Zwerewa in aller Welt den Diskus, wurde Weltmeisterin (1995) und Vizeweltmeisterin (1997). Nur mit dem Olympiasieg schien es nichts zu werden: 1988 wurde die Weißrussin Fünfte. 1992 war sie wegen eines Dopingvergehens gesperrt. 1996 hatte sie Bronze gewonnen. Und bei den Spielen 2000 war sie fast 40 Jahre alt. Doch die Sportlehrerin aus Minsk schaffte es doch noch. Im reifen Leistungssportalter von 39 Jahren krönte Ellina Zwerewa in Sydney ihre Laufbahn mit ihrem ersten und einzigen Olympiasieg (68,40 m) und wurde die älteste Olympiasiegerin der Leichtathletikgeschichte.

Land:	Weißrussland
Medaillen:	– 1 Gold
	– 1 Bronze
Teilnahmen:	1988, 1996, 2000

Albert Zürner

Albert Zürner zählte bei den Spielen 1908 zu den wenigen Lichtblicken des nur mäßig erfolgreichen 84-köpfigen deutschen Olympiateams. Der Kunst- und Turmspringer gewann die Goldmedaille vom 3-m-Brett. Die Teilnehmer mussten dabei 20 Sprünge absolvieren, beginnend mit dem Kopfsprung mit angelegten Armen bis hin zum Rückwärtssprung mit anderthalbfachem Salto. 1912 in Stockholm holte der Hamburger noch einmal Silber vom 10-m-Turm. Acht Jahre später verunglückte der erst 30-Jährige tödlich, als er bei einer Werbeveranstaltung in seiner Heimatstadt einen Kopfsprung mit angelegten Armen demonstrieren wollte.

Land:	Deutschland
Medaillen:	– 1 Gold
	– 1 Silber
Teilnahmen:	1908, 1912

Die besten Sportler der Olympischen Sommerspiele

Name	Land	Sportart	Zeitraum	G	S	B
Larissa Latynina	UdSSR	Turnen	1956–1964	9	5	4
Paavo Johannes Nurmi	Finnland	Leichtathletik	1920–1928	9	3	-
Mark Spitz	USA	Schwimmen	1968–1972	9	1	1
Carl Lewis	USA	Leichtathletik	1984–1996	9	1	-
Birgit Fischer	DDR/Deutschland	Kanu	1980–2004	8	4	-
Sawao Kato	Japan	Turnen	1968–1976	8	3	1
Matthew Nicholas Biondi	USA	Schwimmen	1984–1992	8	2	1
Raymond Clarece Ewry	USA	Leichtathletik	1900–1908	8	-	-
Nikolai Andrianow	UdSSR	Turnen	1972–1980	7	5	3
Boris Schachlin	UdSSR	Turnen	1956–1964	7	4	2
Vera Caslavská	CSSR	Turnen	1960–1968	7	4	-
Viktor Tschukarin	UdSSR	Turnen	1952–1956	7	3	1
Aladár Gerevich	Ungarn	Fechten	1932–1960	7	1	2
Jenny Thompson	USA	Schwimmen	1992–2000	7	1	1
Edoardo Mangiarotti	Italien	Fechten	1936–1960	6	5	2
Hubert van Innis	Belgien	Bogenschießen	1900–1920	6	3	-
Akinori Nakayama	Japan	Turnen	1968–1972	6	2	2
Carl Townsend Osburn	USA	Schießen	1912–1924	6	2	1
Gert Fredriksson	Schweden	Kanurennsport	1948–1960	6	1	1
Vitali Scherbo	Weißrussland	Turnen	1992–1996	6	-	4
Dr. Reiner Klimke	Deutschland	Reiten	1964–1988	6	-	2
Pál Kovács	Ungarn	Fechten	1936–1960	6	-	1
Nedo Nadi	Italien	Fechten	1912–1920	6	-	-
Rudolf Kárpáti	Ungarn	Fechten	1948–1960	6	-	-
Kristin Otto	DDR	Schwimmen	1988	6	-	-
Takashi Ono	Japan	Turnen	1952–1964	5	4	4
Agnes Keleti	Ungarn	Turnen	1952–1956	5	3	2
Nadja Comaneci	Rumänien	Turnen	1976–1980	5	3	1
Ville Ritola	Finnland	Leichtathletik	1924–1928	5	3	-
Ian Thorpe	Australien	Schwimmen	2000–2004	5	2	1
Yukio Endo	Japan	Turnen	1960–1968	5	2	-
Hans Günter Winkler	Deutschland	Springreiten	1956–1976	5	1	1
Krisztina Egerszegi	Ungarn	Schwimmen	1988–1996	5	1	1
Donals Arthur Schollander	USA	Schwimmen	1964–1968	5	1	-
Anton Heida	USA	Turnen	1904	5	1	-
Nelli Kim	UdSSR	Turnen	1976–1980	5	1	-
Michael Phelps	USA	Schwimmen	2004	5	-	2
Johnny Weissmüller	USA	Schwimmen	1924–1928	5	-	1
Alfred Lane	USA	Schießen	1912–1920	5	-	1
Steven Redgrave	Großbritannien	Rudern	1984–2000	5	-	-
Michael Johnson	USA	Leichtathletik	1992–2000	5	-	-
Amy von Dyken	USA	Schwimmen	1996–2000	5	-	-
Alexander Popow	GUS/Russland	Schwimmen	1992–2000	4	5	-
Kornelia Ender	DDR	Schwimmen	1972–1976	4	4	-
Dawn Fraser	Australien	Schwimmen	1956–1964	4	4	-
Roland Matthes	DDR	Schwimmen	1968–1976	4	2	2
Georges Miez	Schweiz	Turnen	1924–1936	4	2	1
Elisabeta Lipa	Rumänien	Rudern	1988–2004	4	2	1
Isabell Werth	Deutschland	Dressurreiten	1992–2000	4	2	-
Olga Korbut	UdSSR	Turnen	1972–1976	4	2	-

Die besten Sportler der Olympischen Winterspiele

Name	Land	Sportart	Zeitraum	G	S	B
Björn Daehlie	Norwegen	Skilanglauf	1992–1998	8	4	-
Ljubow Jegorowa	Russland	Skilanglauf	1992–1994	6	3	-
Lydia Skoblikowa	UdSSR	Eisschnelllauf	1960–1964	6	-	-
Ole Einar Bjoerndalen	Norwegen	Biathlon	1998–2006	5	3	1
Claudia Pechstein	Deutschland	Eisschnelllauf	1992–2006	5	2	2
Arnold Clas Robert Thunberg	Finnland	Eisschnelllauf	1924–1928	5	1	1
Larissa Lasutina	Russland	Skilanglauf	1992–2002	5	1	1
Bonnie Kathleen Blair	USA	Eisschnelllauf	1988–1994	5	-	1
Eric Arthur Heiden	USA	Eisschnelllauf	1980	5	-	-
Raisa Smetanina	UdSSR/GUS	Skilanglauf	1976–1992	4	5	1
Sixten Jernberg	Schweden	Skilanglauf	1956–1964	4	3	2
Rico Groß	Deutschland	Biathlon	1992–2006	4	3	1
Galina Kulakowa	UdSSR	Skilanglauf	1968–1980	4	2	2
Sven Fischer	Deutschland	Biathlon	1994–2006	4	2	2
Ivar Ballangrud	Norwegen	Eisschnelllauf	1928–1936	4	2	1
Kjetil André Aamodt	Norwegen	Ski alpin	1992–2006	4	2	1
Janica Kostelic	Kroatien	Ski alpin	2002–2006	4	2	-
Gunde Svan	Schweden	Skilanglauf	1984–1988	4	1	1
Aleksandr Tichonow	UdSSR	Biathlon	1968–1980	4	1	-
Nikolai Simjatow	UdSSR	Skilanglauf	1980–1984	4	1	-
Johann Olav Koss	Norwegen	Eisschnelllauf	1992–1994	4	1	-
Matti Nykänen	Finnland	Skispringen	1984–1988	4	1	-
Thomas Alsgaard	Norwegen	Skilanglauf	1994–2002	4	1	-
Lee-Kyung Chun	Südkorea	Short Track	1994–1998	4	-	1
Thomas Wassberg	Schweden	Skilanglauf	1980–1988	4	-	-
Karin Enke-Kania	DDR	Eisschnelllauf	1980–1988	3	4	1
Gunda Niemann-Stirnemann	Deutschland	Eisschnelllauf	1992–1998	3	4	1
Veikko Hakulinen	Finnland	Skilanglauf	1952–1960	3	3	1
Kati Wilhelm	Deutschland	Biathlon	2002–2006	3	3	-
Eero Mäntyranta	Finnland	Skilanglauf	1960–1968	3	2	2
Vegard Ulvang	Norwegen	Skilanglauf	1988–1994	3	2	1
Jewgeni Grischin	UdSSR	Eisschnelllauf	1956–1964	3	2	-
Alberto Tomba	Italien	Ski alpin	1988–1994	3	2	-
Georg Hackl	Deutschland	Rennrodel	1988–2002	3	2	-
Samppa Lajunen	Finnland	Nord. Kombination	1998–2002	3	2	-
Johan Gröttumsbraten	Norwegen	Langlauf / Nord.Komb.	1924–1932	3	1	2
Vreni Schneider	Schweiz	Ski alpin	1988–1994	3	1	1
Anfissa Reszowa	UdSSR/Russland	Langlauf / Biathlon	1988–1994	3	1	1
Gillis Grafström	Schweden	Eiskunstlauf	1920–1932	3	1	-
Adrianus „Ard“ Schenk	Niederlande	Eisschnelllauf	1968–1972	3	1	-
Deborah Compagnoni	Italien	Ski alpin	1992–1998	3	1	-
Wladislaw Tretjak	UdSSR	Eishockey	1972–1984	3	1	-
Tomas Gustafson	Schweden	Eisschnelllauf	1984–1988	3	1	-
Bernhard Germeshausen	DDR	Bob	1976–1980	3	1	-
Mark Kirchner	Deutschland	Biathlon	1992–1994	3	1	-
Jens Weißflog	DDR/Deutschland	Skispringen	1984–1994	3	1	-
Marja-Liisa Kirvesniemi	Finnland	Skilanglauf	1984–1994	3	-	4
Jelena Välbe	Russland	Skilanglauf	1992–1998	3	-	4
Katja Seizinger	Deutschland	Ski alpin	1992–1998	3	-	2
Meinhard Nehmer	DDR	Bob	1976–1980	3	-	1

Ewiger Medaillenspiegel der Olympischen Winterspiele (Stand: Januar 2008)

Platz	Kürzel	Mannschaft	Gold	Silber	Bronze	Total
1	RUS	Russland (mit UdSSR)	120	87	86	293
2	GER	Deutschland (mit DDR)	118	116	94	328
3	NOR	Norwegen	98	98	84	280
4	USA	Vereinigte Staaten	78	80	58	216
5	AUT	Österreich	51	64	70	185
6	SWE	Schweden	43	31	44	118
7	FIN	Finnland	41	58	52	151
8	CAN	Kanada	38	38	43	119
9	SUI	Schweiz	38	37	43	118
10	ITA	Italien	36	31	34	101
11	NED	Niederlande	25	30	23	78
12	FRA	Frankreich	25	24	34	83
13	KOR	Südkorea	17	8	6	31
14	JPN	Japan	9	10	13	32
15	GBR	Vereinigtes Königreich	8	3	10	21
16	CZE	Tschechien	5	13	17	35
17	CHN	Volksrepublik China	4	16	13	33
18	CRO	Kroatien	4	3	-	7
19	EST	Estland	4	1	1	6
20	AUS	Australien	3	-	3	6
21	LIE	Liechtenstein	2	2	5	9
22	POL	Polen	1	3	4	8
23	BUL	Bulgarien	1	2	3	6
24	KAZ	Kasachstan	1	2	2	5
25	BEL	Belgien	1	1	3	5
	UKR	Ukraine	1	1	3	5
27	ESP	Spanien	1	-	1	2
28	UZB	Usbekistan	1	-	-	1
29	BLR	Weißrussland	-	3	3	6
30	YUG	Jugoslawien	-	3	1	4
31	HUN	Ungarn	-	2	4	6
32	LUX	Luxemburg	-	2	-	2
33	PRK	Nordkorea	-	1	1	2
34	DEN	Dänemark	-	1	-	1
	NZL	Neuseeland	-	1	-	1
	SVK	Slowakei	-	1	-	1
37	SLO	Slowenien	-	-	4	4
38	LAT	Lettland	-	-	1	1
	ROU	Rumänien	-	-	1	1
	Total		774	773	764	2311

Ewiger Medaillenspiegel der Olympischen Sommerspiele (Stand: Januar 2008)

Platz	Kürzel	Mannschaft	Gold	Silber	Bronze	Total
1	USA	Vereinigte Staaten	896	692	603	2191
2	RUS	Russland (mit UdSSR)	526	437	410	1373
3	GER	Deutschland (mit DDR)	385	403	432	1220
4	GBR	Vereinigtes Königreich	188	242	237	667
5	FRA	Frankreich	184	196	216	596
6	ITA	Italien	182	147	164	493
7	HUN	Ungarn	156	136	157	449
8	SWE	Schweden	142	155	173	470
9	AUS	Australien	120	126	152	398
10	JPN	Japan	114	106	115	335
11	CHN	Volksrepublik China	112	96	78	286
12	FIN	Finnland	100	82	113	295
13	ROM	Rumänien	82	88	113	283
14	CUB	Kuba	65	53	52	170
15	NED	Niederlande	64	74	92	230
16	POL	Polen	59	74	118	251
17	CZE	Tschechien	56	59	59	174
18	CAN	Kanada	55	85	102	242
19	KOR	Südkorea	55	64	65	184
20	NOR	Norwegen	51	43	41	135
21	BUL	Bulgarien	50	83	74	207
22	SUI	Schweiz	43	70	61	174
23	DEN	Dänemark	39	62	63	164
24	BEL	Belgien	36	50	51	137
25	TUR	Türkei	36	19	19	74
26	NZL	Neuseeland	33	14	30	77
27	GRE	Griechenland	30	40	34	104
28	ESP	Spanien	29	39	27	95
29	SER	Serbien	28	34	33	95
30	UKR	Ukraine	21	17	31	69
31	RSA	Südafrika	20	23	26	69
32	AUT	Österreich	18	32	33	83
33	KEN	Kenia	17	24	20	61
34	BRA	Brasilien	17	21	38	76
35	ARG	Argentinien	15	23	22	60
36	ETH	Äthiopien	14	5	12	31
37	MEX	Mexiko	10	18	24	52
38	IRI	Iran	10	15	21	46
39	PRK	Nordkorea	8	11	16	35
	Total		4066	3958	4127	12151